KB125426

승자의 언어

결국 원하는 것을 얻는 사람들의 15가지 도구

승자의 언어

세스 프리먼 지음
우진하 옮김

15 Tools to Turn the Tide

리더스북

아내 캐리와 두 딸 한나와 레이철에게,
부모님 존 프리먼과 지나 프리먼에게,
그리고 학생들에게 감사를 전한다.

차례

——— 1부 준비 ———

1장 희망을 전하는 3가지 작은 질문 24

2장 만약을 위한 만능 도구 51

3장 기대 이상의 도움 93

제2부 만남

15가지 도구 살펴보기

도구의 원리와 명칭

교착 상태를 뚫어라 • **3가지 작은 질문**

실제로 준비하라 • **예측의 기술**

1쪽으로 요약하라 • **주제, 목표, 절충 계획표**

감정을 조절하라 • **역할극**

강한 조력자를 찾아라 • **조력자를 찾는 기술**

이상적인 상대를 찾아라 • **원하는 쪽으로 협상 이끌기**

회의 진행을 도와라 • **규칙을 정하는 천금 같은 1분**

표현 방식을 바꿔라 • **새판 짜기**

하나를 주고 열을 얻어라 • **모두가 승리하는 비법**

분위기를 누그러뜨려라 • **내 말이 그 말이야!**

동료들과 하나가 돼라 • **공통된 이해관계 찾기**

상사의 조력자가 돼라 • **주의 끌기, 문제 제기, 해결책 제시와 확인APSO**

생각을 바꿔라 • **동의할 때/거부할 때**

길은 또 있으니 지혜를 구하라 • **가상의 대안BATNA에 관한 기술**

제안을 시험하라 • **성공 측정 계기판**

어느 날 회사와 나의 운명을 결정할 수도 있는 중요한 연락을 받았다고 상상해보자. 연락한 사람은 회사의 최대 고객인 한 의료 시설의 임원 브렌다Brenda였다. 내가 속한 부서는 병원을 찾은 환자가 처음 마주하는 컴퓨터의 시작 화면을 구성하느라 정신이 없었다. 브렌다가 물었다.

"작업은 언제 끝납니까?"

"예정대로 진행 중입니다. 60일 안에 끝날 겁니다."

전화기 너머로 잠시 침묵이 흘렀다. "그런가요. 사실 그 문제 때문에 전화했는데, 30일 안에 마칠 수 있을까요?"

청천벽력 같은 소리를 듣자 저절로 목소리가 떨렸다. "음, 그게 말입니다…… 그건 불가능할 것 같습니다만."

"불가능이라……." 기분이 상한 듯한 브렌다가 되물었다. "다른 직원들과 의논해보겠어요?"

"물론입니다." 이렇게 대답하고 일단 전화를 끊었다. 동료들에게 소식을 알리자 말 같지도 않은 소리 하지 말라는 비웃음을 터뜨렸다. 결국 나는 이 좋지 않은 소식을 브렌다에게 알릴 수밖에 없었는데, 10분도 지나지 않아 상사인 데이브Dave가 당장 자기 사무실로 오라고

했다.

허둥지둥 달려가보니 데이브는 사무실에서 브렌다의 상사 베티Betty와 통화 중이었다. 스피커폰이 켜져 있어 통화 내용이 다 들렸다. 베티는 기분이 좋지 않은 것 같았다. 30일 안에 환자용 안내 화면이 완성되지 않으면 앞으로 거래하기 어렵겠다는 말이 오갔다. 데이브의 표정은 도로 한복판에서 달려오는 차를 보고 겁에 질려 꼼짝 못 하는 토끼 같았다. 나는 데이브에게 다가가 속삭였다. "나중에 다시 연락하겠다고 하세요." 데이브는 내 말대로 했다.

베티는 알겠다고 대답하고는 이렇게 말했다. "그렇지만 20분 안에 다시 연락 주셨으면 해요. 다른 분들과 회의가 잡혀 있으니까." 전화가 끊어졌다.

"지금 당장 모두 오라고 해! 당장!" 데이브가 말하자 관련 기술자들이 사무실로 모여들었다. 그의 이야기를 들은 모두가 한마디씩 떠들어댔다. "30일 안에 끝내는 건 불가능해요! 말이 안 된다고요!"

데이브는 기가 질린 듯했지만 다시 입을 열었다. "이것 보라고, 회사가 날아가게 생겼어. 그러니까 저쪽에서 요구하는 대로 30일 안에 마쳐야 한다고!"

이제 사무실은 혼란의 도가니로 바뀌었다. "안 된다니까요!" "해야 한다니까!" "그러니까 못한다고요!" "어쩔 수 없는 일이라고!"

자, 이때 우리가 뭘 어떻게 할 수 있을까. 긴급 사태를 해결한 주인공은 다름 아닌 나의 제자 섀니스Shanice였다. 중간 관리자였던 섀니스는 보통 사람들과는 달리 자신이 배운 협상 방법을 가만히 떠올렸다. 그러자 신기한 일이 일어났다. 데이브가 다시 불렀을 때 섀니스는 이미 상대편을 만족시킬 만한 해결책을 찾아냈다. 얼마 후 다시 통화한 베티는 크게 만족한 듯 앞으로도 거래를 계속하겠다고 약속했다. 섀니스는 일약 회사의 영웅이 되었다.

막다른 상황을 맞이했을 때 어떻게 분위기를 역전시킬 수 있을까? 무력감과 압박감 그리고 절망 속에서도 문제를 해결하려면 어떻게 협상해야 할까? 하룻강아지에 불과한 내 앞에 거대하고 무시무시한 호랑이가 나타난다면 나와 가족, 내 부서 그리고 회사 전체를 어떻게 구할 수 있을까? 이 책은 그때 제대로 대처하도록 해준다.

우리가 마주한 도전

협상은 어려운 일이다. 나도 잘 안다. 그동안 만난 전 세계의 수천 명이 넘는 학생과 고객 대부분도 그렇게 이야기했다. 국제연합UN의 외교관이든 작은 사업체의 경영자든, 고위 간부든 중간 관리자든, 변호사든 의뢰인이든, 누구나 협상을 어려워한다. 협상을 뜻하는 영어 단어 '네고시에이트negotiate'는 힘든 일을 뜻하는 라틴어 '네그 오티움neg otium'에서 유래했다. 적어도 2천 년이 넘는 세월 동안 사람들은 이 힘들고 어려운 일을 겪어왔다. 섀니스처럼 심각한 상황에 처하면 모든 역량을 쏟아부어 고군분투할 수밖에 없다. 나 같은 협상 전문가에게는 다음 질문이 가장 중요하다. '정말 어려운 상황에서 협상해야 한다면 어떻게 하면 될까?' 구체적으로 생각해보자.

- 호랑이 같은 상대가 나타났다. 너무 강하고 무시무시해서 내가 하룻강아지 같다. 그런 존재 앞에서 "안 됩니다."라고 말하거나 "꼭 그렇게 해야 합니까?"라고 대꾸할 자신감이나 힘이 없었던 적 있는가?

- 협상에 대한 압박감이 너무 커서 생각한 말들을 잊어버리고는 진행 과정에 제대로 집중하지 못한 적 있는가?
- 시간에 쫓겨서 일정을 최대한 활용해야 하는데 방법을 모를 때가 있는가?
- 진행 방향을 바꾸자고 상사를 설득해야 하는데 갑자기 이도 저도 못 하는 진퇴양난에 빠질 때가 있는가?
- 그저 "알겠습니다."라고 말할 수밖에 없는 때가 있는가?
- 그저 "알겠습니다."라고 말할 수밖에 없지만 과연 잘하는 일인지 모를 때가 있는가?
- 경기 침체와 물가 상승 혹은 다른 경제적 위기 때문에 동료와 고객으로부터 압박받지만 분위기를 바꿀 만한 협상이나 타협 방법을 모르겠는가?
- 인간적으로 예의 바르게 문제를 해결하고 싶지만 그러기가 불가능하다고 생각하는가?

협상의 기술에 관한 이야기는 무척 많다. 책만 해도 수백, 수천 권은 찾을 수 있다. 대부분 오랫동안 여러 사례로 검증된 원리, 원칙을 이야기하는 훌륭한 책들이다. 여기에는 협상한 계약에 대한 최선의 대안을 파악하고 준비하는 법, 협상 범위를 창의적이고 여유롭게 설정하는 법도 쓰여 있다. 내가 학생들과 함께 연구한 결과에서 알 수 있듯 그 원리, 원칙은 종종 큰 도움이 된다. 하지만 압박감 속에서 실제 협상을 잘하는 데 꼭 필요한 몇 가지가 빠져 있다.

첫째, 감정을 조절하는 법, 선택의 여지가 없을 때의 요령, 예나 아니요를 말할 타이밍 등에 관한 통찰이 빠져 있다. 둘째, 대부분의 협상 관련 서적은 원칙만 제시하면 독자가 잘 이해하고 실천할 수 있다고 전제한다. 그렇지만 실제 상황에는 다양한 변수가 있다.

안타까운 일이다. 물론 원리, 원칙을 알면 도움이 된다. 하지만 가장 중요한 것은 실제로 쓸 수 있느냐다. 때로는 중요한 원칙을 떠올려 적용하기가 힘들 정도로 압박감과 어려움이 커서 무력감을 느낄 수 있다. 그때는 머리는 물론 마음속도 텅 빈 듯하기 마련이다. 상황에 압도돼서 모든 것이 혼란스럽기 때문이다.

사실 혼란은 정상적인 현상이다. 군대 지휘관이나 항공기 조종사, 의사, 간호사, 운동선수 등은 압박감이 크거나 예상치 못한 역경이 생겨도 임무를 수행하기 위해 고군분투한다. 대처할 수 없을 듯한 상황에서도 문제를 극복하고 해결할 단서를 찾곤 한다.

얼핏 드러나지 않는 비법인 그 '단서'는 무엇일까? 바로 '도구'다. 확인 목록, 미리 정한 표시나 암호, 표시를 적은 쪽지, 자신만의 비법, 심지어 속담이나 역할극까지 잘 준비해두면 돌발 상황에 대처하고 일을 마무리할 수 있다. 예컨대 우주선과 항공기를 조종하는 비행사들에게는 확인 목록이 있다. 아폴로 13호뿐 아니라 허드슨강에 불시착한 US 에어웨이스다. 1549편 여객기도 확인 목록 덕분에 위급한 순간을 극복할 수 있었다. 한 치 앞이 안 보이도록 포연 자욱한 전장의 지휘관은 '경고Alert!', '방향Direction!', '설명Description!', '범위Range!', '임무Assignments!', '통제Control!' 같은 명령을 'ADDRAC'라고 전달한다. 특정 종목 운동선수들은 경기 전에 일종의 역할극을 하며 준비한다. 우리도 협상할 때 머리가 잘 돌아가지 않고 급박해지면 평소처럼 통찰력을 발휘할 수 있도록 돕는 도구가 필요하다. 부담감이 가장 심한 '을'이 되더라도 상황을 바꿀 수 있도록 딱 맞춰 준비한 도구 말이다.

또한 이 도구들은 중요한 학습 내용을 뒷받침하는 자료다. 교사라면 잘 알듯이 중요한 학습 보조 자료 역할도 한다. 교사들이 가르칠 내용을 부문별로 나누고 표, 사진, 지도 혹은 모형을 학생들에게 제시하는 이유는 그 때문이다. 도구나 보조 자료는 학생이 배운 내용을 쉽게 기억하고 언제든 필요할 때 떠올리도록 돕는다. 핵심을 제대로 이해하고 기억하게 해주는 것이다.[1] 협상장에 들어설 때도 이러한 발판이 필요하다.

이 책의 도구를 사용하는 법

유용하고 강력한 도구들을 미리 갖춰두면 협상에 관한 주요 원칙을 배우고 적용할 수 있다. 특히 시간이 부족하고 자신감이 떨어져 압박감을 느낄 때 좋다. 이점은 다음과 같다.

- 경험 많은 운동선수처럼 큰 감정적 동요를 관리하고 대처할 수 있다.
- 급박한 상황에서 판단력이 흐려질 때 우주선·여객기 조종사처럼 핵심적인 통찰력을 적용할 수 있다.
- 첨단 IT 산업의 최고 기술자처럼 중요한 사안에 관해 만족스럽고 분명한 해결책을 찾아낼 수 있다.
- 상사가 위기에 처할 때 참모장교처럼 도울 수 있다.
- 모두가 적대적이고 어울리지 못하는 듯하면 노련한 중재자처럼 의견을 모을 수 있다.
- 협상장에서 힘의 불균형을 극복하는 방법을 찾아낼 수 있다.

좋은 도구는 언제든 필요할 때 쉽게 꺼내 쓸 수 있어야 한다. 그럼 어려움에 대처하며 인지적·감정적 부담을 덜고 그때그때 효과적으로 생각하며 행동할 수 있다. 풍부한 지혜와 경험을 잘 정리해두었기 때문이다.

이 책『승자의 언어』는 우리가 언제든 마주할 수 있는 난감한 상황에 제대로 대응하게 해준다. 중요한 원리뿐 아니라 제대로 적용할 수 있는 방법을 알려주기 때문이다. 따라서 힘겨운 협상이나 갈등에도 잘 활용하고 상황을 주도할 수 있다. 수많은 협상 관련 서적이 비슷한 도구를 알려주지만 대부분은 원리만 강조하고 만다. 하지만 이 책은 여러 원리를 지혜로 바꾸어 언제든 적용하도록 해준다.

나는 독자가 협상이나 중재에 관한 지식이 있는지 여부와 상관없이 잘 활용할 수 있도록 이 책을 썼다. 이 책은 협상 초보에게 더욱 좋은 발판이다. 또 경험 많고 노련한 협상가라면 지금까지 알고 있던 것의 새로운 면을 깨닫고 시야를 넓힐 수 있을 것이다. 따라서 지위나 상황에 관계없이 정말 중요한 순간 제대로 협상할 수 있는 도구를 쥘 수 있을 것이다.

먼저 협상을 준비하고 대화를 이끌며 제안을 판단하고 결정하는 도구를 차례로 알아볼 것이다. 이 도구들로 많은 사람이 압박감과 어려움을 해결할 수 있었다. 계속 살펴보겠지만 어린아이조차 이 도구로 놀라운 결과를 끌어낼 수 있다.

때로는 필요에 따라 여러 도구를 조합할 수도 있다. 도구를 억지로 기억하려 할 필요는 없다. 이 책의 문구를 보면 언제 어디서든 떠올릴 수 있기 때문이다.

어떤 사람은 협상을 무척 부담스러워한다. 하지만 그런 사람도 놀라운 일을 할 수 있다. 왜냐고? 대부분은 협상에서 날카롭고 공격적인 분위기를 떠올리지만, 노련한 협상가는 성실함과 지혜로 양쪽이 만족하는 합의를 끌어내 큰일을 할 수 있기 때문이다. 이 책의 협상도구는 다른 사람과의 거래를 제로섬 게임이 아니라 서로 돕는 일로 인식하도록 해준다. 서로를 깎아내리는 무한 경쟁을 현명한 가치 창출로, 일단 공격부터 하는 상황을 신중하게 목표를 정하고 움직이는 상황으로, 비인간적인 모습을 인간적인 모습으로, 비효율적인 방어를 강하면서도 여유 있는 태도로 바꾼다. 필요한 도구를 갖춰라. 그러면 누구나 할 수 있다.

나는 수십 년간의 경험과 연구를 통해 협상 도구들을 고안했다. 각 도구에는 협상에 관한 통찰력을 하나 이상 담았다. 그중 대부분이 문제 해결에 초점을 맞추고 있지만 결국 중요한 것은 사람이므로 관계를 풍요롭게 하고 서로 도움이 되도록 해준다. 기존의 협상 관련 원칙은 물론 새로운 원칙도 있다. 이 모두가 놀랍도록 큰 힘을 실어준다. 이것이 이 책의 핵심이다.

장군과 소년의 협상법

나는 이 책에서 협상을 위한 도구로 절체절명의 순간에 승리한 사람들의 이야기를 많이 소개했다. 모두가 실패했다고 생각한 합병 과정에서 한 젊은 관리자가 경영진을 구하고 수백만 달러의 가치를 창출한 이야기, 노숙자였던 가수 지망생이 음반 회사가 제시한 1백만 달러 계약을 거절하고 함정들을 피해 훨씬 나은 조건으로 협상하여 승승장구한 이야기 등이다. 갑자기 치솟은 공급 가격을 극복하고 기상천외한 거래를 성사해 1년에 무려 1억 달러를 절감한 친환경 기업은 또 어떤가. 마뜩잖아하는 기부자들을 설득해 경기 불황에도 기부금을 5배로 늘린 모금 담당자 이야기는?

다른 이야기도 중요하다. 승객들이 탑승한 여객기가 악천후 때문에 활주로에 6시간 이상 방치되었을 때 모두 안전하게 돌아가도록 협상한 치과 의사도 있다. 아버지를 설득해 고양이를 입양한 11살짜리 남자아이도 있다. 약혼녀가 세상을 떠난 후, 죽은 딸과 관련한 상황과 기억, 심지어 장례식까지 거부하고 버티는 그녀 아버지를 설득해 적개심을 포용과 애정으로 바꾼 청년의 이야기도 있다. 그도 이 책의 도움을 받았다. 제2차 세계대전 당시 한직으로 밀려나 있었던 한 미군 장성은 상관을 설득해 노르망디 상륙작전의 선두에서 일익을 담당하고 의회 명예 훈장을 받았다.

1백 퍼센트 완벽한 도구나 장치는 없다. 최고의 도구가 언제나 문제를 해결해주지는 못한다는 사실을 이해하는 한편, 내가 독자에게 최대한 많은 걸 전하려 한다는 것을 알아주길 바란다. 도구를 제대로 사용하는 법을 알면 성공 가능성이 무척 높아진다.

다시 앞의 이야기로 돌아가자. 그날 우리의 주인공 섀니스는 과연 '무슨 일'을 했을까? 동료와 상사가 말다툼할 때 말없이 귀를 기울이다 정말 중요한 질문을 던졌다. 게다가 다른 사람들이 눈앞의 일만 생각할 때 아무도 상상하지 못한 제안을 했다. 대단하다! 다시 한번 묻겠는데, 어떻게 그랬을까? 특히 압박감이 클 때도 그럴 수 있을까? 앞으로 살펴보겠지만 충분히 가능하다. 1장에서 살펴볼 첫 번째 도구 '3가지 작은 질문'을 통해 할 수 있다. 섀니스처럼 3가지 질문으로 얻은 통찰력으로 어려움을 극복할 수 있다. 이 첫 번째 도구는 무엇을 먼저 할지 확인하고 실행하도록 해준다.

제1부

준비

"날씨는 상관없어. 준비만 제대로 하면 말이지."
-북유럽 속담

교착 상태를 뚫어라: 3가지 작은 질문

실제로 준비하라: 예측의 기술

1쪽으로 요약하라: 주제, 목표, 절충 계획표

감정을 조절하라: 역할극

강력한 조력자를 찾아라: 조력자를 찾는 기술

이상적인 상대를 찾아라: 원하는 쪽으로 협상 이끌기

전설적인 헤비급 권투 선수 마이크 타이슨Mike Tyson은 유명한 말을 남겼다. "누구나 그럴듯한 계획이 있지. 얼굴을 처맞기 전까지는."[1] 그는 챔피언 타이틀 방어전에서 제임스 더글러스James Douglas와 맞붙은 적이 있다.

1990년 2월 11일 일본 도쿄에서 방어전이 열렸을 때 도전자 더글러스는 이름이 거의 알려지지 않은 약자 중의 약자였다. 더글러스가 이길 거라고 예상한 도박사는 1백 명 중 2, 3명이었고 언론도 생각이 비슷했다. 설상가상으로 더글러스는 아내와 이혼했고, 경기를 며칠 앞두고 어머니가 세상을 떠났다. 당시 무적의 챔피언이었던 타이슨은 누가 도전하든 삽시간에 제압하는 것으로 유명했다. 당연히 더글러스를 대수롭지 않게 생각한 그는 쉽게 돈을 벌 수 있다는 생각에 훈련도 게을리했다.

타이슨은 전혀 몰랐지만 더글러스의 생각은 달랐다. 상대를 면밀하게 연구한 그는 타이슨이 초반에는 지나칠 정도로 압도적이지만 시간이 지날수록 체력이 떨어졌고, 지금까지 도전한 모두가 초반에 패배했다는 사실을 깨달았다. 이러한 통찰력을 활용하기 위해 더글러스는 타이슨이 주먹을 휘두르면 뛰어난 민첩성을 발휘하여 교묘하게 피하고, 피하기 어려우면 반칙이 되지 않을 정도로만 끌어안으며 지치게 만든다는 계획을 세웠다. 그렇게 완전히 힘을 빼놓고 반격을 노리기로 했다. 경기에 나선 더글러스는 놀랍게도 타이슨을 두려워하지 않았다. 더 놀랍게도 경기는 그의 계획과 비슷하게 흘러갔다. 결국 더글러스는 10회전까지 버틴 끝에 타이슨을 제압하고 새로운 헤비급 챔피언으로 등극했다. 타이슨은 물론 전 세계가 경악한 승부였다.

　타이슨이 챔피언이 된 후 처음 패배를 맛보자 그의 명언은 더 유명해졌다. 그에게는 그럴듯한 계획이 없었다. 반면 더글러스는 그럴듯한 계획으로 불가능에 가까웠던 승리를 거머쥐었다. 훗날 타이슨은 이렇게 말했다. "나는 귀중한 교훈을 배웠다. 사람은 언제나 준비를 잘해야 한다."[2]

　협상도 마찬가지다. 제1부에서는 성공 확률을 극적으로 높여주는 도구를 찾아보자.

1장
희망을 전하는
3가지 작은 질문

도구: 3가지 작은 질문

필요한 상황

- 앞이 보이지 않는 교착 상태에 빠졌을 때

- 심각한 갈등과 마주했을 때

- 힘은 없는데 책임만 잔뜩 떠맡았을 때

- 직장이나 업계가 심한 가격 압박을 마주했을 때

- 가능성 있지만 만만치 않은 고객을 만났을 때

- 회의적인 기부자를 만났을 때

사용 결과

- 교착 상태를 뚫었다.

- 심각한 갈등을 해결했다.

- 큰 권한은 없었지만 결국 사람들이 내 말에 귀 기울였다.

- 분위기 반전에 성공했다.

- 단골로 만들었다.

- 기부금을 확보했다.

지금부터 터무니없어 보이는 주장을 증명하려 한다. 여러분이 위기에 직면한 관리자든, 전쟁을 끝내려는 국가 원수든, 고양이를 간절히 원하는 소년이든 상관없다. 이해관계, 사실관계, 선택 사항이라는 3가지 작은 질문을 이용하면 불가능해 보이는 상황을 그것도 빠르게 극복할 수 있다.

회사를 구하는 데 주어진 시간 20분

가장 중요한 고객에게서 불가능에 가까운 요구를 받은 중간 관리자 섀니스를 기억하는가? 그는 정확히 어떤 방법으로 상황을 극복했을까? 상사의 사무실에 모인 실무진이 갑론을박만 하며 뾰족한 수를 생각하지 못할 때 그는 바보로 보일 법한 질문을 했다.

"잠시만요, 그런데 '왜' 작업을 30일 안에 끝낼 수 없나요? 당장 뭐가 문제인데요?" 그러자 한 직원이 과제를 잔뜩 적은 목록을 그의 코앞에 들이밀었다. "좋아요. 알겠습니다." 섀니스가 대꾸했다. "그런데 말입니다, 그쪽에서는 왜 갑자기 30일 안에 모든 걸 해결하라고 할까요? 무슨 문제라도 생긴 걸까요?"

갑자기 모두 입을 다물었다. 기이한 침묵이 흘렀다. 섀니스는 '사실관계'를 확인하기 위해 계속 질문했다. 누군가 그럴듯한 추측을 내놓았다. 의뢰인은 30일 안에 새 의료 시설을 시범 운영하기 위해 컴퓨터 안내 화면이 필요한 것 같았다. 그러자 섀니스는 자신들을 위한 '선택 사항'에 대해 물었다. "컴퓨터 안내 화면이 없어도 문을 열도록 도울 방법이 있을까요?" 사무실 안은 말다툼이 아니라 의논의 장으로 바뀌었다. 잠시 후 섀니스가 다시 말했다. "20분이 지났습니다. 지금 전화해야겠어요."

섀니스가 기다리는 동안 데이브가 베티에게 전화했다. "베티, 우리가 뭔가 도와드릴 수 있을 것 같아요. 그런데 말입니다, 확인해볼게 있는데…… 왜 갑자기 일정을 절반이나 단축해달라고 하는 겁니까?" 대답은 예상대로였다. 새로운 의료 시설의 시범 운영을 30일 안에 시작해야 했기에 환자를 맞이할 준비를 마치는 것이 무엇보다 중요했다.

섀니스가 재촉하자 데이브가 계속 말했다. "이렇게 말할 수밖에 없네요. 제대로 된 회사라면 30일 안에 허겁지겁 만든 제품을 고객에게 전달하지 않아요. 제대로 작동하는 안내 화면을 만들려면 계획대로 2개월 이상이 필요하니까요. 그렇지만 30일 안에 문을 여는 게 가장 중요하다면 우리가 도울 일이 있을 겁니다." 그다음 데이브는 베티에게 몇 가지 방안을 제시했다. "당장 필요한 기능만 먼저 설치하고, 빠진 것은 직원이 수동으로 처리할 수 있어요. 준비 기간 동안 일할 직원을 파견했다가 자동화 작업이 끝나면 철수하는 건 어떻습니까? 이 정도면 도움이 될까요?"

"정말 그렇게 해줄 수 있습니까?" 베티가 말했다. 갑자기 크게 감동한 것 같았다. 이제 자신도 회사의 높은 분들에게 제시할 해결책이 생겼기 때문이다. 두 사람은 무척 만족스럽게 통화를 끝냈다.

몇 시간이 지나자 베티가 다시 전화했다. 일단은 자체적으로 관리하겠지만 필요하면 도움을 요청하겠다고 하고는 이렇게 덧붙였다. "어쨌든 앞으로 더 많은 일을 같이할 수 있을 겁니다. 그쪽이 정말 필요할 때 도와주는 회사라는 걸 알았으니까요."

도대체 무슨 일이 벌어진 걸까? 처음 전화를 받았을 때는 섀니스도 눈앞이 캄캄했다. 그렇지만 어떻게든 위기를 극복하고 분위기를 바꿀 수 있었다. 상대방은 무척 감격한 듯 앞으로도 계속 잘해보자고 말했고, 섀니스는 영웅이 되었다. 섀니스는 어떻게 이런 일을 했을까?

3가지 작은 질문: 이해관계, 사실관계, 선택 사항

섀니스는 동료들에게 창의적 협상가처럼 생각해보자고 요청했고, 회사의 위기를 기회로 바꾸었다. 의뢰인은 그가 질문하여 찾은 해결책에 만족했고, 갈등은 오히려 두 회사의 관계를 더 돈독하게 만들었다. 섀니스가 한 일을 한마디로 줄여보자. 바로 '진정한 도움service'이다. 고객이 당장 원하는 것을 줄 수 없을 때도 섀니스는 고객의 이해관계를 도울 방법을 찾아냈다.

나는 이 일화를 대단히 좋아한다. 불가능한 듯한 상황에서 협상의 원칙으로 희망을 발견했기 때문이다. 물론 마음에 걸리는 부분도 있다. 상황이 정말 긴급해지면 원칙을 떠올리기가 쉽지 않다. 그때는 도움이 필요하다. 가야 할 길을 알려줄 정신적 도구 말이다.

더 자세히 이야기해보자.

이해관계 평화와 번영을 위해 내가 찾아낸 중요한 개념 중 하나는 이해관계에 바탕한 교섭이다. 1920년대에 경영학을 연구한 메리 파커 폴릿Mary Parker Follett이 처음 소개한 이 개념은 수십 년이 지나 『예스를 이끌어내는 협상법Getting to Yes』이라는 책이 발표되면서 큰 인기를 끌었다. 이미 잘 아는 얘기라고? 괜찮다. 그렇다면 훨씬 많은 통찰력을 얻을 테니까. 예컨대 새로운 사업 기회를 찾아 꿈을 펼치거나 기금을 모을 때 이해관계를 적용할 방법을 찾아 해결의 실마리를 얻을 수도 있다. 처음 듣는 이야기여도 상관없다. 지금부터 귀를 기울이면 된다.

이 개념의 핵심은 간단하지만 약간 낯설 수도 있다. 서로의 위치가 아닌 이해관계에 초점을 맞추자는 것이다.

우리는 각자의 위치에 따라 상대에게 요구한다. "30일 안에 작업을 마쳐!" "임금을 인상하라!" 이해관계는 이러한 요구와 얽힌 뒷사정이다. 더 깊은 사연, 동기, 중요한 이유가 있기 때문이다. 서로의 이해관계를 생각하면 어려운 상황이나 교착 상태를 시원하고 만족스럽게 바꿀 수 있다.

섀니스는 모두 자신의 위치만 신경 쓰는 불필요한 논쟁을 진정시키고 관심의 방향을 이해관계 쪽으로 바꿨다. 그 발상의 전환이 돌파구의 밑바탕이 되었다. 예컨대 구직자는 자신에게 가장 중요한 문제는 높은 임금이라고 생각할 수 있다. 그렇지만 '내가 이 직업을 원하는 또 다른 이유는 무엇일까?'라고 되물을 수 있다. 그러면 '가족에게 더 많은 걸 해주기 위해'라는 숨은 사정이 드러날 수도 있다.

이해관계에 초점을 맞추면 뒤에 숨은 사연을 확인하고 창의적인 해결책을 생각할 수 있다. 그저 많은 임금만 요구하는 대신 유리한 임금 인상 조건이나 특별 상여금, 학비 지원이나 이사 비용 지원, 육아 지원 등 더 나은 복지 혜택을 얻을 수 있을지도 모른다. 자신의 진짜 이해관계를 깨달으면 상대가 제공할 수 있는 좋은 조건을 요청하는 데 도움이 된다. 반대로 '상대'의 이해관계를 알면 나도 상대에게 도움이 될 선택 사항을 제공할 수 있다. 따라서 3가지의 작은 질문을 떠올리기 위한 첫 단계는 각자의 이해관계를 간단히 적는 것이다. 즉, 진정 필요한 것을 목록으로 만들어보면 된다. 그렇다고 너무 깊이 파고들 필요는 없다. 물질적, 감정적으로 무엇이 필요한지를 잠시 생각해보자. 앞서 언급한 구직자라면 '가족에게 더 많은 걸 해주고 싶다. 개인적으로 발전할 기회가 있으면 좋겠다. 공정하고 만족스럽게 일할 수 있는 환경을 원한다.'라는 식으로 미리 생각을 정리할 수 있다.[1]

사실관계 다른 사람과 이야기 나누기 전에 먼저 조사하고, 조사하고, 또 조사하자. 훌륭한 협상가가 되기 전에 먼저 부지런히 조사하는 사람이 되자. 인터넷을 살피고 친구들에게 연락하며 계산해보자. 훌륭한 협상가는 4백 년 전 영국 철학자 프랜시스 베이컨Francis Bacon이 남긴 명언에 따라 산다. "아는 것이 힘이다!"

밥 울프Bob Woolf와 스콧 보라스Scott Boras는 유명 프로 운동선수들의 대리인이었다. 두 사람이 뛰어난 협상가로 명성을 쌓은 이유는 조사와 연구에 몰두했기 때문이다. 울프는 미공개 정보들을 포함해 미국의 모든 농구 선수의 임금과 복지 수준에 대한 자료를 갖추고 있었다. 때로는 선수보다 임금 문제에 관해 잘 알았다.[2] 보라스는 야구 선수 고객들을 위해 경제 전문가와 통계 전문가까지 동원하고 철저히 사실에 근거하여 수천만에서 수억 달러에 이르는 계약을 성사시켰다.[3] 사실관계를 파악하면 수많은 함정을 피하고 상대의 수를 이해하며 원하는 목표를 가늠할 수 있다. 또한 자신감을 높이는 동시에 잠시 잊을 수도 있는 이해관계와 선택 사항도 파악할 수 있다.

섀니스는 깊이 파고들어 조사할 시간 여유가 없었다. 그래서 차선책을 동원했다. 동료들에게 계속 질문함으로써 고객의 상황, 기술적 측면, 자신들의 역량에 대한 사실관계를 파악하도록 만들었다.

마찬가지로 구직자건 인사 담당자건 미리 많은 내용을 숙지하면 협상 자리에서 더 편안하고 자신감 있으며 여유로워질 수 있다. 예컨대 비슷한 업종에서 비슷한 자격을 갖춘 구직자들에 대한 대우나 수요를 미리 알면 어떨까. 또 다른 회사가 제시하는 참신한 조건이나 전체 임금 수준을 알고 있다면? 다만 분명한 원칙 없이 그저 많이만 알고 있다가는 실수할 수도 있다.

텔레비전 연속극이나 영화의 흥미진진한 협상과 달리 진짜 협상은 대부분 지루하다. 흥행을 염두에 둔 대본 작가라면 재미를 생각하지 않을 수 없다. 그래서 예상치 못한 위기가 연이어 벌어지고 터무니없이 시간이 촉박한 가운데 극적인 상황이 발생한다. 이런 장면들은 현실의 훌륭한 협상가와는 상관이 없다.[4] 전문 협상가의 숙련된 솜씨는 언뜻 보기에 지루하기 짝이 없다. 통념처럼 순식간에 판단하고 때로는 허풍도 떨다가 갑자기 통 큰 제안을 한다고 해서 승리의 영광이 돌아오지는 않는다. 사람들은 협상이란 말에서 약간의 불안과 두려움을 느끼는데, 극도로 공격적이고 위압적인 분위기가 이어져야 유리하다고 생각하기 때문이다. 물론 그런 식으로 재미를 보는 협상가도 있겠지만, 보통은 역효과나 불필요한 압박감만 생긴다. 따라서 영화 주인공처럼 통 크고 능숙하지 않더라도, 또 지루한 사전 조사가 '진짜' 협상가의 일이 아닌 듯해도 염려할 필요 없다. 탁월한 협상가는 언제나 먼저 해야 할 일부터 충실히 끝마친다.

사실관계를 조사하는 방법 중 일부는 특히 고려할 만하다.

- **전화 한 통의 도움** 관련 전문가와 접촉하면 통찰력을 얻을 수 있다. 여행하고 싶다면 여행사에, 집을 구한다면 부동산 중개인에게 전화하자. 다만 연락할 때는 적당히 신중할 필요가 있다. 마찬가지로 친구와 지인에게 연락하여 안내나 소개를 부탁하

승자의 언어

면 뜻밖에 귀중한 정보를 얻을 수 있다. 곧 살펴보겠지만 여러 방법으로 도움받을 수 있는 든든한 지원군을 얻을 수도 있다.

- **정식 면담** 때로는 정말 필요한 정보를 제공할 수 있는 사람을 찾아 면담을 요청해보자. 이 방식은 언론인이 주로 사용한다. 면담을 통해 사실관계, 개인 성향, 분위기, 동향, '이 바닥에서 사람들이 일하는 방식' 등을 알아보자. 물론 면담할 때 사려 깊고 신중한 태도를 유지해야 한다.

- **장부 가까이 하기** 각기 다른 제안이 예산이나 현금 유동성 등에 어떤 영향을 미칠 수 있는지 살펴보면 중요한 통찰력을 얻을 수 있다.

- **상대방 입장이 되어보기** 내가 가장 좋아하는 방법 중 하나로, 상대방 입장에서 조사하는 방법이다. 예컨대 구매 담당자가 공급 가격을 문의했다면 구매 담당 직원들이 정보를 교환하는 Procurious.com 등의 인터넷 사이트를 확인하는 것이 좋다. 여기에는 구매 담당자들이 중요시하는 조건, 제약, 선호하는 선택 사항에 대한 여러 게시물과 함께 토론 게시판, 최신 동향 보고서 등이 있다.

- **재무 동향 파악** 상대방 입장을 이해할 수 있는 또 다른 방법은 재무 상태를 직접 파악하거나 전문 담당자에게 의뢰하는 것이다. 앞서 '장부'를 언급했지만, 자신의 재정 상태 확인도 대단히 중요하다. 예산을 검토할 때마다 이해관계를 은연중에 알아가는 셈이다. '주택 관련 비용이 너무 많이 나간다. 내가 더 높은 임금이나 좋은 복지 혜택을 바라는 이유는 그런 이해관계 때문이다. 상대방은 어떤 선택 사항을 제시할까? 혹시 주택

관련 대출 혜택도 있을까?'

- **변호사 상담** 관련 분야의 경험이 풍부한 변호사는 어떤 방식이 합리적인지 잘 알 것이다. 물론 법률 지식 자체도 큰 도움이 된다.
- **상대에 관한 공식 정보** 기업들은 자사의 목표, 조직 구조, 경쟁 업체 등에 관한 많은 내용을 인터넷에 공개하고 있다. 증권거래소 자료나 홍보 사이트 등에서도 기업의 정책이나 주요 관심사를 놀랍도록 자세히 알 수 있다.
- **잡지 구독** 업계 잡지를 살펴보면 상대의 동향, 요율, 이해관계에 대한 유용한 정보를 얻을 수 있다.
- **인터넷 사이트 탐색** 인터넷의 바다에 숨어 있는 보물을 찾아보자. 업계 관련 설문 조사도 도움이 되고, 개인 사이트에서도 귀한 정보나 사연을 찾아볼 수 있다. 일부 사이트는 친절하게도 중요한 내용을 요약해주기 때문에 시간을 절약할 수 있다. 공개 게시판에서 실용적 지혜를 나누는 회원들을 만나보라.

참새가 방앗간을 그냥 지나칠 수 없듯이, 노련한 협상가라면 다양한 방법을 잘 써먹어야 한다. 2장에서 다른 문제와 도구를 이야기할 것이다. 사실관계 파악은 훌륭한 협상가의 도구에서 빠질 수 없는 구성 요소다.

선택 사항 이해관계와 사실관계를 파악하면 한쪽의 이해관계라도 충족해줄 창의적 선택 사항을 제시할 수 있다. 선택 사항은 하나의 해결책일 수도 있고 복잡한 거래의 작은 부분일 수도 있다. 어쨌든 양측 모두가 받아들일 수 있어야 한다. 앞에서 살펴봤듯 이해관계와 사실관계를 파악하려 한 섀니스 덕분에 동료들이 몇 가지 선택 사항을 제시할 수 있었다. 그중 하나가 안내 화면에 당장 필요한 기능만 넣고 나머지는 수동으로 처리하자는 제안이었고, 상대의 이해관계와 부합하여 즉시 동의를 얻었다. 하지만 사람들이 떠올리는 첫 번째 선택 사항은 대부분 먹히지 않는다. 숙련된 협상가가 선택 사항을 1, 2가지만 제시하지 않는 이유는 그 때문이다.

닐 래컴Neil Rackham과 존 칼라일John Carlisle은 「성공한 협상가의 행동」이라는 기념비적인 연구에서 48명의 유명 협상가와 48명의 평범한 협상가를 비교했다.[5] 뛰어남과 평범함은 어떻게 다를까? 결과는 놀라웠다. 뛰어난 협상가는 하나의 사안에 5개 이상의 선택 사항을 준비했다.[6] 나는 여러분이 뛰어난 정도가 아니라 탁월해지기를 바라기 때문에 6개 이상의 전혀 다른 패를 준비할 것을 권한다. 여러 방법을 궁리하다 보면 상황에 들어맞는 제안을 찾을 확률이 높아진다. 애플에서 스티브 잡스를 도왔던 데이비드 켈리David Kelley의 혁신적 디자인 기업 아이디오IDEO도 많은 선택 사항을 준비하는 것으로 유명하다. 이 회사는 수십 개 혹은 1백여 개가 넘는 제시안을 준비하고 그중 평판이 가장 좋은 것을 택한다.

적절한 선택 사항을 떠올리는 쉬운 방법 중 하나는 이해관계 목록에서 하나를 택하고 '이 조건을 만족시킬 창의적 제안은 무엇일까?'라고 묻는 것이다. 또는 양쪽 모두 이해관계가 있는 문제를 택하고 '모두 받아들일 제안이 무엇일까?'라고 물을 수도 있다. 또 다른 방법은 아예 엉뚱하거나 이상한 쪽으로 생각하는 것이다. 고정된 사고의 틀을 벗어나면 예상치 못한 선택 사항이 떠오를 수 있다. 만약 섀니스가 '동료 모두를 상대 측에 떠넘기고 그쪽에서 알아서 하라고 할까'라고 생각했다면 어떨까? 이런 생각이 직원을 임시로 파견해 수동으로 업무를 돕자는 탁월한 제안으로 이어진 것 아닐까?

나의 경험에 따르면 누구나 5분 안에 몇 가지 선택 사항을 떠올릴 수 있다. 두 사람 이상이 힘을 합하면 6개 이상, 한 무리는 순식간에 10개 이상 떠올릴 수도 있다. 즉, 머리를 맞대면 좋은 선택 사항을 더 많이 떠올릴 수 있다.

문제 하나당 6개를 생각해야 한다며 부담스러워할 필요는 없다. 우선 생각나는 대로 많은 의견을 내놓고 논리적으로 구분할 수 있을지 살펴보자. 그다음 비슷한 내용을 뭉치면 6개로 정리할 수 있다.

다양한 사업적 어려움에 직면할 때

앞으로 살펴보겠지만 3가지 작은 질문은 사업의 어려움들을 극복하는 데 큰 도움이 된다. 크든 작든 사업을 시작한 경영자 대부분은 장소와 비용을 고민한다. 나중에 강의실에서 나와 만난 프랭크Frank도 뉴저지 북쪽 상가에 작은 식료품 가게를 열어 경영대학원 등록금을 마련하려 했을 때 비슷한 난관에 부딪혔다. 끔찍하게 높은 임대료 때문에 열심히 일해도 이익이 거의 없었고, 더 큰 간판을 세우거나 갓 조리한 음식을 파는 것도 금지되어 장사를 확장할 방법이 없었다. 다행인 점은 같은 건물에 비슷한 식료품 가게를 열게 하지 않겠다는 건물주의 약속뿐이었다. 어느 날 프랭크는 건물 한쪽 구석에 식료품 가게가 문을 여는 광경을 봤다. 격분한 그는 당장 변호사를 찾아가 의논했고, 변호사는 임대 계약 위반 가능성이 있다며 고개를 끄덕였다. 그런데 변호사는 당장 소송에 들어가는 게 아니라 이상한 부탁을 했다.

프랭크의 상황과 함께 무엇을 원하는지를 자세히 말해달라는 것이었다. 게다가 이야기를 모두 듣고는 자신에게 몇 주 정도 시간을 달라고 했다. 몇 주가 지나 프랭크에게 전화한 변호사는 간판을 새로 달고 뜨거운 음식을 만들어 팔 수 있다면 어떨지, 게다가 임대료를 30퍼센트가량 낮추면 소송 없이 넘어갈 수 있을지 물었다. 프랭크는 깜짝 놀라 물었다. "정말 그럴 수 있나요?" 변호사가 대답했다. "건물주가 그렇게 하자고 했습니다. 그리고 비슷한 가게가 근처에 있으면 오히려 손님들의 시선을 더 끌 수도 있겠죠." 프랭크는 거절할 이유가 없었다. 결국 그는 충분한 돈을 벌어 경영대학원을 어려움 없이 졸업했다. 도대체 무슨 일이 일어났을까? 변호사는 3가지 작은 질문을 던진 후 프랭크의 이해관계만 바라보지 않고 사실관계를 파악하여 양측이 받아들일 수 있는 선택 사항을 제시했다.*

강하면서도 부드럽게: 질문의 효과가 강력한 이유

3가지 작은 질문이 중요한 이유 중 하나는 강하면서도 부드러운 사람이 되도록 해주기 때문이다. 어떻게 그럴 수 있냐고? 문제에 단호하게 대처하지만 사람에게는 부드러우면 된다. 3가지 작은 질문을 하면 "어려운 문제와는 싸워야 하지만 그 과정에서 어떻게든 당신에게 도움이 되면 좋겠군요"라고 말할 수 있다. 다시 말해 자신의 필요를 잊지 않으면서 관계를 강화할 수 있다.

---

* 이 일화가 얼마나 설득력 있었는지, 하버드대학교의 협상 연구소 책임자 로버트 무킨Robert Mnookin은 변호사 지망생을 위해 쓴 『적과의 협상: 언제 협상하고, 언제 싸울 것인가Beyond Winning: Negotiating to Create Value in Deals and Disputes』 서문에서 자초지종을 소개했다.

몇 년 전 추수감사절 전날 나는 뉴욕 퀸스에서 맨해튼으로 가기 위해 빗속에서 택시를 기다리고 있었다. 마침내 택시에 올라탄 나는 기사에게 목적지를 말했지만 그는 이렇게 말했다. "거기는 못 갑니다." 나는 놀라기도 하고 화도 났다. "뭐라고요? 아니, 손님이 가자면 가야지요!" 실제로 운행 중인 택시가 이런 식으로 거부하는 것은 불법이다.

　　그런데도 기사는 단호했고 나 역시 물러서지 않았다. 택시는 움직이지 않았고 나는 택시에서 나가지 않았다. 시간은 계속 흘렀다. 이제 뭘 어떻게 해야 할까? 나는 기사에게 이렇게 물었다. "괜찮다면 맨해튼에 못 가는 사정이 있는지 들려주지 않겠습니까?" 나는 기사의 이해관계를 알고 싶었다. "그게 말입니다, 곧 일을 마치고 맨해튼에서 멀리 떨어진 집에 가서 추수감사절 연휴를 맞이할 생각인데, 교통지옥과 몇 시간이나 싸우면서 맨해튼까지 갔다가 다시 빠져나오고 싶지 않단 말입니다." 긴 침묵이 흘렀다. 나는 창문 밖을 바라보며 상황을 가늠해보았다. 날씨, 다른 택시를 잡을 수 있는 가능성, 아니면 지하철 이용은 가능할까…… 그렇게 사실관계를 확인하는 내 눈에 멀리서 빈 택시 1대가 보였다. 비를 맞으며 달려가기에는 멀었지만 탈 수는 있을 듯했다. 그렇게 나에게 선택 사항이 주어졌다.

　　"그럼 말입니다." 내가 입을 열었다. "저기 저 택시가 보입니까? 저기까지만 데려다주시오. 저 택시가 맨해튼으로 간다면 갈아타지요." 기사의 표정이 밝아졌다. "그래요!" 빈 택시에 가서 물어보니 맨해튼까지 갈 수 있다고 했다. 나는 타고 있던 택시에서 내렸다. "죄송하고 고맙습니다. 나도 사정이 있었던 터라……." "뭐, 이제 해결됐으니까요. 연휴 잘 보내십시오." 3가지 작은 질문으로 문제를 해결하는 동안 나는 화내며 무능하고 어리석게 행동하던 사람에서 상황에 적절히 대처하면서도 기사에게는 친절한 사람으로 바뀌었다. 모두 만족하는 결과를 만들 수 있도록 도움을 받은 것이다.

3가지 작은 질문으로 받은 노벨 평화상: '불가능한' 합의를 위한 도구

3가지 작은 질문은 풀기 어려운 갈등을 해결하는 데도 도움이 된다.

1994년 이스라엘과 요르단은 적대 행위를 종식하기 위해 오랫동안 추진해온 조약 체결을 마무리하지 못하고 교착 상태에 빠졌다. 원인은 갈릴리 호수의 수자원 통제권을 어느 쪽이 확보하느냐는 문제였다. 오랫동안 양측은 절대 물러설 수 없다며 싸움을 그치지 않았고, 그 와중에 물을 낭비하곤 했다. 협상가들은 다른 관점에서 접근하기 시작했다. 요르단은 가뭄을 대비해 물을 저장할 방법이 필요했고, 이스라엘은 장기적 관점에서 호수를 보호해야 했다. 양측의 이해관계를 깨달은 협상가들은 과학과 기술을 폭넓게 동원했다. 사실관계를 확인하자 해결책인 선택 사항을 제시할 수 있었다. 요르단은 겨울에 미리 물을 저장하고, 건조한 여름이 오면 그 물을 사용한다. 이스라엘은 담수화 기술로 추가 수자원을 확보하는 데 나선다. 그럼 이스라엘은 1년 내내 필요한 만큼 호수 물을 사용할 수 있다. 만족한 이스라엘과 요르단은 1994년 관련 조약을 체결했다.[7]

3가지 질문 중 2가지를 제시하여 시나이반도를 둘러싼 이스라엘과 이집트, 미국의 심각한 갈등을 해결한 사례도 있다. 지미 카터Jimmy Carter가 미국 대통령으로 재임하던 시절 이스라엘 및 이집트와 평화 회담을 추진하자 양국은 시나이반도에서 한 걸음도 물러서지 않겠다고 주장했다. 해결의 실마리가 보이지 않는 교착 상태가 시작되었다. 그때 누군가가 정상들에게 시나이반도를 원하는 '이유'를 물었다. 이집트의 안와르 사다트 대통령은 이집트 주권을 지키기 위해서라고 대답했고, 이스라엘의 메나헴 베긴 총리는 이스라엘 안보가 달려 있다고 말했다. 정확히 말하면 사다트는 시나이반도가 이집트 영토임을 세계에 확실히 알리고, 이집트 국민이 그곳에 자유롭게 정착해 살기를 바랐다. 다만 여기에 반드시 군대가 주둔할 필요는 없었다. 베긴은 이스라엘에 대한 기습 공격을 막으려면 시나이반도가 비무장 완충지대가 되어야 한다고 주장했다. 그러자 선택 사항이 어렴풋이 보이는 것 같았다. 시나이반도를 이집트 영토로 인정하고 민간인 거주를 허용하는 대신 어느 쪽 군대도 주둔하지 않는 완충지대로 만들어 이스라엘에 대한 공격 위험을 제거하면 어떨까? 거기에 미국의 정찰위성이 실시간으로 이집트 병력의 움직임을 감시해 이스라엘 측에 알려준다면? 이집트도 이스라엘도 제안에 동의했고, 1978년 캠프 데이비드 협정 체결을 가로막아온 가장 큰 문제가 해결되었다.[8] 문제가 완전히 해결되지는 않았지만 이 협정으로 양측의 오랜 적대 관계가 청산되었고, 적어도 수십 년 동안 평화가 지속되었다. 사다트와 베긴, 카터는 노벨 평화상을 공동 수상했다.[9]

3가지 작은 질문의 한계

3가지 질문의 위력에도 한계가 있다. 첫째, 이해관계에 기반한 접근 방식으로 모든 갈등을 해결할 수는 없다. 예컨대 갈등의 배경이 민족이나 인종처럼 난해하면 효과를 발휘하지 못하는 경우가 많다. 원인 자체가 너무 복잡하게 얽혀 있기 때문이다.

승자의 언어

둘째, 때로는 3가지 질문으로 상황을 해결하기 힘들어서 더 강한 통찰력과 요령, 권위와 주의가 필요하다. 이때는 2장의 두 번째 도구 '예측의 기술'이 도움이 된다.

셋째, 3가지 작은 질문으로는 다자간 협상 방법을 알기 어려울 때가 있다. 여럿이 경쟁하는 상황을 어떻게 다뤄야 할지 모르고 그저 뭔가 창의적인 해결 방법에 몰두하면 상처만 입고 물러날 수도 있다. 하지만 염려할 필요는 없다. 이 책의 도구들, 특히 4장에서 살펴볼 주제와 목표, 절충 계획표 그리고 7장의 모두가 승리하는 비법 등이 도움이 될 것이다. 과열 경쟁 속에서 협상하거나 중재하기 불편하더라도 자기 몫에 대한 주장이 정의 구현의 형태 중 하나이며 사람이 살아가는 모습임을 알고, 다른 도구들도 편하게 사용할 수 있음을 깨달을 것이다.

어쨌든 3가지 작은 질문은 오랫동안 반목한 사람들도 화합하도록 할 수 있다. 나와 학생들은 그 선한 영향력을 수없이 목격했다. 3가지 작은 질문을 하자 고객과 의뢰인에게 성공을 선물하는 길이 보였다. 나도 중재자로서 많이 사용했고, 서로 싫어해서 마주하지도 않았던 사람들끼리 합의하도록 이끌기도 했다.

지금까지 살펴본 것처럼 3가지 작은 질문이 그리 어렵지 않다면 아이들에게도 효과가 있지 않을까?

11살 아이도 질문할 수 있다

저말Jamal은 고양이를 입양하자고 몇 개월째 아빠에게 떼쓰는 중이었다. 토라져 심통을 부리다가 애원하는 등 또래 아이들이 하는 방법은 모두 동원했다. 하지만 아빠의 태도는 단호했고, 두 사람 사이는 크게 어색해졌다. 어느 날 내게 대학원 수업을 받던 일링Yiling이 저말을 돌보게 되었다. 저말은 일링에게 불만을 토로했고, 일링은 3가지 작은 질문 방법을 알려줬다.

일링의 설명을 들은 저말은 아빠와 대화하며 질문할 준비가 되었다. 저말은 아빠에게 점심을 함께 먹자고 했다. "어? 그러지 뭐." 아빠는 고개를 갸웃거리며 대답했다. 점심을 먹던 저말이 문득 이렇게 말했다. "아빠, 고양이 이야기를 좀 해도 될까요?" 아빠는 한숨을 내쉬었다. "저말! 고양이 이야기는 그만하기로 했잖니! 몇 번이나 말했어? 아빠도 고양이가 싫지 않다고 했지? 하지만 우리 집에 고양이를 둘 수는 없어요. 네 여동생이 고양이 알레르기가 있어서 안 된다고. 그렇다고 엄마랑 아빠가 하루 종일 고양이 털에 신경 쓰며 살 수 있을까? 11살밖에 안 된 네게 모든 걸 맡길 수도 없는 노릇이고. 그러니 고양이 이야기는 다시 꺼내지 마라."

그런데 저말의 다음 이야기가 아빠를 놀라게 했다. "아빠, 무슨 말인지 잘 알겠어요. 그런데요, 좀 찾아보니까 어린아이도 알레르기 없이 어울릴 수 있는 고양이가 있대요. 벵골고양이는 털이 적게 빠져서 어린아이가 있는 집에도 괜찮대요. 그리고 고양이를 돌보는 자선단체가 있는데 몇 주 동안 고양이를 빌려준대요. 그러면서 고양이를 기를 만한 자격이 있는지 확인한다는 거예요." 아빠의 입이 벌어졌다. "음, 네가 그렇게까지 말한다면⋯⋯."

이 분야에 몸담으며 나 역시 수많은 협상에 관여했고, 그중 일부 거래는 수억 달러가 오갔다. 그렇지만 저말의 일화야말로 몇 손가락 안에 들 사례가 아닐까. 11살 아이도 3가지 작은 질문으로 난감한 상대를 설득하고 어려움을 극복할 수 있다! 무엇보다 그 과정에서 창의성과 참을성 그리고 진취적 태도와 함께 상대를 존중하는 대화법을 깨달았다. 아이는 물론 우리 모두에게 필요한 품성과 자질 아닌가. 그 렇다면 저말이 질문한 과정을 살펴보자.

일링이 무슨 사정인지 묻자 저말은 아버지가 신경 쓰는 부분, 즉 아버지의 이해관계를 털어놓았다. 딸의 건강을 지키고 집 안이 지저 분해지지 않게 하는 동시에 아직 어리고 책임이 뭔지 모르는 아이에 게 고양이를 맡기고 싶지 않은 아빠의 마음을. 그 통찰력은 저말이 실 마리를 찾는 밑바탕이 되었다.

저말은 이제 사실관계 확인에 착수했다. 인터넷으로 알아보니 벵 골고양이는 알레르기가 있는 사람도 함께 지낼 수 있다고 했다. 그리 고 주인 없는 고양이나 개를 보호하다가 희망자들에게 보내주는 단체 에서 몇 주 동안 고양이를 빌려준다는 사실도 알게 되었다. 저말은 이 사실들이 가족의 이해관계를 충족할 수 있는 창의적 선택 사항으로 이어진다는 것을 깨달았다.

사실관계를 정확히 확인하면 중요한 시험 전날 모든 준비를 제대 로 끝낸 듯 안심이 된다. 저말이 편안하고 자신감 있게 아빠와 대화를 시도할 수 있었던 이유는 확인과 준비를 완벽하게 마쳤기 때문이다.

권한이 부족할 때

섀니스와 저말을 비롯해 이스라엘, 요르단, 이집트와 관련한 이 야기들은 3가지 작은 질문의 위력 중 일부만 보여준다. 단체나 국가 의 지도자가 가장 자주 마주하는 문제는 막중한 책임에 비해 부족한 권한이다. 헤드릭 스미스Hedrick Smith는 저서 『파워 게임Power Game: How Washington Works』에서 대통령 같은 사람들의 권한도 생각보다 훨씬 적다고 지적했다. 기업의 중간 관리자나 부서 책임자, 위원회 위원장, 최고 경영진이나 한 가정의 가장도 비슷한 상황을 실감할 것이다. 주어진 일을 끝마치기 위해 다른 사람들에게 지시해야 하는데 충분한 권한이 없다면 무엇을 어떻게 해야 할까?

놀랍게도 해답은 협상이다. 수많은 책과 연구 결과에서 알 수 있듯 어떤 지도자나 책임자든 하루 중 대부분을 동료나 부하들과 협상하며 보낸다.[10] 그렇다면 높은 자리에 있는 사람은 어떻게 협상할까?

역시 3가지 작은 질문이 도움이 된다. 미리 질문하여 확인한 내용을 다른 사람들과 논의하여 자발적으로 협력하도록 만들어야 한다. 일반적으로 권위를 강요할 때보다 더 많은 협조와 더 좋은 결과물을 얻을 수 있다.

레이철Rachael의 이야기를 살펴보자. 자동차 부품 회사에서 일하는 그는 동료들과 비교해 큰 권한이 없었지만 3가지 작은 질문을 통해 조정자 역할을 잘해냈다. 그리고 회사가 어려울 때 부서를 잘 이끌었다. 레이철은 경쟁자가 아니라 동료 입장에서 누구에게도 상처 주지 않으면서 꼭 필요한 예산 삭감에 대한 합의를 끌어냈다.

경기가 어려워지자 레이철이 몸담은 설계 부서도 상부에 예산 조정 계획안을 제출해야 했다. 각각 부하 직원들을 거느린 레이철과 4명의 동료는 부서 총관리자 원치Wanchee에게 계획안을 제출했다. 그런데 원치는 여전히 예산이 너무 많이 든다며 계획안을 다시 짜라고 했다. 레이철과 동료들은 뭘 어떻게 해야 할지 알 수 없었다. 각자 자신에게 필요한 요구 조건을 고집했고 상황은 험악해졌다. 엎친 데 덮친 격으로 원치가 전체 예산의 30퍼센트를 일방적으로 삭감하겠다고 통보하자 압박감은 더욱 심해졌다. 긴장이 고조되면서 서로 편을 갈라 다른 동료의 예산부터 줄이겠다는 분위기마저 느껴졌다. 레이철이 보기에 부서 전체가 큰 문제에 직면해 있었다. 뭔가 방법이 없을까?

레이철은 우선 자신과 동료들이 제시한 예산안과 계획하고 있던 작업을 검토해 각각의 중요한 이해관계부터 알아보고 사실관계를 확인했다. 그다음 자신과 동료들이 비용을 줄일 수 있는 선택 사항을 찾았다. 레이철은 각자의 이해관계와 충돌하지 않는 선에서 예산안을 새로 짤 수 있는지 알아보자고 동료들에게 제안했다. 그리고 먼저 합의하지 못하면 상부에서 마음대로 더 많은 예산을 삭감하여 부서 전체가 피해를 본다는 사실을 상기시켜 협력을 독려했다. 이렇게 한 걸음씩 나아가자 다른 동료들도 화를 가라앉히고 마음을 열었다.

이후 레이철은 모두에게 꼭 필요한 것과 그 이유를 묻기 시작했다. 예컨대 알렉산드라는 3D 프린터 4대가 필요하다고 했는데 그 이유는 무엇인가? 이유를 경청한 레이철은 3대만 주문한 후 1대는 다른 동료가 사용하지 않을 때 빌려 쓰면 어떻겠냐고 제안했다. 이런 식으로 레이철은 각자의 이해관계를 위한 선택 사항을 제시했다. 동료들은 그의 도움으로 일정을 조정하며 창의적인 해결 방법을 찾았고, 업무에 큰 영향을 미치지 않는 선에서 많은 비용을 절약할 절충안을 내놓기 시작했다. 예산 계획안을 새로 완성한 그들은 장비를 공유하고 불필요한 구매를 줄여서 원래보다 80만 달러 이상을 낮출 수 있었다. 원치는 이 모든 성과를 이룬 레이철을 크게 칭찬했다. 레이철과 동료들은 서로를 협력자로 이해하며 모두 만족할 수 있는 결과를 만들었다.

레이철은 특별한 방식으로 문제에 접근하지 않았다. 여러 연구에서 확인된 것처럼 최고 경영진이나 중간 관리자, 군대 지휘관도 이런 식으로 문제를 해결한다.

나의 제안은 이렇다. 업무를 처리하는 데 필요한 권한이나 관계에 문제가 있다면 3가지 작은 질문을 던져 갈등을 해소하고 협상하여 필요한 도움이나 지원을 얻자.[11]

판매왕이 되는 법

이 외에도 3가지 작은 질문을 활용하면 더 많은 물건을 판매할 수 있다.

래컴은 30명의 연구원과 함께 1970년대와 1980년대에 걸쳐 20개국 이상의 영업 사원들이 상담한 3만 5천 건을 조사했다. 많은 영업 사원이 전화 상담 방식을 애용했다.[12] 그런데 10년이 넘는 대규모로 연구해보니 결과가 보통 사람의 생각과 조금 달랐다. 일반적이고 단순한 상품을 판매하는 기존 방식은 복잡한 상품 판매에 전혀 맞지 않았다. 따라서 래컴은 상품이 얼마나 훌륭하고 대단한지 구구절절 알려주는 대신 몇 가지 간단한 질문을 하라고 영업 사원들에게 조언했다. 새로운 방식으로 접근하는 사례를 통해 3가지 작은 질문과의 관계를 찾아보자.

- 영업 사원: 직장에서 하시는 일과 복사 작업의 규모는 어떤가요? (고객의 답변)
- 영업 사원: 지금 한창 사업이 성장하는 중이라 현금 사정이 여의치 않으시겠군요. 일주일에 1천 부가 넘는 안내문을 복사하셔야 하고요. 그럼 복사 작업이 어렵지 않은지요? 복사 품질이나 속도는 만족하시나요? (고객의 답변)
- 영업 사원: 알겠습니다. 그리 큰 불편은 못 느끼시는 것 같군

요. 일주일에 2, 3차례 복사기가 문제를 일으켜서 1, 2시간가량 작업이 중단되지만 알아서 처리하실 수 있고요……. 그렇다면 복사기에 문제가 생기면 어떤 작업이 가장 큰 영향을 받나요? (고객의 답변)

- 영업 사원: 그러니까 배송 작업이 늦어지거나 고객의 불만 사항이 접수되는군요. 그때마다 초과 근무를 하고 일주일에 2백 달러가량의 비용이 더 들고요. 그럼 1년이면 1만 달러가 넘는 액수 아닌가요? 혹시 최신 복사기를 갖춰 초과 근무나 비용을 줄이고 불필요한 재작업도 줄이는 방안을 생각해보신 적 있나요? (고객의 답변)

- 영업 사원: 아까 말씀드린 대로 복사기가 가끔 고장 나는 것만으로도 1년에 1만 달러 이상이 초과 지출되는 듯합니다. 다시 말씀드리면 복사기를 바꾸는 것만으로도 1만 달러 이상을 확보할 수 있다는 뜻이고요. 업무가 안정되면 1만 2천 달러의 가치가 있는 고객을 잃지 않을 확률도 높아질 겁니다. 맞나요?

래컴이 소개한 사례를 보면 이 영업 사원은 그저 고객의 상황, 즉 사실관계를 확인하기 위해 단순한 질문을 한 다음 이해관계와 관련한 날카로운 질문을 계속함으로써 자신이 제시할 선택 사항에 고객이 먼저 귀 기울이도록 만들었다. 복사기에 대해서는 아무 설명도 하지 않았다. '적극적인 홍보'라는 오래된 영업 전략과는 정반대다. 래컴의 새로운 방식은 '적극적인 듣기'로 요약된다. 그의 지적처럼 듣기는 오늘날 가장 수익성 높은 영업 전략 중 하나인 고객의 필요에 기반한 자문 영업의 핵심이다.[13]

이 접근 방식은 내가 경영 관련 조언자로서 '영업'할 때 큰 도움이 되었다. 처음 일을 시작했을 때 한 은행이 내게 직원 연수를 부탁했다. 나는 늘 하던 대로 도움이 될 만한 좋은 이야기를 잔뜩 늘어놓았다. 그 은행은 나를 다시 찾지 않았다. 훗날 래컴에게 교훈을 배운 나는 다른 방식으로 접근했다. 누군가 일을 부탁할 때마다 "필요한 사항을 자세히 알 수 있도록 계속 이야기해주세요."라고 말했다. 그렇게 래컴과 비슷하게 질문한 후 고객의 요구에 내 교육 내용을 맞췄다. 이 방식으로 점점 더 많은 일을 따냈다.

여기서 사고 실험을 해보자. 통설에 따르면 정말 뛰어난 영업 사원은 북극에서도 냉장고를 팔 수 있다고 한다. 정말 그럴까?

3가지 작은 질문을 하고 래컴의 접근 방식을 적용하면 사실관계를 파악할 수 있다. 북극의 한겨울에 음식을 집 밖에 두면 꽁꽁 얼어붙어 필요할 때 먹을 수 없다. 이렇게 사실관계를 확인하면 그동안 몰랐던 이해관계가 드러난다. 북극 사람들에게는 더 '높은' 온도로 음식을 보관할 수 있는 냉장고가 필요하다! 또 다른 사실도 알게 되는데, 기후 온난화 때문에 북극에서도 여름에 음식을 집 밖에 두기가 어려워지고 있다. 이제 북극 사람들에게도 냉장고가 필요한 이유를 알겠는가?[14]

기금을 모으는 법

3가지 작은 질문을 활용하면 불황에도 기금을 모을 수 있다.

브리짓Bridget은 에이즈AIDS 연구 기금 마련을 위한 행사에 자원봉사자로 참여했다. 그런데 전해에 5천 달러를 기부한 기업에 연락하니 담당자 밀린드Milind가 올해는 기부가 어렵다고 했다. "그러시군요." 브리짓이 말했다. "혹시 무슨 큰일이라도 생겼는지요?" 밀린드는 요즘 경기가 불황이라 매출이 줄었을 뿐 아니라 젊은 전문직 종사자 대상의 영업도 지지부진이어서 경영진이 불필요한 지출을 삼가도록 지시했다고 말했다. 브리짓은 우선 어려운 시기에 전화해서 미안하다고 사과했고, 밀린드는 이해해줘서 고맙다고 대답했다. 며칠 후 브리짓은 밀린드에게 다시 전화했다. "요즘 어려움을 겪고 있다는 영업 말인데요." 브리짓이 말했다. "뭘 찾다가 알게 됐는데, 다음 달 시카고의 필드박물관에서 연례 기금 모금 행사가 열려요. 통계를 보니 7만 5천 ~25만 달러, 평균적으로 11만 달러 이상의 연봉을 받는 젊은 전문직 종사자 약 1천 명이 지금까지 모였더군요. 그럼 귀사의 고객층과 겹치지 않나요? 기업의 경우 이런 행사에 참여해서 평판을 높이고 좋은 뜻도 인정받을 수 있고요. 혹시 필요하면 특별히 자리를 마련해서 귀사의 이름으로 홍보하도록 도와드릴 수 있습니다만…… 어떻게 생각하세요?" 이 말을 듣고 흥분한 밀린드는 작년 기부 액수보다 5배나 많은 2만 5천 달러를 회사 이름으로 기부하겠다고 했다. 경기 불황은 이제 문제가 아니었다.

　　브리짓의 사례는 하버드대학교 교수 하워드 스티븐슨Howard Stevenson의 통찰과도 일맥상통한다. 총액이 20억 달러에 달하는 기금을 모으는 데 공헌한 스티븐슨은 저서 『기업가의 방식으로 기금 모으기Getting to Giving: Fundraising the Entrepreneurial Way』에서 기부자의 동기에 초점을 맞추고 참여를 이끌 만한 의미 있는 방법을 찾는 것이 요령이라고 말했다. 즉, 기부자의 이해관계에 초점을 맞추고 사실관계를 확인한 다음 기부자가 흥미를 느낄 만한 창의적 선택 사항을 제시한다. 정확히 이 방법을 따른 브리짓의 일화는 이 책의 내용과도 일치한

　　　　　　　　　　　　　　　　　　제1부 준비

다. 모금은 늘 어려운 일이어서 모금 주체가 무력감을 절감할 때가 많다. 특히 경기 불황은 예측하기 힘든 걸림돌이다. 그렇지만 브리짓은 분위기를 뒤바꾸었다.

여러분도 3가지 작은 질문으로 직장이나 업계의 분위기를 뒤바꿀 수 있다.

분위기를 바꾸는 3가지 작은 질문: 결국 상품이 문제다

1960년대에 닭고기는 그저 평범한 상품이었다. 소비자도 생산자도 상표를 따지지 않았다. 그러다 한 식료품 회사에서 소비자가 가격 외에도 신경 쓰는 문제가 있다는 사실을 알아차렸다. 소비자들은 색깔이나 신선도, 조각의 크기며 형태에 관심이 많았다. 이 문제를 진지하게 연구한 회사는 1970년대에 품질 보증서를 붙인 새로운 상표와 함께 먹음직스러운 노란색 닭고기를 홍보하기 시작했다.[15] 프랭크 퍼듀Frank Perdue의 퍼듀팜스는 지금도 인구에 회자되는 광고와 함께 미국 전역에 이름을 알리며 업계 최고의 기업으로 등극했고, 고유 상표를 내건 닭고기라는 새로운 시대를 열었다. 퍼듀 역시 먼저 3가지 작은 질문을 했다.

톰 피터스Tom Peters와 낸시 오스틴Nancy Austin은 업계의 고전이자 필독서 『엑설런트 리더십Passion for Excellence』에서 결국 상품이 가장 중요하다고 역설했다. 화학제품, 유제품, 닭고기 등의 여러 산업을 살펴본 피터스와 오스틴은 소비자가 충족하지 못한 이해관계를 알아차리고 상황을 연구하여 개선한 상품을 내놓은 혁신가들이 시장을 변화시켰다고 주장했다.

나도 혁신가들의 역동적 활동을 실시간으로 지켜본 적이 있다. 몇 년 전 나는 학생들에게 15분쯤 시간을 내서 일반 상품 사업으로 분류되는 대용량 플라스틱 제조업체에 3가지 작은 질문을 해보자고 제안했다. 얼마 지나지 않아 구매자의 알려지지 않은 이해관계를 충족할 만한 제조업체의 창의적 선택 사항이 30가지 쏟아졌다. 신속한 배송부터 조언과 환율 변동에 대한 보증, 색상, 수량, 보관 및 청구서 발행 등이었다. 작업이 끝나자 한 기업 간부가 이렇게 말했다. "4년 동안 플라스틱 업계에 있었는데, 그렇게 많은 시간 끝에 깨달은 사실을 여기서는 15분 만에 가르쳐주는군요. 문제는 가격이 아니라 창의성입니다."

뭔가 깨달았는가? 우리는 직장과 업계 그리고 업무 전반에 혁명을 일으킬 수 있다. 고객과 의뢰인에게는 어떤 이해관계가 있는가? 깨달아야 할 사실관계는 무엇인가? 그 이해관계를 충족할 창의적 선택 사항은 무엇인가? 차례로 3가지 질문을 하고 해답을 구하라.

3가지 작은 질문으로 이해관계와 사실관계, 선택 사항을 파악하면 큰 도움이 되지만 거기서 그쳐서는 안 된다. 학생과 경영자들은 더 효과적이고 유용한 도구를 찾아 이용해야 한다. 이 도구는 가장 난감한 협상에서도 우리를 다양하게 지원할 수 있다. '예측의 기술'이라는 도구는 2장과 3장에서 계속 논의해야 할 정도로 중요하다.

요약

....

3가지 작은 질문: 이해관계, 사실관계, 선택 사항

연습

....

기본 연습. 일주일 동안 갈등이나 협상을 맞이할 때마다 잠시 숨을 돌리고 이해관계에 집중한 후 몇 가지 사실관계를 확인하라. 이후 창의적인 선택 사항을 떠올리고 동료들과 의견을 나눠라. 그러려면 무엇을 준비해야 할까? 그 준비는 대화에 어떤 영향을 미치는가?

업무 연습. 일주일 동안 현재나 미래 고객의 필요에 관해 깊이 생각하고, 업계 분위기를 바꿀 방법을 검토해보자. 고객의 필요를 간략히 조사하고 새롭고 창의적인 제품이나 용역을 제공할 수 있을지 생각해보자.

기금 모금 연습. 일주일 동안 기부자의 이해관계를 생각하고 기부하는 쪽과 받는 쪽 모두의 사실관계를 조사하자. 이후 기부의 의미가 더욱 커질 수 있는 창의적 제안을 떠올려보자.

영업 연습. 일주일 동안 잠재 고객에게 구매를 강요하는 대신 고객의 이해관계와 사실관계에 대한 질문을 반복한다. 이후 고객의 이해관계와 관련해 제공할 수 있는 선택 사항을 알리고 결과를 확인하자.

2장
만약을 위한
만능 도구

도구: 예측의 기술

필요한 상황

• 중요한 협상

• 상대방을 잘 모를 때

• 부담감이 클 때

• 역량을 십분 발휘하기 힘들 때

• 상황이 복잡할 때

• 사업은 물론 사생활 등이 위태로울 때

사용 결과

• 대화의 주도권이 나에게 넘어오기 시작한다.

• 상황이 정리되기 시작한다.

• 숨어 있는 배경, 위험, 활로가 보이기 시작한다.

• 불안이 현명한 행동으로, 이윽고 확신으로 바뀌기 시작한다.

지금 여객기에 타고 있다고 상상해보자. 지옥 같은 22시간의 여정이 막 끝났다. 그런데 태풍이 몰려오고 있다며 공항이 폐쇄되었다. 여객기는 그저 활주로 위에 멈춰 서 있다. 6시간이 흐르자 더 이상 견디지 못한 승객들의 분위기가 심상치 않다. 뭘 어떻게 해야 할지 모르겠다는 분위기다. 그런데 문득 옆자리에 앉아 있는 한 남자가 눈에 들어왔다. 밥 바스키Bob Barsky라는 이 남자는 치과 의사라고 한다. 분위기를 바꾸고 싶었던 그는 45분 안에 모든 승객이 여객기에서 내려 안전하게 공항으로 이동할 수 있도록 만들었다. 위기는 끝났다. 바스키는 뭘 어떻게 했을까? 위기가 계속될 것 같았는데? 바로 그가 떠올린 질문 하나가 큰 도움이 되었다. 지금부터 확인할 여러 질문 중 하나다. 여기서 설명할 도구는 '예측의 기술I FORESAW IT'이다.

영어 대문자 10개로 이루어진 'I FORESAW IT'은 중요한 협상이나 갈등에 대비하기 위한 10가지 도구 모음집이다. 각 글자 하나는 하나의 영어 단어를 의미하며, 각 단어는 중요한 대화를 시작하기 전에 생각하고 대답해야 하는 질문이다. 앞에서 'I'에 해당하는 '이해관계Interests', 'F'의 '사실관계Facts', 그리고 'O'에 해당하는 '선택 사항Options'에 대한 질문을 살펴보았다. 여기서는 더 강력한 질문 6가지를 살펴보고, 4장에서는 마지막 질문을 다룰 것이다. 이 질문들은 여러 측면에서 중요하다. 숨어 있던 기회나 함정, 협력자가 드러나기 때문이다. 친밀감을 형성하고 거부감을 극복하며 문제를 더 잘 이해할 수 있다. 단점과 약점 모두를 깨닫고, 진짜 영향력 있는 사람을 찾아내며 정말 도움이 되는 기준을 알 수 있다.

바스키가 둘러보니 한 승무원이 승객들에게 항공사 최고 경영자 앨런 도지Allen Dodge가 있는 시카고 본사에 불만을 전하라고 권하고 있었다. 새로운 정보를 알게 된 바스키는 다른 방향으로 생각했다. 항공사 사장이라면 공항 근처 고급 주택가에 거주할 거라고 추측한 그는 약간의 검색 끝에 도지의 집 전화번호를 알아내고 전화를 걸었다. 도지는 집에 없었지만, 그의 아내가 전화를 받았다. 바스키는 상황을 설명했고, 그녀는 크게 당황했다. 도지의 아내는 즉시 공항 운영실에 전화했고, 얼마 지나지 않아 바스키가 탄 여객기에 출입구 쪽으로 이동해도 좋다는 허가가 떨어졌다. 바스키는 어떤 질문을 했을까? '누가 진짜 영향력 있는가?' 바로 'I FORESAW IT'의 'W', 즉 '사람Who'을 찾은 것이다.

만약 다양하게 쓸 수 있는 만능 도구가 바로 옆에 있다면 어떨까? 스위스 군용 칼 같은 도구 말이다. 우리가 살면서 마주하는 문제들은 종종 비행기에 갇힌 승객들의 사례보다 더 복잡하고 다루기 어렵다. 천신만고 끝에 진행한 회사 합병이 위기에 처했다. 어떻게든 비용을 절감해야 하는데 공급 업체는 오히려 부품이나 제품의 가격을 인상할 것 같다. 새로운 업무를 맡았지만 상황이 만만하지 않다. 가족이 사망해 유산을 처리해야 하는데 큰 갈등이 불거지며 가족 전체가 분열됐다. 고향과 멀리 떨어진 곳에 발이 묶여 있고, 제일 먼저 선택한 해결책은 생각처럼 되지 않았다. 그렇지만 문제의 여러 가지 측면을 동시에 둘러보면 승리할 수 있는 몇 가지 방법을 발견할 수 있다. 그러기 위해 I FORESAW IT을 떠올리자. 문제의 규모와 복잡한 정도에 맞춰 10가지 도구 중 필요한 것을 사용하자.

이제 10가지 도구가 진짜 위기에서 어떻게 작동하는지 살펴보자.

예측의 기술 요약

이해관계. 각각의 필요와 공통의 이해관계. 즉, 개별적 관심사와 공통적 관심사의 목록.

사실관계 및 재무 조사. 사실관계를 비롯한 유용한 정보와 재무제표. 다시 말해 대화와 검색, 정보 처리로 질문에 대해 준비한 해답.

선택 사항. 창의적인 거래 조건. 즉, 모두 동의할 수 있는 조건의 목록. 서로가 제공할 수 있는 매력적인 사항들.

친밀감, 반응, 응답. 대화 도중의 동의나 반대처럼 반응을 나타내는 모든 방법. 분위기 파악을 위해 때로는 이견이나 불만도 제시하면서 교감을 쌓는다.

공감과 윤리. 상대방은 상황을 어떻게 보며, 각자의 윤리적 갈등은 무엇인가. 다시 말해 상대방의 내면과 진짜 문제는 무엇인지, 논의할 사안이나 해결책과 관련해 각자에게 일어날 수 있는 윤리적 문제는 무엇인지 확인한다.

장소와 시간. 언제 어디서 협상할 것인가. 어디에서 어떤 규칙에 따라 어떤 시간에 어떤 순서로 협상할 것인가?

별도의 대안. 합의하지 못할 경우 스스로를 위해 제시할 수 있는 대안. 상대방과는 관계없이 자신의 이해관계에 맞춰 준비할 수 있는 선택 사항.

사람. 실제로 협상에 영향을 미칠 수 있는 사람은 다른 곳에 있는 경우가 많다. 협상장 밖에서 중요한 영향을 미칠 수 있는 사람이 누구인지 찾아보자. 권한이 강력하거나 중요한 지식, 정보를 제공할 수 있을 것이다.

공정한 기준. 쉽게 수긍할 수 있는 객관적 기준이자 사실 조사의 특별한 결과물. 다시 말해 무엇이 합리적 선택인지 알려줄 수 있으며 모두가 신뢰하는 출처에서 나온 지식.

주제, 목표, 절충. 'I FORESAW IT'의 핵심. 중요한 내용을 한눈에 볼 수 있도록 정리한 표나 목록. 이 장의 뒷부분에서 한 여행자가 어려움을 해결하기 위해 짧은 시간 동안 만든 계획표를 바탕으로 관련 사례를 살펴볼 것이다.

자, 협상이나 위기 상황에서 도구를 꺼내들면 어떤 일이 벌어질까?

살아남기

베타Beta라는 회사에 근무하는 디에고Diego가 출근하자 상사가 다급하게 찾았다. 베타를 인수 합병하기로 한 에크미Acme라는 회사에서 새로운 정책을 발표했는데, 베타에 도움이 되기는커녕 상사와 디에고의 경력까지 위협할 내용이 있다는 것이었다. 이제 어떻게 해야 할까? 앞서 소개한 도구들이 어떻게 경력을 지켜줄 수 있는지, 그리고 어떻게 수백만 달러의 부가가치를 창출할 수 있는지를 확인해보자.

에크미는 클리블랜드에 있는 원동기 제조업체로, 디에고가 근무하는 베타를 합병했다. 베타는 뉴욕 근처에서 원동기 부품을 제조하는 회사다. 그런데 에크미가 관련 비용을 분담하라고 베타에 요구했다. 비용은 무려 2천만 달러! 너무나 엄청난 금액이라 베타로서는 합병된다 한들 오히려 손해 볼 상황이었다. 이 문제를 어떻게 해결해야 할까?

철저한 준비가 핵심임을 간파한 디에고는 'I FORESAW IT'을 떠올리고 강도 높은 사실관계 조사에 착수했다. 그리고 에크미가 인수 후 업무가 호환되도록 만드는 데 필요한 비용 문제를 고민하고 있다는 사실을 알게 되었다. 예컨대 컴퓨터를 비롯한 기본적 장비가 한 종류로 통일되어야 했다.

그 밖에도 디에고는 재무 자료를 뒤지고 다른 회사의 친구들에게도 연락해 다른 회사들은 비용을 어떻게 분담하는지 조사했다.

조사를 마친 디에고는 상사를 찾아갔다. 크게 낙담한 상사는 어찌할 바를 모르고 있었다. 디에고는 한동안 상사의 말을 듣고 'I FORESAW IT'의 몇 가지를 소개했다. 그러자 분위기가 진정되면서 희망의 빛이 보이는 것 같았다. 상사는 직원 두 사람을 더 불러들였고, 네 사람은 각자의 이해관계와 디에고가 조사한 사실관계 및 재무 상태를 바탕으로 10여 가지 선택 사항을 준비했다. 디에고는 중지를 모으면 최고의 방안이 떠오를 수 있다는 사실을 알고 있었다. 그런 식으로 'I FORESAW IT'의 나머지 도구들도 적용해보기 시작했다.

'I FORESAW IT'을 따라가는 동안 모두가 알아차리지 못했던 사실이 떠올랐다. 양측의 합병 계약에 따라 베타는 자사 장비를 그대로 유지할 권리가 있었으며, 내부의 불필요한 혼란을 피하기 위해서도 그러는 편이 좋았다. 무조건 두 회사의 근무 환경을 합치려고 하면 비용이 치솟을 수밖에 없었다. 베타 입장에서는 생각보다 유리한 자신들만의 대안이 있는 셈이었고, 베타와 에크미에는 공동으로 부담하는 비용을 현명하게 줄여야 한다는 공동 이해관계가 있었다.

디에고 측에서 생각해낸 최선의 선택 사항은 업무 재편성이었다. 그렇게 하면 베타는 장비를 호환하게 해주는 설비와 관련해 직접 비용 중 자기 몫만 준비하면 충분했고, 다른 합병 관련 비용은 부담할 필요가 없었다. 또 베타의 모든 장비를 에크미에 맞춰 교체할 필요도 줄고, 에크미 입장에서도 비용을 줄일 수 있었다.

상사는 디에고의 통찰력에 감탄했고, 이제부터 디에고가 베타의 대변인 역할을 해야 한다고 말했다. 그렇게 해서 디에고는 'I FORESAW IT'을 본격적으로 실행하기 시작했다.

계속 조사한 그는 처음 떠올렸던 업무 재편성 방안이 실행 가능하다는 사실을 확인했다. 같은 업계의 다른 기업들도 이 방식으로 합병을 진행했고, 나중에 문제가 될 만한 여지도 없었다. 다른 기업의 경험과 사례는 이 방안이 공정하면서도 실행 가능하다는 일종의 기준이 되어주었다.

이제는 협상 장소와 시간, 그리고 누가 가장 영향력 있는 사람인지가 문제였다. 디에고는 베타 측 제안에 대한 지지를 얻고 협조 관계를 구축하기 위해 베타에 가장 우호적인 에크미 임원을 만나기로 했다. 먼저 이 임원을 설득하면 이 사람이 에크미의 운영 담당 임원을 설득한다. 그러면 다시 두 임원이 힘을 합쳐 에크미의 자금 담당 임원을 설득할 수 있다는 게 디에고의 생각이었다.

에크미의 관점에서 공감이라는 측면을 바라보자 또 다른 사실이 드러났다. 디에고는 베타에 우호적인 임원에게 숫자를 강조하며 이야기했다. 이 임원의 이해관계가 얽혀 있는 주주와 주가 문제, 그리고 공동의 이해관계인 비용 절감을 강조하면 최고의 반응을 끌어낼 수 있을 듯했다.

무엇보다 디에고의 치밀한 준비가 긍정적인 반응에 큰 도움이 되었다. 그런데 이 임원은 베타의 제안은 잘 알겠지만 에크미가 받아들이기는 어려울 것 같다고 디에고에게 덧붙였다. 좋은 분위기에서 갑자기 부정적인 의견이 나오자 디에고는 소리라도 지르고 싶은 심정이었다. 하지만 그는 잠시 한적한 곳으로 가서 5분 정도 휴식을 취했다.

마침내 평정을 되찾은 디에고는 제자리로 돌아와 일견 바보처럼 보이는 질문을 던졌다. "혹시 제가 놓친 부분이 있나요? 베타의 제안에 무슨 문제라도 있습니까?" 그러자 임원은 그저 "에크미는 이런 식으로 일해본 적이 없어요."라고 대답했다. "그렇지만 안 될 게 뭐가 있을까요?"라고 디에고가 되묻자 임원은 한동안 조용히 있더니 고개를 흔들며 잘 모르겠다고 했다. 결국 임원은 자신의 부서 직원들에게 3일의 여유를 주고 베타의 제안을 검토해보라고 지시했다.

3일이 지난 후 디에고에게 전화한 임원은 몇 가지 조정할 점을 제외하고 베타 측의 제안 대부분을 수용할 수 있을 것 같다고 말했다. 디에고는 무척 기뻤다. 이 임원은 자신이 운영 담당 임원과 자금 담당 임원에게 연락했으며 모두 동의했다고 덧붙였다. 결국 베타는 장비 호환용 설비와 관련된 2백만 달러만 부담할 뿐 다른 비용은 부담하지 않기로 했다.

결과적으로 베타는 운영 비용을 5백만 달러 이상 절감할 수 있었고, 무엇보다 처음 언급된 2천만 달러 비용 부담이 취소되었기 때문에 합병 후에도 이득을 볼 수 있었다. 디에고는 상사와 베타의 최고 경영진으로부터 많은 칭찬을 받았다.

디에고는 'I FORESAW IT'이 없었다면 이 정도 성과를 거둘 수 없었을 거라고 생각했다. 아니, 재협상을 시도할 자신감조차 얻지 못했을 것이었다. 반대로 제대로 준비하지 않고 자신감만 가지고 협상했다면 어떻게 되었을까. 디에고는 체계적인 준비가 핵심이었다는 사실을 깨달았다.

그런 깨달음을 얻은 사람은 디에고만이 아니다. 지난 수십 년 동안 수많은 학생과 고객들은 설문 조사를 통해 'I FORESAW IT'이 가장 가치 있는 업무용 도구 중 하나라고 입을 모아 말했다. 많은 사람이 이후에도 계속 이 도구를 활용하고 있다.

협상 전문가 개빈 케네디Gavin Kennedy는 이렇게 말했다. "준비는 협상이라는 왕관의 마지막을 장식하는 보석이다. 그 과정만 제대로 진행하면 성과가 극적으로 향상될 것이다. 물론 '제대로' 준비했을 때의 이야기다." 현장의 조사 결과도 이 설명을 뒷받침한다. 준비에는 올바른 방법과 잘못된 방법이 있다. 시간을 낭비하고 제자리를 맴돌지 않으려면 똑같은 시간이라도 효율적으로 사용해야 한다. 어떻게 하면 되냐고? 디에고의 일화에서 알 수 있듯 'I FORESAW IT'을 동원하면 시간과 노력을 최대한 활용할 수 있다. 한 연구에 따르면 훌륭한 협상가와 평범한 협상가의 8가지 차이점 중 5가지는 어떻게 준비하느냐의 차이였다.[1] 훌륭한 협상가의 준비 과정은 바로 'I FORESAW IT'에서 찾아볼 수 있다.

준비하는 시간을 최대한 활용하는 일은 위기에 직면해서 시간이

제1부 준비

부족할 때 특히 중요하다. 급박한 순간에도 우리는 그저 다투거나 현실에서 눈을 돌리고, 중요한 사실을 건너뛰고 싶은 유혹에 빠진다. 그 동안에도 시간은 흐르는데 말이다. 'I FORESAW IT'은 우선 마음을 진정시켜 문제를 침착하게 돌아보고, 숨어 있는 희망과 역량을 발견할 수 있도록 도와준다. 무엇보다 동료와 함께한다면 체계적으로 생각하며 해결책을 더 빨리 찾아낼 수 있다.

그런데 디에고가 'I FORESAW IT'을 순서에 맞춰 따르지는 않았다는 점을 주목하자. 그는 제일 먼저 '사실관계 및 재무 조사'를 한 후 다음 단계로 넘어갔다. 기본적으로는 알파벳 머리글자의 순서대로 작업하는 게 좋지만, 반드시 그럴 필요는 없다. 각기 다른 부분들이 서로 영감을 줄 수도 있기 때문에 먼저 필요한 작업을 할 수 있고, 어떤 방식을 선택하든 'I FORESAW IT'은 우리를 도울 수 있다.

만약 계획하고 준비하는 과정이 싫다면 어떨까? 또는 시간이나 노력이 너무 많이 든다고 생각될 때는? 그렇더라도 부담감을 느낄 필요는 없다. 이제 시간이 부족할 때 유용한 7가지 방법을 언급하겠다.

계획이 완벽하지 않아도 괜찮다

'I FORESAW IT'의 진정한 가치는 문제를 새로운 방식으로 생각하고 배우겠다는 자세에서 나온다. 정리한 자료는 언제든 참고할 수 있는 귀중한 도구지만, 'I FORESAW IT'을 바탕으로 정리한 자료를 협상 과정에서 강박적으로 살필 필요는 없다. 우리에게 진정한 힘이 되는 건 생각하고 배우겠다는 의지 자체다. 지미 헨드릭스Jimi Hendrix 나 존 콜트레인John Coltrane 같은 대중음악 연주자들은 즉흥 연주로 유명하지만, 실제로는 하루에 10시간 이상 연습에 몰두했다.[2] 적어도 준비를 게을리하지 않겠다는 마음가짐으로 이들은 새로운 시도를 할 수 있었다. 마찬가지로 처음부터 준비하고 배우겠다는 자세가 있다면, 완벽한 계획을 세우지 못했더라도 어느 정도 자격을 갖춘 셈이다.

다시 말해 'I FORESAW IT'을 바탕으로 계획하고 보완해가면 언제든 필요할 때 도움이 된다.

계속 살펴보겠지만 'I FORESAW IT'과 관련한 중요한 통찰력 중 많은 부분은 4장의 간단한 도구로 정리할 수 있다. 그럼 '한눈에 알아볼 수 있는 계획표'를 만들고, 협상 도중에 잠깐씩 살펴볼 수 있다.

각각의 부분을 살펴보자

'I FORESAW IT'의 알파벳이 뭘 의미하는지 알았으니 내용을 살펴보자. 1장에서 'I'와 'F', 'O'에 관해 설명했지만 덧붙일 점이 있다.

이해관계 기본적 필요를 나열한다.

나의 필요, 상대방의 필요, 공동의 필요나 요구 사항을 정리한다. 가급적 많이 찾아 적고, 체면 같은 추상적 이해관계도 빠트리지 않는다. 공동의 이해관계에 특히 주의하라. 때로는 명백하지 않은 공동의 목표도 대충 넘어가서는 안 된다. 대규모 조직을 상대하는 중요한 협상이라면 조직을 대표해서 나온 주요 협상가의 이해관계를 먼저 파악하는 편이 좋다.

사실관계 및 재무 조사 조사하고 조사하고 또 조사하자.

그런데 무엇을 조사하면 될까? 가능한 한 많은 내용을 조사하자. 예를 들어 주어진 사안을 기준으로 한다면 시장 가격은 어느 정도인지, 중요한 문서들은 어떤 사실을 알려주는지, 전문가들의 의견은 어떤지, 공개된 정보는 어떤 것들인지, 상대방에 대한 평판은 어떤지, 예산이나 현금 흐름이나 대차대조표는 무엇을 나타내고 있으며 다양한 결과는 이 부분들에 어떤 영향을 미칠지, 지금까지 누구와 어떤 관계를 이어왔는지, 조직 문화와 구성은 어떤지 등 조사할 수 있는 내용은 모두 조사하자.

아무리 많은 내용을 조사해도 지나치지 않다. 중요하고 큰 협상에 들어갈 때 처음에는 갈 길을 못 찾겠다고 느낄 수도 있다. 지극히 정상적이다. 그렇지만 물러서지 말고 자신이 생각하고 찾아낸 질문과 해답을 기록하고 또 기록하라.

선택 사항 가능한 거래 조건들에 대해 중지를 모으자.

당장 완벽한 제안서를 만들자는 게 아니다. 부분적으로 내용이 다른 거래 조건들을 가능한 한 많이 나열해보자는 뜻이다. 이 조건들은 나중에 따로 혹은 합쳐서 이용할 수 있다. 저렴한 가격, 더 나은 결제 조건, 배송 조건, 대량 할인 등이 일례인데, '1천 달러, 1천1백 달러, 1천2백 달러……' 이런 식으로는 적지 말자. 그저 한 가지 조건에서 숫자만 바꾼 것뿐이니까. 지금은 각각의 이해관계를 채워줄 신선한 방법을 찾는 중이다. 양이나 숫자는 나중에 'T'로 접어들 때 구체적으로 생각해보자.

지금까지 살펴본 것처럼 창의성을 끌어내기 위해 다소 쓸모없어 보이는 생각까지 포함시키는 것이 좋다. 예를 들어 공장의 소음 문제로 이웃과 다투었다면 '공장을 아예 멀리 옮겨버릴까……' 같은 생각도 빠트리지 말고 적어라. 그러다 보면 정말 도움이 되는 선택 사항이 떠오를 수 있다. 공장을 옮길 정도의 각오라면 이웃집에 적당히 보상하고 이사를 권할 수도 있지 않은가!

무엇보다 최소한 자신의 이해관계를 만족시키는 데 도움이 되는 조건들을 먼저 생각하자. '내 가족을 잘 부양할 수 있는 조건은 무엇일까?' 다음으로 '상대방의 현금 유동성을 원활하게 해줄 방법이 없을까?' 등을 생각하자는 뜻이다. 믿을 수 있는 친구나 동료의 도움을 받고, 만날 때마다 좋은 생각이 있는지 물어보자. 물론 그때도 나의 이해관계가 먼저다.

최대한 많은 선택 사항, 조건, 제안을 모아 나열한 후 각 주제별로 분류하자. 협상에 관한 주제 하나당 제안을 6개 이상 적어보자. 내가 늘 학생들에게 강조하는 것처럼, 다양한 제안이 모일수록 협상장에서 '단호하고 끈질겨야' 한다.

그리고 주제별로 6개 이상의 제안을 만들 때까지는 어떤 제안이 나와도 비판하면 안 된다. 나중에 그 안에서 최고를 찾아내면 된다.

친밀감, 반응, 응답 목소리를 가다듬어라. 상대방의 강력한 반발에 대비하라.

신중하게 말하고, 분위기가 거칠게 바뀔 때 잘 대처하도록 계획을 세우자. 어떤 목소리나 말투, 어조로 대화를 시작할지 생각하자. 보통은 낙관적이며 진실한 태도가 드러나도록 말하는 게 가장 좋다. 또한 짧은 표현 안에 분위기를 부드럽게 만드는 내용을 담을 수도 있다. "이렇게 만나서 반갑습니다. 그쪽에 많은 기대를 걸고 있습니다. 상황이 희망적이라고 생각해요. 둘 다 만족할 수 있는 제안 말이에요. 먼저 말씀하세요. 잘 들어보겠습니다." 또 실제 상황에 가까운 문장을 미리 적어둘 수도 있다. 자신의 제안을 전할 때는 대본을 읽는 것처럼 어색하지 않도록 주의하자. 즉석 강연이나 연설로 유명한 사람들도 사실은 많은 준비를 거친다.

자, 다음은 상대방의 반발에 대비할 차례다. 두려움을 떨쳐버려라. 상대의 난감한 표현이나 말을 상상하고 어떻게 대응할지 생각하자. 다시 말해 5장의 내용처럼 일종의 역할극을 하라는 뜻이다. 그렇다고 연극 대본을 쓰거나 모든 상황을 미리 예측하자는 건 아니다. 상대방의 질문에 대한 대답을 준비하는 정도도 괜찮다.

- 상대가 이렇게 말한다면: "가격 협상은 안 해요. 그게 우리 정책입니다."
- 나는 이렇게 말한다: "가능한 제안에 대해서라면 이야기할 수 있지 않을까요? 예를 들어 제품을 대량 주문한다면 어떤가요?"
- 상대방이 이렇게 말한다면: "그런 터무니없는 소리가 어디 있어요!"
- 나는 이렇게 말한다: "우리가 서로 공정한 거래를 바란다는 것을 알고 있습니다. 저는 지금 업계의 표준 조건을 말하는 거예요."

논쟁이 아닌 건설적 토론으로 유도할 수 있는 대응 방식을 찾아라. 'I FORESAW IT'을 참고하자. 예컨대 앞의 사례에서는 '사실관계'에 바탕하여 창의적 '선택 사항'을 제시했고 '공정한 기준'도 사용했다.

공감과 윤리 상대의 감정을 살피고 윤리적 함정을 확인하라.

가장 먼저 상대방의 입장이 되어보자. 상대방의 마음속으로 들어가 상황에 대해 말하거나 글로 적어보자. 상대방에게는 지금 어떤 문제가 있는가? 지금 이 책을 읽는 독자여, 무엇을 고민하고 있는가? 무엇이 협상을 가로막고 있는가? 서로 입장을 바꾼다면 나는 어떤 대접이나 대우를 받고 싶은가? 혹시 다른 문화권에서 온 사람과 마주해야 한다면 그의 문화에 대해 알아보겠다는 자세를 갖자.

상대방에 대한 공감이 시간 낭비 같을지도 모른다. 하지만 실제로는 그렇지 않다. 이 과정에서 내 계획의 대부분을 돌아볼 수 있기 때문에 가장 중요한 준비라고도 할 수 있다. 상대방의 인간성을 파악하며 신뢰를 쌓을 수 있고, 염려하는 부분에 공감함으로써 또 다른 통찰력을 드러낼 수도 있다. "그 문제에 대한 염려는 타당합니다. 저도 그럴 수 있다고 생각했기 때문에 미리 연구했고, 그 문제를 처리하는 데 도움이 될 방법을 찾을 수 있었습니다."

상대방이 조직을 대표해서 나왔다면, 그 조직에서 누가 강경파인지 온건파인지, 누가 적대적인지 우호적인지를 고려하여 상대방의 정치적 상황에 공감하도록 노력하자.*

이제 윤리적·정신적 측면을 고려해보자. 윤리나 도덕을 앞세우면 언뜻 합법적으로 보이는 관행이나 정치적 함정을 미리 발견하는 데 도움이 된다. 예를 들어 상대방이 세금을 내지 않도록 도와달라고 하거나 어떤 사실을 정부로부터 숨기자고 제안한다면 어떻게 해야 할

---

* 1962년 10월 쿠바 미사일 위기가 발생하자 미국의 존 F. 케네디 대통령과 참모진은 먼저 소련 서기장 니키타 흐루쇼프가 소련 내의 강경파와 온건파 사이에서 어떤 상황에 처해 있는지 이해하기 위해 노력했다. 소련 주재 미국 대사를 지낸 토미 톰슨Tommy Thompson은 케네디에게 소련의 핵미사일 배치를 막겠다는 구실로 쿠바를 침공하지 말라고 충고했다. 케네디는 핵전쟁의 위험을 무릅쓰는 대신 흐루쇼프가 강경파 앞에서 체면을 지킬 수 있는 선에서 거래를 제안해 위기를 평화적으로 끝냈다. 당시 미국 국방부 장관이었던 로버트 맥나마라는 '이것이 바로 공감의 효과'라고 말했다.

까. 나는 어떻게 처신할 것인가? 윤리적 한계를 어디까지 둘 것인가? 중요한 인물을 자극할 수 있는 부분을 놓치지는 않았는가?* 이 질문들에 대한 답변을 목록에 추가하자. 그러면 특히 분위기가 경직되었을 때 금전적 문제와 상관없이 참을성 있게 상황을 풀어갈 힘이 생긴다. 위기가 닥쳤을 때 완벽한 계획을 세우려 하기보다는 조금 다른 방향, 그러니까 인간적이고 윤리적인 면에 집중하며 잠시 숨을 몰아쉬면 마음을 진정시키고 결단할 여유가 생긴다. 'I FORESAW IT'의 일부도 생각의 방향을 바꾸는 데 도움이 된다.

장소와 시간 협상할 장소와 시간을 계획하자.

장소는 어디로 정할까? 직접 만나지 않을 거라면 전화나 이메일 혹은 영상통화도 괜찮을까?

직접 만난다면 어디가 서로 편할까? 중립 지대? 골프장 같은 곳? 그 장소를 선택하는 이유는 무엇인가?

이건 협상의 내용을 전달하는 매개체에 관한 문제다. 똑같은 내용이라도 휴대전화 문자나 이메일로 오갈 때, 그리고 식당이나 골프장에서 만나 전달할 때의 영향력은 상당히 다르다. 하버드 경영대학원 캐슬린 밸리Kathleen Valley 교수의 연구에 따르면 직접 만나면 대화 시간의 19퍼센트를 서로 어긋나는 말 때문에 낭비하지만, 사전 구두 협의 없이 처음부터 이메일 등으로 협상하면 서로 알아듣지 못하

---

* 앞서 언급한 치과 의사 바스키를 떠올려보자. 바스키가 승객들을 대신해 제시한 해결책은 윤리적 측면에서 문제가 될 수 있다. 분명 먼저 도착한 여객기들이 활주로 위에서 대기하고 있는데, 자신이 탄 여객기의 승객들만 먼저 내리게 해달라는 건 문제가 되지 않을까? 만일 바스키가 이런 질문을 떠올렸다면, 최소한 회사 사장의 부인에게 다시 전화해서 다른 항공기들도 도울 방법을 문의했을지도 모른다. 그녀를 통해 다른 항공사 경영진과 연락하는 식으로. 아니면 시장이나 주지사 혹은 방송국에 사태를 알렸을지도 모른다.

는 말이 50퍼센트 이상 오간다. 밸리는 "통신 기술에만 의존하는 상호 작용은 사람을 더 무례하게 만들어 갈등을 고조시키는 경향이 있다.", "전화로 협상하면 대부분 한쪽이 훨씬 많은 몫을 가져간다. 균형 잡힌 협상 방법이라고 보기 어렵다."라고 말한다.[3] 그렇다고 항상 직접 만나 협상해야 한다는 뜻은 아니다. 때로는 이메일이나 전화가 훨씬 효율적이다. 영상통화도 마찬가지다. 다만 주어진 상황을 어떤 의도로 받아들이는지가 문제다.

실제로 만나더라도 공개적으로 만날지 비공개로 만날지도 문제다. 여러 사람 앞에서 협상하다 보면 종종 자기 체면 때문에 양보하기가 어려워질 수도 있다. 자신이 선택할 수 있는 방법을 적어보자. 또한 일이 잘 풀리지 않을 때 환경을 바꾸는 방법도 염두에 두자. 그러면 종종 결과를 뒤집을 수도 있다.

환경 변화에는 자신이 생각했던 토론의 기본 규칙도 포함된다.* 그러니 염두에 둔 토론 규칙도 적자.

이제 생각해보자. 협상 시기는 언제가 좋을까? 뭔가 다른 일이 벌어지기 전에 가능한 한 빨리? 아니면 상황을 살펴보면서 나중에? 그럴 만한 이유가 있을까? 시기란 그만큼 중요한 문제다. 양자 협상이 아니라 여럿이 얽혀 있다면 누구를 가장 먼저 만나야 할까? 그다음 순서는? 하루 중 언제가 좋을까? 피곤이 덜 풀렸거나 술이 덜 깬 시간은 당연히 피하는 게 좋다. 밤늦게까지 깨어 있고 술을 곁들이는 걸 당연하게 여기는 사람이 많지만, 협상과 관련해서는 그런 상황을

---

* 예를 들어 처음부터 "모든 사항을 합의하기 전에는 아무것도 합의하지 않았다는 사실을 전제로 합시다."라고 제안하면 분위기를 더 창의적으로 바꿀 수 있을 뿐 아니라 상대방이 '자신에게만 유리하게' 대화를 이끌지 못하게 할 수도 있다. 이 문제는 11장에서 살펴보겠다.

제1부 준비

피해야 한다. 협상하면서 늦게까지 술을 권하는 사람이 있는가? 그때는 운전을 이유로 마시지 않고 끝까지 냉정하게 협상할 수 있는 동료와 동행하는 방법을 생각해보자. 협상에 정해진 기간이나 시한이 있는가? 그것도 미리 적어두자. 마감 시간을 알면 집중할 수 있어서 시간 관리와 전략 수립에 도움이 된다. 시간 관리는 중요한 주제이니 6장에서 다시 살펴보자.

장소와 시간은 대단히 중요한 문제다. 예를 들어 일정이 촉박할 때 한 달 혹은 일주일 아니 단 하루라도 더 확보할 수 있다면 상황 반전을 기대해볼 수 있다. 제시할 수 있는 제안이 하나뿐일 때 시간을 벌어 다른 제안을 찾으면 얼마나 큰 도움이 될까? 반대로 빠른 해결이 필요하면 협상 기간을 줄이는 것이 유리하다. 장소는 물론 토론의 기본 규칙도 미리 생각해보고 이야기해야 한다.

시간과 장소는 사안이 중대하면 중대할수록 따라서 중요해진다. 예컨대 외교관은 중요한 외교 회담이 시작되기 전에 몇 주 혹은 몇 개월간 여러 전제 조건을 조율하기 위해 세심한 주의를 기울인다.

한 젊은 구직자의 사례를 들어보자. 그는 미래의 직장 상사와 조건을 논의하면서 혹시 너무 탐욕스러워 보이지 않을까 하는 걱정이 앞섰다. 그러면서 장소와 시간을 고민하다 문득 아침 9시에 회사에서 긴장하며 회의처럼 의논하는 대신 다른 곳에서 만나는 방안을 떠올렸다. 그럴듯한 음식점에서 점심을 먹으면서 친밀도를 높이면 어떨까. 그리고 후식을 먹으면서 비로소 조용히 구직 조건이라는 진짜 용건을 꺼낸다면?

별도의 대안 협상이 제대로 진행되지 않을 때 각자 선택할 수 있는 대안을 적어보자.

각자가 생각할 수 있는 다른 대안들을 적어보자. 예를 들어 이웃집의 중고차를 사기 위해 협상 중인데 의견이 좁혀지지 않는다면 나는 어떤 선택을 할 수 있을까? 그냥 차 없이 대중교통을 이용할까? 아니면 비슷한 중고차를 다른 곳에서 찾아볼까? 아예 큰마음 먹고 새 자동차를 사는 건 어떨까?

적어도 5가지 이상의 대안을 준비하자.

5개가 너무 많아 보이는가? 그렇지만 첫 번째나 두 번째 대안은 최선이 되지 못하는 경우가 많다. '고소해버리자!' 같은 선택은 어떤가? 고소는 종종 확실하고 합리적인 선택 같지만 법률 전문가 입장에서 나는 고소야말로 최후의 수단이 되어야 하며, 다소 불명확하더라도 다른 대안이 낫다고 권한다. 창의적으로 연구해서 더 나은 대안을 찾아보자. 그러면 뜻밖의 놀라운 힘의 원천이 드러날 수 있다. 무엇이 나의 최선인가? 여기서 말하는 최선은 '협상 결렬 시 내가 선택할 수 있는 최선의 대안Best Alternative to a Negotiated Agreement'을 뜻하며, 영어 머리글자를 따서 'BATNA'라고도 한다. BATNA는 『예스를 이끌어내는 협상법』의 지은이가 하버드대학교에서 협상을 강의하며 만든 용어이자 도구다. 협상을 끝내야 할 경우의 최선의 선택, 즉 상대와 더 이상 거래하지 않을 경우 자신을 가장 만족시킬 수 있는 선택이다. 예를 들어 반드시 차가 필요하고 비용이 가장 중요한 문제라면, 그리고 이웃이 마지막으로 제시한 중고차 가격이 비싸서 협상이 결렬되었다면 나의 BATNA는 성능이 비슷하고 좀 더 저렴한 중고차가 된다.

나의 BATNA를 아는 건 대단히 중요하다. 내가 가르친 협상 과정에 대한 설문 조사에서 150명의 학생이 BATNA가 가장 도움이 되었다고 대답했다. 언제 거절해야 할지를 깨닫는 데 도움이 되기 때문이다. 상대방의 최종 제안이 BATNA와 비교해 부족하다면 협상장을 떠나야 한다. 한 가지 기준을 세웠다면 더 나쁜 제안을 더 쉽게 알아차릴 수 있으며, 더 나은 제안을 요구하고, 또 필요하다면 그 자리에서 대화를 끝낼 수도 있다.

그다음으로는 협상이 결렬될 때 상대가 선택할 수 있는 대안을 5개 이상 나열하여 나나 상대의 위치를 과대평가하지 않도록 한다. 상대방의 BATNA는 무엇일까? 각자 생각하는 대안을 알면 누가 우위에 있는지, 그러니까 누가 더 영향력을 미칠지 짐작할 수 있다.

WATNA도 유용하다. WATNA는 '협상 결렬 시 내가 선택할 수 있는 최악의 대안Worst Alternative to a Negotiated Agreement'의 영어 머리글자로, 각자가 처할 수 있는 최악의 상황을 의미한다. 협상가가 떠올리는 BATNA는 그럴듯해 보이지만 때로는 생각하는 동안 사라져버릴 수도 있으며 막연한 상상에 불과할 수도 있다. 앞의 중고차 거래 사례를 보면, 중고차를 팔려는 사람은 지금 협상이 결렬되어도 더 높은 가격을 제시하는 사람을 찾으면 그만이라고 생각할 수도 있다. 그러나 알맞은 구매자를 찾을 수 없다면 어떨까? 잘못된 판단으로 협상과 거래가 모두 취소되는 경우, 혹은 다른 방법이 전혀 없는 상황 등이 바로 WATNA다. 중고차를 사려고 한 사람의 WATNA는 어쩔 수 없이 대중교통을 이용해야 하는 상황이다. 이때는 시간적 여유와 편리함에 독립적 활동성까지 포기해야 한다. 따라서 BATNA와 마찬가지로 자신이 알아차린 WATNA는 현실을 자각하고 자기 입장만 과도하게 내세우지 말라는 경고가 될 수 있다. 어쩌면 자신의 BATNA부터 잘 살펴보라는 깨달음을 줄지도 모른다.

사실관계를 조사했더니 '사실 몇 개월 동안 중고차를 원하는 사람이 없었다.'처럼 이웃의 WATNA를 대강 파악할 수 있다면 어떨까. 자신이 원하는 가격으로 처분할 때까지 시간이 얼마나 걸릴지 알 수 없다면 원하는 다른 무언가를 사는 데 필요한 돈을 확보하기 어려워진다. 중고차가 필요한 사람이 상대방의 최악의 상황을 잘 이용하면 자신에게 팔라고 설득할 수 있을 것이다. 이 문제는 9장에서 자세히 알아보겠다.

사람 협상장 밖에서 협상 결과에 영향을 미칠 수 있는 사람을 찾아보자. 배우자? 고객? 조정자? 협상가가 협상 중 한번쯤 뒤돌아볼 만한 사람이 누구인지 지적해보자. 그중 누가 강경파이고 누가 온건파인가? 혹시 불러들이고 싶은 다른 사람이 있는가? 대리인을 내세우고 싶은가? 나보다 잘할 수 있는 조정자를? 대신까지는 아니더라도 힘을 합할 수 있는 사람은 누구일까? 반대로 상대방이 불러들이지 못하도록 조심해야 하는 사람이 있을지도 모른다. 내가 참여한 협상의 결과는 다른 이해관계자에게 어떤 영향을 미칠까? 이 모든 내용을 먼저 생각하고 기록해보자. 좋은 무기를 추가할 수 있을 것이다. 그 무기를 어떻게 휘두를지 생각해보자.

누가 정말 중요한지 생각해보라. 유명 인사들의 유명 인사로 불리는 음반 제작자 클레런스 애번트Clarence Avant는 퀸시 존스나 라이오넬 리치, 퍼프 대디 같은 가수들은 물론이거니와 제이미 폭스 같은 영화배우들과 함께 중요한 계약과 거래를 성사시킨 유명 협상가다. 그는 성공의 비결을 이렇게 말했다. "내게는 친구들이 있으니 어려울게 없다."[4] 누구와도 친밀한 관계를 맺고 이야기 나눌 수 있는 탁월한

제1부 준비

능력 덕분에 그는 무명 인사들의 강력한 후원자가 되어 그들의 역량을 십분 끌어냈다.

공정한 기준 공정하면서도 신뢰할 수 있는 기준이 있는가?

즉, 나의 제안이 공정하고 합리적이라고 받아들일 객관적 기준을 상대에게 제시할 수 있을까? 내가 멋대로 정하는 게 아닌, 다른 사람이 믿을 수 있는 기준을 찾아라. 예컨대 미국의 공정 시장 가치 평가 연구소 블루북Blue Book의 기준, 소비자를 위해 비영리 조직에서 발간하는 정보 소식지《컨슈머리포트Consumer Reports》의 기준, 회계사들의 공동 평가, 표준 및 관행에 대한 업계 발표, 검증 가능한 판례, 계약 선례 등이다. 공정한 기준을 내세우는 건 모두 믿을 수 있는 기준을 따르자는 말과 비슷해서, 자신의 제안이 공정하다고 말만 하는 것보다 훨씬 설득력 있다. 또한 상대방이 주장하는 공정성을 평가할 수 있는 좋은 방법이기도 하다.

누군가는 공정한 기준이 사실관계 확인의 하부 항목이냐고 물을 수도 있다. 그렇기도 하지만, 기준은 때로 예상 밖으로 설득력이 있기 때문에 별도 항목으로 봐도 무방하다.

만일 양측이 서로 믿을 수 있는 기준을 찾을 수 없다면 어떻게 할까? 한쪽이 "그런 기준은 출처를 믿을 수 없어요. 따르지 않겠습니다."라고 말한다면? 그러므로 사전에 여러 기준을 준비해야 한다. "무슨 뜻인지 알겠습니다. 다른 출처를 통해 또 다른 사례를 보여드리겠습니다."라고 말할 수 있어야 한다. 하지만 상대방이 계속 거부한다면 어떻게 해야 할까? 그때는 자신도 납득할 수 있는 기준을 제시해달라고 상대에게 요청할 수 있다. 다시 한번 말하지만 편향되지 않은 기준이어야 한다. "어떤 기준이 좋겠습니까?"라는 질문 자체가 적극적이고 공정하게 임하고 있다는 뜻이다. "우리 모두 공정한 협상을 바라고 있다는 걸 잘 압니다. 그런데 믿을 만한 기준을 아직 찾지 못한 듯합니다. 그럼 함께 의논해서 찾아보면 어떨까요." 상대방의 '반응'을 예상하고 '이해관계'를 생각하며 '공감'하고, 양측이 존중하고 귀를 기울일 만한 다른 출처와 기준을 '조사'하는 것은 당연히 좋은 일이다. 그런데 양측이 힘을 합쳤는데도 적절한 기준을 찾을 수 없다면? 생각의 폭을 더 넓혀야 한다. 예를 들어 해당 분야의 전문가나 중재자 혹은 상담사처럼 신뢰할 수 있는 사람을 고려해보자. 혹은 정부의 공식 발표처럼 큰 문제없이 받아들여지는 '규범'이나 공정하고 공식적인 '과정'을 적용하는 것도 고려하자.

주제, 목표, 절충 한눈에 볼 수 있는 계획표를 만들어보자. 'I FORESAW IT'을 통해 배운 여러 통찰력을 정리해서 1쪽짜리 계획표나 안내서를 만들 차례다. 이 계획표는 협상의 경쟁이나 협력 등 모든 측면에 대비할 수 있는 도구다. 계획표는 4장에서 자세히 살펴보겠다.

일종의 확인 목록인 'I FORESAW IT'은 문제를 다른 각도에서 바라보고 해결할 수 있도록 도와준다. 10개의 영어 머리글자로 이루어진 이 도구는 때로 동반 상승효과를 발휘한다. 쉽게 찾을 수 없었던 증거에 바탕한 거래 조건들을 이 도구로 드러낸 많은 협상가가 모두를 만족시키며 혁신을 이루었다. 앞서 소개한 디에고와 마찬가지로 많은 협상가가 'I FORESAW IT' 과정을 통과한 후 더 자신감을 느꼈다고 말했다. 뭔가 준비했기 때문에 염려할 이유가 적고, 그래서 오히려 더 상대방의 말을 경청하게 된다. 자신감이나 열린 마음은 위협에 대처하는 능력, 상대방의 전술과 전략에 효과적으로 대응하는 능력, 숨겨진 합의에 귀를 기울이는 능력, 상대방을 무장 해제시키는 능력, 공감과 창의성에 관한 능력, 무언가를 배우는 능력, 나아갈 때와 물러날 때를 아는 능력의 차이를 만들 수 있다. 놀라울 정도로 만족스러운 합의를 끌어낼 수 있는 능력도 빼놓을 수 없다. 물론 언제나 그런 건 아니지만 행운은 준비된 사람에게 찾아오는 법이다.

I FORESAW IT의 위력과 갈등

'I FORESAW IT'은 힘겨운 상황에서도 마음을 차분하게 가라앉혀준다. 심지어 세상이 무너지는 듯할 때나 깊은 감정적 갈등을 겪을 때조차 효과적으로 행동하도록 준비할 수 있다. 우리는 보통 슬프거나 고뇌하며 아무런 선택의 여지도 없다고 생각할 때 그저 화내거나 포기하고 만다. 그런 순간에도 'I FORESAW IT'은 더 나은 선택을 찾을 수 있도록 해준다.

2010년 1월 12일 마이크의 약혼녀가 아이티 지진 현장에서 사망했다. 마이크의 인생은 절망의 구렁텅이로 떨어졌다. 몇 개월이 지난 후 간신히 유해는 수습되었지만 단지 약혼자였던 마이크에게는 아무런 법적 권리가 없었다. 세상을 떠난 약혼녀의 시신을 찾아와 매장하고 유품을 정리하는 건 전적으로 그녀의 아버지 브라이언의 몫이었고, 그에게 마이크는 아무 의미가 없는 존재였다. 나에게 이런 순간이 닥쳐왔다면 무슨 일을 할 수 있을까?

아마 나라면 제대로 몸도 가누지 못하고 계속 침대에 드러누워 있지 않았을까. 그런데 마이크는 깊은 슬픔에도 불구하고 이 상황을 사랑과 원칙에 입각한 협상의 기회로 대하겠다고 결심했다. 그는 'I FORESAW IT'을 따라가기 시작했다. 우선 '공감과 윤리'를 고려했고, 덕분에 처음 인상과는 다르게 약혼녀의 아버지 브라이언이 나쁜 사람은 아니라는 사실을 깨달았다. 브라이언은 그저 슬픔에 잠긴 아버지였다. 그다음 마이크는 '장소와 시간'을 생각했다. 브라이언이 가장 편안하다고 느끼는 장소, 그리고 두 사람이 진심으로 대할 수 있는 장소에서 이야기 나누는 것이 정말 중요하다는 걸 깨달은 마이크는 어느 조용한 토요일 오후 브라이언의 집을 찾아가기 위해 먼저 전화했고, 마뜩잖게 생각하는 브라이언으로부터 허락을 받아냈다. 마침내 브라이언을 찾아간 마이크는 '친밀감'의 문제를 떠올리며 위로하는 마음을 담아 먼저 말을 건넸다.

"요즘 어떻게 지내고 계신가요?"

그러자 처음에는 주저하는 듯했던 브라이언은 딸의 죽음에서 느낀 슬픔을 마이크와 나누기 시작했다. 오랫동안 묵묵히 듣기만 하던 마이크는 역시 계획한 대로 '응답'했다.

"정말 고맙습니다. 제가 진심으로 존경하고 숭배한 여자를 훌륭한 성인으로 키워주셨어요. 정말 평생을 함께하고 싶었던 여자였지요. 그런데……."

마이크는 이야기를 계속했다.

"몇 가지 다른 문제에 대한 이야기를 나누어도 괜찮을까요."

그리고 마이크는 역시 준비한 대로 몇 가지 '주제'에 대한 이야기를 꺼냈다. 약혼녀의 죽음을 둘러싼 상황에 대한 정보, 유해 처리, 유품을 몇 개 갖고 싶다는 소망, 두 사람이 함께 타고 놀았던 조각배를 구입해 간직하고 싶다는 마음까지. 마이크는 예상보다 편안하게 이야기를 풀어나갈 수 있었다. 브라이언이 대화를 내켜하지 않을 때를 대비해 '이해관계'에 적합한 각각의 '선택 사항'을 준비했기 때문이다. 물론 '사실관계' 조사와 '공정한 기준' 제시도 자신이 이성적이고 합리적인 사람이라고 브라이언을 설득하는 데 도움이 되었다. 마이크는 자신이 준비를 잘했음을 아는 것만으로도 대화에 도움이 된다는 사실을 깨달았고, 철저히 준비하며 상대의 격렬한 '반응'에 대비한 '응답'을 미리 생각하지 않았더라도 대화가 잘되었을 거라는 사실에 마음이 따뜻해졌다. 대화가 마무리될 무렵 브라이언은 마이크의 모든 부탁을 들어줬을 뿐만 아니라 딸의 모교에 작은 독서실을 기부하는 행사에 기꺼이 초대하겠다고도 말했다. 그렇게 두 사람 사이에 새로운 관계가 시작되었다. 마이크는 많은 준비로 공감과 존중, 그리고 침착한 태도를 보여줄 수 있었다. 많은 것을 느낀 브라이언은 슬픔을 억누르고 마이크의 노력에 답했다.

해일처럼 몰아친 고통과 무력감을 극복하고 고독을 따뜻한 관계로 바꾸는 일이 어떻게 가능했을까? 마이크는 준비를 통해 자신의 감정을 상대방에 대한 긍정적인 고려로 바꿨다. 동시에 브라이언뿐만 아니라 자신까지 다독일 준비가 되었다는 사실을 깨닫고 진정으로 우러나오는 말을 할 자유를 얻었다.

마음이 어지러운 상황에서 굳이 협상에 나설 필요는 없다. 때로는 신뢰할 수 있는 누군가를 대신 내보낼 수도 있으며, 'I FORESAW IT'을 비롯해 동원할 수 있는 모든 도움에 기댈 수도 있다. 필요할 때 언제든 'I FORESAW IT'을 이용할 수 있다는 사실을 기억하자.

억지로 암기할 필요는 없다

디에고도 마이크도 'I FORESAW IT'의 모든 내용을 암기하기 위해 전전긍긍하지 않았다. 그 효과와 위력을 알고 어느 정도 연상할 수 있을 정도면 충분하기 때문이다. 나는 누구든 'I FORESAW IT'을 신속하게 사용할 수 있도록 간단한 양식으로 만들어 인터넷 사이트 professorfreeman.com에서 제공하고 있다. 이 책의 부록에도 첨부했으니 참고하라. 특히 전자 기기에 저장하여 언제든 손가락만 움직이면 이용할 수 있도록 해둘 것을 권한다.

대본이 아닌 지도

'I FORESAW IT'은 행동이나 말을 지시하는 대본이 아니다. 그런 대본은 실제 협상에서 효력을 발휘하지 못한다. 협상이라는 상황은 극도로 역동적이기 때문이다. 'I FORESAW IT'은 지도와 같아서 내가 가고자 하는 목적지의 많은 부분을 미리 알려주며, 상대방이 어떻게 가로막고 방향을 바꾸든 내가 처음 정한 방향으로 나아가게 해준다.

다시 말하면 어떻게 방향을 잡고 어디를 향해 출발해야 하는지 아는 게 중요하다. 이 부분은 제2부에서 살펴볼 것이다. 협상을 시작할 때 유용한 방법은 다음과 같다. 먼저 상대방과의 친밀도를 높이고 개인적 문제에 신경 쓴다. 긍정적이면서 건설적인 표현을 하며 간단히 질문한 후 잘 경청한다. 'I FORESAW IT'에서 'R', 즉 '친밀감 Rapport'에 해당하는 부분이다. 4장에서 살펴보겠지만 본격적인 협상에 들어갈 때 간단히 의제를 언급하는 게 좋다.

I FORESAW IT에는 단점이 없을까? 물론 없다고는 할 수 없다.

제1부 준비

구체적이고 체계적인 준비는 협상을 성공으로 이끄는 열쇠지만, 경험이 적은데 사전 준비에만 몰두하면 공들여 준비한 시간이 아까워서 상대방이 마뜩잖은 제안을 하더라도 선뜻 협상에서 물러나기 어려워할 때가 있다. 반면 숙련된 협상가라면 준비는 준비대로 하면서 이해관계와 대안, 그리고 공정한 기준에 비추어 각각의 제안을 확인하여 함정을 피할 수 있다. 'I FORESAW IT'은 또한 상대방의 제안을 수락할지 거부할지 결정할 때도 도움이 된다. 이 부분은 13장에서 살펴볼 것이다.

더 나은 대안이 없을 때

협상에서 자신이 약자라고 느낄 때 'I FORESAW IT'을 활용하면 상황을 공평하게 만들 수 있다. 그런데 정말 별도의 대안이 없고 상대방이 너무 강력하다면 어떻게 해야 할까. 대안과 관련한 상황을 개선하기 위해 조력자를 찾아 협상을 이끄는 방법은 6장에서 살펴보고, 12장에서 BATNA 개념을 다시 확인하겠다. 여기서는 3가지 대응방법을 소개한다.

첫째, 숙제를 더 열심히 하자. 'I FORESAW IT'의 각 부분에 관한 더 좋은 해답을 찾기 위해 더 많은 시간을 투자하라. 동료들이 큰 도움이 될 수도 있다. 협상에서 발휘할 수 있는 역량은 여러 가지인데, 지금까지 살펴본 'I FORESAW IT'은 특히 다른 사람의 지원을 받을 때 더 효과적이다. 신문 기사나 떠도는 소문, 혹은 본능이 속삭이는 두려움에 귀 기울이는 협상가는 먼저 실패를 자인할 때가 많은데, 그럴 필요가 없다.

준비는 일종의 숙제다. 숙제를 미리 해두면 협상 상황을 더 제대로 확인하며 무엇이 가능하고 불가능한지 알 수 있다.

둘째, 호랑이와 하룻강아지도 친해질 수 있다. 디에고의 사례에서 확인했듯이, 협상장을 들었다 놨다 할 수 있는 호랑이가 앞에 있더라도 모두에게 좋은 거래를 제안하면 분위기를 반전시킬 수 있다. 눈앞에 있는 유일한 고객이 일방적인 조건을 제시하고 있다고 상상해보자. 그래도 준비를 잘하면 고객의 숨은 이해관계, 적은 비용으로 서로에게 큰 도움이 될 선택 사항, 분위기 반전을 위해 부를 수 있는 사람, 그리고 협상이 가능한 추가 주제 등을 찾아낼 수 있다.

셋째, 협상을 피해도 된다. 'I FORESAW IT'으로 준비해도 상대방의 입장에 따를 수밖에 없다거나, 호랑이도 그냥 호랑이가 아니라 정말 괴물을 마주했다면 차라리 'I FORESAW IT'을 통해 적당히 협상을 피할 수 있는 방법을 찾아라. 일정을 연기하거나, 정중하게 협상 자체를 거절하거나, 우선 자기 입장을 내세울 수 있고 덜 중요한 거래부터 시작하는 식으로 시간을 벌어보자. 잠시 협상장에서 벗어나 있는 동안 더 나은 대안이나 선택 사항을 찾을 수도 있다. 이 부분은 6장에서 살펴보겠다.

'I FORESAW IT'과 긴급 상황

갑자기 긴급한 상황이 발생했다. 어떻게 할 것인가? 앞서 소개한 디에고와 마이크에게는 준비하고 계획할 시간이 어느 정도 있었다. 그런데 시간이 몇 분 정도에 불과하다면? 많은 사람이 확인했듯, 그

때도 'I FORESAW IT'으로 문제를 해결할 수 있다. 예를 들어 여행지에서 언제든 발생할 수 있는 위기의 순간에 'I FORESAW IT' 계획을 떠올리면 효과를 볼 수 있다.

최고 경영자 과정을 공부하던 마이라Myra가 뉴욕에서 로스앤젤레스로 가는 여객기를 기다리고 있을 때, 폭탄을 설치했다는 협박 때문에 항공사가 갑자기 운항을 취소했다. 가족이 무척이나 그리웠던 마이라는 항공사 담당자를 찾았고, 30분간 기다리는 동안 'I FORESAW IT'에 맞춰 계획을 세웠다. 그는 자신이 비집고 들어갈 수 있는 담당자의 숨은 이해관계를 찾아냈다. 항공사 입장에서는 고객의 불만을 최소화하는 게 제일 중요했고, 마이라에게는 정기적으로 출장을 다니는 친구가 많았다. 한편으로 그는 분노한 승객 수백 명을 상대하는 담당자의 처지에 공감했다. 그 과정은 마음을 진정하고 불안을 긍정적인 노력으로 바꾸는 데 도움이 되었을 것이다. 마이라는 다른 승객과 달리 조급한 표정으로 날카롭게 말하지 않았다. 먼저 담당자의 이해관계를 확인한 후, 멀리 있는 가족에게 돌아가고 싶은 아내이자 어머니인 자신에게 항공사가 뭔가 해줄 수 있다면 평판에도 도움이 될 거라는 사실을 지적했다. 그럼 마이라도 친구들에게 이 항공사를 추천할 만한 이유가 된다. 또한 그는 마침 연휴 기간이어서 뉴욕에 더 머물기 위해 예약 표를 취소하는 승객들이 분명히 있을 거라고도 설명했다.

놀랍게도 담당자는 마이라의 말을 진지하게 듣고는 도울 수 있는 일을 찾아보겠다고 했다. 그사이 마이라는 사실관계를 추가로 확인했고, 그날 정상적으로 운행하는 다른 제휴 항공사를 찾아냈다. 다시 돌아온 담당자가 안타깝게도 지금은 할 수 있는 일이 없다고 말하자, 마이라는 새로운 정보를 선택 사항으로 제공했다. 담당자는 깊은 인상을 받은 듯 웃으며 그의 끈기와 재치를 칭찬했다. 마이라는 추가 비용 없이 고급 휴게실에 머물다가 여객기를 갈아탔고, 놀랍게도 원래 예상보다 빨리 집에 도착했다. 'I FORESAW IT'을 통해 마이라는 불안을 가라앉히고, 서로에게 도움이 될 수 있는 구체적 정보를 상대방에게 정중한 태도로 제공할 수 있었다.[5]

마이라만 이렇게 행동한 것은 아니다. 여행지에서 생긴 어려움을 더 짧은 시간 동안 처리한 사람들도 있다. 예약을 초과해서 받은 한 숙박업소에서 한 학생이 가족과 함께 15분 만에 준비한 계획을 살펴보자.

'I FORESAW IT'과 알파호텔

이 계획표는 학생이 15분 동안 경험한 사례에 바탕하며, 독자의 편의를 위해 내가 일부 내용을 추가했다. 추가한 내용은 별표(*)로 표시했다.

우리 가족의 이해관계

- 편안한 숙박
- 적당한 가격
- 불안감 해소
- 편의성
- 합당한 대우

알파호텔의 이해관계

- 고객을 만족시켜 긍정적인 평판 유지

- 숙박객을 강제로 몰아낼 수 없다는 규정 준수
- 숙박객에게 좋은 인상 심어주기
- 비용 최소화

호텔 접수 직원의 이해관계

- 상사에게 과시할 수 있는 문제 해결 능력
- 고객 만족
- 관련 비용 최소화
- 자신의 평판 유지

공동의 이해관계

- 모두가 만족할 수 있는 결과*
- 빠른 해결*
- 불미스러운 상황 예방*

사실관계 및 재무 조사

- 나는 인터넷에서 자신을 다른 호텔 직원이라고 소개한 어느 여자와 이야기 나누었다. 이 여자는 알파호텔에 근무하는 총지배인의 친구를 통해 이 호텔에 예약했지만 역시 처음 예약했던 객실에 묵을 수 없었다. 나는 호텔이 어쨌든 예약한 손님을 다른 곳으로 무조건 보낼 수는 없지 않냐고 물었고, 그녀는 분명히 그런 법률이 있다고 했다.
- 베타호텔에 전화해보니 1박 요금이 159달러라고 했다. 베타호텔은 바로 건너편에 있었다.

- 처음 예약을 주선한 여행사에 따르면 호텔 잘못으로 예약이 초과했다면 등급이 비슷한 호텔을 찾아 1~2박을 무료로 제공하는 게 업계 관행이라고 설명했다.

선택 사항: 협상 당사자가 다양하게 조합하여 해결책을 찾을 수 있는 개별적 제안 목록이다.

객실

- 베타호텔: 원래 예약한 객실과 비슷한 객실
- 베타호텔: 2개의 더블베드
- 베타호텔: 가장 큰 침대 제공
- 베타호텔: 최고급 객실
- 베타호텔: 2개의 별도 객실
- 베타호텔: 2개의 객실이 하나로 연결된 형태

보상 방안*

- 알파호텔 측은 2박에 대한 모든 비용을 지급한다.
- 알파호텔 측은 2박에 대한 추가 비용을 지급한다.
- 베타호텔로 옮긴다.
- 알파호텔 측은 알파호텔의 어떤 객실이든 무료로 제공한다.
- 조식을 무료로 제공한다.
- 석식을 무료로 제공한다.

우리의 제안*

- 알파호텔 회원 가입
- SNS에서 알파호텔을 홍보하겠다는 약속
- 알파호텔 접수 직원을 칭찬하겠다는 약속
- 늦은 숙박 수속에 동의
- 객실 정리 없이도 숙박 가능
- 알파호텔 전용 신용카드 회원 가입

친밀감, 반응, 응답

"안녕하세요!"*

"다들 힘든 하루였죠?"*

"다 잘 해결되겠죠."*

접수 직원: "죄송하지만 그 요청은 들어드릴 수 없습니다."

나: "잘 알겠습니다. 이야기 들어주셔서 감사합니다. 그나저나 우리끼리 해결하기에는 좀 어려운 문제 같은데, 지배인을 불러주실 수 있나요? 지배인이라면 문제를 해결해줄 것 같습니다만."

접수 직원: "그건 호텔 규정상 어렵습니다."

나: "나도 굳이 규정까지 어기고 싶지는 않군요. 그러면 뭔가 다른 방법이 없을까요? 우리가 뭘 어떻게 할 수 있을지? 뭐가 가능할까요?"

접수 직원: "제게는 그런 대답을 해드릴 권한이 없습니다만……."

나: "그렇군요. 그러면 어느 선까지 처리할 권한이 있나요?"

공감과 윤리

공감(접수 직원의 입장)

'내가 통제할 수 있는 상황도 아닌데 모두가 나에게 소리치고 있다. 나는 보상 조건을 고객과 협상할 위치에 있는 사람이 아니다. 모두를 만족시키고 싶지만, 동시에 최대한 교묘하게 이 사람들을 다루고 싶은 마음도 있다. 이들의 분노를 가라앉히는 게 내가 처리해야 할 가장 큰 문제일지도 모르겠다. 이 상황을 제대로 정리하지 못하면 떠나는 고객에게 욕을 먹고, 상사에게 이 일이 알려져 직장을 잃을지도 모른다.'

윤리적 문제

개인적으로는 분명 아무 잘못이 없는 담당 직원에게 어느 정도까지 책임을 묻고 압박할 수 있을까?

다른 손님들에 비해 더 많은 걸 요구해도 괜찮을까?

호텔의 잘못으로 예약한 객실에 묵을 수 없게 되었는데, 약속을 지키지 못한 호텔 측에 어떤 책임과 의무가 있을까?

장소와 시간

되도록 다른 사람들에게 소리가 들리지 않게 하면서 접수 담당 직원과 대화하고, 상대가 오히려 강경하게 나가야겠다는 기분이 들지 않도록 가급적 자극하지 않는다. 부모님이 상황도 모르면서 끼어들어 협상을 망치지 않도록 멀리 떨어져 있게 한다.

이제 다음 몇 분이 중요하다. 2시간 후에 저녁 약속이 있기 때문에 1시간 안에 협상을 마쳐야 한다.

협상 결렬 시 별도의 대안

우리의 대안

- 베타호텔 말고 다른 호텔 찾기
- 경영진에게 직접 불만 전하기
- 친척 집 찾기*
- 유명 여행 인터넷 사이트 게시판에 불만 사항 게시
- SNS에 불만 사항 게시*
- 해당 지역의 관광 담당 공무원에게 불만 전하기

우리가 생각하는 알파호텔의 대안

- 법을 지키는 선에서 우리의 제안 거부*
- 우리를 포함한 고객들을 잃는 상황 감수
- 기존 고객을 잃더라도 다른 잠재 고객이 있을 것이라는 기대
- 인터넷에 불만이 퍼져도 오히려 홍보 효과가 있을 것이라는 기대
- 오히려 이처럼 예약이 넘칠 정도로 호텔의 인기가 높다고 홍보

영향력을 미칠 수 있는 사람

- 호텔 접수 담당 직원
- 지배인
- 총지배인
- 우리 가족
- 다른 숙박객/잠재 고객

공정한 기준

여행사: 호텔 잘못으로 예약이 초과되면 등급이 비슷한 호텔을 찾아 1~2박을 무료로 제공하는 게 업계 관행이라고 설명*

업계 전문 여행 안내서: 1박 무료 제공 정도가 합리적인 보상 기준*

지역 관광 담당 공무원: 4성급 호텔의 경우 예약 손님을 받을 수 없을 때 비슷한 등급 호텔을 찾아 무료 1박 제공*

주제, 목표, 절충

주제	목표		주제들 사이에서 절충	주제들 안에서 절충*
	최선	최악		
다른 객실	객실 2개	더블베드 1개와 싱글침대 1개가 있는 베타호텔 객실 1개	1	더블베드 2개가 있는 최고급 객실
보상	객실 무료 제공	베타호텔에 묵게 되면 알파호텔이 차액 지급	3	• 식권 • 추후 이용 시 무료 숙박 • 베타호텔까지의 택시비
기간	2박	토요일 1박	2	• 숙박 수속 지연 감수 • 일요일까지 머무는 조건

'I FORESAW IT' 계획은 좋은 결과를 끌어내는 데 도움이 되었다. 곤경에 빠진 다른 고객들과 달리 이 사례의 주인공은 알파호텔의 담당 직원과 지배인을 설득하여 근처의 베타호텔로 이동하는 대신 객실 2개를 2박 동안 사용하는 데 드는 추가 비용을 알파호텔이 부담하도록 했다. 원래 예상했던 알파호텔 숙박비 350달러와 비교하면 호텔 측의 잘못에 대해 1천2백 달러 상당의 보상을 받았으니 공정한 결과라고 볼 수 있다. 또한 친절하고 공감하는 태도로 알파호텔 측과 협상할 수 있었다.

다급할 때 활용하는 7가지 방법

1. 필요한 부분만 택한다. 상황이 급하면 나는 주로 'IFO'와 'A'만 사용한다. 다른 경우에는 보통 'IOWA'다. 또한 일부 사실관계 조사와 함께 바로 '주제, 목표, 절충 계획표'로 이동해도 무방하다. 물론 'I FORESAW IT'을 모두 동원하면 훨씬 효과적이지만 어떤 부분이든 도움이 될 수 있다. 주로 3, 4가지를 빨리 선택하는 게 좋다. 일반적으로 사실관계 조사가 가장 중요하다. 다만 언제나 빨리 움직이라는 의미는 아니다. 훌륭한 협상가는 완전한 준비를 위해 충분한 시간을 투자한다. 충분한 시간 투자는 훌륭한 협상가가 되기 위한 조건 중 하나이다.

2. 친구에게 도움을 요청한다. 'I FORESAW IT'의 10가지 항목을 혼자서 감당하기 어려우면 친구나 동료에게 부탁하여 분담해도 좋다. 모두 함께 작업하는 것도 좋은 선택이다. 그렇게 하면 똑같은 시간을 투자해도 더 좋은 제안이 더 많이 나올 수 있다. 함께하는 동료들이 익숙하지 않고 부담스러워하면 좀 더 긴장을 풀고 몇 가지에 집중하는 편이 좋을 수도 있다. 3장에서 자세히 논의하겠다.*

3. 주위에 알리기. 언젠가 닥칠 위기를 헤쳐나갈 동료들을 돕고 싶다면 당장 'I FORESAW IT'을 알리자. 이 책을 권하면 어떨까. 그럼 모두가 체계적인 준비의 장점을 잘 이해하고 공통 도구로 서로를 제대로 도울 수 있을 것이다. 곧 살펴보겠지만 새로운 도구나 방식을 습득하는 가장 좋은 방법 중 하나는 바로 남에게 가르치는 것이다. 'I FORESAW IT'을 동료들과 함께 사용하는 방법은 3장에서 살펴보겠다.

4. 도움을 구하는 질문. 내가 겪는 위기를 잘 알 것 같은 전문가에게 연락하라. 그리고 'I FORESAW IT'을 바탕으로 질문해보자. 일단 범위를 넓게 잡아 질문한다. "여행사에서 오래 근무하시지 않았나요? 지금 우리 처지가 이렇습니다. 어떻게 하면 좋을까요?" 이후 범위를 좁히며 상황을 자세히 알린다. 미처 알지 못했던 이해관계, 중요한 사실관계, 새롭게 깨달은 선택 사항 등등. 반드시 'I FORESAW IT'의 순서를 따를 필요는 없고, 모든 머리글자에 해당하는 질문을 던질 필요도 없다. 가장 중요해 보이는 부분만 질문할 수도 있다. 그렇게 적절하다고 생각하는 정도까지 질문하고 답을 듣는다. 그동안 나를 도와주는 사람과의 시간을 최대한 활용할 수 있고, 나에게 필요한 계획 역시 생각보다 빠르게 만들 것이다.

---

* 언젠가는 시리Siri나 알렉사Alexa 같은 이른바 인공지능 비서가 'I FORESAW IT' 계획을 세우도록 돕지 않을까? "시리! 내 비행기 표가 취소되었다는데 담당 직원과 협상할 계획을 함께 짜보자!" "알겠습니다. 당신의 이해관계는 무엇인가요? 예를 들어 '집에 빨리 가는 것', '일정이 더 늦어지는 걸 피하기' 혹은 '무엇보다 항공사 측의 예의 바른 태도' 등으로 대답하실 수 있습니다." "그렇게 하지." "그러시군요. 그렇다면 OO문제도 고려해볼까요?" "아, OO도 포함할까?" "알겠습니다. OO라는 이해관계도 고려하겠습니다. 그런데 항공사와 담당 직원의 이해관계는 무엇일까요?" 이런 식으로 진행된다고 상상해보자. 다시 인공지능 비서가 대답한다. "이제 어떤 사실관계 조사를 원하시는지요? 취소된 항공편에 대한 보상과 관련해 업계 기준에 대해 듣고 싶으신가요? 그러시다면 바로 관련 웹사이트를 검색하겠습니다." "자, 함께 찾은 모든 제안을 포함한 계획표를 완성했습니다. 당신의 이해관계와 관련해서 가장 좋은 선택 사항을 강조해보았습니다." 혹은 다음과 같은 대화는 어떤가. "알렉사! 취소된 비행기 표에 대해 지금부터 5분 안에 항공사 직원과 협상할 수 있는 계획이 필요해!" "알겠습니다. 항공사 직원과의 협상에 필요한 계획이 당장 필요하시군요. 여기 기본 계획이 있습니다. 일반적인 이해관계에 가장 잘 어울리는 몇 가지 선택 사항을 골라보았습니다. 필요하시다면 계획을 수정할 수 있습니다. 예를 들어 누군가의 다양한 이해관계를 덧붙일 수도 있습니다. 수정하고 싶으신 부분이 있나요?" 하나 더 설명하자면, 도와주려는 동료가 많으면 다른 의미에서 새로운 깨달음을 얻을 수 있다. 어떤 친구가 내 피아노 연습을 도와주기 위해 같이 연습한다고 가정해보자. 그러면 열심히 하는 친구에게 미안해서라도 더 열심히 연습하지 않을까? 이렇게 협상가 입장에서도 동료들이 모이면 더 많은/더 나은/또 다른 통찰력을 발견하는 데 도움이 된다는 건 오래전부터 알려진 사실이다. 요즘은 '해글봇hagglebot'이라는 협상 전문 인공지능까지 등장해 작업을 대신하며 협상가들을 돕고 있다.

제1부 준비

5. **계획 저장, 재사용 그리고 수정.** 살면서 겪는 협상은 비슷한 경우가 많다. 'I FORESAW IT' 계획을 그대로 두었다가 비슷한 상황이 발생하면 바로 협상 준비에 사용할 수도 있다.

6. **'I FORESAW IT'을 머릿속에 새긴다.** 나는 지금 차를 몰고 서둘러 협상장으로 가고 있다. 상사의 사무실까지 긴 복도를 정신없이 달린다. 지금 당장은 뭘 적으며 준비할 시간이 없다. 그렇지만 어쨌든 준비는 해야 한다. 어떻게 하면 좋을까? 머릿속에 새겨두었던 'I FORESAW IT'을 *끄*집어내자. 머릿속에서 한 글자씩 훑어보며 이해관계를 생각하고 선택 사항을 떠올린다. 영향력 있는 사람들의 이름을 하나씩 나열한다. 항상 준비된 자세를 유지하기 위해 짧게 정리해서 책상 위나 자동차 안 혹은 휴대전화에 적어두면 도움이 된다. professorfreeman.com에서 필요한 내용을 내려받거나 인쇄할 수 있고, 손으로 적은 쪽지도 상관없다.

7. **'I FORESAW IT'이라고 속삭여보자.** 한 학생의 경험처럼, 다급한 상황에서 'I FORESAW IT'을 한 글자씩 끊어서 속삭이는 것만으로도 기억이 활성화되어 앞으로 펼쳐질 상황이나 결과를 예측할 수 있다. 그러면 바로 도움이 될 유용한 생각이 떠오를 것이다.

준비의 연금술

제2차 세계대전을 승리로 이끈 전 영국 수상 윈스턴 처칠은 "염려를 준비와 계획으로 바꿉시다."라고 말했다. 'I FORESAW IT'이라는 연금술을 사용하면 앞으로 닥칠 상황에 대한 두려움이 새로운 힘과 준비 자세로 바뀐다.

　나는 'I FORESAW IT'을 뭉뚱그려 '예측의 기술'이라고도 한다. 이 기술을 연습하면 많은 부분을 예측할 수 있을 것이다. 다음 장에서는 더 어려운 상황이나 과제를 이 기술로 처리할 수 있는 새로운 방법을 찾아보겠다.

요약

. . . .

I FORESAW IT: 이해관계Interests, 사실관계 및 재무 조사 Factual and Financial Research, 선택 사항Options, 친밀감, 반응, 응답Rapport, Reactions, and Responses, 공감과 윤리Empathy and Ethics, 장소와 시간Setting and Scheduling, 별도의 대안 Alternatives to Agreement, 사람Who, 공정한 기준Independent Criteria, 주제, 목표, 절충Topics, Targets, and tradeoffs

연습

. . . .

20분간의 I FORESAW IT 연습. 이번 주에 처리하고 싶은 적당한 수준의 갈등이나 필요, 문제 혹은 협상을 생각해보자. 20분의 시간을 정하고 가능한 한 많이 'I FORESAW IT' 작업을 해보자. 드디어 협상에 나선다!

3장
기대 이상의
도움

도구: 한 번 더 I FORESAW IT

필요한 상황

• 완고한 관료주의를 상대할 때

• 생각보다 교묘한 전술과 마주했을 때

• 누군가의 어려움을 살피고 들어줄 때

• 동료들을 돕고 싶지만 권한이 부족할 때

• 더 나은 도움을 주고 싶을 때

이 모든 일에 적용하기

영화 〈베스트 키드The Karate Kid〉를 본 적 있는가? 17세의 주인공 대니얼Daniel은 건물 청소를 하는 노인 미야기Miyagi에게 동양 무술을 가르쳐달라고 부탁한다. 동네 불량배들에게 괴롭힘을 당하던 대니얼은 미야기가 무술의 달인이라는 사실을 알고 왔지만, 미야기는 그저 차를 한쪽 방향으로만 닦으라고 대니얼에게 지시할 뿐이다. 그다음에는 역시 일정한 방향으로 울타리를 칠하라고 말한다. 급기야 마룻바닥을 한쪽 방향으로 닦으라고 하자 대니얼은 참지 못하고 이게 무술 고수와 무슨 상관이냐고 소리친다. 그러자 미야기는 지금까지 한 동작을 반복해보라고 조용히 말한다. "차 닦기!" "울타리 칠하기!" "바닥 닦기!" 대니얼이 지시에 따라 움직일 때 미야기가 공격하지만 대니얼은 모두 막아낸다. 대니얼은 자신도 모르는 사이에 무술의 기본 방어 동작을 익혔다. 이제 대니얼은 적들을 물리치는 데 필요한 첫 번째 단계를 통과했다.

대니얼의 무술 연습 과정은 우리에게 뭐가 중요한지를 확실하게 보여준다. 뭔가를 배운 사람은 자기 생각보다 더 강해질 수 있다. 이제 'I FORESAW IT'의 기본적 내용을 배웠으니 더 효과적으로 사용할 준비가 끝났다. 완고한 공무원들을 상대하고 누군가에게 더 나은 도움을 준다. 동료들을 이끌고, 생각보다 교묘한 상대방의 전술을 막아낸다.

관료주의자와 협상하는 법

몇 년 전 나는 잠시 중국을 방문해 강연해달라는 특별 초대를 받았다. 중국에 가려면 예정된 수업 일정을 바꿔야 했는데, 공교롭게도 내가 속한 경영대학원의 새로운 학장은 '수업 일정 변경 불가'라는 엄격한 지시를 내렸다. 문제를 해결하기 위해 나는 아내와 함께 'I FORESAW IT'을 동원했지만 도무지 해결할 길이 보이지 않았다. 우리가 다시 첫 네 글자 'I FOR'를 검토하고 있을 때 아내가 뭔가를 깨달은 듯 이렇게 말했다.

"사실관계 조사 원칙에 따라 당신 시간표를 검토해봤어. 기말고사는 학기의 마지막 날에 치러야 하는데 당신은 학생들이 학교에서 시험을 보도록 한 적이 없었지. 바쁜 학생들과 합의해서 늘 과제로 대신했으니까. 그게 가능했다면 수업 일정을 변경하겠다고 하는 대신 불필요하게 많은 회의 하나를 취소할 수 있지 않을까?"

내가 대꾸했다.

"그렇게 하나하나 따지면 더 싫어할 거 같은데……."

"학장은 아무 상관없을 거야."

아내가 다시 말했다.

"자신이 지시한 '수업 일정 변경 불가'가 지켜지기를 바라는 거잖아. 자기 권위나 위신이 있으니까. 그러니 '일정 변경'만 아니면 되지."

나는 여전히 회의적이었지만 그래도 혹시나 하는 마음에 학장을 찾아갔다. "그거야 상관없지요!" 학장이 말했다. "불필요한 회의 취소는 내 취지와 들어맞아요. '변경'이 아니라 '취소'니까 말이에요." 나는 결국 중국에 갈 수 있었다.

공무원을 비롯해 행정을 책임지는 사람들, 우리가 흔히 '관료주의'에 빠져 있다고 생각하는 사람들은 자신이 내세우는 정책이 유지되는 것을 가장 중요시하기 때문에 누군가 무척 창의적인 선택 사항을 제시하면 동의하지 않을 때가 많다. 따라서 무작정 협상해서 해결하려는 순진한 생각은 역효과만 불러일으킬 수 있다. 그렇지만 중국

출장 일화에서 알 수 있듯 'I FORESAW IT'은 어떤 식으로든 나를 도왔다.

상대방의 방식을 이해하자 상대방 조직의 정책과 일정, 용어, 목표 및 강령 등에 대한 사실관계를 조사한다. 중요한 건 그중에서 '마법의 단어'를 찾는 일이다. 자주 사용하거나 중시하는 특정 용어나 표현을 찾아 상대방이 지키는 규칙에 맞춰 요구 사항을 전달하자. 혹은 상대방의 무조건적인 '반대'가 나오지 않도록 요청을 잘 조절하자. 나는 아내의 충고에 따라 '일정 변경'이라는 마법의 단어를 중심으로 요청을 조절해 전달했고, 학장은 결국 '반대'라는 말을 꺼내지 않았다. 이 과정에서 특히 행정 담당자들의 이해관계를 만족시킬 수 있는 그들만의 체계를 배울 수 있었다. 예컨대 그들을 설득할 수 있는 공정한 기준은 정책 설명서, 판례, 법률, 규정 등이다. 또한 행정 담당자들의 체계를 익혔다면 그들이 생각하는 권한의 범위에 더 공감할 수 있을 것이다. 그들은 쉽게 결정하지 않지만, 한번 정해진 일은 반드시 지키려 한다. 우리가 할 일은 여기에 어울리는 선택 사항을 찾아내는 것이다.

예를 들어 내가 합류한 새로운 조직의 인사 담당 임원이 나를 'G7' 등급이라고 지칭하면 내 위치가 어떠했든 상관없이 'G7'이 된다. 그런데 그 임원이 일하는 방식을 알면 이렇게 대응할 수 있다. "이 회사의 직급 설명서를 면밀하게 살펴본 결과, 기술적으로 말하면 나는 'G7'이 아니라 처음 여기 올 때 담당자에게 들은 것처럼 'G8'에 속합니다. 따라서 나는 'G8'의 대우를 받을 수 있습니다."

이렇게 규정과 형식에 집착하는 사람들의 세력은 때로는 너무도 강력하다. 아예 거기에 크게 신경 쓰며 일하는 직업이 있는데 바로 변호사다. 변호사에게는 규정과 형식을 바탕으로 어떻게 이야기하고 글을 쓰느냐가 정말로 중요한 문제다. 무척 사소해 보이는 표현의 차이 하나가 분위기를 크게 뒤바꿀 수 있다. 'I FORESAW IT'을 활용하면 그 미묘한 차이를 알 수 있다.

'관료주의자'들의 행동과 언어를 배우면 처음에는 이해할 수 없는 그들의 업무 처리 과정을 받아들이고 적절히 대응할 수 있다. 제스왈드 샐러커즈Jeswald Salacuse가 『정부와 협상하는 7가지 방법Seven Secrets for Negotiating with Government』에서 지적했듯이, 행정부 관료들을 포함해 비슷한 일을 하는 수많은 사람이 규칙을 따르다가 행동 방식에 많은 제약을 받는다. 이 상황을 이해하면 협상장에서 약자라고 해도 힘의 차이를 어느 정도 줄일 수 있다. 예를 들어보자. 한 정부 기관이 있는데, 내가 개발한 사무실 설비를 갖추면 많은 예산을 절약할 수 있다. 세금을 내는 시민 입장에서 당연히 그 설비를 갖춰야 할 것 같지만 아무 관심도 없고 연락도 없다. 사실관계를 조사해보니 이 기관은 규정에 따라 특정 환경 보호 기준을 충족하는 특정 공급 업체와만 거래한다. 이 기관의 숨은 이해관계가 드러난 셈이다. 또한 더 조사해보니 나의 공장에서 사용하는 연료 중 일부만 친환경 연료로 바꾸면 정부의 환경 보호 기준에 문제가 없었다. 이 선택 사항까지 확인하고 다시 해당 기관과 접촉하니 이번에는 대화할 수 있었다.

어느 정도의 권한이 있는가 이런 직업군에서 일하는 사람들과 협상할 때 도움이 되는 방법도 'I FORESAW IT'에 있다. 서류 접수 업무를 하는 사람들은 주로 이렇게 말한다. "미안합니다만 내게는 이런 요청을 승인할 권한이 없습니다." 이제 'I FORESAW IT'의 도움을 받아보자. 먼저 자신의 이해관계와 선택 사항에 초점을 맞추면서 물어보자. "잘 알겠습니다. 그럼 어느 범위까지 권한이 있나요?" 혹은 '사람'에게 초점을 맞출 경우 이렇게 묻는다. "해당 업무에 관련된 권한이 있는 분을 알려주실 수 있나요?" 이때 가장 중요한 건 상대방이 마땅히 받아야 할 존중과 공감이겠지만, 아마도 이 직원은 거의 존중받지 못했을 것이다. 어쨌든 질문하기 전에 사실관계를 신중하게 조사하면 귀중한 수확을 얻을 수 있다. 예를 들어 내 앞에 '본부의 인증서가 없으면 입장 불가'라는 표지판이 가로막고 있다고 생각해보자. 그러면 여기서 말하는 '입장'의 범위가 어디까지인지, 그리고 단순 방문이나 혹은 화장실 핑계를 대서라도 '인증서' 없이 원하는 곳에 갈 방법이 있는지 빨리 파악해두라는 뜻이다.

도와줄 사람을 찾아라 'I FORESAW IT'의 도움으로 관료주의를 상대하는 또 다른 방법은 먼저 사실관계 조사로 조직이 어떻게 구성되었는지 이해하고, 내 상황과 관련해 관료주의와 상대해본 경험이 있는 사람을 찾는 것이다. 그다음 조사 결과를 이용해 나를 도와줄 수 있는 부서나 담당자, 혹은 허가해줄 수 있는 사람을 찾아라. 또한 어떤 순서나 일정에 따라 담당자를 만나야 하는지도 확인해야 한다. 이후 'I FORESAW IT'으로 '만남'을 준비하면 된다.

말조심하라 우리가 흔히 '관료'라고 부르는 공무원이나 행정 담당자는 권한이 엄격하게 구분되어 있다. 이들에게는 각각의 용어나 표현이 특별한 의미가 있기 때문에 엉뚱한 사람과 엉뚱한 정보를 공유하면 실수할 수 있다. 예를 들어 법이 어떻게 적용되는지 잘 모르는 사람들 대부분이 자신의 무죄를 설명한다면서 법 집행관에게 지나치게 많은 정보를 제공하지만, 그 정보가 자신을 고발하는 증거가 될 수도 있다. 사회복지사에게 자신의 사정을 불필요하게 많이 이야기했다가 오히려 지금 받고 있는 복지 혜택을 재조사받을 수도 있다.[1] 그러므로 상대하는 사람이 따르는 규정과 용어를 배우고, 편하게 대화할 수 있는 사람이 누구인지 파악하기 위해 사실관계를 조사하는 것이 중요하다. 물론 극도로 조심하며 가능한 한 말을 줄이는 것도 좋다.

관료주의를 상대하기 전에 'I FORESAW IT' 계획을 준비하여 모든 제안을 하나로 합하면 효과적인 전략을 분명히 찾을 수 있다.

교묘한 전술 방어하기

만일 예상치 못했던 교묘한 전술이 등장한다면, 그러니까 상대방이 윤리적으로 미심쩍거나 뭔가를 속이는 듯이 고압적으로 나를 설득하려 한다면 'I FORESAW IT'을 첫 번째 방어 무기로 사용하자. 애초에 교묘한 전술은 성공하면 좋지만 그만큼 실패할 위험도 크다. 당장 좋아 보이는 보상을 제공하며 나를 유혹하더라도 대처 방법을 잘 알고 있다면 오히려 내가 더 유리해진다.

물론 대부분의 평범한 사람은 교묘한 전술은 사용하지 않을 테니 늘 경계할 필요는 없으며, 그저 대비하자는 뜻이다. 교묘한 협상 전술의 사례와 'I FORESAW IT'으로 방어하는 방법을 살펴보자.

권한에 대한 핑계 "나로서는 그렇게 해줄 수가 없어요. 위에서 허락하지 않을 테니까요." 이 말은 보통은 진실에 가깝다. 그저 안 된다고 할 수밖에 없는 사람을 앞세워 나를 상대하는 교묘한 전술을 쓰는 것은 바로 조직이니까. 냉전 시절에는 소련이 주로 이런 식으로 협상해서 악평을 들었고, 심지어 '소련식 협상 전술'이라는 말까지 나왔다. 그렇다면 여기에 대한 나의 응답은?

사람. "그럼 누가 권한이 있나요? 누구를 찾아가면 좋을까요?"

선택 사항. "당신의 권한은 범위가 어디까지인가요?"

별도의 대안. 정중한 태도로 이 자리를 떠날 수도 있다는 신호를 보낸다. 그러면 보통 '권한 핑계'라는 전술이 무색해지는 경우가 많다. 특히 다음과 같은 선택 사항을 덧붙여라. "어쩌면 대화를 이만 끝내고 다른 방법을 찾아야 할지도 모르겠군요. 그래도 어지간하면 여기서 일을 마치고 싶은데…… 혹시 뭔가 방법이라도?"

허풍 거짓말, 극찬이나 그 반대, 상대방이 오해할 수도 있는 주장. 상대방이 이렇게 나오면 다음과 같이 응답하라.

사실관계 및 재무 조사. 상대방의 주장을 확인할 수 있는 정보를 수집하자. 프로 운동선수들의 대리인으로 최고의 명성을 얻었던 밥 울프는 이렇게 말했다. "똑똑하고 정직하다는 평판을 얻어야 한다. 나는 협상하기 전에 할 수 있는 한 모든 정보를 수집한다."[2] 조사로 정보를 얻는 방법 중 하나는 이미 답을 알고 있어도 정중하게 질문하는 것이다. 상대방이 과연 정직하게 대답하는지 확인하기 위해서다. 케네디는 쿠바 미사일 위기가 불거졌을 때 소련 대사에게 이 방법을 사용했고, 결국 쿠바에 미사일이 배치되고 있다는 사실을 간파했다. 어떤 거래에서 공급 업체가 반드시 선금을 받겠다고 하면 어떨까. 미리 조사해보니 사실은 선금을 받지 않고도 자주 거래했다. 그러면 정중하게 이렇게 대답한다. "잘 알겠습니다. 그런데 혹시 지금까지 예외는 없었나요?" 만일 절대 없었다고 강하게 부인한다면 미심쩍은 구석이 있다는 것을 확인한 셈이다. 그렇다면 거기에 따른 반응과 응답을 준비할 차례다.

반응과 응답. 이제 의심스러운 정황을 눈치챘다. 그렇다고 수사관처럼 "아하, 그런 일이 절대 없었다고…… 내가 증거를 갖고 있는데요!"라고 반응하면 곤란하다. 상대를 모욕하면 정신적 승리만 거두고 빈손으로 돌아갈 뿐이니까. "그래, 내가 거짓말했어요. 이제 만족하나? 당장 꺼지라고!" 이런 말을 들을 수도 있으니 조심하자. 때로는 어떻게 거래할지 결정하지 않았기 때문에 상대방의 거짓말을 바로 밝히지 않을 때도 있다. 케네디는 거짓말하는 소련 대사에게 어쨌든 만나줘서 고맙다고 말하며 정중하게 만남을 마쳤고, 측근들을 불러 정직하지 못한 맞수를 가장 잘 처리할 방법을 의논했다. 때로는 내가 정직하고 똑똑하며 쉽게 속지 않을 거라는 신호를 보내는 동시에 언제든 상대방의 주장에 반박하기 위해 거짓말을 밝힐 준비를 한다. 하지만 여전히 상대방과 거래하고 싶다면 서로의 체면을 지켜주는 방식으로 언질을 주는 편이 좋다. "뭔가 혼란스럽군요. 내가 뭘 잘못 들었거나 놓치고 있는 부분이 있는 건가요?"

선택 사항. 이제 상대방이 체면을 지키면서 조용히 진실을 말할 수 있는 선택권을 제공하자. "그나저나 날씨 때문에 주문을 소화하는 시간이 길어질 거라는 소식을 들었습니다. 아쉽지만, 기다리는 동안 전시용 제품이라도 먼저 받아서 확인해볼 수 있을까요?"

별도의 대안. 협상장을 떠날 수 있다는 것을 넌지시 알려주면 서로의 체면을 지키면서 상대방의 허풍이나 거짓말을 밝혀낼 수 있다. "우리가 원하는 상품을 제작하려면 임금이 높은 직원을 채용할 수밖에 없다니 유감입니다. 어쩌면 서로 운이 나빴을 수도 있어요. 그러면 다른 곳을 찾아봐야겠지만 그래도 함께 선택 사항을 찾아보면 좋을 것 같은데…… 혹시 그쪽 생각은 어떤지 들어볼 수 있을까요?" 혹은 "품질 보증이 귀사의 책임이 아니라니 조금 놀랐습니다. 내가 알아본 바에 따르면 보증에 대해서는 이미 따로 책임져주는 회사와 계약했다는 것 같은데…… 이게 혹시나 법적으로 문제되지 않으면 좋겠지만요."

사람. 가식 없이 솔직하게 대화할 수 있는 사람을 찾아보자.

공정한 기준. "보증에 대해 책임질 수 없다니 유감입니다. 그런데 알아보니 보증해주는 게 업계 관행이라고 하던데…… 그런 사례를 3건 모았어요. 지금까지는 이 업계의 선도 기업인 귀사를 높이 평가했지만, 2년 보증이 정말 어려운 문제인가요?"

어르고 달래기 상대편에서 두 사람이 나타나 번갈아 가며 강하게 나왔다가 부드럽게 나왔다 하는데, 사실은 우리가 불리한 거래에 동의하도록 압박하는 중이다. 그때는 다음과 같이 대응하자.

공정한 기준. "우리 측 변호사가 이건 아무 문제도 되지 않는다고 분명히 알려주었습니다. 따라서 이런 결정에는 동의할 수 없습니다. 앞으로는 변호사를 먼저 만난 후 내게 전해주세요."

이해관계/사실관계 조사. 상대에 대한 나의 직감을 따르지 않고 나의 이해관계와 사실관계 조사에 비추어 상대의 제안을 확인한다.

별도의 대안. 상대의 제안이 나의 BATNA보다 나쁘다면 협상장을 떠나라.

직설적인 질문 위험을 무릅쓰고 직설적으로 말한다. "지난번 거래에서는 얼마를 지급했나요?" "그래서 이번에는 얼마를 생각하고 있나요?" "다른 제안은 없어요?"

반응과 응답. 즉각적인 대답을 미루고 정중한 태도로 분위기를 바꾼다. "참고로 우리는 시장 가격과 좀 더 창의적인 거래 방식에 초점을 맞추는 게 최선이라는 사실을 알게 되었습니다. 그렇다면 이런 시장 상황에서 무엇이 가장 합리적인 선택일까요? 일단 한 가지 가능성은……." 당연히 먼저 사실관계를 조사하여 공정한 기준을 찾았다면 반응이나 응답을 더 잘할 수 있다. 아니면 협상을 뒤로 미룰 수도 있다. "일단 서로를 좀 더 알 때까지 협상을 미뤄보죠. 귀사에 대해 좀 더 자세히 들어볼 수 있을까요?" 상황만 적절하다면 모두가 꺼리는 이야기를 선뜻 꺼내는 것도 좋다. "서로 어색해질 수 있는 질문은 하고 싶지 않다는 걸 압니다. 그럼 각자의 서로 다른 전망 등은 묻지 않기로 합의하는 게 어떨까요?"

상부의 지시를 내세운다 상대방이 자신에게는 권한이 없어서 다른 제안을 마음대로 할 수 없다고 주장한다. "한 푼이라도 상부의 지시와 다르게 계약하면 내게 큰 불이익이 올지도 모릅니다." 여기에는 이렇게 대응한다.

응답. 그런 말은 무시하고 협상을 진행한다.

지도와 조언

'I FORESAW IT'을 통해 다른 사람에게 힘을 실어줄 수도 있다. 단순한 충고가 아니라 스스로를 돌아볼 수 있는 좋은 질문을 할 수 있기 때문이다. 일반적으로 상대 협상가는 문제에 대한 전문가여서 스스로 좋은 답변을 할 수 있다. 따라서 가장 도움이 되는 질문을 해서 대답을 끌어내는 게 관건이다.

심리학자이자 기업 문화 전문가인 MIT 교수 에드거 샤인Edgar Schein은 저서 『조용한 가르침: 진짜 도움을 주는 법Humble Consulting: How to Provide Real Help Faster』에서 가장 만족스러운 상담은 1시간도 채 걸리지 않는 경우가 많으며, 고객과 문제를 의논할 때 얼마나 간단한 질문을 던지느냐가 제일 중요하다고 말했다. 우리도 샤인 교수와 같은 도움을 줄 수 있다.

그러니 사업 등 여러 문제로 힘들어하는 누군가를 돕고 싶다면 'I FORESAW IT'을 사용해서 질문하면 된다. 예를 들어 학생이 조언을 구하면 나는 먼저 질문하며 내가 할 수 있는 충고를 찾는다. '지금 진심으로 원하는 건 무엇인가? 그 이유는 무엇인가? 진짜 고민이 뭔지 생각해보자.' 다시 말해서 나는 학생의 '이해관계'에 대해 질문한다. 15~30분 정도 대화하면 자연스럽게 'I FORESAW IT'의 머리글자 10개를 하나씩 따라갈 수 있다. 물론 몇 가지만 따라가도 큰 도움이 된다. 이 과정이 끝나면 대화가 도움이 되었는지 물어보자. 대부분은 덕분에 좋은 생각이 떠올랐다는 대답을 들을 것이다. 무엇보다 나중에 진짜 문제가 해결되었을 때 그 학생은 자신이 직접 해결책을 찾았다고 당당하게 말할 수 있다. 이것이야말로 내가 상담자로서 줄 수 있는 최고의 도움이다.

예컨대 한 친구가 뭔가를 의논하러 나를 찾아왔다. 친구의 설명에 따르면 아버지는 나이가 많고, 형은 아버지가 운전을 그만두기를 바라고 있다.

"일단 좀 들어줘." 친구의 말처럼 일단 듣기만 한다.

"가족들이랑 뭘 어떻게 하면 좋을까?" 마침내 친구가 이렇게 묻는다.

"진짜로 바라는 게 뭐야? 진짜 염려하는 건 어떤 문제지?"

"좋은 질문이야." 친구가 말한다. 잠시 후 사실 자기는 아버지가 운전을 그만두면 크게 의기소침해질까 봐 걱정이라고 말한다.

"형은 뭘 걱정하는데?"

"점점 몸의 반응이 느려지니 더 위험해지기 전에 운전을 그만두게 하자는 거지."

"그러면 아버지 본인의 생각은?"

"운전을 계속해야 독립적인 생활이 가능하다고 생각하는 것 같은데."

"그럼 가족들 모두의 바람은 뭘까?"

"우리야 아버지가 생활에 불편 없이 안전하게 사실 수 있으면 만족이지."

105

"일단 아버지가 사시는 곳의 교통 상황을 들어보자."

"그건 잘 모르겠어. 하지만 인터넷으로 검색할 수 있을 거야."

"괜찮군." 내가 말한다. "그리고 말야, 차를 처분하면 그 돈으로 아버지가 뭘 하실 수 있을까? 아버지 주머니 사정은 어때?" 친구는 잠시 생각에 잠긴다. "고모한테 물어보면 알 수 있을 거야." 다음 날 친구는 자기가 알아본 사실을 말해준다. "아버지 주머니 사정은 그저 그래. 그래도 연금만으로 생활할 수 있고, 차를 팔면 충분한 비상금이 되겠지. 그리고 차가 없어도 대중교통이 어느 정도 잘 연결되고, 이웃 사람이 같은 체육관에 다니니 체육관에 갈 때는 차를 같이 타면 될 것 같기도 해."

"그러면 네가 알아낸 사실을 바탕으로 아버지가 불편하지 않게 독립적으로 생활하면서 안전도 지킬 수 있는 선택 사항들을 생각해보면 어떨까?" 친구는 곧 7, 8가지의 제안을 떠올린다.

"또 다른 생각은?" 내가 다시 묻는다. 그러자 친구는 전에는 생각해본 적 없는 창의적인 제안을 내놓는다. 여기에는 정말 운전하고 싶을 때는 익숙한 길만 다니고, 장거리를 갈 때는 대중교통이나 이웃의 도움을 받으라고 아버지에게 권하는 제안도 포함된다. 대화가 끝나지 않았지만, 친구는 슬슬 희망의 빛을 본 듯하다.

"고마워, 정말 도움이 되는데." 친구가 말한다.

"아니, 천만에. 나는 한 일이 없는데." 내가 이렇게 대답한다. "네가 다 알아보고 생각했잖아."

"그렇기는 하지만……." 친구가 말한다. "그래도 다 네 질문으로 시작했으니까."

이렇게 먼저 질문해서 친구가 문제를 생각하고 진지하고 깊게

다가가도록 도왔다. 이제 어떤 결정을 하든 상황에 맞고 적절할 거라고 기대할 수 있다.*

'I FORESAW IT'은 우리가 다른 사람을 돕는 것 이상의 일을 하게 해준다. 또한 때로는 상대방보다 다루기 어려운 우리 편 사람을 효과적으로 설득하고 이끄는 데 도움이 된다.

동료 이끌기

2장의 디에고의 사례에서 'I FORESAW IT'이 자신뿐만 아니라 동료들을 도울 수 있다는 사실을 확인했다. 우선 최소한 1명 이상의 다른 사람과 함께하면 좋은 제안과 통찰력 있는 계획을 만들 수 있다. 둘째, 'I FORESAW IT'은 내가 문제를 해결하는 것뿐 아니라 동료들이 함께 생각하는 데 도움이 된다. 희망이 거의 없는 듯한 상황에서도 디에고의 동료들처럼 숨은 희망을 찾아낼 수 있다. 또한 숨어 있던 다른 문제를 빨리 발견하고 처리하는 데 도움이 된다.

회의 자리라면 'I FORESAW IT'으로 제대로 된 질문을 할 수 있다. '지금 우리의 이해관계는 무엇인가? 저쪽의 이해관계는? 공동의 이해관계가 있을까? 우리가 확인해야 하는 사실관계는 무엇이며 어떤 별도의 대안이 있는가? 영향력을 미치는 사람은 누구인가?' 바로 디에고가 했던 방식이다.

---

* 친구 아버지 사례의 결론이나 가장 적절한 선택을 여기에 모두 싣지는 않았다. 'I FORESAW IT' 에 따라 생각해봐야 할 측면이 더 있다. 예컨대 형은 동생의 제안에 어떻게 반응할까? 아버지의 반응은? 윤리적 문제는 어떨까? 나이 들어 인지능력이 떨어지는 아버지가 운전을 계속한다면 본인 뿐만 아니라 다른 사람에게도 위험하지 않을까? 이 문제와 관련된 사람들에게는 어떤 대안이 있을 까? 형이 그저 아버지의 자동차 열쇠를 감춰버리지나 않을까? 또 WATNA는 어떨까. 공정한 기준 을 따른다면 어떤 조언이 가장 적절할까? 어쨌든 질문은 어두운 방에 불을 켜는 것처럼 문제를 다른 측면에서 바라보도록 해준다.

혹은 동료들을 모아 'I FORESAW IT'을 이용하는 방법과 도움이 되는 이유 등을 설명하고 함께 연습해볼 수 있다. 각자의 연습 결과를 칠판에 적어 비교하며 논의하는 것도 좋다.

물론 'I FORESAW IT'을 동료들에게 집중적으로 알려주는 게 가장 좋다. 이 책을 추천하는 것도 좋다. 실제로 내 수업을 듣는 학생들은 종종 'I FORESAW IT'을 가지고 자기 학생들에게 협상을 가르친다. 다들 좋은 결과가 나오는 것을 보고 상당히 만족해한다. 일단 동료들이 'I FORESAW IT'을 잘 이해했다면 professorfreeman.com에서 제공하는 표를 내려받아 각자의 계획표를 만든다. 그리고 다시 모여 계획을 공유한다. 컴퓨터를 켜면 바로 'I FORESAW IT' 문서창이 뜨도록 설정해서 연습할 수도 있다.

또한 이전의 'I FORESAW IT' 계획이나 초안을 돌려 보며 수정이나 추가할 수도 있다. 각각을 하나도 빠트리지 않고 준비하는 게 아니라 각자 적당한 부분을 맡아 준비하고 합쳐서 계획을 세우는 것도 좋다. 시간이 촉박하거나 동료들이 잘 집중하지 못할 때는 'I FORESAW IT'의 10개 글자 모두를 준비하지 않고 선택하면 된다.* 그렇더라도 통찰력과 역량을 발견하기 위해 체계적인 공동 작업을 하고 있음을 잊지 말자고 강조하자.

11장에서는 동료들과 더 쉽고 조화롭게 논의하도록 해주는 도구를 살펴볼 것이다.

---

* 시간은 무척 중요한 문제다. 각자 'I FORESAW IT'을 처리하고 모두의 계획을 통합해 정리하면 시간이 많이 걸리고 혼란스러울 수 있기 때문에 굳이 권하지는 않는다. 다만 나와 동료 한 사람이 함께하면 서로가 놓치는 점을 보완할 수 있으니 그쪽이 유리할 수 있다.

다양성과 집중

'I FORESAW IT'에서 마지막 'T'를 뺀 아홉 글자는 지금까지 살펴본 것처럼 다양한 도구 역할을 한다. 마지막 'T(주제, 목표, 절충)'는 모든 준비 사항을 1쪽으로 압축해 바로 집중해서 준비하도록 해준다. 이 내용은 4장에서 살펴보겠다.

연습

관료주의를 상대하는 연습. 행정 담당자에게 도움받을 일이 있
다면 'I FORESAW IT'을 사용하여 그들의 방식을 배우고 그들
이 받아들일 수 있게 요청하는 법을 배우자. 그리고 담당자의 권
한 범위와 함께 누가 나를 도울 수 있는지를 확인하고, 피해야
할 표현이나 사람도 찾아내자.

교묘한 전술을 상대하는 연습. 누군가가 윤리적으로 미심쩍고
교묘한 협상 전술을 펼칠 듯하면 5분 정도 '친밀감, 반응, 응답'
에 집중해 ① 상대방의 교묘한 전술을 예측하고, ② 적절하게 대
응할 수 있도록 'I FORESAW IT'의 다른 부분을 떠올리자. 협상
하다가 생각지도 못하게 상대방의 전술에 말려들었는가? 그러
면 잠시 협상장을 떠나 'I FORESAW IT'을 다시 떠올려 적절한
응답 방법을 궁리할 수도 있고, 협상을 미뤄 완벽하게 준비할 수
도 있다.

동료를 상대하는 연습. 나중에 다른 부서 사람들이 문제에 직면
하거나, 회의에서 나와 동료들의 도움이 필요하면 'I FORESAW
IT'으로 적절한 질문을 제기하고 토론에 집중하여 각자에게 효
율적으로 과제를 부여하자.

4장
한눈에 알수있는 계획표

도구: 주제, 목표, 절충 계획표

필요한 상황

- 대화에 집중하고 생각이나 입장을 정하는 방법을 모르겠을 때.
- 대화의 세세한 부분에 계속 집중하기 어려울 때.
- 내가 좋은 결과를 만들지 못하거나 상대방에게 좋은 결과물을 요구하기 어려울 수도 있다는 두려움이 앞설 때.
- 동료들과 함께 협상해야 하는데, 지리멸렬한 모습을 보이지 않을까 염려스러울 때.
- 숲이 아니라 나무만 볼 듯해서 걱정될 때.
- 회의가 진행되는 동안 상황이 어떻게 돌아가는지 잠시 흐름을 놓쳤을 때.
- 내 권한의 범위를 잘 모르겠을 때.
- 우선 한 가지 문제부터 해결하는 데 도움이 필요할 때.

사용 결과

- 한눈에 알아볼 수 있는 계획표를 만들었다.
- 집중력을 유지했다.
- 제대로 된 결과물을 만들었다.
- 동료들과 힘을 합쳤다.
- 많은 문제도 거뜬하게 처리했다.
- 연속되는 회의에서도 맥을 놓치지 않았다.
- 내 권한을 정확하게 파악했다.
- 우선 한 가지 문제부터 해결할 준비를 갖췄다.

미식축구 경기를 보면 감독이 글자가 빽빽한 종이를 확인할 때가 많다. 긴장이 최고조에 달하고 관중의 함성이 우레처럼 울려퍼질 때 잠시 경기가 중단된 틈을 감독은 놓치지 않는다. 자신의 경기 계획표를 살펴보며 다음 작전을 구상한다. 대학 팀 감독 맷 카브Matt Calb에 따르면 계획표는 "긴장된 상황에서 가장 믿을 수 있는 친구"다. 내셔널 풋볼 리그NFL 감독 딕 버메일Dick Vermeil은 "경기장에서는 모든 일이 순식간에 벌어진다."라고 설명했고 NFL 볼티모어 레이븐스 감독 브라이언 빌릭Brian Billick도 "그때는 정말 도움이 절실하다."라고 말했다.[1]

우주 비행사에게도 도움이 필요하다. 인터넷에서 '달 표면 위를 걷고 있는 버즈 올드린Buzz Aldrin'의 유명한 사진을 검색해보자. 왼쪽 팔을 얼굴 쪽으로 가까이 하고 있다. 이유는 간단하다. 사진 속 올드린은 우주복 소매에 붙인 확인 목록을 보고 있다.[2] 캐나다 출신으로 국제우주정거장을 지휘한 크리스 해드필드Chris Hadfield는 우주로 나가기 전에 언제나 직접 만든 '1쪽짜리' 확인 목록을 챙겼는지 확인했다고 한다. 그는 우주선 구조와 관련하여 가장 중요한 부분을 1쪽짜리 표로 만들어 위기에 대처할 준비를 마쳤다. 해드필드는 이렇게 덧붙였다. "우주에서 위기가 닥치면 순식간에 문제를 해결할 수 있어야 한다."[3] 엄청난 압박을 받는 동안에도 1쪽으로 요약한 마법의 도구로 불안을 억누르고 최선의 선택을 할 수 있다.

운동경기 감독이나 우주 비행사만 이렇게 준비하는 건 아니다. 의사 대부분도 한눈에 알아볼 수 있는 결정용 도구를 사용한다. 미국 보건 정책 수립에 기여한 의사 어툴 가완디Atul Gawande는 1쪽의 확인 목록 덕분에 외과 수술 사망률이 47퍼센트가량 줄어들었다고 말했다. 아직 정식 의사가 되지 못한 의대생도 급할 때 참고할 수 있는 목록을 만들면 공부에 도움이 되는 것은 물론 학업의 압박감을 줄여주므로 76퍼센트 이상이 이 방법을 계속 사용한다. 미국 군사령부 지휘관들도 한눈에 확인할 수 있는 의사 결정 도구에 의지한다. 이들은 전쟁이 일어날지 모르는 긴박한 순간에 '결정 보조 견본Decision Support Matrix'이란 도구를 활용한다. 또한 항공기 조종사들은 아무리 경험이 많아도 이륙 전과 위기 발생 시 언제나 확인 목록부터 들여다본다. 심지어 엔진 고장 때문에 중대한 결단을 내려야 할 시간이 몇 초뿐이어도 비상용 확인 목록을 참조해 안전한 착륙을 준비한다.

1쪽으로 정리한 여러 종류의 계획표와 확인 목록은 엄청난 압박이 불러오는 인지 부하를 줄여준다. 그런데 이상하게도 협상에 나서는 협상가들은 이러한 준비가 부족하다. 특히 압박이 큰 대화가 오갈 때 꼭 필요한 도구인데도 말이다. 내가 고안한 'I FORESAW IT'의 마지막 'T', 즉 '주제Topics, 목표Targets, 절충Tradeoffs' 계획표인 'TTT 계획표'는 고등학생부터 노련한 경영자에 이르는 모든 사람에게 큰 도움이 된다. 어려운 대화나 협상에 대한 모든 준비를 단순하면서도 효과적으로 줄여준다. 앞서 언급한 계획표들처럼 상황을 제대로 인식하고 정신적 부담을 줄이며 좋은 결과를 만들 수 있는 지침과 선택 사항을 재빠르게 제공한다. 상대편에게도 비슷한 도움을 줄 수 있다.

TTT 계획표는 'I FORESAW IT' 계획표의 내용 대부분을 순간적으로 파악할 수 있도록 1쪽으로 요약한 것이다. 협상장에서 성공하기 위한 핵심을 가능한 한 많이 담을 수 있다. 필요하면 몇 분 안에 준비할 수도 있다.

이러한 준비는 어려운 협상을 앞두고 부담감이나 역부족을 느낄 때 특히 중요하다. TTT 계획표는 이것이 없었다면 놓칠 수도 있었던 새로운 기회를 보여준다. 힘을 모아 원하는 쪽으로 공을 던지는 투수처럼 집중하도록 돕고, 상대방에게 눌리는 듯할 때 자신감을 심어줄 수 있다.

최고의 협상가도 이 사실을 보장한다. 마스터카드의 기업 고객 담당 책임자였던 고라브 미탈Gaurav Mittal은 중요한 협상을 할 때마다 비슷한 계획표를 사용했다. 그는 협상 전문 부서를 이끌며 수십억 달러가 오가는 수십여 건의 기업 인수 및 투자 협상을 진행했다. "놀라울 정도로 큰 도움이 되었어요. 이 분야의 사업은 정신없을 정도로 빠르게 진행되어서 협상이나 거래에서 정말 중요한 부분을 모르고 지나치기 쉽습니다." 이때 TTT 계획표가 있으면 상황을 빠르게 확인하고 효율적으로 협상할 수 있다.

협상은 종종 감당할 수 없을 만큼 버겁고, 정확한 판단과 합리적 행동을 어렵게 만든다. 하지만 초보 협상가도 TTT 계획표로 연습하며 동료와 하나가 되고 차분한 자신감을 느낄 수 있다.

또한 TTT 계획표를 활용하면 경험과 상관없이 업무 능력을 높일 수 있다.

TTT 계획표의 구성과 이용 방법 TTT 계획표는 기본적으로 4가지 항목으로 구성된다. '주제, 목표, 주제들 사이에서 절충, 주제들 안에서 절충'이다.

이 계획표를 더 많은 부를 창출해 잘 나누게 해주는 장치라고 생각하자. 마지막 2개 항목은 부의 크기를 창의적으로 늘리도록 돕고, '목표' 항목은 창출한 부를 적절하게 나누도록 돕는다. '주제'는 나머지

제1부 준비

작업을 나누는, 이를테면 나눠 먹을 파이의 모양을 결정하는 틀이다.

계획표를 활용하는 방식을 간단한 사례로 확인해보자. 내가 컴퓨터 부품 업체의 협상 대표로서 중요한 잠재 고객과 협상한다고 상상하자. 협상에는 2가지 문제가 있는데, 나는 높은 가격을 받고 싶은 동시에 상대방의 제품 보증 요구를 처리해야 한다. 나로서는 가격 문제가 더 중요하다. 내가 만들 수 있는 TTT 계획표는 다음과 같다.[4]

주제	목표	주제들 사이에서 절충	주제들 안에서 절충
개당 가격	80~1백 달러	1	• 가장 좋은 조건의 판매장려금 지급 • 대량 발주 시 할인 • 일부 품목 할인
문제 발생 시 제품 보증 기간	2~5년	2	• 교환 • 수리 • 추가 구매 보장 시 보증 기간 연장

시작 제안: 개당 가격 110달러, 보증 기간 2년

발생할 수 있는 최악의 제안: 개당 가격 80달러, 보증 기간 5년

새로운 제안: 개당 가격을 1백 달러로 하고, 일부 재생 부품은 할인해줄 수 있다. 또한 이후 추가 구매를 보장한다면 보증 기간을 5년으로 할 수 있다.

이 계획표의 장점은 길고 복잡한 목록보다 알아보기 쉽다는 것이다. 모든 내용이 한눈에 들어온다.

세세한 내용 확인은 잠시 미루고 활용 방법을 살펴보자. 구매를 원하는 상대방과의 협상에서 계획표를 어떻게 사용할 수 있을까?

구매자가 다음과 같은 공격적인 요구로 포문을 열었다고 상상해

보자. "우선 제품에 문제가 발생할 경우를 대비해 보증 기간을 7년으로 하고, 개당 가격도 70달러로 맞춰주기 바랍니다." 큰 거래이기 때문에 그냥 맞춰주고 싶다는 생각이 들지도 모른다. 그렇지만 TTT 계획표를 잠시만 봐도 문제가 있다는 걸 확인할 수 있다. 구매자의 요구 조건은 받아들일 수 없을 정도로 좋지 않았다. '목표' 항목을 보니 나를 협상장에 내보낸 사장은 최소한 개당 가격 80달러, 보증 기간은 5년을 최대치로 생각하고 있었다. 따라서 상대방이 내거는 조건을 회사 측은 받아들일 수 없다. 목표 항목은 그보다 높은 가격과 짧은 보증 기간이 적당하다는 사실을 내게 다시 한번 알려주었다.

나는 정중하지만 강하게 반대 의사를 피력했다. 개당 가격 110달러, 그리고 보증 기간은 2년이 좋겠다고 제안하고 이렇게 덧붙인다. "물론 우리가 생각하는 우선순위가 충족된다면 어느 정도 논의할 수 있습니다. 그쪽이 양보할 수 없는 부분은 무엇인가요?"

그러자 상대방이 자신들은 보증 기간을 우선시한다고 말했다. '주제들 사이에서 절충' 항목을 보니 우리 회사의 우선순위는 가격이었다. 그래서 나는 다음과 같은 조건을 제시했다. "정말 보증 기간이 가장 중요하다면 대신 가격을 다시 생각해주세요. 그러면 우리 쪽에서도 기간 문제를 생각해보겠습니다." 상대방은 흥미를 느낀 듯 이번에는 85달러와 4년을 제안했다. 아까보다는 상황이 나아졌다. 그렇지만 TTT 계획표의 목표를 보니 갈 길이 멀다. 이제 어떻게 하면 좋을까?

나는 잠시 계획표를 훑어보며 새롭고 창의적인 제안을 고민했다. "협상에 진전이 있는 것 같습니다. 아직 갈 길은 멀지만, 모두가 만족할 수 있는 결과에 도달할 수 있다고 확신합니다. 바보 같은 말처럼

제1부 준비

들리겠지만, 묻고 싶습니다. 지금 시장에서는 우리가 제시하는 가격이 합리적입니다. 그런데 왜 그렇게 낮은 가격을 요구하는지 들어볼 수 있을까요. 그쪽에서 진짜 염려하는 문제는 무엇인가요?"

그러자 상대방은 우리 회사가 자신들의 경쟁 업체에 더 낮은 가격을 제시하지 않으면 좋겠다고 말했다. 나는 계획표의 마지막 항목을 보면서 이렇게 말했다. "알겠습니다. 그렇다면 우리가 귀사에 일종의 최혜국 대우를 해드리면 어떨까요. 업계에서 가장 좋은 조건으로 귀사에 판매 장려금을 지급한다면 항상 경쟁사보다 낮은 가격으로 제품을 구매하는 것과 똑같지 않은가요."

상대방은 제안이 마음에 든 것 같았다. "그렇다면야 개당 가격을 90달러까지 할 수도 있습니다." 이제 됐구나. 나는 생각했다. 그렇지만 회사를 위해 좀 더 할 수 있는 일이 없을까?

나는 TTT 계획표를 보다가 '일부 품목 할인'을 찾아냈다. 그리고 회사 측에서 현금을 확보하기 위해 가장 이익률이 높은 신제품에 특별히 높은 가격을 책정했다는 사실을 떠올렸다. 나는 이렇게 대답했다. "논의가 계속 진전되고 있군요. 덧붙이자면, 귀사에서 신제품 가격 1백 달러에 동의해준다면 일부 재생 부품은 93달러만 받겠습니다." 상대방도 흥미를 느낀 듯했다. 다시 대화가 이어졌고 양측은 일부 재생 부품은 92달러, 신제품은 99달러, 보증 기간은 3년으로 합의했다. 나는 비로소 안도의 한숨을 내쉬었다.

구매를 원하는 상대방도 크게 만족했다. 어느 정도 할인된 가격에 사실상 원하는 만큼의 보증 기간을 포함한 양보를 얻어냈기 때문이다. 물론 우리 회사로서도 크게 기뻐할 만한 결과였다. 목표했던 최고 조건에 근접했고, 현금을 확보하기 쉬워졌으며, 특히 최우선 순위였던 가격 방어도 잘해냈다. 그것도 상대방의 기분을 거스르지 않으면서. 나는 속으로 웃으며 생각했다. '내가 생각해도 놀라운 일을 해냈어.'

비결은 물론 TTT 계획표였다. 계획표의 각 부분은 다음과 같이 나를 도왔다.

계획표의 역할

주제 주제란 곧 협상의 의제다. 어떤 의제를 정해 논의할 것인가? 외교관들은 사전 협상이라고 불리는 의제 결정을 위해 실제 회담이나 협상이 시작되기 전 몇 개월 이상 고민하곤 한다. 그 이유는 무엇일까?

첫째, 논의해야 할 내용과 논의할 필요가 없는 내용을 구체적으로 결정하는 데 도움이 된다. 누군가 우리에게 "가격은 협상 대상이 아닙니다."라고 말한다면 논의 없이 자신들의 요구에 따르기를 바라는 것이다. 만약 그냥 따른다면 상대방은 협상을 시작하기도 전에 가격 문제에서 승리한다.

둘째, 시간을 잘 관리하는 데 도움이 된다. 따라서 어느 쪽이든 먼저 이메일 등을 보내 이렇게 이야기하는 것이 좋다. "어제 인사 나눌 수 있어서 즐거웠고, 다음 주 있을 회의가 기대됩니다. 그런데 우리가 다뤄야 할 문제들의 목록을 만들어 나누면 시간을 더 효율적으로 사용할 수 있을 듯합니다. 제안 사항이 있다면 알려주세요." 이런 식으로 의제를 미리 설정하면 현장에서 실제로 논의하고 싶은 내용만 등장하고, 그렇지 않은 내용이 등장할 가능성은 줄어든다. 양측 모두 시간을 절약할 수 있다.*

셋째, TTT 계획표의 다른 부분을 생각할 여유가 생긴다.

넷째, 동료들과 함께 작업하면 모두 하나가 된다. 협상장에서 누군가가 미리 의논하지 않은 이야기를 꺼낼 위험이 줄어들고, 내가 중요한 문제를 잊고 있어도 다른 동료가 뒷받침해준다.

마지막으로, 양측이 미리 의제를 정하고 동의하면 협상을 끝내고 안심하고 있을 때 상대방이 추가 요구를 해서 우리를 괴롭힐 가능성이 줄어든다. 한 가지 악명 높은 사례가 있다. 독일의 한 플라스틱 제품 제조업체 대리인이 수백만 달러에 이르는 중요한 거래에서 협상을 제대로 준비하지 못한 미국 오클라호마의 한 원료 공급 업체를 1년이 넘도록 괴롭힌 적이 있다. 이 대리인은 "하나만 더 말하겠습니다."라는 식으로 7회나 재협상을 벌였다. 오클라호마의 공급 업체는 회사를 망칠 수도 있었던 거래에 합의하기 직전까지 끌려갔다.[5]

예시로 제공한 TTT 계획표의 '주제' 항목에 가격과 제품 보증 기간에 대한 내용을 추가했다. 물론 우선순위는 알아서 정하면 된다.

목표 여기서부터 본격적인 협상 준비가 시작된다. 협상의 성공은 ① 협상 범위 설정, ② 첫 제안 설정이라는 2가지에 달려 있다. 계획표에서는 주로 첫 번째에 집중하며, 두 번째 작업은 나중에 다룰 것이다.

각 사안과 관련하여 조사한 목표 범위를 구체적으로 정해두면 협상을 잘 진행할 수 있다. 한쪽에는 '최선의 결과'를, 다른 한쪽에는 '협상 결렬'이라고 적어두자.

---

* 인사를 겸해 비공식적으로 만나기도 전에 이런 이메일을 주고받을 필요는 없다. 사실 부적절할 수도 있다. 따라서 공식 대화를 시작할 때 이 문제를 제안하는 게 좋다.

승자의 언어

목표의 범위를 제대로 정하지 않고 협상하면 치명적인 결과가 나타날 수 있다. 1964년 영국 북부 출신으로 당시 26세였던 브라이언 엡스타인Brian Epstein은 가족의 음반 판매 사업을 돕다가 훗날 대중음악 역사에 길이 남을 비틀즈를 발굴해 대리인을 맡았다. 당시만 해도 큰 인기가 없었던 비틀즈를 눈여겨본 건 높이 평가받을 만한 업적이지만 아쉽게도 엡스타인은 사업과 관련된 협상 방법을 잘 몰랐다. 그가 수많은 제안을 들고 찾아오는 사업가들에게 자신의 역량 부족을 감추려 했던 건 어쩌면 당연한 일이었다. 어느 날 미국 할리우드의 한 영화사 간부와 감독이 영화 관련 계약이 가능한지 알아보기 위해 엡스타인의 사무실을 방문했다.

엡스타인은 예의 바른 태도로 자리 잡고 앉아 우아한 영국식 영어로 이렇게 말했다. "비틀즈를 출연시키고 싶다면 영화 총수익의 7.5퍼센트는 받아야겠습니다. 그 아래로는 절대 계약할 수 없어요."[6] 영화사 간부와 감독은 잠시 서로를 바라보더니 말없이 고개를 끄덕였다. 그렇게 해서 제작된 〈하드 데이즈 나이트A Hard Day's Night〉는 전 세계적으로 크게 성공했다. 엡스타인은 나중에야 비틀즈 정도의 유명 연예인이 할리우드에 진출하면 최대 25퍼센트까지 수익을 나눠 받는 것이 업계 관례라는 사실을 알았다. 그는 최선의 결과와 협상 결렬 사이의 범위를 제대로 알고 정하지 않아서 너무 적은 금액으로 계약하고 말았다. 자신과 비틀즈의 가치를 너무 낮게 평가한 것이다.

엡스타인이 총수익의 30퍼센트를 요구한 뒤 25퍼센트 정도에서 합의하면 좋았을 것이다. 결과적으로 비틀즈는 그의 협상 실패로 막대한 금전적 손해를 보았다.[7] 자신이 받아들일 수 있는 조건의 범위를 알고 정하는 것이 이토록 중요하다. 정확한 용어를 사용하는 것도 중요하다.

최선의 결과 '최선의 결과'는 욕심이 엿보이지만 자기가 실제로 얻고자 하는 현실적 목표이자 결과이다. 앞의 사례에서 제품 하나당 받고 싶은 최선의 결과는 1백 달러였고 보증 기간은 2년이었다. 최선을 다해 이루어야 할 목표인 최선의 결과는 무모한 추정치가 아니라 확실한 근거에 바탕해야 한다. 예컨대 업계 보고서를 통해 최고가 제품이 1백 달러라는 사실을 확인했다고 가정해보자. 또한 역시 믿을 만한 보고서를 통해 2년 정도의 보증 기간도 통용되고 있다는 사실을 알면 어떨까. 이런 이유로 협상에서 원하는 최선의 결과를 각각 1백 달러와 2년으로 정한 것이다.* 무척 적절한 행동이었다. 다만 자신이 생각하는 '최선의 결과'와 첫 번째 제안은 다르다는 점을 명심하자. 최선의 결과는 결국 내가 '원하는 결과'이며, 첫 번째 제안에는 그보다 더 공격적인 요청을 담는다. 첫 번째 제안과 관련된 내용은 다시 살펴볼 것이다.

협상 결렬 자신이 바라는 '최선의 결과'가 있다면 일어나지 않았으면 하는 '최악의 결과'도 있는 법이다. '협상 결렬'이 대표적이다. 앞서 또 다른 대안인 BATNA로 비슷한 내용을 살펴본 바 있다.[8] 제품 가격이 80달러 미만이 되면 회사가 손해를 본다고 가정하자. 그리고 상대방이 80달러 이상은 제시하지 않는다면 어떨까. 80달러 미만의 가격에 동의하는 건 현명하지 못하기 때문에 나의 입장에서는 협상 결렬을 염두에 두어야 한다. 그다음 주제인 보증 기간도 비슷하다. 예를 들어 상대방이 보증 기간 5년을 원한다면 역시 내 입장에서는 협

---

*   7장에서 '5퍼센트의 법칙'이라는 도구로 '최선의 결과'를 현명하게 결정하는 역량을 이야기할 것이다.

상 결렬이다. 협상 결렬의 범위를 정해놓은 협상가는 상대방에게 이끌려 손해 보는 일이 없다. 다시 말해 언제 '협상 중단!'이라고 외쳐야 하는지를 안다.

사람들은 이렇게 최선의 결과와 협상 결렬 사이의 범위를 정하는 법을 일찍 알면 좋을 거라고 말하곤 한다. 카이Kai라는 사람이 있었다. 내가 카이를 알기 훨씬 전의 일이지만, 회사에서 그에게 승진과 함께 1만 달러의 연봉 인상, 더 넉넉한 판공비를 제안했다고 한다. 놀라기도 하고 자랑스럽기도 했던 카이는 재빨리 제안을 받아들였지만, 새로운 일을 맡은 후 육체적·정신적 건강을 크게 해치고 말았다. 몇 개월이 지난 후 새로운 동료들과 차를 마시는데 이들은 카이가 새로운 업무 제안을 받아들인 걸 보고 깜짝 놀랐다고 말했다. "무슨 이유 때문에?" 카이가 되물었다. "전에 그 일을 하던 임원보다 훨씬 일을 잘한다는 사실을 모두 알고 있었거든. 그리고 이런 말 하기는 뭐하지만 지금 그 정도로 일하는 임원은 연봉이 5만 달러 이상 올랐어." 조금만 상황을 확인했다면 카이는 선택 범위를 확인할 수 있었을지도 모른다. 1만 달러의 연봉 인상은 그의 가치에 비하면 무척 낮은 수준이었다.

절충안 제시와 거래 앞에서도 설명했지만 이건 우선순위의 문제다. 자신이 생각하기에 더 중요한 문제를 앞세우고 덜 중요한 문제를 포기하는 절충으로 원하는 가치를 창출할 준비를 한다. 아이들은 학교에서 급식을 먹을 때 종종 좋아하는 음식과 싫어하는 음식을 구분해 친구와 교환한다. "이 사과를 네 우유와 바꾸지 않을래?" 주제들 사이에서 절충하면 양측 모두 만족스러운 결과를 얻을 수 있으며, 각

제1부 준비

각의 문제에 대해 무조건 '똑같이 손해 보는' 것보다 나을 때가 많다. 앞의 사례에서 최우선순위는 가격이었고 보증 기간은 두 번째였다. 이렇게 구분하면 협상에서 절충안을 제시하고 거래하기가 더 쉽다.

마스터카드의 고라브 미탈은 거래에는 이런 창의적 발상이 꼭 필요하지만 생각이 번잡스러우면 쉽게 할 수 없다고 지적한다. "창의성을 발휘하려면 우선 마음을 차분히 정리하고 자신에게 무엇이 진짜 중요한지 알아야 한다." 따라서 우선순위를 구분한 계획표는 최종 목표를 향해 계속 집중할 수 있도록 도와준다고 그는 설명한다. "역시 중요한 것은 우선순위를 파악하는 일이다. 항목이 수십 개가 넘어도 제일 중요한 5, 6가지를 파악하면 여기에 집중할 수 있다." 또한 우선순위를 정하면 익숙하지 않은 기술적 내용들을 다룰 때 더 나은 협상을 할 수 있다. "TTT 계획표를 만들면 초보자라도 기술적 문제에 쉽게 접근할 수 있다. 정확히 무슨 내용인가? 그래서 얼마나 중요한가? 기술과 관련해 모든 세부 사항을 알기는 힘들겠지만, 적어도 그 중요성과 함께 우리 쪽에서 수용할 수 있는 결과의 범위는 미리 알 수 있다."

또한 우선순위를 미리 정하면 자신이 열세일 때 극복하는 데 도움이 된다. 요구 조건이 많은 계약서 초본을 대규모 거래처로부터 받으면 대부분 ① 그냥 따르거나, ② 뭔가 제안하고 싶어도 안 될 것 같고, ③ 실제로 내용도 너무 복잡해서 뭘 바꾸기가 힘들 것 같다. 하지만 실상은 다르다. '을'의 입장에서 진행되는 협상을 많이 경험한 조지프 바텔Joseph Bartel 변호사의 조언을 들어보자.

나는 대부분 '을'을 대변해 협상했다. 그렇지만 호랑이 같은 상대라도 약점은 있는 법이다. 처음부터 강하게 밀어붙이며 복종을 요구하면 물론 상대하기가 버겁겠지만, 먼저 친밀감을 쌓고 제안의 타당성을 함께 살펴보자고 하면 곧 상대방이 알아서 설명을 시작한다. 그러면 결국 적절한 합의점에 도달할 수 있다. 또한 처음부터 불리한 거래는 하지 않겠다고 결심하고 협상장에 나오는 것도 도움이 된다. 대부분의 경우 상대방은 설명하다가 스스로 불합리한 점을 발견하고 원래의 제안을 포기한다. 상대방이 무조건 강하고 나는 약하다고 처음부터 가정할 필요는 없다. 상대방은 내가 무조건 따를 거라고 기대하며 지금까지 계약 내용에 이의를 제기한 사람이 없다고 말하곤 하지만 실제로는 계약서 내용을 제대로 확인하지도 않고 협상장에서 무조건 따르라고 하는 경우도 많으니까.

어떻게 하면 대담하면서도 침착하게 상대방에게 다가갈 수 있을까? 물론 법률 자문을 포함해 철저히 준비할 필요가 있다. 준비를 마친 후 자신이 생각하는 우선순위를 결정하면 바텔 변호사와 마찬가지로 버거운 상대방과의 협상에서도 중요한 내용을 관철할 수 있다.

우선순위를 결정했다고 해서 최우선순위 하나를 위해 다른 모든 걸 포기해서는 안 된다. 가격을 1달러 더 받기 위해 모두 참을 필요는 없다는 뜻이다. 협상하다 보면 문득 어느 시점부터 손해 보고 있다는 사실을 깨달을 때가 있다. 물론 어느 정도 경험을 쌓아야겠지만 대부분은 자신이 원하는 걸 끝까지 지키려다 너무 많은 비용을 지불하게 되는 시점을 잘 알기 때문에 사전 연습으로 대비할 수 있다. "내가 원하는 1달러를 지키려다 상대방이 원하는 5년 보증 기간 조건을 받아들이면 큰 손해 아닌가?"[9]*

자신이 생각하고 준비한 우선순위를 이야기하는 방법도 중요하다. 예를 들어 "우리는 품질 보증 기간에는 전혀 신경 쓰지 않습니다."라는 식으로 먼저 말해버리면 상대방은 보증 기간에 대해서 자신들의 조건을 밀어붙일 수 있다고 기대한다. 마찬가지로 "제품 가격만 우리 뜻에 맞춰준다면 뭐든지 하겠습니다."라는 식으로 절박한 모습을 보여서는 안 된다. 상대방이 어떤 식으로든 가격을 앞세우며 다른 조건에 대한 양보를 요구할 수 있다. 따라서 더 적절한 접근 방식은 다음과 같다. "우리에게는 모든 조건이 중요하지만 그중에서 가격을 우선으로 생각하고 있어요."

"우리에게는 모든 조건이 중요합니다."라고 말하지 않는 이유는 무엇일까? 이 말은 문제가 없어 보이지만 동시에 모순일 수밖에 없다. 그렇다면 모든 조건과 내용에 대해 한 치의 양보 없이 다투겠다는 것인가? 그래서 충분히 얻을 수 있는 좋은 결과까지 희생하겠다는 뜻인가?**

주제 안에서 절충하기 그런데 상대방이 꿈쩍도 하지 않는다면 어떻게 할까? 모든 희망이 사라진 걸까? 절대 그렇지 않다. 주어진 주제

---

* TTT 계획표를 더 자세히 만들 수도 있다. 경제학자의 조언에 따라 상대적 가치를 반영하기 위해 주제의 추가 부분에 다음과 같이 자세한 내용을 넣을 수 있다. '우리에게 보증 기간 5년은 50점, 4년은 75점, 3년은 90점, 2년은 1백 점의 가치가 있다. 가격 80달러는 90점, 90달러는 120점, 그리고 1백 달러는 130점의 가치가 있다.' 다만 여기서 더 나은 결과만 고집하면 이른바 수확 체감의 법칙이 작용할 수 있다는 사실은 알아두자. 어쨌든 TTT 계획표에 따라 가장 많은 점수를 얻을 수 있는 지점을 찾아라. 물론 경제학 관련 학위도 있는 나를 포함해 대부분은 가장 정확한 지점을 찾을 수 없겠지만 이 과정 자체가 큰 도움이 된다.

** 주제를 정확히 숫자로 나타낼 정도로 우선순위를 정할 수 없더라도 최소한 상, 중, 하 정도로 구분해야 적절한 거래 지점을 찾을 수 있다.

에 대한 창의적인 선택 사항, 누군가의 근본적인 이해관계를 만족시켜줄 수 있는 선택 사항에 집중하면 어려움을 극복하고 좋은 결과를 끌어낼 수 있다. 'I FORESAW IT' 과정에서 떠올렸던 창의적이고 새로운 선택 사항들 중 최상의 조건들을 가져와 TTT 계획표에 더하면 분위기 반전을 노려볼 수 있다.

2008년 전 세계 경기가 크게 침체했을 때 인사 담당 임원들을 대상으로 실시한 설문 조사에 따르면 거의 모든 기업이 낮은 임금이나 조건을 제시해 구직자들이 당황했다고 한다. 그렇지만 대신 다른 특혜들이 있었다. 더 긴 유급휴가나 유연한 근무 시간, 이사 비용 지원 등. 심지어 임원들은 구직자가 요구하면 협상할 준비도 되어 있었다. 그런데 오히려 구직자 대부분이 협상할 준비가 되어 있지 않았다.[10] 구직자들이 가능성의 목록을 미리 준비했다면 결과는 어땠을까? '주제 안에서의 절충'은 이런 문제를 다룬다.

하나의 주제에 대해 창의적이고 새로운 선택 사항을 2~4개쯤 준비하는 이유는 그 이상이 되면 1쪽으로 쉽게 정리하기 힘들기 때문이다. 그렇다고 선택 사항을 2개 이하만 준비하면 교착 상태를 극복할 가능성이 거의 사라진다. 중요한 점은 난관이 찾아올 때를 대비하여 멋진 해결책을 제시할 수 있는 최고의 제안을 쉽게 볼 수 있는 곳에 두는 것이다. 필요하면 'I FORESAW IT' 계획의 선택 사항을 확인해 다른 내용을 찾아볼 수도 있다. 지금까지 살펴보았듯 몇 가지 새로운 조건과 제안만으로도 '단호하고 끈질긴 협상가'가 될 수 있다.[11]

묶음 제안

TTT 계획표를 만들었다면 마지막으로 계획표의 내용을 몇 가지 새로운 묶음으로 나눠보자. 예컨대 균형 잡힌 첫 번째 제안, 받아들일 수는 있지만 예상할 수 있는 최악의 제안, 새롭고 창의적인 제안 등이다. 여기서 말하는 묶음은 모든 주제를 포함하는 조건들의 모음이다. 이런 묶음이 특별한 마법이 될 수 있다는 사실은 이미 증명되었다. 양측을 만족시켜줄 수 있는 창의적인 거래에 대한 대화가 여기서부터 시작된다.[12]

예상과는 다르게, 주제를 하나씩 해결하다 보면 분위기가 점점 친밀해지는 게 아니라 오히려 그때마다 새로운 전투를 벌이는 듯한 기분이 든다. 무슨 말인지 이해되는가? 하나씩 차례로 풀어나가면 대단히 효율적인 듯하지만 사실은 실수에 가깝다. 왜냐하면 거래 전체에서 양측이 만족할 수 있는 지점은 점점 찾기 어려워지고 개별적인 싸움만 이어지기 때문이다.[13] 물론 한 가지 주제나 문제에 대해 어느 정도 동의할 수는 있지만 동시에 여러 가능성을 열어두는 게 더 현명하다. 논쟁이 가열될 수 있는 협상을 피하고 싶다면 논쟁을 조금이라도 줄여주는 묶음 제안을 생각해보자. TTT 계획표의 마지막 작업은 바로 묶음 제안 만들기다. 3개의 묶음 정도면 ① 유리한 분위기를 만들고, ② 받아들일 수 없는 대안의 기준을 찾고, ③ 어려움을 헤쳐나가기 위해 창의적으로 준비할 수 있다. 그 방법을 살펴보자.

시작 제안 앞서 언급했듯이, 상대방에게 밀리지 않는 숙련된 협상가일수록 균형 잡힌 첫 번째 제안을 내놓는다. 그런 제안을 만들어보자.

우선 머릿속으로 TTT 계획표를 떠올리고 최선의 목표를 적는다. 그리고 한 가지 주제에 대해 최소한 한 가지 이상의 절충안을 추가한다. 절충 구간의 위치는 그림과 같다.

|← ——— 절충 구간 ———→|

← 상대방 제안   최선의 목표   첫 번째 제안

　절충 구간은 왜 필요할까? 대부분의 협상에서 모두가 존중받고 공정하게 대우받는다고 느낄 수 있도록 어느 정도 양보할 필요가 있기 때문이다. 따라서 제시하는 가격이 1백 달러라고 말하고 대화를 시작하면 상대방은 보통 거기서부터 어느 정도 양보가 가능할 것이라고 기대한다. 만일 물러서지 않는다면 화낼지도 모른다. "당신이 누군데 거래 조건을 마음대로 결정합니까?" 물론 예외는 있다. 금융 기업 트래블렉스Travelex의 조사에 따르면 이런 흥정과 절충이 거의 없는 문화나 산업이 있다.[14] 예컨대 중국과 인도의 시장은 어디서나 흥정이 가능하지만 일본이나 브라질의 시장은 다르다. 하지만 가장 중요한 문제는 어느 정도의 흥정과 절충이 필요하다. 따라서 자신이 생각하는 최선의 목표만 요구하며 대화를 시작하면 대개 원하는 결과를 얻지 못한다. 최선의 목표를 달성하려면 절충할 수 있도록 조정한 첫 번째 제안을 해야 한다.

　특히 우선시하는 주제를 절충할 기회를 열어두는 것이 현명하다. 그래야 양보를 포함한 흥정이 오가면서 자신이 가장 우선시하는 주제에서 최선의 목표에 도달할 수 있다. 모든 주제를 절충할 기회를 열어둘 수도 있지만 그만큼 위험도 각오해야 한다. 이것저것 모두 흥정하려고 들면 상대방에게 공격적으로 보이기 마련이다. 그렇다면 절충

　　　　　　　　　　　　　　　　　　제1부 준비

범위는 어느 정도여야 할까? 쉽게 말해서 절충 범위가 넓으면 그만큼 빨리 양보할 수 있고, 그렇지 않다면 양보에 관한 제안을 선뜻 하기가 어려울 것이다. 이 문제는 7장에서 살펴보겠다. 다음은 절충안을 포함한 첫 번째 제안 사례다. 제품 가격 110달러에 보증 기간 1.5년, 혹은 101달러에 보증 기간 17개월.

받아들일 수 있는 최악의 제안 단호하게 거절해야 할 지점을 알려면 일종의 '정확한 기준'을 정해야 한다. 받아들일 수는 있지만 우리 측에는 최악일 수밖에 없는 조건이나 지점을 찾으라는 뜻이다. 먼저 '목표' 항목으로 이동해 '협상 결렬' 지점을 기록한다. 그러면 '내가 받아들일 수는 있지만 최악의 제안'이 어디쯤인지를 알 수 있다. 예를 들어 가격 80달러에 보증 기간 5년이라면 어쩔 수는 없지만 받아들일 수 있는 한계선이다. 이보다 나쁘면 '협상 결렬'이 더 현명한 판단이라는 뜻이다.*

창의적인 제안 창의적이고 새로운 제안들을 '주제들 사이에서 절충'과 '주제들 안에서 절충' 항목을 통해 하나로 묶는다. 그럼 어려움에 부딪혔을 때 창의적인 문제 해결에 영감을 주고 양측에 도움이 되는 제안을 할 수 있는 준비를 마친 셈이다. 예를 들어 제품 가격은 1백 달러지만 일부 품목 할인과 함께 향후 추가 주문을 보장받고 보증 기간을 5년으로 해준다면 어떨까. 물론 최종 협상 결과는 다를 수 있지

---

* 예외도 있다. 상대의 제안 중 일부 문제는 내가 정한 한계보다 나쁘지만 다른 문제는 더 좋다면 선택하기가 어렵다. 이때는 우선순위가 높은 문제에 관한 제안이 좋지 않으면 거절하고, 우선순위가 낮은 문제와 관련하여 좋지 않으면 고민해보는 것이 현명하다.

승자의 언어

만 여기서 핵심은 이런 제안으로 함께 문제를 풀어가는 것이다.

이제 다 끝났다. 협상이라는 긴 여정을 헤쳐나갈 수 있는 지도를 준비했으니 전보다 안전한 위치에 선 셈이다. 아, 지도가 아니라 계획표라고 해도 된다.

양보 없이 협상하고 싶다면

때로는 협상할 내용이 가격 같은 문제 하나뿐일 때도 있다. 그때는 어떻게 준비하면 좋을까? TTT 계획표의 주제를 하나만 적고 목표 항목에 예컨대 가격을 80~1백 달러라고 적고 절충안을 110달러로 설정한다.

협상 범위 변경과 분위기 반전

협상장에서 의견이 전혀 통하지 않으면 의제의 범위를 줄이거나 넓혀서, 다시 말해 주제의 수를 바꾸는 식으로 협상 범위를 변경하는 것이 거기서 빠져나올 수 있는 방법 중 하나다. 상대방이 전체적으로 무리하게 요구하면 일단 협상 범위를 좁히는 것만으로도 어느 정도 방어가 되기 때문이다. 예를 들어 대량 구매처가 여러 가지 마뜩잖은 조건을 걸고 우리의 모든 제품을 저렴하게 수년 동안 구매하겠다는 포괄적 구매 계약 협상을 제안했다고 가정하자. 이때는 협상 대상 제품의 범위를 줄여 다른 제품들을 보호할 수 있다. 반대로 상대방이 1, 2가지 중요한 요구에 집중하면 협상 범위를 넓히는 게 좋다. 예컨대 확실한 '갑'인 집주인이 집세를 올리려고 할 때 세입자는 처음 집을 빌릴 때 약속받았지만 아직 이행되지 않은 집수리 문제를 넣어 의제의 범위를 확대할 수 있다. 실제로 한 젊은 세입자가 이 방법으로 집세를 유지하는 대신 집수리는 계속 유보하는 협상을 했다. 어쩌면 그 대신 집세를 올려주고 임대 기간을 더 길게 보장받는 쪽을 택할 수도 있었을 것이다.

가장 중요한 주제를 논의할 때를 정해서 의제의 범위를 넓히거나 좁힐 수도 있다. 지금은 입장이 조금 불리하지만, 대출과 투자 성공, 졸업 혹은 취업 등으로 입장이 나아질 전망이 있다면 협상 시기를 주요 항목으로 넣고 싶지 않을까. 좋은 방법 중 하나는 당장은 제한된 범위 안에서 거래하고 나중에 범위를 넓히는 것이다. 예를 들어 지금은 일부 제품만 가격을 정해 공급하고 나중에 규모를 늘릴 수도 있다. 다만 나중에 공급할 제품의 가격을 미리 결정해버리면 다시 가격을 협상할 때 어려움을 겪을 수도 있다는 사실을 명심하자. 60일 협상 독점권 같은 선택 사항을 찾는 것도 협상 시기를 결정하는 방법 중 하나고, 아예 협상 시기를 애매하게 연기하자고 제안할 수도 있다. 협상 마감일을 변경하는 것만으로도 종종 큰 차이가 만들어진다.

또한 사전에 협상 주제를 정할 때 만남이나 회의 장소를 어디로 정하느냐에 따라 많은 부분이 달라질 수 있다. 1949년 국제연합은 랠프 번치Ralph Bunche를 중재자로 파견해 이스라엘과 이집트의 평화 회담을 추진했다. 번치는 회담 장소를 지중해 로도스섬에 있는 한 호텔로 정했다. 음식을 비롯한 모든 환경이 대단히 열악했고 심지어 식중독까지 퍼졌다. 동료 외교관이었던 로런스 S. 핀켈스틴Lawrence S. Finkelstein의 회상처럼, 번치는 중재자로서 주어진 권한을 사용하여 모든 관련 당사자가 지쳐서 아무 이의도 제기할 수 없을 때까지 쉬지 않고 회의를 진행했다. 핀켈스틴에 따르면 번치는 이 방법으로 노벨 평화상을 받았다.[15]

끝날 때까지는 끝난 게 아니다

지금까지 살펴본 것처럼 TTT 계획표는 한 번에 한 가지 문제를 협상하는 것이 아니라 전반적으로 여러 가지를 생각하며 진행해야 한다는 사실을 일깨워준다. 주제들을 하나로 묶거나 교환 및 절충하여 유리한 결과를 끌어내자. 협상을 시작할 때 기본 규칙을 제안해 유리한 상황을 만들자. "다 함께 창의적인 가능성을 찾을 수 있도록 모든 것을 합의하기 전까지는 아무것도 합의하지 않았다는 원칙에 따라 진행할 것을 제안합니다. 잠정적으로 동의할 수 있겠지만 계약서에 서명하기 전까지는 더 생각할 여지를 두어서 모두가 만족할 결과를 찾읍시다. 어떤가요?"

권한 위임과 조정

TTT 계획표를 만들면 자신에게 위임된 권한을 확인하기 좋기 때문에 누군가를 대신할 때 특히 편리하다. 나의 상사는 내게 어느 정도의 자유와 창의성을 주었는가? 상사의 마음을 어림짐작하는 것과 실제로 아는 것은 크게 다르다. 운전할 때 시야가 충분히 확보되는지의 문제라고나 할까. 상사와 논의할 때도 TTT 계획표를 사용하면 협상할 수 있는 범위와 각각의 의제에 관한 재량권, 그리고 상사의 가장 큰 관심거리와 그가 인정할 수 있는 창의적 가능성의 범위 등을 알아낼 수 있다.

마찬가지로 TTT 계획표를 이용하면 상사의 지시 사항에 대해 그와 '협상'할 수 있다. 나는 무엇을 원하는가? 목표며 선택 사항에 대해 거의 절대적인 권한을 가지고 협상하고 싶은가? 아니면 권한의 범위를 줄여 단순히 회사와 상사를 대신해 의견을 전하고 계약서에 서

제1부 준비

명하는 역할에 만족하고 싶은가?

동료들과 함께 협상하는 경우 TTT 계획표는 자중지란 없이 의견을 잘 조정한 상태를 유지하는 데 도움이 된다. 고라브는 먼저 동료들과 함께 TTT 계획표를 만들어두면 든든한 자신감이 든다고 말한다. "협상장에서 모두가 일관된 모습을 유지하는 데 도움이 된다. 내가 부족할 때 언제든 동료들을 믿고 의지할 수 있기 때문에 상대방에게 불안한 모습을 보이지 않을 수 있다. 상호작용하는 거래의 복잡성이나 규모를 감안하면, 신뢰감을 형성하도록 도와주는 TTT 도구는 대단히 중요하다." 나와 학생들도 비슷한 경험이 있다.

또한 고라브는 한 번에 여러 가지 협상을 이끄는 사람들을 위해 TTT 계획표의 또 다른 장점을 설명한다. "진행 중인 모든 거래의 세부 사항 모두를 기억하기 어려울 때가 있다. 그러니 의견을 미리 조율한 계획표가 있다면 여러 협상이나 거래를 동시에 진행할 때 큰 도움이 된다."

여러 동료와 작업할 때 TTT 계획표를 이렇게 이용해보자. 각자 계획표를 따로 만들어 게시하고 논의하여 의견을 조정한다. 나와 동료들의 의견이 다르면 이 작업이 특히 중요하다. 이렇게 TTT 계획표는 사전에 합의하는 데 도움이 된다. 사전 설명을 충분히 들은 사람들은 자신들의 대표를 더 신뢰하는 경향이 있다.

화상회의 시대를 위한 조언

화상으로 회의나 협상을 해본 적이 있는가. 그렇다면 상대방이 좋지 않은 제안을 하는데 멈추게 할 방법이 없을 때 느끼는 무력감을 잘 알 것이다. 따라서 화상회의 전에 TTT 계획표를 완성해 동료들과 공유하는 것이 특히 중요하다. 고라브는 이렇게 지적한다. "기술상의 한계로 참여자 모두의 표정을 확인할 수 없을 때…… 사람들의 몸짓을 살피거나 탁자 밑으로 동료들에게 신호를 보낼 수 없을 때 TTT 계획표 같은 도구가 정말 중요하다. 또한 상대방이 우리를 바라보고 있을 때 우리끼리 의사소통하기 위해 말을 걸 필요도 없다. 미리 충분한 시간을 들여 의견을 조율했기 때문이다."

그렇지만 화상회의 같은 신기술 사용 여부와 관계없이 TTT 계획표를 미리 작성하고 공유하면 동료들과 함께 좋은 협상을 이끄는 데 도움이 된다. 협상을 시작하기 전에 먼저 계획표를 돌려 보고 검토를 요청하여 내용이 익숙해지도록 한다. 그리고 일종의 역할극을 하며 질문하고 답하면 모두 철저하게 준비할 수 있다.

복잡하고 긴 계약

TTT 계획표는 상대적으로 덜 중요한 문제들을 처리할 때도 도움이 되지만, 문제가 복잡해질수록 가치가 높아진다. "수백 쪽의 긴 계약서를 처리할 때는 TTT 계획표 준비가 대단히 중요하다. 계약서가 아무리 길어도 실제로는 몇 가지 문제가 핵심인데, TTT 계획표가 있으면 문제들을 빨리 알 수 있기 때문이다. 그 문제들을 가지고 어느 부분을 양보할 수 있는지, 어느 부분은 물러설 수 없는지, 정말 지적하고 싶은 요점은 무엇인지 파악한다." 고라브의 설명이다.

이렇게 집중하면 문제의 범위를 자신이 관리할 수 있을 정도로 줄일 수 있다. 핵심에 집중하지 않으면 문제에 압도당하고 할 말을 잃게 된다. 몇 년 전 나는 수습 변호사로 항공기 임대 업무를 도왔는데, 관련 계약서 분량이 수백 쪽에 달했다. 어느 금요일, 나는 1백 쪽으로 줄인 계약서 초안을 고객인 노르웨이 은행에 보내고 월요일까지 의견을 달라고 부탁했다. 월요일 아침이 되자 나는 은행 담당자에게 초안을 읽었는지 물었다. 담당자는 읽기는 했지만 아무 의견도 없다고 말했다. 나를 포함해서 동료들도, 은행 담당자도 무엇이 우선순위고 어디에 집중해야 하는지 전혀 생각하지 않고 있었다. 우리는 그저 하염없이 복잡한 문서를 앞에 두고 빠져나갈 길을 찾자고 서로를 다그쳤다. 사실대로 말하자면 의뢰를 받은 내가 가장 중요한 문제들을 그에게 지적해서 길을 잃지 않게 해줬어야 했다. 그리고 나는 TTT 계획표를 활용해야 했다.

문제의 내용이 복잡하면 TTT 계획표도 길어져야 할까? 고라브는 그렇지 않다고 말한다. "5쪽, 10쪽 혹은 15쪽짜리 계획표가 필요하다고는 생각하지 않는다. 경영진이 누구인가에 따라 길어도 2쪽에서 3쪽 정도면 충분하지 않을까. 최고 경영자 입장에서는 1쪽도 너무 길다. 실무진에게는 2쪽이나 3쪽짜리 TTT 계획표가 필요할 것이고. 관여하는 실무자가 많으면 협상의 성격과 맥락에 따라 더 길어질 수도 있다."

협상을 시작하지도 않았는데 방대하게 쌓인 계약 관련 문서가 버거운가? TTT 계획표를 만들어 사용하는 협상가는 흐름을 쉽게 따라가며, 전략과 관점을 명확히 이해하고 문제를 탐색할 수 있다. 뿐만 아니라 특정 문제들의 묶음에 강력하게 대응할 수 있는 최적화된 능력도 개발할 수 있다.

이어지는 길을 밝혀라
대부분의 중요한 협상은 한 번에 끝나지 않는다. 몇 주, 몇 개월 혹은 몇 년에 걸쳐 수십 차례가 넘는 회의가 이어지기도 한다. 그렇다면 그동안 내가 어떤 목표를 향해 나아가고 있는지 계속 기억할 수 있을까? 노련한 협상가는 이때도 TTT 계획표가 도움이 된다는 사실을 안다. 협상의 마지막 순간에 제시된 제안과 TTT 계획표를 비교하는 것만으로도 충분한데, 계획표가 없으면 다른 참여자들이 제안을 쏟아내는 동안 거의 마지막 내용에만 눈길이 가고 원래 목표가 무엇이었는지 잊어버리기 쉽다. 연구에 따르면 노련한 협상가조차 눈앞의 문제에만 신경 쓰는 경우가 많다.[16] 다시 말해 미처 깨닫지 못하는 사이에 지금까지 이어오던 분위기를 잊는 경우가 많다. TTT 계획표는 명확한 이정표를 제공해서 협상이 한쪽으로 쏠리지 않도록 도와준다. 내가 협상장을 떠나더라도 업무를 동료에게 쉽게 넘겨주도록 해준다. 새로 등장한 동료는 이 참고용 도구를 일종의 이정표로 삼아 남은 협상을 이끌 수 있다.

협상 내용 통일하기

TTT 계획표를 사용하면 내용이 비슷하거나 관련 있는 여러 협상을 하나로 합칠 수 있다. 예컨대 마스터카드 거래 담당 부서는 한번 만든 TTT 계획표를 비슷한 내용의 다른 협상에도 적용할 수 있다는 사실을 깨닫고, 시간 낭비를 막으며 혹시라도 놓쳤을 수도 있는 다른 제안을 찾는 데 활용했다. 나중에는 변호사 사무실에서 계약서 견본을 만들어두듯 TTT 계획표 견본이나 사본을 모아두었다.

임시 TTT 계획표

상황이 급하면 협상을 시작하기 몇 분 전에라도 TTT 계획표를 만들어 빠르게 상황을 파악하고 창의적인 생각을 끌어낼 수 있다. 당연한 이야기지만 어쩔 수 없이 분위기에 휩쓸리는 것보다는 대강이라도 TTT 계획표를 만드는 것이 낫다. 물론 지혜롭고 완벽하게 준비하면 더 좋은 결과를 가져올 수 있을 것이다. TTT 계획표를 임시로 대강 만드는 습관이 생기면, 특히 목표를 그저 막연하게만 알고 있다면 일종의 직무유기다. TTT 계획표를 만들 때 'I FORESAW IT' 계획표를 요약해서 활용하면 더욱 좋다. 뭔가가 잘되지 않는가? 그렇다면 동료들에게 도움을 청하고 다 함께 점검해보자.

중요한 안전장치

경험 많고 노련한 협상가도 뭔가 요구하는 걸 잊어버리거나, 감당할 수 있는 한계 이상을 협상하거나 혹은 분위기를 반전할 수 있는 창의적인 제안을 제때 하지 못할 때가 있다. 나는 수천 명이 넘는 협상가들의 활동을 연구하면서 업무에 대한 부담감이나 시간에 대한 압박감이 클수록 실수도 잦아진다는 사실을 확인했다. TTT 계획표는 중요한 실수를 피하도록 해준다.

상대의 TTT 계획표를 파악한다

협상이 다가오는데 상대방의 조건에 관한 내부 기밀 문서를 발견했다고 상상해보자. 그런 정보가 있다면 훨씬 좋은 결과를 낳을 수 있을 것이다. 그럼 별도의 TTT 계획표로 사전 정보를 만들어보면 어떨까. 내가 '상대 협상가'라고 생각하면서 말이다. 일단 협상 시작 전에 준비하면서 많이 조사하고 추측하여 최대한 많은 내용을 담는다. 그리고 협상이 시작되면 계획표를 보강하기 위해 실문하고 상대의 말을 동료들과 함께 경청한다. "지금 가장 중요하게 생각하는 문제는 무엇인가요?", "최고의 우선순위 문제는?", "다음 우선순위는 무엇인가요?" 등등. 다만 상대방의 답변은 적절하게 가감해서 듣자. 숙련된 협상가는 어느 정도까지는 상대방 입장에서 TTT 계획표를 채울 수 있다. 예컨대 미국 국무부 관리들은 외국 정부와 회담하기 전에 상대의 우선순위를 식별하기 위해 특별 부서를 구성한다.[17]

변호사 업무와 TTT 계획표

TTT 계획표 이야기를 시작하면서 나는 다양한 분야의 사람들이 한눈에 알아볼 수 있는 계획표를 잘 준비하여 사용하고 있다고 강조했다. 내가 처음 일을 시작했을 때는 분위기가 지금과 달랐다. 나는 몇 년 동안 회사법 관련 일을 했기 때문인지 기업 전문 변호사들이 자신들만의 계약용 용어들로 협상하는 모습을 볼 때마다 묘한 당혹감을 느낀다. 변호사들이 가져오는 'TTT 계획표' 혹은 '요약 정리본'은 나를 미치게 만든다. 내가 본 이들의 '요약 정리본'에는 '주제', '상대방 입장', '우리 입장', '우리 제안' 등 4가지 항목이 있었다. TTT 계획표라기보다는 복잡한 법률 문서 요약에 가깝고, 의도적인가 생각될 정도로 논쟁을 불러일으킬 내용들로 채워졌다.

기업 전문 변호사들은 주제의 순위와 범위를 정하거나 창의적인 선택 사항을 적는 일이 거의 없으며, '단호하고 끈질긴 협상가'가 되는 경우도 거의 없다. 그 결과 많은 거래와 협상에 대표로 나서면서도 자신들이 실제로 얼마나 영향을 미치는지 혹은 미쳐야 하는지를 모른다. 업계 최고의 한 법률 회사 변호사들이 내게 자신들의 주업무는 협상 내용 문서화라고 말한 적이 있다. 다시 말해 고객들이 원하는 내용을 법적 서류를 통해 서로에게 전달하며 불필요한 법적 위험을 피하고 법적으로 집행할 수 있는 범위를 확인하는 일이었다. 물론 누군가에게 중요한 업무임에는 틀림없지만, 한 투자은행에서 일하는 친구에게 이 방식에 관해 묻자 쓴웃음을 지으며 말했다. "그래, 우리도 그게 가장 큰 불만이다. 고객들은 우리가 그런 일만 하고 싶어 한다고 생각하니까."

고객을 대신해 협상하는 변호사도 큰 영향을 미칠 수 있다는 중요한 사실을 알리기 위해 하버드대학교의 협상 연구소 책임자 로버트 무킨 교수가 이 주제만 가지고 『적과의 협상: 언제 협상하고, 언제 싸울 것인가Beyond Winning: Negotiating to Create Value in Deals and Disputes』라는 책을 펴냈다.

그럼 의뢰인은 기업 전문 변호사에게 어떤 부분을 더 기대할 수 있을까? 나는 변호사들에게 약간 변형된 전용 TTT 계획표를 만들라고 권하고 싶다. 내가 고안한 이 특별한 계획표가 있으면 법적인 계약 용어를 바탕으로 협상할 때도 큰 도움이 된다. 변호사와 고객 모두 더 만족스럽고 신속하게 계약을 체결하고 내용도 잘 파악할 수 있다. 변호사 전용 TTT 계획표는 협상을 주도하고 교착 상태를 더 빨리 극복하는 방법을 찾도록 해주기 때문에 변호사들에게 매력적인 도구다.

TTT 계획표를 만들어야 하는 이유는 또 있다. 계약 과정이나 절차를 더 쉽게 자동화할 수 있기 때문이다. 앞으로는 변호사도 인공지능으로 계약서를 쉽게 만들거나 수정할 수 있을 것이다. 인공지능이 처음 변호사들에게 사전 정보 입력을 요구할 때 제시할 수 있는 문서는 TTT 계획표다. 따라서 변호사들이 TTT 계획표를 미리 만들어두면 자동화 작업이 더욱 가속화할 수 있다.[18]

주제	초안	대출자 제안	차입자 최선의 목표	최악의 제안	우선 순위	변호사 제안
계약§	§5백 달러 이상의 채무불이행에 대한 교차 채무불이행 조항, 최소 순자산 50만 달러 기준	교차 채무불이행 조항 및 최소 순자산 조항 없음	1백만 달러 이상에 대한 교차 채무불이행, 최소 순자산 1천 달러	1만 달러 이상에 대한 교차 채무불이행, 최소 순자산 2만 5천 달러	1	• 차입자는 불필요하고 의미 없는 계획을 세우지 말고 일시적인 현금 부족 현상이 일어나지 않도록 주의한다. • 차입자는 진행하는 사업의 일반적 흐름을 고려해서 비현실적인 규모의 순자산을 유지하도록 요구받아서는 안 된다. • 대출자는 이부분을 문제삼아서는 안 된다. § 조건에 따라 3일 이상 약속을 이행하지 않는 기술적 계약 위반에 대해 이자율을 올릴 수 있기 때문에 대출자는 이 부분에 주의해야 한다. 선택 사항 • 분기별 재무 감사권리 • 추가 보증 요청 권리 • 즉각적인 통보+기술적 계약 불이행은 계약 위반 120일 이후부터 시작
배상§	교정 기간 없음	교정 기간 21일	교정 기간 14일	교정 기간 5일	6	문제가 발생할 경우, 통상 2주 후 문제 제기 선택 사항 • 대부분의 불이행에 대한 교정 기간 • 5일 이내에 보증을 추가할 수 있는 권리

변호사를 위한 전용 TTT 계획표의 형식은 다음과 같다. 차입자를 위한 대출 계약을 협상하는 계획표를 사례로 들었다.

물론 나는 예전 동료였던 변호사들을 지금도 무척이나 아끼고 사랑한다. 그렇지만 우리가 함께 변호사 전용 TTT 계획표를 만들면 큰 도움이 될 것이다. 자세한 내용은 professorfreeman.com을 참고하면 된다.

우주 비행사, 축구 감독, 항공기 조종사 그리고 독자

나는 우주 비행사와 항공기 조종사, 운동경기 감독들이 자신만의 확인 목록이나 계획표를 유용하게 활용하는 것처럼 협상가들도 TTT 계획표를 반드시 만들고 사용하는 날이 오기를 고대한다. 그러면 어려운 협상을 도맡아 하는 이들이 힘을 합쳐 지금보다 좋은 결과를 거둘 것이다. 하지만 그날이 오기 전까지는 TTT 계획표를 공동 작업의 결과물로, 특히 협상이 어려울 때 만족스럽게 진행하는 데 도움이 되는 간단한 도구로 생각하자.

지금까지 정신적으로 준비하고 불안을 가라앉히는 데 효과적인 도구들을 개발하고 살펴보았다. 그렇지만 여전히 마음의 준비가 머리의 준비로 이어지지 않는다는 느낌이 든다면 어떻게 해야 할까? 다른 사람들과 이야기할 때마다 신경이 곤두서고 모든 노력이 헛수고가 될 것 같다면? 우리는 혼자가 아니다. 이 문제를 해결하고 극복하여 승리하도록 뒷받침해주는 또 다른 도구가 있다.

요약

···

주제, 목표, 절충 계획표: 의제와 범위, 우선순위, 그리고 최선
의 창의적인 선택 사항을 하나로 묶어 한눈에 알아볼 수 있도록
만든 계획표

연습

···

7가지 TTT 계획표 만들기를 연습해보자.

속성 TTT 계획표 만들기. 곧 시작하는 협상을 위한 TTT 계획표
를 15분가량 만들어보자. 속성으로 만들 때의 분위기를 느끼고
친구와도 함께해보자. 다음 5장에서는 여기에 역할극을 덧붙여
보겠다.

일반 TTT 계획표 만들기. 더 시간을 들여 본격적인 TTT 계획표
를 만들어보자. 무척 중요한 협상을 앞두고 있다고 가정하자.

동료들과 함께 TTT 계획표 만들기. 상사나 동료들과 함께 중요
한 협상에 대비한 TTT 계획표를 만들어보자. 말 그대로 한마음
한뜻이 되는 것이다.

각자 TTT 계획표 만들기. 동료들에게 자신이 만든 TTT 계획표
를 나누어주고 설명한 뒤 각자의 의견을 수렴하여 협상에 대비
한다. 역시 의견을 통일하기 위한 연습이다.

상대방 입장에서 TTT 계획표 만들기. 상대방 입장이 되어 TTT

계획표를 만든다. 그러면 상대방이 받아들일 수 있는 제안을 하는 데 도움이 된다. 협상 과정에서 상대방의 의견을 수렴해 TTT 계획표를 개선한다.

TTT 계획표 검토. 1차 협상이 끝나면 만들어두었던 TTT 계획표를 검토하여 놓친 주제가 있는지 확인하고, 원하는 최선의 목표에 얼마나 근접했는지 확인한다. 또한 다음 협상에 대비해 제안할 수 있는 절충안을 생각한다.

TTT 계획표 알리기. 어떤 도구에 익숙해지는 가장 좋은 방법은 사용 방법을 배운 후 다른 사람에게 알리고 가르치는 것이다. TTT 계획표에 관심 있는 친구나 동료에게 만드는 방법을 알려주고 설명한다.

5장
협상 연습

도구: 역할극

필요한 상황

• 협상을 앞두고 초조하고 긴장될 때.

• 압박감 때문에 해야 할 말도 못 할까 봐 걱정될 때.

• 상대방이 거칠거나 비열하게 나오면 어떻게 대응해야 할지 모르겠을 때.

• 혹시 실수하지 않을까 걱정스러울 때.

사용 결과

• 감정을 관리할 수 있다.

• 압박감 속에서도 잘 진행할 수 있도록 준비했다.

• 말해야 할 내용과 하지 말아야 할 내용을 숙지했다.

• 실시간으로 다른 도구들로 편하게 연습했다.

1961년 6월 냉전이 절정에 이르렀을 때 미국의 존 F. 케네디 대통령은 오스트리아 빈으로 날아가 소련 서기장 니키타 흐루쇼프와 처음이자 마지막 정상회담을 열었다. 역량은 뛰어났지만 감정을 다스리는 준비가 덜 되어 있던 케네디는 스탈린의 공포정치 시대를 견디고 살아남은 노회한 흐루쇼프를 자신의 지성과 매력으로 압도할 수 있다고 확신하며 회담했다. 1시간 반이 지난 후 케네디는 보좌관들이 충격받을 정도로 불안한 모습을 보였다. "소련과의 정상회담이라는 게 항상 이런 식인가요?" 케네디가 미국 대사에게 이렇게 물었을 정도였다.[1] 훗날 케네디는《뉴욕타임스》기자에게 "흐루쇼프는 나를 혹독하게 몰아붙였다. 내 인생 최악의 경험이었다."라고 토로했다.[2] 케네디는 형이 전사하자 큰 충격을 받고 제2차 세계대전에 참전했지만 자신도 죽을 고비를 넘겼다. 또한 건강이 크게 악화되어 유서도 두 차례나 준비했다. 그런데 고작 한 노인과의 대화가 최악이었다고?

나 역시 협상장에서 크게 당황한 경험이 있다. 몇 년 전 한 대형 은행이 전화해서 은행으로 복직해 지난해와 비슷한 협상 관련 교육을 맡아달라고 했다. "잘 알겠습니다. 그러면 지난번에 사용한 1장짜리 계약서를 조금 고쳐서 쓰면 어떨까요." 은행 직원은 잠시 말이 없다가 이렇게 대답했다. "그 고용 계약 말인데, 우리는 지금 모든 유사 사례에 새로운 계약서 형식을 사용하고 있습니다. 변호사를 통해 그 계약서를 보내겠습니다." 새 계약서라는 걸 받아보니 12쪽에 걸쳐 엄청나게 많은 요구 사항이 적혀 있었다. 예컨대 나는 이 1천억 달러 규모의 은행이 나로 인해 어느 누구로부터 어떤 피해도 입지 않도록 하겠다고 약속해야 했다. 그것도 영원히. 이런 계약이 어디 있나, 나는 문득 정신이 멍해졌다. 그래서 은행 측 변호사 어맨다에게 연락했다. "계약

승자의 언어

서 초고는 잘 받았어요. 그런데 조금 의논하면 모두가 만족할 계약이 될 것 같습니다. 그래서 변호사인 당신과 내가 몇 가지 협의할 부분이 있는데요……." 어맨다가 내 말을 가로막았다. "아니, 우선 계약서라는 게 뭔지 설명해야겠습니다. 계약서란 법적 구속력이 있는 합의서입니다. 그 내용에 관해 궁금한 부분이 있다면 대답해드리겠지만 우리 은행이 수백여 가지 유사한 사례에 사용하는 똑같은 계약서와 관련해서 상대가 당신이라고 해서 딱히 협의하고 변경할 이유는 없습니다."

얼마 뒤 아내는 내가 전혀 다른 사람처럼 보였다고 말했다. 나는 얼마나 화가 치밀어 올랐는지 몸까지 부르르 떨었다. 변호사와 무슨 이야기를 더 나누었는지는 이제 기억나지도 않는다. 순식간에 분통이 터졌다는 것만 기억날 뿐이다. "계약서라는 게 뭔지 설명해야겠다고?" 나는 그동안 가르쳐온 훌륭한 협상 사례를 몽땅 잊어버린 채 상대의 말을 끊고는 아무 말도 들리지 않는 듯 소리 지르기 시작했다. 그때의 내 모습은 협상 전문가는커녕 그저 엉터리로 억지를 부리는 사람 이상도 이하도 아니었으리라. 온갖 추태를 부린 후 전화를 끊기 직전에 나는 실제로는 그쪽에서 어느 정도 양보를 제안했다는 사실을 겨우 깨달았다. 또 가장 중요한 부분에 관해 합의할 수 있는 창의적 선택 사항도 있었다는 사실도 알았다. 어쨌든 나는 은행에 복직하지 않았다.

당시 내가 가르치던 한 학생은 구직 과정에서 회사가 너무 공격적으로 밀어붙여 어안이 벙벙했다고 이야기했다. 그도 그 순간 알고 있던 협상 방식을 모두 잊었다고 한다. 나와 학생의 사례를 깊이 생각한 나는 다음과 같은 사실을 깨달았다. 나와 학생, 그리고 이제는 고인이 된 케네디에 이르는 우리 모두에게는 협상 준비와 관련해 뭔가 다른 것이 더 필요했다. 감정이 요동치는 것을 막고 분위기를 반전시킬 수 있는 무엇인가가 절실하게 필요했다.

이제 그 도구를 찾아보자. 노련한 협상가도 큰 도움이 된다고 말하는 이 도구는 압박감이 심한 여러 분야의 전문가가 사용하는 방식과 대단히 유사하다. 자신이 무서운 호랑이를 만난 하룻강아지 같은가? 더 큰 자신감을 비롯해 효율성과 정서적 안정까지 제공할 수 있는 간단한 과정이 여기에 있다.

압박감에 대처하는 방법

몇 년 전 한 회계 법인이 연간 감사 계약에 대해 고객과의 대화를 하기 전날 협상 전문가들을 불러 회계사들을 교육해달라고 요청했다. 회계 감사는 대부분의 회계 법인에 가장 수익성 높고 중요한 사업이지만 정작 소속 회계사들은 협상 경험이 거의 없었고 따로 교육받을 기회도 없었다. 교육을 요청받은 협상 전문가들은 일종의 실험을 했다. 회계사들의 3분의 1에게는 주택 구입 과정처럼 실제 업무와는 별 상관없는 기본적 협상을 가르쳤고, 다른 3분의 1에게는 업무와 밀접한 협상 준비 과정을 체계적으로 가르쳤다. 그리고 다른 내용을 가르친 나머지 3분의 1은 실제 업무에서 탁월한 성과를 올렸다. 고객들은 크게 만족했고 회계 법인도 좋은 조건에서 계약할 수 있었다.[3] 마지막 3분의 1 그룹은 과연 어떤 특별한 기술을 배웠을까?

상상해보자. 올림픽 경기에 출전하는 체조나 스케이트 선수들을 보면 경기 직전까지 눈을 감고 머릿속으로 그림이라도 그리듯 계속 몸을 움직인다. 이들은 실제 경기 장면을 '시각화'하는 유명한 훈련 방법을 활용하고 있다. 나는 시각화 훈련을 하는 수영이나 하키 혹은 종합 격투기 종목의 일류 선수들을 많이 만나봤다. 좋은 성적을 거두는 선수 대부분이 이 훈련의 성과를 인정했다. 정신적·신체적 준비를 동시에 할 수 있기 때문이다. 연구에 따르면 시각화는 실제로 몸을 움직이는 것과 비슷한 효과를 가져다준다.[4] 시각화를 실천하는 운동선수는 마음을 진정하고 준비를 완전히 마친 기분을 느끼며 더 편안하게 경기장에 들어설 수 있다. '익숙한 광경이야. 이미 여러 번 겪어봤지.'

정치 토론을 준비할 때도 유사한 원리를 확인할 수 있다. 정치가는 토론 상대와 성향이 비슷한 동료와 날카로운 질문을 할 보좌관을 불러 연습한다.[5] 또한 군대에서는 훈련에서 실전과 같은 분위기를 느끼기 위해 때로 실탄을 사용한다. 그러면 실전에서 마주하는 것과 비슷한 현실적 감정이 든다고 한다.[6] 우주 비행사와 관제사 역시 쉬지 않고 예행연습을 한다. 닐 암스트롱과 버즈 올드린은 인류 최초로 달에 착륙했지만, 두 사람은 휴스턴 기지에서 이미 수백 번 이상의 '착륙'을 경험했다. 항공기 조종사는 기체와 똑같은 연습용 설비 안에서 비행 연습을 한다. 미국연방항공국FAA은 이 시간을 실제 비행 시간으로 인정한다.[7] 많은 조종사가 설비 안에서 식은땀을 흘리며 호흡곤란까지 경험한다. 심지어 구토하는 사람도 있을 정도로 현실적이기 때문에 실제 비행에서 마주할 수 있는 가장 참혹한 상황을 대비하는 데 적격이다.

역할극

앞에서 언급한 마지막 그룹의 회계사들이 배운 뭔가 다른 협상 기술은 무엇이었을까? 바로 역할극이다. 이들은 고객과의 대화를 그대로 재현해 연습했다. 실력 좋은 운동선수나 비행사처럼 우리도 역할극으로 큰 도움을 받을 수 있다. 과연 어떤 식으로?

쇠렌 말름보르Søren Malmborg는 덴마크의 저명한 협상 전문가이자 정치 고문으로 특히 역할극을 깊이 연구했다. 그는 커다란 압박감이 느껴지는 회의나 협상 전날 역할극으로 큰 효과를 볼 수 있는 간단한 방법을 개발했다. 이야기를 들어보자.

① 협상장에서 마주할 상대방 역할을 해달라고 친한 동료에게 부탁한다.
② 협상을 주제로 역할극을 시작한다.
③ 5분쯤 지나면 역할극을 잠시 멈추고 동료에게 내 모습을 비판하고 좋은 제안을 해달라고 한다.
④ 다시 5분가량 역할극을 한다.
⑤ 역할극을 잠시 멈춘다. 다시 동료가 나에게 비판과 제안을 한다.
⑥ 또다시 5분가량 역할극을 계속한다.
⑦ 동료가 역할극 전체를 비판하고 결론을 내리며 제안을 한다.

정리하면, 역할극을 하고 검토하고 역할극을 하고 평가한다. 말름보르를 비롯한 여러 역할극 전문가는 항상 준비가 중요하다고 강조한다. 탁월한 상담 전문가 폴 슈메이커Paul Schoemaker는 이렇게 말한다.[8] "준비는 역할극 자체만큼이나 중요하다." 아무리 좋은 그릇도 쓰레기를 담으면 그저 쓰레기통이 되는 법이다. 시각화 연습이 실제 연습을 대신할 수 없듯이 역할극이 아무리 좋은 도구이자 방법이라 해도 철저한 준비보다 나을 수는 없다. 그래도 역할극은 협상을 위한 완벽한 준비 과정 중 하나다.

역할극을 제대로 하기 위해 동료와 함께 '친밀감, 반응, 응답'과 '공감과 윤리' 부분을 제외한 'I FORESAW IT' 과정을 각자 마치면 더욱 도움이 된다. 제외한 부분도 역할극을 하면서 자연스럽게 확인할 수 있다. 역시 비슷한 이유로 상대방의 '이해관계'나 '별도의 대안' 등도 신경 쓰지 않아도 된다. 그 부분은 상대방 역할을 하는 동료가 확인해줄 것이다. 말름보르와 나는 역할극 준비를 'I FORESAW IT 2.0'이라고 부른다. 그렇지만 동료는 내가 마주할 상대방의 가장 현실적이면서도 강한 모습을 잘 보여주어야 하며, 그러기 위해서는 미리 상대방에 대한 정보를 많이 알려줄 필요가 있다. 상대방은 시끄럽고 신경질적인가? 무뚝뚝하고 음침한가? 일에는 전문가지만 성격은 다정한가? 반대로 번잡스럽고 불친절한가? 더 열심히 준비할수록 역할극을 통한 연습도 실제와 비슷해져 감정적인 경험을 충분히 할 수 있다.

역할극을 진심으로 대할 수 있는 좋은 방법이 있을까? 나는 수천 건의 모의 협상을 참관했고, 역할극이 시작되자마자 다들 어색해서 킥킥거리는 모습도 자주 봤다. 그러니 아예 회의실에서 만나 진지하게 시작하는 것도 좋다. 아니면 어색하면 어색한 대로 진행하는 것도 괜찮다. 역할극이 진행되면서 분위기가 고조되면 자연스럽게 역할에 녹아들게 된다. 실제로 너무 진지해졌다가 역할극이 끝나도 분위기에서 못 빠져나오는 경우도 있다.

역할극은 협상 상대가 무서운 호랑이일 때 특히 유용하다. 호랑이 중에는 그저 힘만 세지 사실은 친절하고 다정한 사람도 있다. 반면 상대하기 힘들게 까다로우며 의도적으로 괴롭히는 호랑이도 있다. 과거 소련 외교관들이 이런 쪽으로 악명이 높았다. 이들은 협상장에서 소리 지르며 서류를 내던지고 책상을 쾅쾅 내려치는가 하면 자리에서 벌떡 일어나 씩씩거리며 움직이다가 "아니, 아니, 아니. 나에게는 그럴 권한이 없다니까!"라고 같은 말을 반복하는 것으로 유명했다. 그러면서 불과 몇 시간이 지나지 않아 최후통첩을 보내는 것이다. 사실 이 정도면 아주 얌전한 수준이었다.

1960년 소련 서기장 흐루쇼프는 국제연합에서 다른 국가의 외교관이 연설하는 동안 구두를 벗어 책상 위를 계속 두드리며 소련의 협상 방식을 유감없이 보여주었다. 당시 그가 전 세계에서 핵무기를 가장 많이 보유한 국가 중 한 곳의 원수였다는 사실을 생각해보자. 그러니 빈에서 그를 만난 케네디가 진땀을 뺀 것도 어느 정도 이해되지 않는가. 흐루쇼프는 케네디의 말을 사사건건 가로막으며 자신들은 언제든 독일을 침공할 수 있고, 미국의 개입은 곧 핵전쟁의 시작이라고 경고했다. 그러자 충격받은 케네디가 "서로 핵무기를 사용하면 10분도 안 돼서 7천만 명 이상이 죽을 겁니다."라고 말했지만 흐루쇼프는 그저 케네디를 물끄러미 쳐다보았다고 한다. "7천만 명이 죽는다고? 그래서?"[9]

이런 위험천만한 사람과 대면할 일이 없으면 좋겠지만, 인질 범죄 전문 협상가라면 최악의 상황을 자주 겪을 수밖에 없다. 이들의 상대는 어린아이나 여자를 죽이겠다고 위협하는 범죄자들이다. 감정적 압박감을 견뎌내기 위해 이들은 역할극을 통해 연습한다. 예컨대 자신의 요구를 들어주지 않으면 60초 안에 누군가를 죽이겠다고 위협하는 역할극이다. 전 세계에서 수천 명이 넘는 위기 전문 협상가들을 가르치고 이들의 작업을 면밀하게 연구한 상담가이자 인질 전문 협상가 제프 톰슨Jeff Thompson 박사는 역할극이 꼭 필요하다고 말한다.[10]

그는 역할극이 정말 큰 도움이 되었다는 말을 협상가들에게서 자주 듣는다고 한다.

효과의 비결은 바로 고통에 대한 준비다. 역할극이 효과가 있으려면 톰슨의 말처럼 가능한 한 사실적이어야 한다. 그리고 우리는 그 불편한 경험에 빠져 익숙해져야 한다. 다시 말해 내가 직면할 상황을 진정 이해하는 사람이 역할극 상대가 되어준다면 이상적이다. 이 정도의 현실감을 끌어내기 위해 톰슨 박사는 인질범이나 자살 시도자 등의 역할을 하는 사람이 실제 범죄자들의 말투를 쓰도록 지시한다. "당장 내가 타고 갈 차를 준비해! 안 그러면 이 여자를 죽인다!" 지켜보는 사람이 수십 명 정도라면 역할극 당사자들의 압박감은 더욱 가중된다. "압박감에 익숙해지는 게 목적이다." 톰슨의 말이다. "실수해도 괜찮은 연습 무대니까 여기서 비슷하게 압박감을 느낄 만한 분위기를 만들어 계속 익숙해지도록 한다." 톰슨은 미국 연방수사국FBI의 연구 결과 등을 언급하며 역할극이 협상가의 역량을 끌어올리는 데 도움이 된다고 지적한다.[11] "단지 기술을 알고 있다고 해서 유능한 건 아니다. 연습해서 진짜 자신의 능력으로 만들어야 한다." 노련한 인질 전문 협상가라면 역할극이 필요 없을까? 톰슨에 따르면 그렇지 않다. "연습을 중단해서는 안 된다. 역할극은 그 연습과 훈련의 일부다." 최고의 협상가라도 연습하고 성과를 내는 과정을 지속해야 한다는 뜻이다.

그렇지만 좋은 역할극 상대를 찾을 수 없다면 어떻게 할까. 다음은 3가지 대안이다.

경험 많은 동료를 찾아라 동료가 있어도 역할극을 제대로 준비할 시간이 없을지도 모른다. 하지만 앞으로 마주할 상대를 잘 알거나 협상 경험이 많다면 충분히 연습 상대가 될 수 있을뿐더러 상당한 도움이 된다. 나의 경우를 예로 들면 변호사 어맨다와 통화하기 전에 비슷한 교육 과정과 계약 문제와 관련해 대기업과 협상해본 동료 교수에게 30분가량 역할극을 해보자고 부탁했을 수도 있다. 직장을 원하던 학생도 인사과에서 일하는 친구나 진로 상담 전문가에게 조언을 구했을 수도 있다. 케네디? 그가 흐루쇼프를 가까이에서 지켜보았던 미국 외교관 톰슨에게 도움을 요청했다면? 앞에서 살펴봤듯이, 빈 회담 이후 쿠바 미사일 위기가 불거졌을 때 톰슨은 케네디에게 신중하게 충고했고, 케네디는 위기를 진정시킬 수 있었다.[12]

단독 연습 때로는 양쪽 역할을 모두 하며 연습하는 것도 큰 도움이 된다. 상대방과 전화 통화를 하거나 회의실에서 마주하고 있는 모습을 상상한다. 내 입장에서 말하고 나서 상대방 입장이 되어 대답한다. 이 연습은 'I FORESAW IT'의 '친근감, 반응, 응답' 과정을 말로 하면서 통과하는 것과 비슷하다. 동료와 제대로 된 역할극을 하면 좋겠지만, 혼자서 1인 2역을 하는 역할극도 실제 협상을 부담 없이 할 수 있도록 돕는다. 혼자서 2명 몫을 하자니 어색하겠지만 염려할 필요 없다. 미국 건국의 기초를 세운 법률가 알렉산더 해밀턴Alexander Hamilton은 거리를 걸을 때 남들이 다 들을 정도로 소리내며 재판을 준비했다. 해밀턴이 누군지 몰랐던 어느 가게 주인은 그를 미친 사람이라고 생각했다고 한다. 해밀턴은 미치거나 이상한 사람이 아니라 당대 최고의 법률가였다.[13]

녹음하거나 녹화하라 역할극이 아니더라도 자신의 모습을 기록해 관찰하면 말투나 용어를 새롭게 바라볼 수 있다. 일부 협상 전문 강사들도 모의 협상을 촬영하도록 권유하는데, 학생들의 반응은 이렇다. "내가 정말 이런 식으로 말했다고? 이게 내가 반박하는 방식이었나?" 실제 협상을 시작하기 전에 연습하면 다른 결과를 얻을 수 있을 것이다.

고정관념을 버리고 마음가짐을 바꿔라

3가지 작은 질문과 'I FORESAW IT' 그리고 TTT 계획표가 고정관념을 바꿔줄 수 있듯 역할극은 마음가짐을 바꿔 새롭게 준비할 수 있도록 해준다. 앞으로 닥칠 일들에 대한 막연한 두려움을 확실하게 준비된 마음으로 바꿔준다. 그런데 지금 준비가 덜 되어 있고 본격적인 협상에 들어가면 불리할 듯하다면 어떻게 하면 좋을까. 다음 장에서 대비 전략을 살펴보자.

요약

· ·

역할극: 동료와 함께 역할을 맡아 예행연습을 한다. 역할극이 끝나면 검토하고 결론을 내린다.

연습

· ·

역할극, 검토, 제안. 호랑이 같은 상대방과의 협상을 앞두고 있다면 3가지 작은 질문이나 'I FORESAW IT'을 통해 준비하고 동료에게 부탁해 역할극을 하자. 약 20분간 역할극을 하고 검토하며 서로 느낀 부분을 제안하자.

단체 역할극. 단체로 편을 나누어 역할극을 한다. 시작하기 전에 대표, 특정 주제 담당, 기록 담당 등을 정한다. 역할극이 끝나면 각자 자신에게 어울리는 역할을 찾는다.

6장
천천히 힘을 키우며
파고들기

도구: 조력자를 찾는 기술WHO I FORESAW*

필요한 상황

• 내가 나약하고 상대방은 터무니없이 강해 보일 때.

• 내게는 영향력이나 선택권이 없어서 아무 제안도 못 하거나 불리한 제안을 받아들여야 할 것 같을 때.

• 다른 사람의 도움이 절실히 필요할 때.

사용 결과

• 새로운 추진력을 얻고 강점을 극대화한다.

• 더 매력적이고 강해진다.

• 상대방이 나의 BATNA를 염려하기 시작한다.

• 혼자서는 찾을 수 없었던 강력한 정보를 얻었다.

• 좋은 거래에 기꺼이 동의할 것 같은 이상적인 상대방을 찾았다.

• 기타

---

*   원하는 방향으로 협상을 이끌고 싶을 때도 도움이 된다.

애리조나주 스코츠데일에 살던 16세의 데이비드 오르테가David Ortega는 어느 날 형이 쓰던 헤드폰을 물려받았다. 그로부터 20개월이 지난 후 데이비드는 헤드폰을 벤츠 쿠페로 바꾸어 고등학교 졸업식 무도회에 타고 갔다.

이게 있을 수 있는 일일까? 데이비드가 이웃집 앞에 주차된 차를 보고 마음에 들어 이웃집 문을 두드렸다고 상상해보자. 주인이 나오자 그는 이렇게 말한다. "차가 멋지네요." 주인이 대답한다. "그래, 멋진 차지." 데이비드는 이렇게 말한다. "이건 형에게 물려받은 헤드폰인데 혹시 바꾸실래요?" 잠시 말이 없던 주인이 소리친다. "쓸데없는 소리 말고 집에 가거라." 사실 데이비드는 기발한 제안을 했고 이웃집 주인은 흔쾌히 헤드폰을 받고 차를 내주었다. 과연 어떻게 된 일일까?

데이비드는 징검다리를 건너듯 목표에 다가갔다. 몇 개월에 걸쳐 헤드폰을 외장 하드드라이브로, 외장 하드드라이브를 스쿠터로, 스쿠터를 데스크톱 컴퓨터로 바꾸었다. 얼마 뒤 데스크톱 컴퓨터는 골프장에서 타는 고급 전동차가 되었고, 전동차는 모터보트가 되었으며, 모터보트는 중고 픽업트럭이 되었다. 그리고 데이비드는 마침내 픽업트럭으로 쿠페를 손에 넣을 수 있었다.

데이비드의 성공은 프랜시스 베이컨이 이야기한 지혜를 잘 보여준다. 베이컨의 글을 현대식으로 고치면 다음과 같다. "모든 어려운 협상에서 한 번에 모든 걸 얻을 수는 없다. 하지만 조금씩 단계적으로 준비하면 마침내 원하는 걸 손에 넣을 수 있다."[1] 그렇다면 호랑이 같은 상대방을 만나 갈등과 어려움 속에서 무력감을 느낄 때 어떻게 베이컨의 지혜를 적용할 수 있을까?

핵심 전략 중 하나는 목표 상대와 바로 협상하는 게 아니라 먼저 다른 사람들에게 의지하는 것이다. 데이비드처럼 징검다리를 건너듯 한 걸음씩 움직인다. 다시 말해 나의 위치를 끌어올려줄 수 있는 사람과 계속 거래한다. 진짜 상대인 무서운 호랑이를 설득할 수 있는 내 편을 찾으라는 말이기도 하다. 한 유명 정치인의 표현을 빌리면 이렇다. "그 사람과 통할 수 있는 사람과 통할 수 있는 사람을 찾아라." 어린아이들은 이 방법을 잘 안다. "언니, 아빠에게 새 자전거를 사달라고 하면 안 돼? 아빠는 언니 말은 들어주잖아." 이렇게 징검다리를 건너는 전략으로 무명의 활동가에서 일국의 총리, 대통령 그리고 소상공인까지 많은 사람이 큰 성공을 거두었다. 이 방식은 익숙한 도구를 다른 식으로 사용할 때도 적용할 수 있다.

조력자와 함께 나아가자

"나에게는 아무 문제가 없다. 친구들이 있으니까."
-클래런스 애번트, 다큐멘터리 〈검은 대부The Black Godfather〉

'I FORESAW IT'은 분명 중요한 도구지만 자신이 직접 나서는 협상을 준비하는 것만으로는 충분하지 않을 때가 있다. 실제로 준비하다 보면 당장 협상에 나서는 것은 불리하므로 지금보다 강한 영향력이 필요하다는 사실을 깨달을 수도 있다. 다행스럽게도 '예측의 기술'인 'I FORESAW IT'을 약간 변형해 '조력자를 찾는 기술'이라 할 수 있는 'Who I FORESAW'를 사용하면 추가로 필요한 권한이나 힘을 찾을 수 있다. 나를 도와줄 수 있는 동료와 전문가, 동업자, 협상에 영향을 미치는 사람, 나를 보호해줄 수 있는 사람 등이 누구인지뿐 아

제1부 준비

니라 어떤 순서로 찾아야 하는지도 알 수 있다. 이 도구는 비틀즈의 노래 가사를 연상시킨다. "아, 나는 친구들의 소소한 도움으로 이렇게 살아갈 수 있어."

우선 진지하게 도움을 요청할 수 있는 사람들을 찾을 수 있을 만큼 많이 찾는다. 이제 'Who I FORESAW'에서 '사람', 즉 가장 영향력 있거나 도움이 되는 인물을 찾았다. 그다음 'I FORESAW IT'과 마찬가지로 알파벳 머리글자를 순서대로 따라간다.

① 누구의 '이해관계Interests'가 나를 도울 수 있는가? 즉, 누가 나와 입장이 같은 '동료'인가?

② 중요한 '사실관계Facts'를 아는 '전문가'는 누구인가?

③ '동료들' 중 호랑이 같은 나의 상대방에게 제공할 수 있는 그럴듯한 '선택 사항Options'을 두고 협상할 만한 사람은 누구인가? 즉, '동업자'는 누구인가?

④ 나의 노력에 적대적으로 '반응'하는 '적'은 누구인가?

⑤ 누가 나를 대신해서 '응답Respond'할 수 있는가? 즉, 나를 위해 '협상에 영향을 미칠 수 있는 사람'은 누구인가?

⑥ '윤리적 문제Ethical dilemmas'를 일으킬 수 있기 때문에 관여해서는 안 될 사람은 누구인가?

⑦ 누가 내 노력의 '윤리적 문제점Ethical concerns'을 지적하며 나를 비판할까?(중간의 'S', 즉 '일정Schedule'은 뒤에서 살펴보겠다.)

⑧ 호랑이 같은 상대방과 제대로 합의하지 못할 때 생각할 수 있는 '별도의 대안Alternatives to Agreement'에 관해 협상할 만한 사람은 '동료들' 중 누구인가? 즉, '나를 보호해줄 수 있는

사람'은 누구인가?

⑨ 어떤 '사람Who'이 관련되어 있는가? 즉, 협상에 얽힌 사람이
더 있는가?

이 중 몇 가지에만 대답할 수 있어도 큰 도움이 된다. 물론 모든
질문에 대답할 수 있다면 훨씬 효과적이다.

다음은 두 번째 단계다. 내가 도움을 요청할 수 있는 사람들의 목
록을 작성했다면 그중 누가 가장 중요한지 생각해보자.

세 번째는 그냥 넘어간 'S', 즉 일정의 문제다. 내가 더 강해질 수
있는 방식으로 대화 순서를 정한다. 목록에 있는 사람들과 어떤 순서
로 만날지 결정한다는 뜻이다. 연달아 대화하다 보면 눈덩이를 굴리
듯 처음 대화의 결과가 더 좋은 결과로 이어질 수 있다. 친한 동료나
동업자와 대화하여 자신감을 높이고 약간 낯설지만 영향력을 미칠 수
있는 사람, 나를 보호해줄 수 있는 사람과 계속 대화하자. 일정을 엄
격하게 정할 필요는 없다. 계획은 세워야겠지만 하나의 만남이 우연
히 다른 만남으로 이어져도 상관없다. 정상적이고 자연스러운 현상
이다. 다만 특정 인물에 대한 대략적인 순서를 염두에 두면 '진짜 중
요한 협상을 준비해서 좋은 결과를 끌어낼' 힘을 기르는 데 더 도움이
될 것이다.

네 번째, 이제 대화하고 싶은 각각의 사람들과 협상할 준비를 한다.

다섯 번째, 시간이 허락한다면 호랑이 같은 상대와 관련하여 처
음 준비했던 'I FORESAW IT' 계획을 검토하여 사람들을 만날 전략
을 짠다. '다른 사람들과의 만남이나 협상으로 호랑이에 맞설 힘을 얻
을 수 있을까? 그렇다면 어떤 식으로 해야 할까?' 이렇게 질문하고 대

제1부 준비

답에 따라 전략을 다듬는다.

여섯 번째, 실행한다. 드디어 호랑이에 맞설 준비가 될 때까지 내가 원한 사람들과 계속 대화한다.

'Who I FORESAW'와 한나의 창고 짓기

'Who I FORESAW' 계획을 실제로 어떻게 진행하는지 살펴보자. 한나Hannah라는 한 가상 인물이 첫 번째 사업으로 워싱턴주 타코마의 재개발 구역에 창고를 지으려 한다고 상상해보자. 한나는 주로 항공기 부품이나 집적회로 부품 사업을 하는 여러 중견 고객과 이미 계약했고, 다른 방향으로도 착착 사업을 진행하고 있다. 해당 지역의 토지 소유자와는 18개월 안에 창고를 짓기로 합의했고, 타코마 시청은 9개월 안에 사업을 진행하는 데 동의했다. 그리고 은행에서는 12개월 한정으로 자금을 대출해주기로 약속했다. 모든 계획의 중심에는 공격적인 협상으로 유명한 업계 최고의 항공기 제조업체 베닝Bening이 있었다. 한나는 베닝을 주요 고객으로 확보해야 했는데, 이 회사 대리인은 일방적인 조건의 거래를 강요하면서도 계약을 서두르지 않았다. 한나는 첫 사업이 실패할까 두려웠다. 다른 계약들의 만료 기간이 다가오고 있었고, 베닝과 계약하지 못하면 그 정도로 규모가 큰 고객을 다시 찾을 수 없었다. 그래서 'I FORESAW IT' 계획을 준비했지만 자신이 취약한 입장이라는 사실만 분명하게 드러났다. 이제 어떻게 해야 할까?

질문에 대답하기 위해 한나는 'Who I FORESAW'를 시작했다.

첫 번째, '이해관계'가 같은 동료라고 할 수 있는 사람들을 찾았다. 그리고 중요한 '사실관계'를 아는 사람, 중요한 '선택 사항'에 대해 의논할 수 있는 사람, '윤리적 문제'를 지적하는 사람, '별도의 대안'을 제시할 수 있는 사람을 생각했다. 그러자 예상보다 긴 목록이 만들어졌다. 우선 은행과 주 정부가 있었고, 다른 주요 고객, 베닝의 경쟁 업체 스카이워드, 토지 주인, 영향력 있는 언론인 댄 아처Dan Archer, 성인 영화 산업의 잠재적 거물 고객 패션Passion, 타코마 재개발 위원회Tacoma Developers Association, TDA 등이었다.

두 번째, 목록을 검토하며 가장 중요한 사람을 생각했다. 그리고 윤리적인 측면에서는 패션을, 실익이 없다는 점에서는 TDA를 목록에서 제외했다.

세 번째, 남아 있는 사람들과 회의 일정을 잡았다.

네 번째, 일정에 따라 각각을 만나려고 준비했다.

다섯 번째, 전략을 확인하기 위해, 만일 계획대로 대화나 만남을 통해 유용한 힘을 얻으면 베닝에 대한 'I FORESAW IT' 계획이 어떻게 나아질지 생각했다. 베닝과의 협상에서 유리한 위치에 설 수 있을까? 그럴 것 같았다.

여섯 번째, 마음을 다잡고 전략을 실행하기 시작했다. 제일 먼저 만나야 하는 인물은 타코마 시청 관계자였다.

시청 공무원들을 처음 만난 자리에서 한나는 이 지역에는 일자리와 함께 부동산 관련 세수가 필요하다고 원래 계획대로 지적했다. 그리고 주민들에게 재개발 작업이 시작되었다는 사실을 알릴 필요도 있었다. 한나는 자신이 지으려는 창고가 이 모든 이해관계를 만족시킬 수 있다고 덧붙였다. 최근 타코마 시장이 지역 상공회의소에서 몇 차례 연설하면서 개발자들에게 해당 지역에 대한 특혜를 주겠다고 약속했는데, 시청이 약속을 지키면 창고 건설을 더 빠르게 시작하겠다고도 했다. 시장의 약속이라는 중요한 '사실관계'는 어느 주요 언론인에게 들었다는 설명도 빠트리지 않았다. 인근 여러 지역의 시장들은 벌써 재개발 지역의 사업 성공을 널리 알리기 위해 발 빠르게 움직이는데, 타코마에는 내세울 만한 새로운 사업이 없었다. 한나는 창고 건설을 위해 자신이 신청한 기간을 6개월 연장해달라고 요청했고, 시청 측은 동의했다. 이렇게 한나는 1점을 얻었다.

이제 토지 소유주를 찾아간 한나는 시청과의 계약을 연장했다고 알리며, 사업 추진에는 문제가 없고 토지 가치도 더욱 올라갈 거라고 말했다. 그리고 임대료를 좀 더 내리고 건축 기간도 늘려주면 약속대로 창고를 세울 거라고 말했다. 토지 소유주는 동의했고, 한나는 2점을 얻었다.

임대료 인하와 건축 기간 연장 덕분에 한나는 은행 담당자를 설득할 수 있었다. 시청을 비롯해 토지 소유주와도 좋은 조건으로 거래할 수 있었기 때문에 창고 건설 사업이 성공할 가능성이 더 커졌다. 한나는 베닝을 비롯한 다른 주요 고객과 잘 협상할 수 있도록 은행 측에 이자를 낮추고 대출 기간도 늘려달라고 요청했고, 은행은 동의했다. 한나는 여기서도 1점을 추가했다.

한나는 베닝의 강력한 경쟁 업체 스카이워드를 찾아갔다. 한나는 베닝이 자신이 지을 창고에 관심이 많지만, 현재 여러 상황이 좋아졌기 때문에 만약 스카이워드가 더 좋은 조건을 제시하면 베닝 대신 함께 사업하고 싶다고 말했다. 스카이워드는 한나의 제안에 깊은 관심을 보였다. 이제 한나의 점수는 4점이 되었다.

스카이워드의 관심을 끄는 데 성공한 한나는 여러 중간 규모 고객에게 연락해 중요한 고객과의 계약이 임박했다고 전했다. 또한 최근 성사된 몇몇 거래 덕분에 창고를 곧 지을 예정이고 사업 성공 가능성도 높아졌으며, 무엇보다 전보다 낮은 임대료로 창고를 제공할 수 있게 됐다고 말했다. 대신 고객 각자가 어느 정도 양보해줘야 주요 고객과의 계약을 끝마칠 수 있다고 하자 대부분이 동의했다. 한나의 점수는 5점이 되었다.

한나는 환경오염과 관련해 다른 개발 업자를 비판했던 영향력 있는 언론인 댄 아처와도 비공개를 전제로 대화했다. 환경 문제에 대한 아처의 염려를 잘 아는 한나는 유명 생태학 교수의 추천에 따라 총 건설 비용에 환경 친화적 공사를 위한 예산을 책정했다고 전했다. 아처는 크게 감명받은 듯 자신은 한나의 창고에 대한 비판 기사를 쓰지 않겠다고 다짐했다.

한나는 이전보다 훨씬 큰 자신감을 가지고 베닝을 찾아갔다. 기한에 대한 압박이 크게 줄어들었고 경제적 여유가 생겼으며 선택의 폭도 넓어졌다. 한나는 베닝 측에 설득력 있는 이야기를 전했다. 그가 짓기로 한 창고는 이전보다 안전하고 매력적인 물류 장소가 되었다. 그는 베닝의 강력한 경쟁 업체 중 한 곳이 자신의 창고 사업에 큰 관심을 두고 있다고 덧붙였다. 한나는 새로운 제안에 베닝에만 유리한 내용을 담았고, 베닝 측은 동의만 하면 첨단 설비를 갖춘 환경 친화적 창고를 이용할 수 있었다. 베닝은 계속 잠자코 있다가는 좋은 창고를 경쟁 업체에 빼앗길 수도 있을뿐더러, 환경을 생각하지 않는다며 언론의 공격을 받을 위험도 있었다. 경쟁 업체 스카이워드보다 앞서 사업을 펼치고 환경오염의 주범이라는 악명도 피하고 싶었던 베닝은 처음 입장에서 한 걸음 물러섰다. 결국 한나는 대단히 유리한 조건으로 베닝에 창고를 임대할 수 있었다.

한나는 'Who I FORESAW'로 구체화한 통찰력으로 성공을 이루었다. 그는 서로의 부족한 점을 채워줄 수 있는 공통 이해관계를 생각하며 동료, 동맹 그리고 보호자를 찾아냈다. 무엇보다 'Who I FORESAW' 작업을 통해 베닝의 관심이 커질 만한 제안을 갖추도록 도울 사람들을 찾을 수 있었다. 영향력 있는 언론인을 비롯해 여러 사람과 대화하면서 잘 알려지지 않은 귀중한 '사실관계'가 드러났고, 주요 관계자들과의 협상에서 유리한 '선택 사항'이 오갔다. 한나는 윤리적 측면에서 성인 영화 사업자와 엮이지 않으려고 조심했으며, 또 다른 윤리적 문제를 제기할 수 있는 언론인 아처와의 충돌을 피했다. 그가 선택한 또 다른 주요 관계자인 스카이워드와의 만남은 강력한 '별도의 대안'이 되어주었다. 그는 대화와 만남을 순서대로 계획하여 세운 전략으로 원하는 결과를 얻었다. 이제 그의 힘은 눈덩이처럼 불어났다. 호랑이 같은 상대방과 동등한 입장에서 협상할 수 있는 능력, 굳이 호랑이를 상대하지 않아도 사업을 꾸려갈 수 있는 능력 모두를 갖추었다. 한나가 그저 베닝과의 협상만 준비했다면 좋은 결과를 얻을 수 없었을 것이다. 한나는 'Who I FORESAW'를 통해 베닝 이상의 넓은 협상 분야로 눈을 돌림으로써 새로운 돌파구를 마련했다.

만남의 순서를 정하는 방법

한나의 사례에서 핵심 중 하나는 만남의 순서를 정하는 방법이다. 그 순서를 어떻게 정하면 좋을까. 방법은 여러 가지다.

가장 쉬운 상대를 찾아라 순서를 정하는 일반적 방법 중 하나는 먼저 '가장 쉬운 상대'를 고르는 것이다. 나를 가장 흔쾌히 도울 수 있는 사람과 먼저 이야기하고 그의 도움을 받아 좀 더 어려운 상대를 만난다. 예를 들어 한나는 처음에 '가장 접근하기 쉬운 사람은 누구이며, 또 누가 내게 도움이 되고 가치 있는 거래를 할 가능성이 가장 높은가?'라며 자문했다. 이 방법은 특히 영향력이 가장 크고 중요한 인물에 당장 접근하기 어려울 때 유용하다. 먼저 다른 좋은 거래를 통해 준비하면 어려운 인물에게 더 쉽게 접근할 수 있으리라. 앞서 언급한 데이비드 오르테가도 그렇게 했다.

큰 물길을 먼저 터라 대화의 순서를 정하는 또 다른 방법은 '큰 물길을 먼저 트는' 것이다. 가장 중요한 인물과 먼저 접촉해 물길을 튼다면 다른 사람들이 그 물길을 따라 모여들지 않을까? 한나는 은행에서 가장 먼저 해결해야 할 중요한 문제가 무엇일까 생각했다. 일반적으로 가장 중요한 거래를 빨리 해결하고 싶다면 조건부 합의를 내세우는 게 좋다. 예컨대 토지 임대료를 감면받을 수 있으니, 은행이 이자를 줄여줄 수 있는지 묻는 것이다. 큰 물길을 먼저 트는 방법은 목록에서 가장 중요하고 영향력 있는 관계자가 상대적으로 접근하기 쉬울뿐더러 그의 관심을 끌 수 있다는 확신이 설 때 가장 유용하다.

거꾸로 생각하라 특히 흥미로운 전략인 '거꾸로 생각하기'는 진짜 상대인 호랑이부터 시작해 자신이 상대할 사람을 거슬러 오르며 찾는 방법이다. 한나의 생각을 따라가보자. 그에게 가장 중요한 사업 관계자는 물론 베닝이다. 베닝이라는 큰 거래처를 붙잡으려면 최신 설비에 비용도 덜 드는 창고를 제공해야 한다. 그런 창고를 지으려면 은행으로부터 건설 자금 대출을 받을 때 매달 내는 이자를 줄여야 한

제1부 준비

다. 그리고 은행에 이자를 적게 낼 정도로 신용을 쌓으려면 토지 소유주와 더 낮은 임대료로 계약해 자금에 여유가 있다는 사실을 보여주어야 한다. 토지 소유주와 그런 거래를 하려면…… 한나는 어디서 첫걸음을 내디뎌야 하는지 알 때까지 계속 생각했다. 각 관계자의 입장이나 위치를 먼저 알고 있다면 거꾸로 생각하기가 더 쉽다. 'Who I FORESAW'를 활용하는 거꾸로 생각하기는 자신이 마주해야 하는 관계자들과의 만남과 협상의 내용을 확실히 예상할 수 있을 때 가장 유용하다.

조력자를 찾아 힘을 키우자

한나의 이야기는 사업의 현실을 보여준다. 사업하는 사람들은 끊임없이 움직이며 힘을 키워야만 한다. 기업가 정신에 대해서 우리는 보통 '무에서 유를 창조한다.'라고 말한다. 협상을 계속하며 징검다리를 건너뛰듯 한 걸음씩 나아가는 것이 바로 기업가 정신이라고 할 수 있다. 그렇게 거래를 계속하며 힘을 키워야 한다.

밥 라이스Bob Reiss를 떠올려보자. 그는 책상 하나, 의자 하나, 그리고 전화기 1대만 있는 작은 사무실에서 직원 1명과 함께 보드게임 제작 회사를 차렸다. 이 회사는 불과 18개월 만에 2백만 달러의 수익을 올렸다. 어떻게 그럴 수 있었을까? 라이스는 유명 잡지사부터 시작해 주요 투자자, 보드게임 개발자, 제조업체와 영업 담당자까지 만나 거래한 후에야 비로소 보드게임을 판매할 준비를 마쳤다. 그는 거래를 하나씩 마칠 때마다 힘을 키워 더 자신감 있게 다음 거래에 나섰다.

이렇게 가장 중요한 협상 전에 다른 곳에서 먼저 힘을 키우면 불가능한 일을 가능으로 바꿀 수 있으며, 많은 돈을 벌고 심지어 대통령을 구할 수도 있다.

스티브 펄먼Steve Perlman은 넷플릭스Netflix의 전신이라 할 수 있는 웹 TV 사업을 시작했다. 그에게 매력적인 출구 전략 중 하나는 전망 좋은 사업을 시작하고 마이크로소프트 같은 대기업에 그 권리를 매각하는 것이었다. 하지만 사업성을 입증하지 못했기 때문에 마이크로소프트의 관심을 끄는 건 마치 오르테가가 헤드폰을 들고 가서 그럴듯한 승용차로 바꾸려는 것과 비슷했다. 최고의 투자 전문 회사의 투자를 받았다면 전망이 좋다고 평가받았겠지만, 대부분의 투자 회사는 펄먼의 사업 계획에 회의적이었다. 또한 소니 같은 전자 제품 업계 거물의 지원을 받았다면 투자 회사들도 더 긍정적으로 생각했을 것이다. 그렇다면 소니와의 거래를 어떻게 성사시킬 수 있을까? 당시 소니는 제품 판매 부진을 극복하고 온라인 미디어 중심의 기업들과 경쟁해야 했지만 역시 펄먼의 사업을 확신하지 못했다. 하지만 용케 투자자를 확보한 펄먼은 이를 바탕으로 소니의 경쟁 업체인 필립스 Philips와의 거래를 성사시켰다. 필립스는 전자 제품 제조업체였지만 웹 TV 관련 기술이 필요하다고 여겼다. 펄먼은 필립스와 체결한 일부 기술 이전 계약을 소니와 접촉하는 데 이용했다. 드디어 소니와도 거래하는 데 성공한 그는 유명 투자 회사를 비롯한 주요 기업들로부터 재정 지원을 얻을 만한 신용을 확보했다. 덕분에 그의 웹 TV는 사업을 시작한 후 20개월 만에 5억 3백만 달러의 가치를 인정받고 마이크로소프트에 매각되었다.[2]

협상가 입장에서 정말 중요한 건 하나의 거래가 다음 거래로 이어지는 징검다리가 되어야 한다는 사실이다. 어떤 거래나 계약을 하든 항상 다음 단계를 염두에 두어야 한다.

'Who I FORESAW'의 일부라도 시도한다면 절박한 상황도 변화시킬 수 있다. 케네디가 암살된 후 자리를 이어받은 린든 존슨을 기다리고 있었던 건 3일 후 있을 상원의 조약 관련 승인 투표였다. 행정부는 이 조약을 지지했지만 상원에서 통과될 거라고 생각한 사람은 아무도 없었다. 존슨은 상원의 투표가 정말 중요하다는 사실을 깨달았다. 행정부가 패배하면 자신은 반쪽짜리 대통령이 되어 앞으로 어떤 법안도 통과시키지 못할 것이고 다음 해 치러질 대통령 선거에서도 패배할 것이 분명했다. 그는 또한 상원 의원들이 자신들에게 지시하려 하는 대통령에게 반감이 있다는 사실도 잘 알았다. 다시 말해 존슨에게는 상원에 대한 직접적 영향력뿐 아니라 시간도 희망도 없었다.

이틀 후 케네디의 무덤을 찾은 존슨은 뭔가 깨달음을 얻었다. 미국의 주지사가 모두 모였는데, 존슨은 상원 의원이라도 주지사의 의견을 무시할 수는 없다는 사실을 알고 있었다. 그래서 보좌관들에게 그날 저녁 자기가 연설하는 자리에 가능한 한 많은 주지사를 모으라고 지시했다. 50명의 주지사 중 35명이 참석한 자리에서 존슨은 국가 통합의 중요한 상징인 이번 조약의 의회 통과를 위해 상원 의원들을 설득해달라고 호소했다. 마침내 조약은 압도적인 지지로 통과되었고, 존슨은 비로소 진짜 대통령이 되었다. 몇 개월이 지난 1964년의 민권법 통과, 대통령 선거에 이르기까지 존슨은 탄탄대로를 걸었다. 비결은 무엇이었을까? 존슨은 이해관계가 비슷한 사람들을 찾아 호소했고, 바로 이들이 존슨이 감당할 수 없는 호랑이들을 대신 찾아가 설득했다.[3]

반대로, 새로운 만남과 거래로 조력자들을 찾고 자신의 위상을 끌어올리지 않으면 아무리 좋은 제안도 실패할 수 있다.

많은 경영 전문가에 따르면 조직에 영향을 미치고 싶다면 일종의 동맹을 형성하는 것이 중요하다.[4] 자동차 회사 제너럴모터스General Motors, GM의 연구 개발 부문을 이끌었던 찰스 케터링Charles Kettering의 사례를 생각해보자. 케터링은 전기 시동 장치와 자동변속기, 안전유리, 충격 흡수 장치를 비롯해 냉장고와 냉방기의 기본 원리인 프레온 냉매를 개발한 천재 공학자다.[5] 그의 동료는 "새로운 발명이라는 관점에서 보면 케터링이야말로 자동차 업계의 살아 있는 신"이라고까지 말했다.[6] 1920년 케터링이 공랭식 엔진을 제안했을 때 GM으로서는 당연히 그 제안을 받아들였어야 했다. 공랭식 엔진은 탁월한 발명품이었다. 하지만 정작 그걸 받아들인 회사는 독일의 폭스바겐이었고, 그로부터 40년이 지난 후 미국에서 큰 인기를 끈 폭스바겐의 새로운 비틀Beetle에는 여전히 공랭식 엔진이 장착되어 있었다. 어째서 GM은 40년 전에 케터링의 제안을 받아들이지 않았을까?

공랭식 엔진은 정말 뛰어난 착상이었지만 케터링은 GM에서 자신을 지지해줄 동맹을 구축하는 데 신경을 쓰지 않았다. 어쩌면 이미 자신의 성과를 크게 인정받았기 때문에 귀찮은 선전 운동 같은 건 할 필요가 없다고 생각했는지도 모른다. 아니면 조직 내부의 정치에 신경 쓰지 않고 자유로운 분위기 속에서 GM을 이끈 예전 경영진 시절의 습성에 젖어 있었던 게 아닐까. 공교롭게도 공랭식 엔진을 개발할 무렵 새로 부임한 경영진 밑에서 그는 자신이 이끄는 연구 개발 부서에서조차 고립되었다. 자세한 사정은 알 수 없지만 그는 바로 반대에 부딪혔다. 한 자동차 역사가는 이렇게 기록했다. "공랭식 엔진을 개발한 곳은 독자적 권한이 있는 자회사가 아니라 데이튼에 자리 잡은 GM 연구실이었기 때문에 경영진은 이 엔진을 검증되지 않은 실

　　　　　　　　　　　　　　　제1부 준비

험 단계의 기술로만 생각했다.[7] 케터링은 GM의 자회사 쉐보레가 공랭식 엔진 상용화를 맡자 마침내 기술이 빛을 볼 수 있게 되었다고 생각했다. 그렇지만 당시 쉐보레의 수장으로 독자적 경영을 추구한 K. W. 지머시드K. W. Zimmerschied는 본사 이사회에서 멋대로 일을 떠맡기자 분개했다. 곧바로 조직 내부에 문제가 발생했다. 지머시드는 검증되지 않은 발명품에 쉐보레의 미래를 걸 수는 없다고 생각했고, 자신처럼 회의적인 기술진과 회의하여 공랭식 엔진 기술을 폐기해버렸다. 쉐보레의 한 직원은 초기 설계상의 문제점을 가지고 공랭식 엔진 자체가 좋지 않다고 주장했고, 안 좋은 소문은 걷잡을 수 없이 퍼져나갔다. 케터링은 마치 친구의 잘못을 교사에게 고자질하는 아이처럼 문제 해결을 위해 본사 이사회에 매달렸다. 그렇게 해서라도 쉐보레가 공랭식 엔진 기술을 되살리기를 바랐지만, GM 본사 이사회에서도 케터링에 대한 지원을 거부하는 움직임이 드러나기 시작했다. 결국 뛰어난 기술자였지만 조직 내부 정치를 잘 몰랐던 케터링은 공랭식 엔진 기술 개발을 포기했고 GM은 기다렸다는 듯 완전히 손을 떼고 말았다.

케터링은 어떻게 처신해야 했을까? 경영 전문가들의 지적처럼, 조직 내부의 갈등이나 암투에서 이기려면 ① 결정과 자금 지원, 실행에 관해 권한이 있는 주요 인물들과 협상하여 동맹을 맺고, ② 이를 바탕으로 계속 눈덩이 효과를 만들기에 충분한 세력을 구축해야 한다. 또한 이 세력이 커지면 반대파들이 물러나도록 압력을 가해야 한다. ③ 그렇게 상황을 정리하면 더 확실한 지원과 자금, 직원, 실행 결정을 최종 결정권자로부터 얻어낸다.[8] 앞에서 여러 번 살펴봤듯, 징검다리를 건너는 것처럼 한 걸음씩 움직여 목적지까지 나아가야 한다.

'Who I FORESAW' 개념을 사용했다면 케터링도 그럴 수 있었을 것이다.

케터링은 기술이 아니라 정치적으로 실패했다. 일을 꾸밀 수 있는 '사람'이라는 요소에 충분한 관심을 기울이지 않았기 때문이다. 그가 'Who I FORESAW'에 관해 스스로 생각하고 물어보았다면 사정은 크게 달라지지 않았을까. 예를 들어 자신과 이해관계가 겹치는 사람은 누구일까? 일선 경영진은 새로운 기술에 냉담했지만 영향력 있는 판매 거래처나 부품 공급 업체, 그리고 내부 기술진이나 영업 담당 부서 등에서 조력자를 찾을 수 있지 않았을까? 또한 쉐보레 수장의 이해관계가 위험을 피하는 데만 쏠렸다면 그의 걱정을 줄여줄 사람을 찾을 수 있지 않았을까?

어쩌면 조직의 말단으로 내려갈수록 새로운 기술 실험에 호의적이고 개방적인 젊은 직원들을 더 많이 찾을 수 있었을지도 모른다. 하나둘 모인 이들이 힘을 합쳐 공랭식 엔진의 가치를 경영진에 보여주었다면? 또한 중요한 '사실관계'를 깨달은 사람은 누구였을까? 소비자의 필요와 경쟁 업체와의 문제 같은 사실관계 말이다. 또한 업계 관련 언론인이나 재정 부서 직원, 경쟁 업체 출신 직원은 경영진에게는 없는 귀중한 통찰력이 있었을지도 모른다. 그렇게 'Who I FORESAW' 과정을 따라갔더라면! 요컨대 찰스 케터링은 기술 문제에만 몰두하지 말고 그 기술을 다루는 사람에 대해 먼저 생각하고 배워야 했다.

협상하기 전에 밖에서부터 힘을 키우는 방식은 대단히 효과적이지만 '사업을 준비해 천천히 키워나가기 위한' 또 다른 방법, 즉 역발상 전략으로 약점을 강점으로 바꾸는 방법도 있다. 그렇게 해서 누군

173

가는 사랑을 되찾았고 누군가는 자선단체를 위해 거액의 기부금을 모았다. 기업가나 홍보 담당자, 구매나 구인 담당자들 역시 이 방식을 널리 사용하고 있다. 지금까지 사용해온 도구 'Who I FORESAW'를 약간 다르게 적용하면 제대로 배울 수 있다.

원하는 쪽으로 협상 이끌기

지금 자신이 소송에 연루되어 있고, 갑자기 묘한 상황이 발생해 모든 배심원을 선택할 수 있게 되었다고 가정하자. 그렇다면 자신의 주장에 공감하는 사람들로 배심원단을 채울 수 있으니 승소할 가능성이 높아진다. 물론 실제 소송이나 재판에서는 이처럼 편파적인 상황이 발생하지 않지만, 협상에서는 윤리적 측면을 거의 거스르지 않고도 그럴 수 있다. 다시 말해 상대방을 '잘' 선택하면 서로 만족스럽게 거래할 수 있다. 이제 또 다른 전략인 '원하는 쪽으로 협상 이끌기'를 실행해보자. 오르테가가 천천히 힘을 키운 것처럼 일련의 움직임을 통해 그럴듯하지만 가능성이 보이지 않는 결과를 만들 수 있다. 힘을 키우며 계속 앞으로 나아가는 방법과 달리 먼저 상대를 선택해서 원하는 방향으로 협상을 이끌고 싶다면 반대로 계속 주변을 정리하며 목표의 범위를 줄여야 한다. 힘을 키우는 방식으로 자신이 제시할 수 있는 조건과 함께 입지를 다져갈 수 있지만, '원하는 쪽으로 협상 이끌기'를 성공시키려면 크게 달라지지 않은 지금의 자신을 원하는 사람을 찾아야 한다.

이제 함께 호랑이를 상대해줄 사람들의 목록이 아니라, 내가 마주하기 편한 상대방의 목록을 먼저 만들고 차례로 정리하려 한다. 나를 도와줄 조력자를 가능한 한 많이 만나고 협상하여 모으는 대신, 내가 원하는 방향으로 함께 가줄 1명의 훌륭한 '상대' 혹은 그와 나를 연결해줄 사람을 찾기 위해 집중하는 것이다.[9] 이 방식은 가능성 있는 고객이 많아 보이지만 진정으로 좋은 고객을 거의 찾을 수 없을 때 유용하다. 정말 도움이 되는 고객이나 의뢰인, 기부자, 대출 기관 혹은 동업자를 찾을 때는 종종 좌절을 경험하기 마련이다. 이때는 매력적이지 않고 까다로운 요구만 많은 상대를 마주할 수밖에 없겠구나 생각하게 된다.

새로운 방법은 '이 우주에서 나와 하나 이상의 이해관계로 얽힌 사람은 누구인가?'라는 질문에서 시작된다. 답변에 따라 가능한 한 많은 사람을 목록으로 적어보자. 그다음 조건을 하나씩 적용하며 범위를 줄이자. 예를 들면 이렇다.

- 나와 하나 이상의 이해관계로 얽힌 잠재적 협상 상대는 3천 명이다.
- 그중 이해관계가 하나 더 얽힌 사람은?
- 그중 또다시 하나 이상의 이해관계가 얽힌 사람은?
- 그중 사실관계 및 재무 조사 기준을 통과한 사람은? 예컨대 매출이 3백만 달러 이상인 사람은 누구인가?
- 사실관계 조사에서 상대에 대해 가장 많이 밝힌 부분은 무엇인가?
- 확인한 사람들 중 내가 가장 제공하고 싶은 선택 사항에 관심 있는 사람은 누구인가?
- 이들 중 누구와 쉽게 친밀감을 쌓고 반응을 예상해 응답할 수 있겠는가?

- 이들 중 윤리적 문제와 관련 없는 사람은 누구인가?
- 이들 중 적절한 시간에 맞춰 일정을 잡을 수 있는 사람은 누구인가?
- 이들 중 별도의 대안을 준비할 필요가 없는 사람은 누구인가?
- 이들 중 나를 소개해줄 만한 사람은 누구인가?

이렇게 수천 명이 될 수도 있는 가능성 있는 사람의 목록을 작성해 고르고 또 고르면 원하는 상대에게 나를 소개해줄 수 있는 중요한 사람들만 남는다. 'Who I FORESAW'를 전부 사용할 필요는 없다. 다만 언제든 적용할 수 있는 조건 정도로 생각하라.

목표의 범위를 줄이는 데는 또 다른 장점이 있다. 원래 예상보다 더 중요한 사람들과 연결될 수 있다. 예컨대 나에게 도움이 될 사람들에 대한 사실관계를 조사하면 그중 많은 사람과 실제로 접촉할 더 좋은 기회를 만들 수 있다. 다시 말해 내가 선택할 수 있는 폭이 더 넓어진다.

원하는 인물을 만나는 법

실제 사례를 들어보자. 한 국제 자선단체에서 '인내 자본patient capital'이라는 이름의 사업을 시작했다. 기부자는 경제적으로 어려운 지역의 엄선된 신생 사업체에 투자한다. 신생 사업체가 모기장이나 농업용 관개 설비처럼 꼭 필요한 제품을 생산하며 현지 직원을 채용하고 지역에 이익을 돌려주면, 투자자는 사회적 선행도 베풀고 적당한 이익도 얻는다. 자선단체는 뉴욕을 중심으로 사업하는 기업들로부터 관련 기금을 모으기 위해 애쓰는 제삼세계 여성들을 위해 특별 행사를 진행했다. 매년 행사 때마다 뉴욕의 유명 식당에 기업 임원들을 초대했지만 2년 정도가 지나도 결과는 신통치 않았다. 뉴욕에는 자선 활동에 적극적인 기업이 많았기 때문에 사람들은 이상하다고 생각했다.

그래서 자선단체에 소속된 한 무리의 자원봉사자들은 원하는 방향으로 협상을 이끄는 방식을 사용해보기로 했다. 한 자원봉사자가 정기적으로 기부하는 뉴욕의 기업 약 2천5백 곳의 명단을 확보했고, 그중 1천1백여 곳은 이 자선단체가 활동하는 국가에서 사업하고 있다는 사실을 발견했다. 그중 7백여 곳은 제삼세계 여성을 돕는 자선단체에 기부해왔다. 그중에서도 5백 곳 정도가 규모나 신용도에 대한 간단한 사실관계 및 재무 조사를 통과했고, 3백 곳은 단지 물품이나 봉사가 아니라 현금을 기부하여 지역 사람들의 자활을 돕는 방식을 선호했다. 3백 곳 모두 기본적 윤리 검사를 통과했다. 그중 75곳 정도는 인내 자본과 관련한 자선사업에 투자하거나 기부한 적이 없었다. 또 다른 자원봉사자는 자선단체 이사들이 그중 10곳의 기업 임원들 중 최소한 1명 정도와 관계가 있다는 사실을 알아냈다. 또한 자선단체는 10곳 중 3곳과 친밀한 관계였는데, 그중 가장 명성 높은 곳은 메트로은행MetroBank이었다. 만일 메트로은행이 앞장서준다면 다른 기업들도 뒤따를 가능성이 높았다.

자원봉사자들은 자선단체의 연줄을 이용해 메트로은행의 자선사업 책임자 및 부사장과 20분 정도의 회의 약속을 얻어내고, 정성을 다해 10분 정도의 발표 자료를 준비했다. 발표를 시작한 뒤 5분쯤 지났을까, 부사장이 갑자기 이렇게 말하며 끼어들었다. "잘 알겠어요. 일단 첫해에 4만 달러 정도 기부 겸 투자한다면 괜찮을 거 같은데요?"

원하는 쪽으로 협상을 이끄는 방식은 공급망 관리에서 기본적인 기술이다. 이 분야의 세계적 전문가 케이트 비타섹Kate Vitasek 교수는 이 방식을 일종의 '집중 효과funneling'라고 부른다.[10] 예를 들어 함께 일할 공급 업체를 찾는 사업체는 우선 후보를 모집한 다음 선별하는 경우가 많다. 특별한 부분의 역량을 기준으로 선별하고 다시 선별한 업체들을 추리면 수십여 업체가 5곳이나 3곳으로 줄어든다. 그다음 조건이 무척 좋고 이해관계도 일치하는 업체들과 각각 협상한다.

심지어 사랑과 결혼에서도 자신이 원하는 방향으로 이끄는 방식이 큰 효과를 발휘한다. 요컨대 인구 1천만 명인 도시에 살거나 온라인으로 2천만 명과 접속할 수 있다고 해도 성별, 나이, 결혼 유무, 외모, 교육, 신앙이나 믿음, 자녀 계획, 만날 수 있는 횟수 같은 특정 요구 사항에 따라 선별하면 진지하게 결혼을 염두에 두고 만날 만한 사람은 10여 명으로 줄어들 수 있다. 다행히도 필요한 사람은 단 1명이다. 다시 말해 이 방법을 지혜롭게 사용한다면 예상보다 훨씬 많은 후보자를 찾을 수 있다.

하버드대학교 동료이자 디지털 전략 전문가 에이미 웹Amy Webb은 이어지는 실연의 아픔을 어떻게 극복했는지를 저서 『여자의 결혼 공식Data, a Love Story』에서 설명했다.[11] 그는 원하는 방향으로 협상하는 방식을 조금 변형해서 온라인 만남 시장에 도입했다. 이 작업은 그 방식의 효과를 톡톡히 보여주었다. 우선 웹은 자신이 배우자에게 요구하는 내용을 나열했다. 앞서 살펴본 이해관계가 일치하는 대상을 찾는 작업과 비슷하다. 먼저 범위를 좁히며 수많은 관심 대상을 수십 명 정도로 줄인다. 그리고 사실관계 조사를 통해 자신이 호감 있는 남성들이 좋아할 만한 여성의 특징을 파악했다.

사실관계 조사는 추가 기준으로 대상의 범위를 좁히고 자신이 가장 원하는 대상이 어떻게 반응하는지 알기 위한 핵심적인 초기 단계다. 이 단계를 거친 웹은 자신의 소개 글을 수정해 다시 게시했다. 과거 인터넷에서 상대를 찾을 때와 달리 그의 새로운 자기소개 글은 원하는 상대의 이해관계에 집중했다. 그러자 갑자기 연락이 쏟아지기 시작했다. 수십 명의 남자가 웹과 만나기를 원했고, 실제로 그들은 웹의 요구 사항에 맞았다. 그중에는 웹의 미래의 남편도 있었다. 이 사례에서 특히 마음에 드는 부분은 자신의 이해관계와 자신이 그리는 상대의 이해관계를 이해하고 통찰력 있게 체계적으로 범위를 좁힌 접근 방식이다. 그렇게 하면 정말 옛날 속담처럼 건초 더미에서 바늘을 찾을 수도 있을 것이다.

원하는 방향으로 협상을 이끄는 접근 방식은 유서 깊은 사업인 틈새 영업과도 밀접하다. 이 방식은 모든 사람에게 맞추지 않고 자신이 가장 빛날 수 있는 특정 분야에 집중하면 더 매력적이고 경쟁력 있으며 가치 있고 효과적이 되므로 사람들을 원하는 쪽으로 이끌 수 있다는 통찰에 바탕한다. 틈새 영업과 원하는 방향으로 이끄는 협상 방식의 차이는 대상의 범위다. 틈새라 하더라도 결국 수백, 수천의 고객이 원하는 걸 찾아야 하지만 협상은 다르다. 처음부터 적은 상대방을 찾거나 아주 좋은 조건으로 거래할 수 있는 단 한 사람을 찾아야 원하는 방향으로 협상할 수 있다. 그 과정에서 껄끄러운 호랑이 같은 상대방을 걸러낼 수 있고, 대신 한두 사람에게 자신이 대단히 매력적인 존재라는 사실을 깨달을 수 있다.

이제 더 나은 준비를 통해 더 효과적인 도구들을 갖췄다. 실제로 협상의 한복판에 나서면 어떤 말을 하고 어떻게 행동해야 할까? 제2부에서 살펴보겠다.

요약

강력한 조력자를 찾는 기술: 호랑이 같은 상대방이 협상장에서 기다리고 있는가? 그렇다면 '누가' 가장 큰 도움이 될 수 있는지 되묻고 중요한 '사람'을 찾아라. 'I FORESAW IT' 과정을 되짚어보고 징검다리를 건너듯 앞으로 움직일 수 있도록 일정을 잡아 더 가치 있는 조건과 독립성 그리고 영향력을 확보하라.

원하는 방향으로 협상을 이끄는 기술: 'Who I FORESAW'를 사용해 수많은 후보 중에서 이상적 상대방을 찾으라.

연습

한 걸음씩 힘을 키우기. 나의 모든 노력을 무용지물로 만들 수 있는 호랑이를 파악하자. 그리고 'Who I FORESAW'를 이용해 영향력 있는 사람들의 목록을 만들고 추린 다음 대화와 협상을 잘 계획하고 순서대로 진행한다. 각각의 만남은 내가 더 매력적이거나 독립적이 되도록 힘을 실어주고, 드디어 호랑이와 대등할 정도로 위치를 끌어올려줄 것이다. 그다음 'I FORESAW IT' 계획 혹은 역할극을 준비하라. 이제 호랑이를 만날 준비를 갖추었다.
나의 꿈을 이루어가기. 특정 사업을 함께하고 싶은 사람, 혹은 중요한 사업 관계를 구축하고 싶은 사람을 찾아라. 나의 분야와 다소 동떨어져 보이는 사람, 나와는 한 다리, 두 다리, 세 다리쯤 건너에 있는 사람, 혹은 재정 규모가 10배쯤 큰 조직의 결정권자 같은 사람이다. 이제 'Who I FORESAW'로 영향력 있는 사람들의 목록을 만들고 그중 일부와 대화나 협상을 진행해 나를 매력적으로 바꾸어간다. 그리고 드디어 꿈에 그리던 상대를 만날 위치에 오른다. 그다음 'I FORESAW IT' 계획 혹은 역할극을 준비하라. 이제 상대방을 만날 준비를 갖추었다. 협상을 시작하자.

내가 원하는 거래 조건. 원하는 거래 조건을 생각하자. 상대방은 나중에 정해질 것이다. 거래 분야에 상대방이 될 만한 사람이 많으면 더욱 좋다. 예를 들어 나는 원하는 방향으로 이상적인 조건을 내세워 이상적 고객이나 의뢰인, 기부자 혹은 업체와 거래하고 싶다. 이제 'Who I FORESAW'를 사용해 해당 분야에서 수십, 수백 또는 수천 명의 가능성 있는 이름을 모을 때까지 조사한다. 그다음 가장 중요한 이름이 몇 개로 줄어들 때까지 새로운 조건을 적용하며 정리한다. 잠재 고객이 큰 관심을 보이면 다시 'I FORESAW IT' 계획 혹은 역할극으로 대비한다.

제2부

만남

하나를 주고 열을 얻어라 -모두가 승리하는 비법

분위기를 누그러뜨려라 -내 말이 그 말이야!

상사의 조력자가 돼라-주의 끌기, 문제 제기, 해결책 제시, 확인

동료들과 하나가 돼라 -공통된 이해관계 찾기

회의 진행을 도와라 -규칙을 정하는 천금 같은 1분

표현 방식을 바꿔라 -새판 짜기

오래전 아직 미숙하고 어리석었을 때 취업을 위해 면접을
본 적이 있다. 면접관은 당시 내가 다니던 학교를 선택한 이유를
먼저 물었다. "글쎄요, 세간에 평판도 좋고, 원래 다니려고 했던
다른 학교처럼 답답하지 않아서 좋은 것 같은데요." 그러자 면
접관이 이렇게 되물었다. "그런가요? 어떤 학교가 그렇게 답답
하게 느껴졌는지?" 만일 내가 학교 이름을 말했는데 그의 모교
라면? 그래서 의도와는 다르게 기분을 상하게 하고 취업 기회도
날아간다면? 나는 고심한 끝에 학교 이름을 말했고…… 그 후
로 그의 얼굴을 본 적이 없다.

협상의 가장 큰 어려움 중 하나는 순간의 열기 속에서 자신
을 다스리는 일 아닐까. 압박을 받으면 혼란스러운 가운데 말문
이 막히고 주도권을 빼앗기며 아무 말이나 하거나, 반대로 할 말
을 못 할 수도 있다. 그리고 협상이 끝나면 지나간 일을 떠올리
며 생각한다. '그때 도대체 뭐라고 대답했어야 했지?' 제2부에서
는 이처럼 씁쓸한 상황을 예방하는 도구를 살펴볼 것이다. 소 잃
고 외양간을 고치려 해도 때는 이미 늦은 경우가 많기 때문이다.

승자의 언어

문제에 집중해서 해결하면서도 상대에게는 부드럽고 적절하게 말할 수 있도록 돕는 도구들을 설명하려 한다. 위기를 기회로 바꾸며 호랑이 같은 상대나 상사와 맞서게 해주는 도구다. 엉성한 대본을 읽고 어설픈 연기를 하라는 게 아니다. 정말 하고 싶은 말을 진정성 있게, 현명하게, 호감 가도록 전달하자는 뜻이다. 강조하지만 목표는 다른 사람이 나의 이야기를 듣고 공감하도록 만드는 것이다.

나는 어려운 대화나 만남을 준비하는 학생과 의뢰인, 가족을 도울 때 모범으로 삼을 만한 대화법을 알려주었고 그때마다 이런 이야기를 들었다. "어쩌면 그렇게 내가 딱 하고 싶은 말을 골라서 알려주시는지! 정말 타고나셨네요!" 천만의 말씀이다. 나 역시 얼마나 많은 시행착오를 겪었던가. 내가 지금까지 배운 내용을 바로 이 책에 담았다.

정말 간단한 비법 하나가 정말 필요하고 적절한 말을 하도록 해줄 수 있다. 간단하지만 딱 필요한 한마디로 승리를 가져다줄 수 있는 비법이다. 또한 상대방의 분노와 위협에 대처할 수

제2부 만남

도 있다. 인질 문제 전문 협상가도 주로 이 도구로 분위기를 누그러뜨린다. 위기의 순간에 상사의 기분을 거스르지 않고 잘못을 바로잡도록 돕는 도구도 있다. 천금 같은 1분 동안 회의를 보다 건설적으로 만들어주는 도구는 어떤가. 무슨 짓을 해도 안 될 것 같은 순간에 그저 몇 마디의 간단한 도구들을 동원하면 어느새 설득력 있는 사람으로 바뀐다. 역사의 흐름마저 바꾼 처칠에서 넬슨 만델라에 이르는 유명 지도자들까지 의지한 도구들도 있다.

외국어를 배우려면 문장을 구성하는 가장 단순한 주어, 목적어, 동사 등을 익혀야 한다. "나는 사과를 먹었다."라고 말할 수 있다면 이를 바탕으로 수천 가지 다른 표현을 할 수 있다. "그 여자는 빵을 구웠다." 역시 "나는 사과를 먹었다."처럼 주어와 목적어, 동사로 이루어진 문장 아닌가. 지금부터 알려주는 도구들도 비슷하다. 효과적이고 기본적인 구조 하나를 배워 필요한 순간에 적절히 변형해 사용하면 위험을 피할 수 있고, 무슨 적절한 말을 해야 할지도 알 수 있다.

7장
모두의 승리

도구: 모두가 승리하는 비법[*]

필요한 상황

- 상대방에 비해 내가 너무 초라하게 느껴질 때
- 두려움에 떠는 내 모습이 상대방을 불쾌하게 만들 때
- 그렇지만 뭐라고 말해야 할지 알 수 없을 때
- 귀중하고 우호적인 거래가 필요할 때

사용 결과

- 모두 잘되기를 바라는 진심으로 상대를 안심시킬 수 있다.
- 상대방에게 좋고 모두에게는 더 좋은 거래를 할 수 있다.

승진을 앞둔 세 임원 아벨Abel, 베이커Baker, 찰리Charlie가 보이지 않는 경쟁을 하고 있다. 이들의 상사는 중요한 고객들과 협상하라고 각각 지시했다. "사운이 걸린 일이에요. 이 거래 수익이 1만 5천 달러는 돼야 합니다." 그런데 아벨의 협상 결과는 9천 달러였다. "잠깐만." 상사가 말했다. "9천 달러는 너무 적어요." 아벨은 물러서지 않았다. "상황을 이해 못 하신 것 같은데, 저쪽에서 요구한 수수료를 제외하고 처음 제안한 6천 달러에서 그만큼이나 끌어올렸습니다. 게다가 9천 달러면 우리가 예상한 최저 금액보다 높지 않은가요?" 상사의 표정은 밝아지지 않았다. 다음 날 베이커가 협상 결과를 보고했다. "아주 잘 되었습니다. 거래처 2곳을 합해서 대략 2만 달러의 수익을 올릴 것 같습니다. 제가 제안한 새롭고 창의적인 선택 사항 덕분이었습니다." 하지만 상사는 이렇게 되물을 뿐이었다. "거래처가 아니라 우리 수익은 얼마나 되죠?" 베이커는 어깨를 으쓱하더니 대답했다. "우리 수익은 8천 달러입니다. 하지만 두 회사 모두 우리에게 큰 호감을 품었어요!" 상사의 표정은 여전히 밝아지지 않았다. 다음 날이 되자 이번에는 찰리가 나타났다. "그쪽만이라도 1만 5천 달러를 벌었다고 말해주면 좋겠군요." 찰리는 이렇게 대꾸했다. "아니, 그 이상이에요. 1만 9,999달러가 예상됩니다!" 그때 찰리가 만났던 회사의 사장이 그에게 문자를 보냈다. "거래는 거래니까 그대로 진행하겠습니다. 그렇지만 다시는 그쪽과 상대하지 않겠습니다. 어쩌면 그렇게 우리를 쥐어짤 수 있나요!" 상사는 마침내 이렇게 토로했다. "나를 도와줄 사람이 정말 없는 건가?"

협상할 때 보통은 우리에게 선택권이 주어진다. 협력과 경쟁, 공동의 이익과 개인의 이익, 새로운 부의 창출과 부의 분배 등 어느 쪽에 초점을 맞출지 선택할 수 있다. 대부분의 관련 서적은 한쪽을 강조한다. 『예스를 이끌어내는 협상법』 역시 새로운 가치 창출을 강조하지만 기존 가치 분배에 대해서는 별다른 이야기를 하지 않는다. 협상 관련 서적이나 전문가들은 협상을 치열한 전쟁으로 보고 최대한 승리하라고 말한다. 내가 아는 강사들 중 적어도 1명 정도는 언제나 처음 생각한 목표의 1백 퍼센트를 추구하라고 권한다. 틀린 말은 아니다. 그는 상대방의 모든 걸 가져오라고 주장했는데, 그러지 못하는 나를 부디 용서해주기 바란다.

중고 자전거 거래라면 가격 흥정으로 기존 가치를 재분배하는 데 집중하는 게 맞다. 반면 갈등을 해결하려면 협력하며 새로운 가치를 창출하는 데 집중하는 쪽이 이치에 맞을 것이다. 물론 둘 중 한쪽에만 집중하면 위험할 수도 있다.

경쟁을 위해 치열하게 고민하고 승자와 패자만 남는 협상을 생각해보자. 연구에 따르면 협상가가 상대편을 심하게 '몰아붙이면' 궁지에 몰린 쪽은 분노하며 비협조적으로 일관하다가 결국 복수를 다짐한다.[1] 앞서 살펴본 사례에서 찰리의 상대방이 그렇지 않았을까. 뭔가를 빼앗기는 느낌이 드는 협상을 해본 사람도 꽤 있을 것이다. 그때 상대방에 대해 어떤 생각이 들었나? 다시 거래하고 싶다는 생각이 들었나? 실제로 협상가가 탐욕스럽다는 소문이 퍼지면 다음 협상을 원활하게 진행하기가 힘들다. 또한 탁월한 협상가라면 모름지기 탐욕스러워야 한다고 생각하는 사람도 협상장에서는 상대방도 그럴 거라는 생각에 지나치게 방어적이 될 뿐이다. 그러면 교착 상태에서 어느 쪽도 만족스러운 결과를 얻기 힘들다. 운동선수 대리인에 관한 개념을 정립한 전설적 협상가 밥 울프의 충고를 생각해보자. 그는 놀랍게도

189

처음부터 과도한 욕심을 부리지 말아야 한다고 주장한다.

> 내가 모든 걸 쓸어 가고 상대방에게는 아무것도 남기지 않는 것은 성공적인 협상이 아니다. 지금까지 선수들을 대신해 협상과 계약을 진행하면서 돈을 더 벌 수 있는 기회는 얼마든지 있었다. 하지만 나는 언제나 상대방 몫을 남겨둔다. 내가 원하는 조건을 끝까지 밀어붙이다가 반감을 사면, 그렇게 얻은 10퍼센트가량의 추가 이익이 오히려 손해가 될 수도 있기 때문이다. 누군가가 나를 껄끄러운 방해자로 느끼면 악감정은 고스란히 내 사업이나 나에게 돌아온다. 다른 사람들에게도 몫을 나눠주고 살 수 있도록 해주어야 한다. 상대방의 성공과 성장을 바라는 사람이 되어라. 상대했던 사람을 또 만나거나 그가 아는 사람과 거래할 날이 반드시 온다. 따라서 나에 대한 평판은 정말로 중요하다. 한 번 하고 끝날 거래라면 나도 가능한 한 많은 몫을 챙기겠지만, 그렇지 않다면 모든 걸 쓸어 가려고 하지는 않을 것이다.[2]

요컨대 협상 연구자와 전문가도 탐욕은 좋지 않다고 경고한다.

상당수의 협상가들은 그리 탐욕스럽지 않다. 오히려 탐욕스러워 보이는 걸 염려하고, 예상한 최악의 상황보다 조금 나은 결과가 나오면 좋게 끝냈다고 생각하는 편이다. 거의 모든 협상가가 아벨과 비슷하게 그 정도면 만족스럽다고 생각하기 때문에 관련 용어까지 생겼다. 최솟값보다 조금 나은 결과를 얻었다는 '만족감satisficing'이다. 그렇게 만족하는 편이 지혜로운 일이있음을 깨닫는 때가 분명히 온다.

그렇지만 사람들은 종종 진심이 아니라 두려움이나 자기기만 때문에 다르게 행동해서 아벨처럼 만족스럽지 못하고 공정하지도 못한 결과를 얻는다.

그렇다면 협상장에서 협력적이기만 하면 어떻게 될까? 당연히 역효과가 날 수 있다. 오래전 컬럼비아대학교 학생들이 초면인 프랑스인 학생들과 수백만 달러 규모의 협상을 가상으로 진행했다. 나는 8주간 컬럼비아대학교 학생들을 지도했고, 프랑스인 학생들도 비슷한 기간 동안 다른 강사에게 필요한 부분들을 배웠다. 실망스럽게도 우리 학생들이 완패했는데, 뜻밖에도 적은 수익을 올리고도 만족스러워한 베이컨처럼 좋은 분위기에서 끝냈으니 다 잘되었다고 말했다. "너무 잘해냈어!"

학생들을 그렇게 만든 건 지도자인 나였다. 나는 학생들을 더 엄격하게 대해야 했고, 협력만을 중시하기보다 어느 쪽에도 치우치지 않도록 가르쳐야 했다는 사실을 깨달았다. 내버려두면 언젠가는 국익도 얼마든지 포기하는 상황이 생길지도 몰랐다. 하지만 어떻게 이들을 가르칠 수 있을까? 탐욕도, 만족도, 순진한 협력 정신도 각각 단점이 있고 역효과를 낸다면 뭘 어떻게 가르쳐야 할까?

함께 성공하는 비법

욕심 부리지 않고도 많은 가치를 창출하고 내게 좋은 결과를 얻어낼 수 있다. 나는 그 방법을 '모두가 승리하는 비법'이라고 부르고 싶다. 상대편도 행복하고 나도 행복하면 좋겠다고 진심으로 말할 때 얻을 수 있는 결과다.[3] 물론 그러지 않는 것이 현명한 순간도 있으므로 그 부분도 살펴볼 것이다. 그렇지만 대부분은 모두가 승리하는 걸 목표로 해야 한다. 그럼 자주 마주하는 2가지 이해관계를 만족시킬 수 있다. 나의 이익이라는 이해관계와 상대방과의 좋은 관계 구축이라는 이해관계. "나로서는 이 거래의 결과가 우리에게 좋기를 진심으로 바랍니다."라는 진심을 상대에게 전하여 이해관계를 만족시킬 수 있다.

여기에는 흥미로운 근거가 있다. 일반인에게 발표하지는 않았지만, 2년쯤 협상 기술을 배우는 250여 명의 기업 임원을 상대로 체계적인 준비가 거래에 미치는 영향을 조사한 적이 있다. 체계적으로 준비한 협상가는 그렇지 않은 협상가보다 평균 11퍼센트 이상 많은 가치를 창출하는 거래를 성사시켰다. 무척 희망적인 결과다. 11퍼센트의 차이는 이익과 손실, 생존과 파산 사이를 오갈 수 있는 수치다. 진짜 중요한 결과는 따로 있다. 체계적으로 준비한 이들은 준비하지 않은 이들보다 상대의 몫을 6퍼센트 더 창출해 되돌려주었다. 숙련된 협상가의 준비는 모두가 함께 승리하는 데 많은 영향을 미칠 수 있다.

중요한 협상 전날 TTT 계획표를 만들면 모두가 승리하는 길의 8부 능선쯤에 도달했다고 볼 수 있다. 체계적인 준비의 최고 결과물은 바로 모두의 승리다. 이제 더 지혜로운 첫 번째 제안을 준비하여 사려 깊고 진실하며 매력적으로 제시해 경쟁과 협력 모두를 끌어내는 도구를 알아보자. '모두가 승리하는 비법'이다. 다음과 같이 3줄의 문장으로도 요약할 수 있다.

- 첫 번째 제안에 절충할 수 있는 여유를 둔다.
- 내가 중요시하는 주제에 관해서는 더 여유를 둔다.
- 창의성과 융통성에 대한 의지가 있다는 신호를 보낸다.

더 자세히 살펴보자.

첫 번째 제안에 절충할 수 있는 여유를 둔다 4장에서 살펴봤듯이 첫 번째 제안에 여유를 두거나 절충안을 준비해 양보하면서도 최선의 목표에 근접하도록 노력하는 게 좋다. 다만 주제에 대한 최선의 목표를 구분하고 먼저 공격적으로 접근할 수 있는 계획을 세워야 한다는 사실을 명심하자. 예를 들어 4장에서 컴퓨터 부품의 목표 가격 범위가 80~1백 달러일 때의 TTT 계획표를 만들었다. 최선의 목표는 1백 달러다. 이렇게 첫 번째 제안을 준비할 때 110달러나 120달러 정도를 요구하여 절충할 구간을 확보할 수 있다.

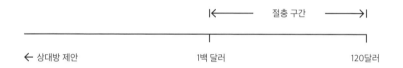

제안에 여유를 두거나 절충안을 준비할 때는 약간의 과학과 기술이 들어간다. 상황에 따라 범위를 조절할 수 있다.

넉넉한 절충안 한 연구에 따르면 절충안을 넉넉하게 제시한 후 빠르게 양보하면, 약간의 여유만 두었다가 마지못해 양보할 때보다 상대방이 더 크게 만족한다. 상점의 할인 판매 광고에 "50퍼센트 할인!"이라고 적혀 있으면 기분이 좋기 마련이다. 그런데 절충안의 범위가 너무 크면 불편해하는 사람도 있다. 조금 과장하면, 절충안이 지나치게 넉넉하면 상대방이 오히려 소외감을 느낄 수도 있다는 뜻이다.

제2부 만남

이런 위험 없이 절충안을 넉넉하게 제시하고 싶다면 자신이 정상적이며 탐욕스럽지도 않다는 언어적 신호를 더해 적당히 제안해야 한다. 이렇게 대화해보자. "제품 가격으로 120달러를 생각하고 있지만 조정 가능합니다." 혹은 "115달러로 부탁드립니다.", "1백~120달러에서 절충하고 싶습니다.", "110달러 아니면 시장 가격 그대로는 어떤가요." 등등.

약간 부족한 절충안 그래도 여전히 범위가 넉넉하면 불편해할 수도 있다. 특히 과도하게 넉넉한 절충안이 상대방에게 역효과를 낼 수 있다는 사실을 조사 결과 알게 되었다면 더욱 그렇다. 예를 들어 이전에 같은 상대방과 협상한 동료들과 대화할 때 "첫 번째 제안이 공격적이라면 어떻게 반응할까?"라고 질문하면 도움이 된다. "글쎄, 조금 반발하겠지만 그리 대단하지는 않겠지."라는 대답을 들었다면 생각해볼 수도 있다. 반대로 동료들이 "그랬다가는 바로 협상이 끝나."라고 말한다면 일찌감치 생각을 접는 게 좋다. 해당 분야나 문화의 노련한 전문가도 시작 제안 전략의 기준을 알려줄 수 있다. 한편으로는 다른 길을 선택할 수도 있다. 모든 사람이 인정하는 업계 표준 기준 Independent Criterion에 따른 가격 상한선을 첫 번째 제안으로 삼으면 절충안 범위가 적당해진다.[4] 일단 이렇게 기준을 정하고 조금씩 양보한다. 공정해 보이고 싶어서 업계 표준 기준을 들고 나왔으니 다른 사람의 기준에 신경 쓸 필요는 없다.

특히 어떤 주제의 절충안을 제시하고 싶은가? 그 내용이 모두가 승리하는 비법의 두 번째 부분이 된다.

내가 중요시하는 주제에 대하여 사람마다 특히 중요시하는 주제가 있다. TTT 계획표로 체계적으로 준비하면 어떤 주제에 가장 관심 있는지를 알 수 있다. 4장에서 TTT 계획표를 살펴볼 때는 가격을 최우선 주제로 삼았다. 최우선 순위 항목은 가치가 가장 크기 때문에 절충 범위를 정하는 것이 특히 중요하다. 또한 무엇을 가장 중요시하는지 상대방에게 알리는 데도 도움이 된다.

모든 주제에 어느 정도 여유를 두어야 할까? 모든 주제에 여유를 두면 최선의 목표에 도달할 기회를 얻을 수도 있고, 다르게 생각하면 너무 공격적으로 보일 수 있어서 상대방이 꺼릴 수도 있다. 문화와 시장 상황, 상대방의 감정에 따라 위험과 수익의 관계가 복잡해지기 때문에, 우선순위에 관해서는 절충 범위를 제시하고 나머지 주제는 상황에 따라 선택한다.[5]

창의성에 대한 의지를 알린다

많은 사람이 협상을 싫어하는 이유는 여러 동기가 복잡하게 뒤섞이기 때문이다. 협상가는 상대방과 협력하려 하지만 자신의 이익도 추구한다. 상대방과 춤추는 동시에 싸우려는 상황과 비슷하다. 상대방도 이 역설을 잘 알기 때문에 압박감을 느끼고 경계한다. 지금까지 살펴본 것처럼 우리에게 좋은 감정과 협력이 필요한 데는 이유가 있다. 본질적으로 사람을 냉소적으로 만드는 협상에서 경쟁할 수밖에 없음을 알면서도 진정으로 협력하고, 도움 되는 대화를 하고 모두 만족할 창의적인 선택 사항을 찾고 싶다는 신호를 어떻게 보낼 수 있을까? 각자 주먹을 쥐고 노려보고 있을 때 사실은 함께 춤추고 싶다는 진심을 어떻게 알릴 수 있을까?

제2부 만남

이 질문의 답은 모두가 승리하는 비법의 세 번째 단계에서 찾아볼 수 있다. 먼저 진정으로 협력하고 싶다는 신호를 담아 이야기할 계획을 세운다. 그리고 거래 결과가 모두에게 만족스럽기를 바라며, 그렇게 만들 제안도 있다는 사실을 진심을 담아 보여준다. 물론 이야기할 때는 과장이나 거짓이 없어야 한다. 이익을 모두 포기하고 싶다고 말하라는 게 아니다. 자신에게 돌아올 이익을 기대한다는 사실을 인정해도 괜찮다. 대신 모두 만족하는 결과를 얻을 거라는 믿음이 있다고 전하라. 진심으로 말하면 그만큼 돌아오는 게 있다. 자, 그렇다면 뭐라고 말해야 할까?

- 사려 깊은 시작
- 아마도 사려 깊은 제안

다시 컴퓨터 부품 계약 관련 협상으로 돌아가자.

먼저 사려 깊게 말문을 열고 앞으로 할 제안을 넌지시 내비친다. 그러면 상대방은 내가 탐욕적이거나 냉소적이거나 근시안적이지 않으며 희망적이고 긍정적이며 건설적이라는 사실을 대강 짐작할 것이다. 이렇게 말해보자.

"잘 알겠습니다. 이야기를 잘 들었고, 뭘 신경 쓰고 있는지 이해했습니다. 그리고 내가 염려하는 부분도 알려드렸습니다. 일단 내가 제안할 테니 어떻게 생각하는지 말씀해주세요. 나는 숫자에 얽매이지 않고 우리의 필요에 부합하는 결과를 만들고 싶고, 그럴 수 있다고 확신합니다."

이런 문장은 외우는 게 아니다. 거기에 숨은 의지를 깨달아야 한다. 앞 문장들은 몇 가지 중요한 점을 보여주지만 모든 걸 한 번에 보여줄 필요는 없다. 본격적인 제안을 하기 전에 최소한 일부만이라도 전달하겠다는 계획을 세우는 게 중요하다.

- 서두르지 않는다.
- 상대방의 이해관계에 귀를 기울인다.
- 나의 이해관계 중 일부를 전달한다.
- 요구가 아니라 제안을 한다.
- 유연하게 대처한다.
- 다만 나의 이해관계에 대해서는 확고한 모습을 보인다.

요컨대 이해관계와 사실관계, 선택 사항에 초점을 맞추면서 단호하면서도 부드러운 모습을 분명하게 보여준다. 상대방을 존중하고 신뢰와 친밀감을 쌓으며 상대방에 대해 배워간다. 시간을 들여 진지하게 귀 기울이며 친해져야 상대방의 필요를 진정으로 이해할 수 있다. 또한 자신의 필요도 상대가 정확히 이해할 수 있도록 도우면서 함께 창의적인 결과를 준비한다. 그렇다고 해서 우울한 고민 등의 모든 부분을 드러내고 공유하라는 건 아니다. "오늘 거래가 실패하면 우리는 파산할 수도 있습니다." 같은 말은 할 필요가 없다. 알려도 큰 문제가 없는 안전하고 적절한 내용을 공유하여 친밀감을 쌓아가자는 뜻이다.

2장에서 살펴본 'I FORESAW IT' 계획의 '친밀감, 반응, 응답' 항목에 따라 준비하면 이 부분들을 확인할 수 있으며, 5장처럼 동료와 역할극으로 연습할 수 있다.

4장에서 살펴본 것처럼 때로는 먼저 제안하지 않는 게 현명하다. 상대방과 비교해 내가 열세고, 나를 과소평가하고 싶지 않지만 어쨌든 협상해야 할 때가 대표적이다. 이때 다음과 비슷하게 이야기를 시작할 수 있다.

> "잘 알겠습니다. 이야기를 잘 들었고, 뭘 신경 쓰고 있는지 이해했습니다. 그리고 내가 염려하는 부분도 알려드렸습니다. '이제 더 자세히 들어가보죠.' 나는 숫자에 얽매이지 않고 우리의 필요에 부합하는 결과를 만들고 싶고, 그럴 수 있다고 확신합니다. '그쪽은 어떤 제안을 염두에 두고 있습니까?'"

먼저 제안할 때는 요구가 아니라 단순한 의견 제시처럼 들리도록 하자. 예를 들어 "'우리 입장에서는' 120달러에 품질 보증 기간 2년을 제시할 수 있을 듯합니다. 물론 절충할 수 있습니다." 혹은 "110달러에 품질 보증 기간 2년 계약은 '어떨까요?' 생각해볼 만한 조건인가요?" 등이다. 그리고 잠시 뒤 이렇게 덧붙인다. "물론 우리에게는 모든 조건이 중요하지만 그래도 가격이 최우선입니다." 이렇게 하면 정말 중요한 부분은 양보하기 어렵지만 다른 부분은 거래할 준비가 되었다는 신호를 전달할 수 있다. 대조적으로 "우리가 신경 쓰는 건 품질 보증 기간이 아니라 가격입니다."라는 식으로 말하면 상대방이 바로 "그래요? 그럼 품질 보증 기간을 크게 늘리면 되지 않나요?"라고 반응할 수도 있다.

지금까지 살펴봤듯이 연구자와 현장 전문가의 견해는 비슷하다. 한 문제를 하나씩 협상하는 것보다 여러 문제를 묶어서 협상하면 모두가 만족하는 결과가 나올 수 있다. 따라서 현명한 협상가는 여러 문제를 합쳐 제안한다. 그다음 주제들 사이에서나 혹은 주제들 안에서 절충안을 찾아 협상을 이끌 수 있다. TTT 계획표로 이 과정을 쉽게 진행할 수 있다. 앞의 사례에서는 '제품 가격 120달러'와 '품질 보증 기간 2년'을 협상할 수 있다고 전제하며 동시에 제안했다. 이 방식은 어떤 식으로든 관심을 끌 수 있기 때문에 원하는 결과를 만들 수 있다. 모두를 만족시킬 수 있는 여러 방법 중 하나다.

최종 제안이나 결과물은 첫 번째 제안과 많이 달라질 수도 있다. 그렇지만 TTT 계획표 등으로 준비하면 융통성을 발휘할 수 있다. 우선순위를 절충하고, 선택 사항을 제안한다. 그리고 이 부분, 저 부분에서 조금씩 양보하면 상대방도 만족스러워할 창의적 제안과 함께 원래 생각한 최선의 목표에 근접할 수 있을 것이다.

탐욕이 아니라 야망을 위한 5퍼센트의 법칙

그런데 탐욕 없이도 내 목표를 이룰 수 있을까? 야망을 약간 조절해보자. 미리 정한 최선의 목표를 조정해 기대치를 약간만 낮추자. 생각보다 조금 안 좋은 결과가 나와도 받아들이자. 왜냐고? 탐욕을 주체하지 못하면 언제든 다시 나타나 곤경에 빠트리기 때문이다.

그렇다면 처음 생각한 최선의 목표를 어느 정도 조정하면 좋을까? 이른바 '5퍼센트의 법칙5 Percent Rule of Thumb'을 활용하면 된다. 내가 만든 또 다른 작은 도구이자 정말 간단한 방법이다. 협상가가 진심을 담아 "여기서 모든 걸 차지하고 싶지 않습니다. 어느 정도 야망은 있지만 탐욕스러운 사람이 되고 싶지는 않아요."라고 말하고 싶을 때 도움이 된다. 우선 자신이 생각하는 최선의 목표에서 5퍼센트 정도 물러난다. 즉, 사전 조사를 통해 기대한 최고 목표치보다 5퍼센트 안 좋은 결과를 받아들이자. 선박 1척을 팔려고 하는데 조사 결과 가격 범위가 7만 달러에서 10만 달러라면 9만 5천 달러를 최선의 목표로 설정한다. 9만 5천 달러를 받아도 사실 대단히 만족스러운 결과다. 또한 상대방을 지나치게 밀어붙이지 않는 것도 현명한 선택이다. 탐욕스러운 인상을 주지 않음으로써 모두에게 승리를 안기는 역량도 끌어올릴 수 있다.*

잠시 생각해보자. 앞에서 절충안에 대해 알아보지 않았던가? 절충안은 내가 '처음 제안할 때' 제시할 수 있는 선택 사항이지만, 최선의 목표는 조금 다르다. 최선의 목표는 혼자 간절히 바라는 결과물이다. 하지만 첫 번째 제안은 이미 어느 정도 양보를 염두에 두고 먼저 상대방에게 전하는 것이다. 최선의 목표는 마음속으로 생각하는 희망 사항이며, 첫 번째 제안의 내용은 어차피 상대방도 알게 된다. 예를 들어 거래에서 "11만 달러는 받아야겠지만 내가 생각하는 중요한 이해관계만 잘 맞으면 얼마든지 융통성을 발휘할 수 있습니다."라고 말할 수 있다. 하지만 마음속으로는 9만 5천 달러로 마무리되기를 바라기 때문에 창의적인 선택 사항을 덧붙인다. 정리하면 다음과 같다.

- 사실관계 조사에 따른 최대 가능 금액: 10만 달러
- 5퍼센트의 법칙을 적용한 조절 가능 금액: 5천 달러
- 최선의 목표: 9만 5천 달러
- +절충 범위/기타 가능성: 1만 5천 달러

---

* 정말 일회성으로 끝날 거래라면 욕심을 더 밀어붙일 수도 있겠지만 이때도 어느 정도 이상은 곤란하다.

- 첫 번째 제안: 11만 달러

    자신이 구매자라면 5퍼센트의 법칙이란 사전 조사를 통해 기대할 수 있는 최고의 결과보다 5퍼센트 '높은' 가격을 찾아서 조금 안 좋은 결과를 최선의 목표로 정해 받아들인다는 의미다. 사전 조사해 보니 기대할 수 있는 최고의 결과가 8만 달러라면 최선의 목표는 8만 달러+5퍼센트, 즉 8만 4천 달러다.

    5퍼센트의 법칙은 밥 울프가 말한 상대방의 몫을 남기는 지혜나 사회과학이 밝혀낸 탐욕의 결말 등과 함께 여러 분야에서 타당성을 확인할 수 있다. 심지어 《컨슈머리포트》는 자동차 구매자에게, 대리점이 본사에서 들여온 가격을 따지지 말고 3~5퍼센트를 더해 구매하는 게 적당하다고 권한다. 대리점이 차를 4만 달러에 들여왔다면 최종 구매자로서는 4만 1천2백 달러에서 4만 2천 달러가 적정 가격이라는 뜻이다.[6]

    사실 앞서 언급한 선박 거래처럼 9만~10만 달러 정도로 시장 범위가 좁거나 사무실 위치에 따른 임대료처럼 정확히 숫자로 구분할 수 없는 조건을 협상할 때는 5퍼센트의 법칙을 적용할 수 없는 경우가 많다. 어떻게 해야 할까? 규칙이 없어도 원칙을 지켜야 한다. 즉, 야망을 조금 조정한다.

    5퍼센트의 법칙에 익숙해지려면 내 설명만 떠올리지 말고 몇 가지를 시도하여 무엇에 적용할 수 있을지 생각해봐야 한다. 감히 말하거니와, 이 법칙이 결과에 확실히 영향을 미친다는 것을 대부분이 인정할 것이다.

야망에 대하여

이제 창의성과 야망을 동시에 충족할 도구를 갖추었다. 여기서 질문하겠다. 야망이란 무엇일까? 야망을 생각하지 않는 편이 최선일 때가 있을까? 이 책에서 언급하기에는 이상해 보일 수도 있지만 가끔은 개인의 야망을 앞세우지 않는 편이 최선이다. 몇 가지 선택을 고민해보자.

타협 뭐든 똑같이 나누는 게 합리적이고 관습에 어울리며 당연하다고 여겨질 때가 있다. 자기 몫을 더 많이 주장하다가 거래를 망치는 경우도 있다. 예를 들어 많은 합작 투자나 동업의 전제는 각 당사자가 동등한 몫을 받는 것이다. 한 경험 많은 기업 임원이 컬럼비아 경영대학원과 대담하며 밝힌 것과 같이 한 회사가 합작 투자할 상대 회사에 자기 지분을 50퍼센트 넘게 요구한다면 상대는 이기적인 요구라고 생각하고 투자를 중단할 것이다. 따라서 타협은 종종 발생하는 문제를 해결하는 간단하고 명확하며 빠르고 합리적인 방법이다. 때때로 아이들은 상황이 공정한지 확인하는 데 정말 창의적이다. 예컨대 '자르는 건 내가, 고르는 건 네가'라는 케이크 나누기를 보면 케이크를 자르는 아이는 결국 최대한 똑같은 크기로 자를 수밖에 없다. 주주 계약도 비슷한데, 자기 주식이나 지분을 정리하고 나가고 싶으면 본인이 아니라 다른 사람이 지분 가격을 제시해야 한다.

작은 성과에 만족하기 때로는 다른 때보다 약간 나은 거래, 즉 받아들일 수 있는 최악의 결과보다 좀 낫다면 수락하는 쪽이 현명하다. 우리는 치약을 사거나 영화를 볼 때 수십 혹은 수천 가지 선택지 앞에서 압도당한다. 배리 슈워츠Barry Schwartz가 『선택의 패러독스The Paradox of Choice』에서 설명한 것처럼, 본인이 만족한다면 충분히 행복해질 수 있다. 그러니 '완벽한' 치약, '최고의' 영화를 찾느라 시간 낭비하지 말고 아무거나 괜찮다고 생각하는 쪽을 선택하라. 협상 조건에 대해 너무 많이 염려하는 것은 시간 낭비에 가깝다.

나는 크리스마스 장식품이나 전기 주전자를 살 때 굳이 최선의 조건을 위해 전전긍긍하지 않으려 한다. 독자도 그러기를 바란다. 심지어 더 중요한 문제도 관련 조건이 협상 시간이나 노력에 비해 보잘것없다면 적당한 선에서 만족하는 게 현명할 수도 있다. 뒤집어 말하면 회사, 상사, 가족 혹은 자선단체 등이 자신들을 위해 더 많은 것을 얻어내라고 강조하면 최선의 조건을 제시해도 된다. 그들에게 『선택의 패러독스』를 읽고 이제 그만 만족하라고 말해도 이해하지 못할 테니까.

정리해보자. 1957년 미국 하원에서 흑인 투표권을 다룬 민권법이 통과된 후 마틴 루서 킹 주니어Martin Luther King, Jr.는 민권 운동을 중단하라는 엄청난 압력에 시달렸다. 하지만 당시의 민권법은 아프리카계 미국인들에게 도움이 되지 못하는 그저 흉내만 낸 개혁에 불과했다. 그때 킹이 만족했다면 인종차별과 투표권 차별이라는 잔혹한 불의를 극복하기를 염원한 수많은 아프리카계 미국인이 크게 실망했을 것이다. 하지만 킹은 구약 성경의 한 구절을 인용하며 이렇게 말했다. "아니, 우리는 만족하지 않습니다. '오직 정의가 물처럼, 공의가 마르지 않는 강처럼 흐르기' 전까지는 만족하지 않을 것입니다."[7] 그는 역사의 분수령이 된 1964년의 새로운 민권법과 1965년의 투표권법이 의회를 통과할 수 있도록 많은 노력을 기울였다. 내가 생각하는 또 다른 공격적 협상가는 바로 테레사 수녀다. 테레사 수녀는 고아들을 도울 때 사자처럼 행동했다고 한다.

관대함 배우자와 협상하려면 어떻게 해야 할까? 내 결혼 생활의 비밀을 조금 밝혀보려 한다. 내 아내는 가끔 내게 "현금이 부족한데 20달러 정도 있어?"라고 묻는다. 그러면 나는 "여기 30달러 가져가." 라고 한다. 아내가 10분 정도만 기다려달라고 하면 나는 30분도 괜찮다고 대꾸한다. 다시 말해 나는 아내가 요구하는 것 이상을 주려고 노력한다. 왜냐고? 나는 아내를 사랑하고, 아내에게 관대한 사람이 되고 싶기 때문이다. 많은 사람이 가르쳐왔듯 관대함은 곧 지혜다. 펜실베이니아대학교 경영대학원 애덤 그랜트Adam Grant 교수가 『기브 앤드 테이크: 주는 사람이 성공한다Give and Take: Why Helping Others Drives Our Success』에서 밝힌 것처럼 사려 깊고 관대한 사람은 결국 더 나은 관계를 형성한다. 관대해지면 오히려 인생이 더 밝아지고 더 큰 행복을 누릴 수 있다.[8]

우리는 늘 자신의 목표를 생각하지만, 만족하고 멈춰 서면 대개 목표에 도달하지 못한다. 대부분 자신의 야망을 찾아 움직여야 더 많은 것을 얻는다. 그런데 자신의 목표와 상관없이 무작정 자기 몫을 포기하고는 타협을 위해 그랬다, 나는 만족한다, 혹은 사실은 겁나서 그랬으면서 관대함을 보여주기 위한 결단이었다며 합리화해서는 안 된다. 야망을 포기하지 말고, 강한 위치에서 목표를 선택하라. 그래야 무엇을 선택하든 온전히 자신만의 선택이 된다. 관대함도 만족도 모두 자신이 선택해야 한다.

요약

··

모두가 승리하는 비법: ① 처음 제안할 때 여유를 둔다. ② 중요시하는 주제에 대해서는 특히 더 여유를 둔다. ③ 창의성에 대한 의지가 있다는 신호를 보낸다. ④ 사려 깊게 이야기하기 시작한다. ⑤ 사려 깊은 제안을 한다.

5퍼센트의 법칙: 사전 조사로 알아낸 최고의 결과보다 5퍼센트쯤 낮춘 목표를 정하고 야망을 조정한다.

연습

··

모두가 승리하는 비법 연습. 눈앞의 중요한 협상을 위해 체계적으로 준비한다. 'I FORESAW IT'과 역할극, 'Who I FORESAW' 등을 사용한다. 그다음 모두가 승리하는 비법을 동원해 전달하려는 요점을 준비하고 첫 번째 제안을 다듬는다. 이제 협상에 들어간다. 적절한 순간에 사려 깊게 말을 꺼내고 잠시 후 첫 번째 제안을 한다. 그다음 TTT 계획표를 통해 목표에 근접하도록 노력한다. 어쩌면 그 목표는 모두가 승리할 수 있는 야망을 담은 목표가 아닐까.

5퍼센트의 법칙 연습. 몇 가지를 협상하면서 5퍼센트의 법칙을 적용하고, 그렇지 않을 때는 결과가 어떻게 달라지는지 생각해보자.

관대함 연습. 친구나 애인이 사사로운 문제를 부탁하거나 요구할 때 더 넉넉하게 도우면 어떻게 되는지 확인해보자. 더 오래 기다려도 괜찮다고 말하고 짐도 더 많이 들어준다. 누군가 기부금을 부탁하면 더 넉넉하게 돕는다. 신중할 필요가 있지만, 동료가 업무 지원을 요청할 때도 관대해질 필요가 있다. 다만 나의 친절을 약점으로 오해하고 이용하려는 동료는 조심해야 한다. 동료의 부탁 이상으로 도와서 어려움에 빠진 사람이 있다면 그의 필요를 만족시켜줄 수 있는 창의적 방법을 찾아보자. 나중에 내가 도움이 필요할 때를 대비해, 누구를 도울 때는 조건을 내걸지 말아야 한다.

8장
들어주는 사람이 돼라

도구: 내 말이 그 말이야!

필요한 상황

- 잔뜩 화나 있으며 변덕스럽고 강한 상대를 만났을 때
- 대단히 위험하고 험악한 갈등과 마주했을 때
- 혹시나 말실수하지 않을까 두려울 때
- 협상 자체가 불안할 때

사용 결과

- 분위기가 누그러졌다.
- 신뢰와 친밀감을 쌓았다.
- 실제로 관계를 맺었다.
- 난감한 갈등이 해결되도록 도왔다.
- 협상을 더 나은 방향으로 이끌 수 있었다.

디즈니 만화영화 〈모아나Moana〉에서 태평양 어느 섬의 원주민인 주인공 모아나는 여신 테 피티Te Fiti의 사라진 심장을 찾아 제자리에 돌려놓아야 한다.[1] 그렇지만 여신의 섬에 도착해보니 무시무시한 화산 괴물 테 카Te Ka가 기다리고 있었다. 모아나는 먼저 불을 내뿜는 테 카를 통과해야 했는데, 그 와중에 충격적인 사실을 알게 된다. 테 카는 바로 여신 테 피티였다. 그래서 모아나는 분노한 모습으로 달려드는 테 카와 대화하려 한다. 모아나는 "나는 당신의 진짜 모습을 알아요."라고 노래하기 시작한다. 테 카는 움직임을 멈추고 고개를 숙인 뒤 눈을 감는다. 모아나가 가져온 심장을 테 카의 가슴에 올려놓자 아름답고 평화로운 모습의 여신 테 피티가 나타나 축복해준다.

분노한 괴물과 마주한 모아나는 똑같이 대응하지 않았다. 끔찍한 괴물의 겉모습 아래에 숨어 있는 마음을 보았다. 모아나는 싸우거나 도망치는 대신 가만히 서서 깊은 이해를 담은 노래를 불렀고, 상대방의 분노는 고요함으로 바뀌었다.

실제 생활에서 모아나와 비슷한 이야기를 찾아볼 수 있을까?

심리학자 마셜 로젠버그Marshall Rosenberg는 팔레스타인과 이스라엘이 무력 충돌하는 동안 팔레스타인 난민촌에서 열린 한 행사에 초청받았다. 그 자리에 있던 170명가량의 팔레스타인 남자들은 로젠버그가 도착하자 미국 사람이 왔다고 수군거리기 시작했다. 강연이 시작되자마자 압둘Abdul이라는 한 남자가 일어서더니 로젠버그를 살인자라고 불렀다. 그러자 다른 사람들도 함께 소리 지르면서 분위기가 순식간에 험악해졌다. 로젠버그는 압둘에게 이렇게 말했다. "선생님은 우리나라 정부가 잘못된 정책을 펴고 있기 때문에 화나신 건가요?" 압둘이 대답했다. "맞아요. 정말 화가 납니다! 우리에게 최루탄이 무슨 소용이야! 살 집이 필요하고 살아갈 땅이 필요한데…… 내 아들은 몸이 아파요! 놀 곳이라고는 하수구밖에 없고! 학교에 가봐야 교과서 한 권 찾아볼 수 없으니……." 그래서 로젠버그는 이렇게 말했다. "이곳의 어려운 환경은 익히 들어 알고 있습니다. 아마도 다른 부모들처럼 아이들을 좋은 학교에 보내고 깨끗한 곳에서 놀게 해주고 싶은 마음뿐이라는 것을 내게 알리고 싶었나 보군요." 압둘이 대답했다. "맞아요. 인간으로서 최소한의 생활이라도 하고 싶다는 겁니다. 미국 사람들은 그걸 인권이라고 하지 않습니까? 왜 여기 와서 실상을 두 눈으로 확인하지 않습니까?" 두 사람은 20분가량 대화했고, 그러는 사이 압둘과 다른 사람들도 조금 진정되었다. 로젠버그는 강연을 계속해도 되겠냐고 압둘에게 물었고 그는 고개를 끄덕였다. 행사가 끝나자 압둘은 저녁 식사를 함께하자며 유대인 로젠버그를 집으로 초대했다.[2]

상대방의 분노와 마주했을 때 로젠버그는 똑같이 대응하지 않았다. 그는 분노한 상대방의 내면을 들여다보았다. 그저 상대방을 무시하거나 맞서 싸우는 대신, 분노로 가득 찬 마음이 열릴 수 있도록 조용히 노력했다.

누군가 화난 듯할 때 우리는 보통 자신이 어떻게 할 수 없는 일이라고 생각하는 경우가 많다. 그렇지만 똑같이 화내고 고함치거나 외면하는 것만으로는 할 수 없는 일을 해내는 방법이 있다. 그렇다면야 좋은 일이지만 어떻게 그럴까? 나는 심리학자가 아니고 상대방의 마음을 움직이는 신비한 힘이 있는 것도 아닌데? 도저히 어떻게 할 수 없는 사람 앞에서 모든 걸 포기해야 할 것 같은 두려움이 몰려온다면? 난감한 상황에서 단순한 원칙도 떠올릴 수 없을 정도로 두렵다면 어떻게 해야 할까?* 간단한 도구 하나가 큰 도움이 될 수 있다. 바로 우리를 들어주는 사람으로 만드는 도구다.

이 도구는 더 많은 일도 해낼 수 있다. 상대방이 차분하고 합리적으로 행동하는 전문가더라도 이 도구로 분위기를 훨씬 좋게 만들 수 있다. 겉으로 드러나지는 않지만 나와 상대방이 품고 있는 두려움을 진정시켜주기 때문이다. 다른 방식으로 협상을 준비하도록 돕는 이 도구는 가치가 대단해서 협상 전문가 대부분이 가장 중요한 기술로 평가한다. 그러니 상대가 천사든 악마든 제대로 사용할 수 있다.

내 말이 그 말이야!

나는 누구보다 적대적이고 정상이 아닌 사람들을 직업적으로 상대하는 인물들을 알고 있다. 바로 뉴욕경찰청 인질 전문 협상 부서다. 이 부서는 최초로 관련 범죄에 대응하는 전략을 만들었고, 곧 전 세계에서 수백 개가 넘는 유사한 부서가 탄생했다. 이들은 수십 년 동안 인질범들이 무기를 내려놓고 인질을 풀어준 뒤 얌전하게 경찰 앞으로 나오도록 만드는 방법을 연구했다. 이들의 비법은 한마디로 요약된다. '내게 말하라.' 비밀은 진심으로 들어주는 사람이 되는 것이었다.

통념과 달리 잘 듣는 기술은 가장 강력하고 중요한 협상·갈등 관리 기술이다. 특히 감당할 수 없을 만큼 곤란한 상황에 효과적이다. 그 이유를 살펴보자.

---

* 로젠버그는 '의식과 의도'를 설명하기 위해 이 일화를 언급했다. 그는 자신이 비폭력 소통이라고 부르는 원칙을 설명했다. 나는 하나의 도구로 정리해서 적용할 수 있는 또 다른 원칙을 알려주기 위해 이 일화를 가져왔다.

① 시간을 벌면서 상황에 집중할 수 있다. 당혹스러운 순간에 불필요한 말을 하지 않도록 도와준다.

② 긴장된 분위기를 누그러트린다. 섣부른 판단이나 논쟁은 긴장을 더욱 고조시키는 경향이 있다.

③ 상대방의 관심사를 찾아내는 데 도움이 된다.

④ 인간의 보편적 관심사 중 하나인 경청과 자신에 대한 존중의 필요성을 충족시켜준다.

⑤ 들어주는 사람을 본 상대방은 신뢰감을 느끼며 자신감을 되찾는다. '믿을 수 있는 사람이 있다. 나를 이해해주는 사람이 있어.'

⑥ 서로 공감하면서 인간적 분위기가 형성된다.

⑦ 일종의 동질감이 느껴진다.

⑧ 모든 상황과 질문에 적절한 해답을 준비하지 못했지만 분위기를 망치지는 않는다.

⑨ 비용이 들지 않는다.

경영대학원 학생들은 협상 관련 수업에서 배우는 가장 가치 있는 기술 중 하나가 진지한 경청이라고 생각한다.

형식적인 듣기는 어떤가. 특히 압박과 두려움을 느끼는 협상에서 겉으로만 고개를 끄덕이면 앞서 살펴본 경청의 많은 장점은 남의 이야기가 된다. 전형적이고 형식적인 듣기는 상대방의 말을 수동적으로 따라가기 때문에, 이해하지 못해도 그냥 고개를 끄덕이게 된다. 게다가 상대방이 이야기하는 동안 다음에 말할 내용만 생각하는 경우도 많아서 대화와 숨은 뜻에 집중하지도 못한다. 예를 들어보자.

아네트: "감히 우리 부서에 와서 직원들이 쓰는 예산에 간섭하다니! 예산을 삭감하고 싶으면 먼저 책임자인 나를 만나요. 멋대로 그러다가는 큰코다칠 수 있어요!"

밥: "이봐요, 아네트. 그런다고 눈 하나 깜빡할 거 같아요? 나는 최고 경영진에게 직접 지시받았습니다. 당신 부서에서 뭐라고 하든 예산을 줄이라고요!"

아네트가 뭐라고 이야기하자마자 밥은 실제로는 아니면서 무슨 말을 할지 안다는 듯 자기 할 말만 생각하기 시작했다. 그러면서 아네트의 다음 설명은 놓치고 말았다. 밥의 무성의한 태도나 대꾸는 상황을 이해하지 못했을뿐더러 신경 쓰지도 않는다는 걸 드러냈다. 아네트의 기분은 더 나빠졌다. 자신이 무시당하며 인격적으로 취급받지 못한다고 생각하자 불신이 더 깊어졌다. 그도 밥의 말에 귀 기울이지 않고 목소리만 높여댔다. 그렇게라도 해야 밥이 귀 기울일 것 같았기 때문이다. 이런 전술은 일반적으로 역효과만 불러일으킬 뿐이며, 밥도 똑같이 목소리만 높일 확률이 크다.[3] 하지만 밥은 자신은 남의 말에 기꺼이 귀를 기울인다고 말할 것이다. 수많은 연인과 가족, 동료가 이런 식으로 시간을 보낸다. 그 안에서는 분노와 압박감이 쌓인다.

이렇게 어긋나는 관계를 되돌릴 열쇠는 무엇일까? 내가 '내 말이 그 말이야!'라고 부르는 도구를 널리 알리면 도움이 된다. 방법은 간단하다. 누군가 말하기 시작하면 그 내용을 반복하듯 계속 맞장구를 치고, 상대방 입에서 "내 말이 그 말이에요!"라고 나오도록 만든다. 느낌이 비슷한 다른 말도 상관없다.

상대방의 말을 요약하거나 다른 말로 바꾸어 표현하고 반복하는 것을 능동적 경청이라고 한다. 인질 문제 협상가 등을 포함해 노련한 협상가들은 이 기술을 중요시한다. 나는 이 기술을 언제든 사용할 수 있는 도구로 한 단계 발전시켰다. 이 도구를 사용할 때는 상대방의 말을 잘 이해했다는 신호를 반복적으로 보내야 한다. 앞에서 소개한 마셜 로젠버그는 사실상 '내 말이 그 말이야!'를 이용해 화내는 남자와 20분가량 대화를 시도했고, 험악했던 분위기를 가라앉혔다. 핵심은 자신이 잘 이해하고 있음을 확인해주듯 조금씩 자주 맞장구치며 상대방이 "내 말이 그 말이에요!"라고 말하도록 만드는 것이다. 나와 함께 일한 사람들은 이 방법이 얼마나 효과적인지를 확인하고 깜짝 놀라곤 했다. 많은 사람이 다음과 같이 말했다.

> "정말 유용했어요."
> "무슨 말을 하는지 내가 이해해주자 상대방은 자리에 주저앉을 정도로 안심하는 듯했어요."
> "둘 사이에 친밀감이 쌓였어요."
> "잠시 시간을 내서 상대의 말에 집중하는 것만으로도 갈등을 해결할 수 있었어요."
> "내가 적극 귀를 기울이기 시작하자 상대방도 긴장을 풀고 내 말을 들었어요. 상대방은 정말로 누군가에게 이해받고 싶었던 것 같아요."

갈등이 고조되는 상황에서 상대방의 말을 정리하거나 요약해서 반복하면 도움이 되는 이유는 무엇일까? 갈등이 고조되면 압박감도 따라서 높아지므로 상대방의 말을 듣기가 더 어려워진다. 따라서 정리나 요약은 대화에 집중할 수 있도록 도와주며, 양측은 압박감이 의사소통을 방해하는지 아니면 자신들이 그럼에도 불구하고 소통하고 있는지 확인할 수 있다. 또한 상대방의 말을 정리하고 요약함으로써 서로에게 존중과 이해를 보여주며, 신뢰를 쌓고, 시간을 벌고, 말조심할 수 있다. 그런 와중에 분노와 압박감이 서서히 줄어든다. 로젠버그와 모아나의 사례처럼 상대방의 변화를 끌어낼 수 있는 편안하고 넉넉한 분위기가 만들어지는 것이다.

그럼 아네트와 밥에게도 '내 말이 그 말이야!'가 도움이 될까?

아네트: "감히 우리 부서에 와서 직원들이 쓰는 예산에 간섭하다니! 예산을 삭감하고 싶으면 먼저 책임자인 나를 만나요. 멋대로 그러다가는 큰코다칠 수 있어요!"

밥: "잠깐만, 내가 잘 이해했는지 확인해봅시다. 그러니까 예산 삭감 문제 때문에 지금 불쾌하다는 거군요?"

아네트: "그게 아니라고! 내가 화난 건 당신이 내 뒤에서 일을 꾸며서라고요! 부서 직원들 앞에서 내 체면이 뭐가 되냔 말이지."

밥: "나는 내가 제대로 들었는지 확실히 하고 싶을 뿐이에요. 그러니까 예산 삭감은 그리 대단한 문제가 아니라는 말이군요. 이런 문제가 있으면 본인이 직접 직원들에게 전해야 한다, 그런 이야기 아닌가요?"

아네트: "내 말이 그 말이에요!"

처음 몇 번쯤 "내 말이 그 말이에요!"라고 하고 나면 자신이 "미안하지만 방금 한 말을 한 번 더 해줄 수 있을까요?"란 말을 자주 한다는 사실을 알아차릴 것이다. 분위기가 진지해진다는 증거다. 경청하는 사람은 잘 못 알아들은 부분을 민감하게 알아차리고 다시 듣고 싶어 하지만, 건성으로 듣는 사람은 애초에 무슨 이야기가 오가는지 거의 관심이 없다.

'내 말이 그 말이야!'를 현장에 적용하는 요령을 살펴보자.

- 상대방에게 철저히 집중한다. 문화적으로 허락되는 경우 눈을 맞추고 편안한 자세를 취한다.
- 상대방이 말하는 동안 내가 할 말을 생각하지 않는다. 말할 시간은 나중에 확보할 수 있다.
- 영화를 보는 것처럼 상대방의 말을 마음속으로 그리거나, 내가 말하는 것처럼 느껴라.
- 중요한 단어나 떠오르는 형상을 마음속에 기록한다.
- 처음에는 한 번에 15~30초 분량만 요약한다. 더 긴 이야기는 요약하기 어렵다.
- 굳이 상대방의 말을 정확하게 옮길 필요는 없다. 다소 다른 부분이 있어도 상대방은 나의 노력을 좋게 보고 실수를 바로잡아줄 것이다.

상대방의 말을 듣고 정리나 요약해서 되풀이하는 연습을 해두면 다음에 생길지 모를 갈등에 대비할 수 있다.

- 혼자서 영화 같은 동영상을 준비해 화난 주인공이 하는 말을 듣는다. 30초쯤 후 동영상을 멈추고 지금까지 들은 말을 되풀

제2부 만남

이한다. 동영상을 다시 돌려보며 확인한다.

- 동료와 함께 역할극을 하면서 동료가 말한 내용, 특히 가장 공격적이거나 어려운 부분을 되풀이해서 말한다.

연습하기 까다로울 것 같은가? 정기적으로 함께할 수 있는 동료를 구할 수 있는지 생각해보자.

압박감이 심해서 시간이 너무 빨리 지나가고 마음의 여유가 없으면 '내 말이 그 말이야!'를 제대로 적용하기 어려워 보일 것이다. 하지만 실제로는 정반대다. 예컨대 우주 비행사와 관제팀은 우주선이 발사될 때 서로가 중요한 순간에 하는 말을 되풀이하며 확인한다. 표준 절차로 자리 잡은 과정이다. 항공기 조종사들도 마찬가지다. 군대나 경찰에서도 특수한 작전에 들어갈 때 상관이 지시하면 확인을 위해 들은 말을 반복한다. 주식 중개인이 고객을 대신해 거래할 때도, 의사와 간호사가 수술할 때도 이 과정을 거친다.[4] 다시 말해서 압박감이나 위험이 높은 상황에서 상대방의 말이나 지시를 더 적극 듣고 기억해야 한다.

대부분 능동적으로 상대방의 말을 경청하면 상황을 잘 풀 수 있다. 특히 갈등이 심하거나 상대방이 감정을 강렬하게 표하면 '내 말이 그 말이야!'를 발전시켜 사용하는 것도 도움이 된다. 단순히 말을 귀담아 들었다가 다시 전달하는 게 아니라 감정을 느껴야 하는데, 이때 '감정에 이름 붙이기affect labeling'라는 단순하지만 강력한 도구가 큰 도움이 된다. "그 말은 마치 ~처럼 들리는군요."라고 하면서 상대방의 감정을 귀로 들은 것처럼 말하는 방식이다.

아네트: "감히 우리 부서에 와서 직원들이 쓰는 예산에 간섭하다니! 정말이지 이럴 때는 당신을 믿을 수 없어! 너무 속이 들여다보이잖아! 언제나 나를 무시하려고 애쓰고 있지! 예산을 삭감하고 싶으면 먼저 책임자인 나를 만나요. 멋대로 그러다가는 큰코다칠 수도 있어요!"

밥: "그러니까 지금 화도 나고 기분도 상한 것 같은데…… 내가 종종 당신의 체면을 구겼다고 생각하는 건가요? 내 말이 맞습니까?"

아네트: "내 말이 그 말이에요!"

연구에 따르면 '감정에 이름 붙이기'는 특히 분위기를 누그러트리는 데 유용하다.[5] 또한 감정적으로 연결되었다 떨어지기를 반복하며 듣는 사람 입장에서 한 걸음 물러서서 감정의 흐름을 주의 깊게 살펴볼 수 있도록 해준다. 그러면 상대방이 자신을 깊이 이해해주는 모습에 말하는 사람이 놀라는 경우가 많다. 처음에 내뱉는 거친 표현은 자신을 이해해달라는 호소라고 볼 수 있다. 기본적 경청과 감정에 이름 붙이기 모두는 '내 말이 그 말이야!'와 그대로 연결된다. 그러니 두 방법으로 상대방 말을 되풀이해보기 바란다. 주의 사항이 있다면, 감정에 이름 붙이기를 과도하게 사용하지 않는 것이다. 마치 모든 걸 꿰뚫어 보는 듯해서 기분 나쁜 인상을 줄 수 있기 때문이다. 그러나 제대로만 사용하면 큰 도움이 되니, 크게 위험하지 않은 상황에서 먼저 사용해 요령을 터득하자.

능동적인 경청, 그리고 이어지는 '내 말이 그 말이야!'가 모든 협상 준비를 대신할 수는 없지만 보조 도구로는 충분하다. 협상에 앞서 철저히 준비하면 압박감이 줄어들고, 거친 대화가 오갈 때도 상대방 말에 귀 기울일 수 있다. 또한 달아오른 분위기를 가라앉히고 상대방 말에 귀를 기울이려 할 때 자신이 준비한 도구나 방법을 효과적으로 사용할 수 있다. 그렇다고 해서 어려운 회담에 무작정 '내 말이 그 말이야!'를 사용하라고 권하지는 않는다. 케네디가 1961년 빈 회담에서 그저 흐루쇼프의 말을 경청하고 "지금 그런 뜻입니까?"라는 식으로 공감을 반복해서 표했더라도 흐루쇼프가 소련의 전통적 위협 전술을 포기하고 '내 말이 그 말이야!'라면서 케네디와 의기투합했을지는 의심스럽다.

무서운 호랑이를 상대하게 되었는데 충분히 준비하지 못했고 도망칠 수도 없는 상황에서 '내 말이 그 말이야!'를 상황을 안정시키는 응급 도구로 사용할 수 있다. 아네트와 밥이 그랬고 마셜 로젠버그가 그랬다. 우리도 다양한 상황에서 유용하게 쓸 수 있다.

요약

....

내 말이 그 말이야!: 능동적으로 경청하고 감정에 적절한 이름
을 붙이면 협상에 큰 도움이 된다.

연습

....

실제 상황에서 연습. 심한 갈등이나 어려운 협상 같은 힘든 순간
에 상대방의 말을 잘 듣고 상대방 입에서 "내 말이 그 말이야!"
같은 표현이 나오도록 해보자. 대화가 오가는 동안 2, 3차례 이
상 그 말을 들어보자.

동영상 연습. 좋은 평가를 받는 영화의 악당이 하는 독백, 혹은
정치적, 종교적으로 자신과 의견이 크게 다른 인물이 나오는 대
담 영상 등을 보면서 연습해보자. 영상을 30초쯤 보고 내용을 정
확하게 요약하자. 자신이 하는 말을 녹음이나 녹화하면 더 좋다.
다시 영상을 재생해 자신이 정확하게 따라 했는지 확인하거나
동료에게 평가받는다.

동료와 연습. 재미있게 할 수 있는 연습이다. 쉬는 시간에 동료
와 간식을 먹으면서 뭐든 재미있고 신기한 이야기를 30초가량
서로에게 번갈아 들려주고 다시 반복한다. 가급적 정확하게,
감정까지 전달할 수 있도록 반복한다. 처음 이야기한 상대방이
"내 말이 그 말이야!"라고 감탄할 수 있도록 한다. 번갈아가며

제2부 만남

이야기하고 들은 이야기를 반복하면서 어느 쪽이 상대방의 말을 더 정확하게 듣고 이해하는지 확인해보자.

감정 듣기 연습. 약간의 압박감이 느껴지는 갈등이나 협상에서 난감한 순간이 발생하면 "그 말은 마치 ~처럼 들립니다."라고 말하면서 상대방의 감정을 파악하기 위해 노력한다. 제대로만 한다면 "내 말이 그 말이야!"라는 감탄을 끌어낼 수 있다. 대화가 오갈 때 1, 2차례 효과를 느낀다면 여러 차례 되풀이하자.

9장
말은 부드럽게,
행동은 단호하게

도구: 새판 짜기

도구: 동의할 때/거부할 때

도구: 당신이 옳다

도구: 긍정과 부정의 샌드위치

필요한 상황

• 내 말이 별다른 이유 없이 역풍을 맞을 때

• 상대방을 설득할 수 없어서 새로운 접근 방법이 필요할 때

• 관계가 깨질까 두려워서 아니라고 말할 수 없을 때

사용 결과

• 단호하면서도 부드럽게 말할 수 있다.

• 생각이 바뀐다.

• 관계를 해치지 않으면서 아니라고 말할 수 있다.

오래전 말실수를 자주 해서 "역시 나는 말을 적게 할수록 좋아!" 라며 혼자 중얼거리던 때가 있다. 나와 비슷한 경험을 한 사람이 많을 것이다. 특히 협상가라면 깊이 생각해볼 문제인데, 무지와 허세, 무논리로 점철된 공격적인 발언은 중요한 회담을 망칠 수 있다. 협상 문제를 연구하는 학자들은 이런 어처구니없는 실수를 '짜증 유발 요소 irritator'라고 부르는데, 여기에는 다음의 전형적인 사례도 포함된다.[1]

> "생각을 좀 해보라. 나는 지금 아주 적절한 제안을 하고 있다."
> "나는 정말 이성적인 사람인데, 그렇다면 문제는 그쪽 아닌가?"
> "정말 말도 안 되는 소리다. 잠깐 대화를 중단해야겠다."
> "그쪽 제안은 터무니없이 불공평하다."
> "지금 너무 큰소리치는 것 같은데?"
> "알겠다. 그렇지만……."

종종 협상가들은 두려움 때문에 이런 말을 내뱉는다. 마음이 불안한 협상가가 설득력 있다고 생각하는 표현들은 그저 공격적이고 이기적이며 모욕감을 줄 수 있다. 할리우드 영화라면 모를까, 실생활에서 저런 식으로 말하면 역효과만 불러올 뿐이다.[2]

노련한 협상가와 평범한 협상가를 연구한 결과에 따르면 이들은 다른 점이 많다. 노련한 협상가가 짜증 유발 요소들을 전염병 보듯 피할 때 평범한 협상가는 반대로 했다. 평범한 협상가는 노련한 협상가에 비해 짜증 유발 요소를 5배나 많이 사용했다.[3] 영업 사원도, 외교관도, 인질 전문가조차도 같은 점을 지적하는데, 이기적이고 공격적인

승자의 언어

표현은 상대방의 반감만 불러일으킬 뿐이다. 굳이 다른 사람의 분노를 자극할 만큼 적대적인 사람이 될 필요가 있을까? 예를 들어 알코올 의존증 환자들을 상대하는 심리학자들은 변화를 강요하고, 그들이 인생을 망치고 있다고 경고하며, 위험에 대해 강압적으로 이야기하는 게 도움이 된다고 오랫동안 생각해왔다. 그래서 어느 정도 효과가 있었을까? 연구에 따르면 거의 모든 환자가 치료 과정에서 무례함과 압박감을 느끼고 치료 후에 술을 더 많이 마셨다고 한다.[4]

그렇다면 노련하고 경험 많은 협상가는 어떻게 행동할까?

새판 짜기

노련한 협상가는 분위기를 바꾸고 새판을 짠다. 판을 새로 짠다는 건 상대방의 감정과 이해관계에 집중하면서 자신의 의중을 사려 깊게 전달하기 위한 방법을 찾는다는 뜻이다. 그 과정에서 상대방을 깎아내리거나 지나치게 아부하거나 혹은 거짓말하거나 사과할 필요는 없다. 오히려 그 반대다. 중요한 의사를 전달할 때 단호하면서도 친절한 모습으로 설득력을 더한다. 그러면 상대방도 더 진지하게 받아들일 것이다. 무슨 말을 하든 깊이 생각해서 사려 깊게 표현해야 한다. 그리고 이렇게 덧붙인다. "당신의 의견을 존중합니다. 진지하게 고려해보겠습니다."

앞서 소개한 짜증을 유발하는 6가지 표현법을 가지고 어떻게 분위기를 바꿀 수 있는지 살펴보자.

원본: 생각을 좀 해보라. 나는 지금 아주 적절한 제안을 하고 있다.
개선: 이 제안이 적절한지에 대해 그쪽 의견을 들려준다면 내게

큰 도움이 되겠다.

원본: 나는 정말 이성적인 사람인데, 그렇다면 문제는 그쪽 아닌 가?

개선: 나처럼 그쪽 역시 공정한 거래를 원한다는 사실을 잘 안다. 그래서 미리 조사해서 내 제안을 뒷받침할 몇 가지 기준을 찾아 왔다. 이제 그쪽 의견을 듣고 싶다.

원본: 정말 말도 안 되는 소리다. 잠깐 대화를 중단해야겠다.

개선: 다른 곳에서 더 매력적인 제안을 했지만 가능하면 그쪽과 함께하고 싶다. 그러니 혹시 앞서 한 제안보다 서로에게 더 도움이 되는 제안을 해줄 수 있을까?

원본: 그쪽 제안은 터무니없이 불공평하다.

개선: 내가 조사한 바에 따르면 시장 가격이 ○○달러 정도다. 아 무래도 제안을 따르기는 어려울 것 같다. 그러니까 혹시라 도……?

원본: 지금 너무 큰소리치는 것 같은데?

개선: 그 부분에 대한 이야기를 더 들어볼 수 있을까? 어떤 근거에 서 나온 이야기인가? 그 수치가 어떻게 나왔는지를 알 수 있 을까?

원본: 알겠다. 그렇지만…….

개선: 그런 뜻인가…… 잘 알겠다. 그렇다면…….

    새로운 각각의 표현은 문제를 해결하기 위해 노력하지만 상대를 부드럽게 대하는 데 초점을 맞춘다. 상대방이 불공평하거나 제정신이 아니거나 혹은 정직하지 못하다고 말하거나 암시하지 않도록 주의를 기울인다. 때로는 단 한마디로도 상대방을 자극할 수 있기 때문에 단어나 표현을 신중하게 선택하는 게 중요하다.

    예컨대 다섯 번째 사례의 "어떤 근거에서 나온 이야기인가?"는 "당신 주장에 어떤 근거가 있는가?"보다 약간 부드럽다. "당신 주장"이라는 말은 결국 상대방이 생각하는 '의견'이라는 뜻을 암시할 수 있기 때문에, 당장 반감을 불러일으킬 수 있다. 대화를 나누던 중 상대방이 갑자기 화내는 상황을 경험해본 적이 있는가? 도대체 왜 그러는지 알 수 없었던 경험은? 그때는 아마도 상대방이 자신을 자극하는 말을 들었을 가능성이 크다. 잊고 있었던 걸 상기시켜주는 말이 아니라 듣는 즉시 안 좋은 쪽으로 생각이 기울도록 만드는 단어나 표현을 들은 것이다.*

    상대방을 자극할 수 있는 단어는 예상치 못한 함정이나 마찬가지이기 때문에 새판을 짤 때는 특히 이런 부분에 주의해야 한다. 잘못

---

* 작문을 공부하면 개선 방향을 찾는 데 큰 도움이 된다. 예를 들어 수동태는 상대방의 체면을 지켜주는 좋은 방식이다. "우리에게 일정 지연에 대해 미리 알려주었어야지."와 "일정 지연에 대해 미리 들었어야 했는데."라는 두 문장의 차이를 생각해보자. 후자는 수동태로 누가 잘못했는지 정확하게 알리지 않는다. 마찬가지로 '이것', '저것', '그건' 등의 모호한 표현도 상대를 자극할 표현을 피하는 데 도움이 된다. "어떻게 그런 말 같지도 않은 일이!"와 "어떻게 그런 일이?"를 비교해보자. 또한 지루하고 중립적인 단어 선택도 도움이 된다. "당신의 부주의와 폭풍으로 인한 피해에 관해 이야기해보자."와 "폭풍으로 인한 피해의 책임에 관해 이야기해보자."를 비교해보자. 직접적이면서 대상을 확실하게 밝힌 단순한 대화도 때로는 중요하지만, 언제 어떻게 상대를 자극할지 알 수 없기 때문에 미묘한 느낌의 차이를 알고 대화에 적용하는 방법을 알면 큰 도움이 된다.

선택한 단어 하나가 심혈을 기울인 수천 마디의 말을 망치는 경우가 허다하다. 하지만 적절하면서도 우아한 말은 상대방에게 평화로움과 여유를 안겨준다. "나처럼 그쪽 역시 공정한 거래를 원한다는 사실을 잘 알고 있습니다. 그래서 말인데……."라는 식의 표현은 존경과 선의를 나타낸다. 이어서 상대방의 체면을 세워주면서 거래를 공정하게 진행하고 있다는 사실을 다시 확인해준다면 어떨까. 우아함, 여유, 체면 그리고 공정함. 보기에도 그럴듯하지 않은가.

어머니들은 우아하고 예의바른 표현의 위력을 잘 알고 있다. "얘야, 여기 이 멋진 선생님이 먼저 내리실 때까지 기다려라." "멋진 선생님"이라는 한마디는 이른 아침 서둘러 통근 열차에 올라타려는 한 남자의 마음을 따뜻하게 어루만져준다. "얘야, 앞에 있는 저 사람이 내릴 때까지 기다려야지."라는 말과는 느낌이 다를 수밖에 없다.

협상을 성공적으로 이끄는 중요한 비법은 상대방의 제안이나 행동이 아니라 존엄성과 미래, 혹은 희망처럼 진심으로 존중할 수 있는 부분으로 상대방을 평가하는 지혜다. 듣기 좋은 따뜻한 말로 새판을 짜는 데는 쓸데없는 소리는 필요 없다. 그리고 진실과 선의는 정말 중요한 요소다. 때때로 겉으로 보기에 상대방이 공정하지도 착하지도 않은 듯하면 정확한 근거가 없어도 일단 그렇게 판단하지 않을 수 없는데, 그때도 보통은 상대방이 생각보다 나은 사람인 경우가 많다. "말이 사람을 만든다."라는 속담은 어느 정도 사실이다. 내가 상대방을 편견 없이 진심으로 대한다면 상대방도 나를 그렇게 대해줄 것이다. 내가 했거나 하려던 모든 주장을 바꿀 필요는 없다. 어려운 상황에 처했다는 생각이 들 때 내 말에 주의를 기울이면 큰 도움을 받을 수 있다.

새판을 짠다고 해서 꼭 필요한 말까지 하지 않고 입을 다물라는 뜻이 아니다. 비록 표현이 딱딱하고 거칠어도 상대방이 나를 신중하게 말하는 사람으로 인정하면 오히려 더 큰 위력을 발휘할 수 있다.

필요한 순간에 올바른 단어나 표현을 떠올려 새판을 짜는 건 쉬운 일이 아니기 때문에 미리 준비해두는 것이 현명하다. 다행스럽게도 도움이 되는 도구가 있다.

I FORESAW IT 벌써 잊어버리지는 않았겠지만, 'R'은 친밀감Rapport을 형성하는 동시에 날카로운 반응을 예상하며 현명하게 응답하기 위한 준비다. 문제에 대해서는 진지하게 해결책을 찾지만 상대방에게 부드러운 태도를 유지할 수 있도록 준비하는 것이다. 예컨대 상대방이 난감한 거래 조건을 내세우거나 무뚝뚝하고 거친 말을 할 게 예상된다고 해보자. 이때는 계획을 세워서 내가 할 수 있는 응답을 조정할 수 있다. '상대가 계속 지나치게 가격을 후려치고 있다. 당장이라도 공정한 가격을 제시하라고 말하고 싶지만 대신 이런 식으로 말하면 어떨까. '내가 조사한 바에 따르면 시장 가격이 ○○달러 정도다. 아무래도 그쪽 제안을 따르기는 어려울 것 같다. 그러니까 혹시라도……?'' 자신에게 '이렇게 말하면 어떻게 들릴까?'라고 물으며 몇 가지 응답 방식을 시험해보자. 사전 연습의 중요성을 역설한 훌륭한 연설가, 토론자, 변호사, 정치가, 외교관처럼 성공의 길을 갈 수 있다.

역할극 역할극에서 거칠고 무뚝뚝한 요구를 비롯해 직설적인 말을 던져달라고 동료에게 부탁한다. 자신도 모르게 긴장하고 부담스러운 상황에서 새판을 짜는 연습을 할 수 있다. 이후 나의 응답 방식을 평가한다. 혼자서 역할극을 할 수도 있는데, 머릿속으로 난감한 상황을 그리며 원래 하려던 응답을 바꿔서 다르게 말하는 연습을 한다.

'내 말이 그 말이야!'로 시간을 번다 상황이 갑자기 난감해졌을 때 '내 말이 그 말이야!'로 일단 상대방을 안심시키면 정신을 집중할 시간을 벌 수 있다. 필요하면 휴식을 취하자고 요청한 후 동료들과 머리를 맞대고 새판을 짤 계획을 세울 수 있다.

나도 어렵고 난감한 상대와의 만남을 대비해 할 말의 내용을 바꾸는 연습을 자주 하는데, 더 차분해지고 자신감을 쌓는 데 도움이 된다. 특정 표현을 암기하는 게 아니라 진심을 담은 사려 깊은 느낌을 전달하는 적절한 단어나 표현을 찾는 것이 중요하다. 즉흥연주를 잘하려면 평소 준비와 연습을 철저히 해야 하는 것과 같다. 나는 이 과정에서 내가 준비되어 있다는 사실을 알 수 있기 때문에 어려운 순간에도 자유로움과 편안함을 느끼며 마음속 생각을 따뜻하게 표현할 수 있다. 이제는 어설픈 말실수를 하지 않을 자신이 있기 때문에 긴장하지 않을 수 있다.

그렇다면 실제 상황은 어떨까?

스탠Stan과 한 성질 고약한 돌보미의 사례를 생각해보자. 스탠의 나이 많은 친척 마사Martha에게는 도나Donna라는 돌보미가 정기적으로 찾아왔다. 도나는 일하는 시간의 딱 5퍼센트 동안 이유 없이 성질 부리는 버릇이 있었다. 도나를 그만두게 하는 건 어렵지 않았으나, 여러 측면을 고려하면 마사에게는 별다른 선택의 여지가 없었고 적어도 몇 개월 동안은 도나의 도움이 절실했다. 스탠은 도나가 이유 없이 화내고 이웃들과도 자주 다툰다는 이야기를 3차례나 들었는데, 심지어

승자의 언어

도나를 경찰에 신고한 사람도 있을 정도였다. 모두가 도나를 감당할 수 없는 사람이라고 생각했다. 이때는 어떻게 해야 할까?

스탠은 혼자 역할극을 하며 도나와의 대화에 관해 생각했고, 가장 난감한 반응을 예상하며 새판을 짤 수 있는 응답도 연습했다. 이후 스탠은 비로소 도나와 이야기를 나누었다. 스탠은 '내 말이 그 말이야!'를 시도하고 문제 해결에 대한 의지를 계속 보이면서도 부드러운 단어와 표현으로 자신이 도나에 대해 염려하고 있음을 내비쳤다. 그리고 이제 상황을 바꿀 필요가 있다는 신호를 분명하게 보내면서 도나의 체면이 상하지 않을 표현을 고르는 걸 잊지 않았다.

샐리라는 이웃이 도나와 아주 불쾌하게 다투었다고 스탠에게 알렸을 때도 똑같이 접근했다. 샐리의 개가 마사의 집 마당에서 볼일을 보자 도나는 샐리의 집 문에 "개새끼 단속 좀 잘해!"라는 욕설이 섞인 쪽지를 붙였고, 기어코 다툼이 벌어졌다. 심지어 도나는 샐리의 집 창문 앞까지 다가가 시비를 걸었고, 결국 경찰까지 출동했다. 스탠은 잠시 마음을 진정하고 새로운 표현으로 도나와 이야기하는 역할극을 연습했다.

처음 15분 동안 스탠은 그저 도나가 소리 지르며 자기 할 말만 하는 것을 듣기만 했다. 그러다가 "내 말이 그 말이야!"가 도나의 입에서 나올 수 있도록 대화하며 자신이 도나의 입장을 이해한다는 인상을 주면서 달랬다. 스탠은 몇 가지 사실을 알게 되었다. 샐리는 지금까지 자기 개가 마사의 집 마당을 어지럽히도록 내버려두었고, 도나는 마사의 집을 지키려 했다. 모두 잘 알겠다고 스탠이 진심으로 말하자 도나는 마음이 진정되었다. 도나 앞에는 지금 진심을 이해해주는 사람이 있었다. 스탠은 부드러운 태도로 마치 동료와 함께할 일을 의논하듯 마사가 이웃들과 사이좋게 지내야 할 필요성에 대해 이야기했다. 스탠이 계획대로 표현한 부분을 작은 따옴표로 강조했다.

"도나, 이 집을 잘 지키려는 당신의 의지에 감사할 따름입니다. 그렇게 신경 쓰고 있다니 그저 고마울수밖에요. 그리고 나는 마사가 마당 관리뿐만 아니라 이웃들과 '다투지 않고 문제를 해결하는 데' 많은 신경을 쓰고 있다는 사실을 잘 알아요. '마사도 그렇고 당신도 그렇고 심지어 나 역시 더 이상 이런 일 때문에 경찰까지 들락거리는 걸 원하지 않아요. 그렇죠? 굳이 이웃들과 다툴 필요도 없거니와 남의 집까지 찾아가 겁주고 싶은 사람은 아무도 없을 겁니다. 그러니까 이제 우리가 더 이상의 다툼을 피하기 위해 무엇을 할 수 있을지' 생각해보면 좋겠어요."

대화가 진행되자 도나는 좋은 분위기 속에서 편안하게 배려받는 듯한 기분을 느꼈다. 도나는 먼저 해결책을 제시하기 시작했다. "샐리와 직접 부딪히지 않고 당신이 중간에서 문제를 해결해주면 좋겠어요!" 도나의 평소 성격과는 다른 모습이 나왔다. 그것도 아주 좋은 쪽으로. 도나는 자신이 제안한 방법을 그대로 따르겠다고 약속했다. 스탠과 도나의 대화는 만족스럽게 끝났다. 이후로는 이웃들과 다시 다투거나 부딪히는 일이 없었다.

사실 스탠은 그런 식으로 반응하는 사람과 계속 함께하는 건 그리 좋지 않다고 솔직하게 인정했고 스스로에게 되물었다. '나는 힘든 상황을 억지로 끌고 있는 걸까, 아니면 정말 잘 관리하고 있는 걸까?' 어쨌든 결과적으로 마사에게 돌보미 도나는 큰 도움이 되었다. 그리고 계약 기간이 끝나자 모두 안도의 한숨을 내쉬었다. 그렇지만 역할극과 새판을 짤 계획이 없었다면 스탠은 도나가 계속 문제를 일으키도록 내버려두거나 더 자극해 분위기를 더 험악하게 만들었을지도 모른다. 스탠은 적절한 계획과 준비로 분위기를 누그러트리고 도나의 좋은 면을 끌어낼 수 있었다.

아무리 잘 준비해도 실제 상황에서 적절한 표현이나 단어를 찾는 것은 상당히 어렵다. 단단히 마음먹어도 화가 치밀거나 혼란스러울 때, 혹은 놀라고 괴로울 때는 적절한 표현이나 단어를 찾기 힘들다. 어려움이 닥치면 대개 비슷한 상황에 빠진다. 그럼 어떻게 하면 좋을까? 다행히도 좋은 도구가 2개나 있다.

3가지 작은 질문 앞부분으로 돌아가서 6개의 짜증 유발 요소 예문과 고친 문장을 살펴보면 이상한 점을 발견할 수 있다. 고친 문장 대부분이 같은 내용을 표현하기 위해 이해관계와 사실관계, 선택 사항에 의존하고 있다. 예를 들어 "나는 정말 이성적인 사람인데, 그렇다면 문제는 그쪽 아닌가요?"라는 표현을 이렇게 바꾸었다. "나처럼 그쪽 역시 공정한 거래를 원한다는 사실을 잘 알고 있습니다. 그래서 미리 조사해서 내 제안을 뒷받침할 몇 가지 기준을 찾아 왔습니다. 이제 그쪽 의견을 듣고 싶습니다."

그리고 선택 사항 외에 이해관계와 사실관계를 덧붙이면 개선된 표현이 나올 수 있다. 예를 들어보자.

"그쪽 제안은 터무니없이 불공평합니다."라는 표현이 "내가 조사한 바에 따르면 시장 가격이 ○○달러 정도입니다. 아무래도 제안을 따르기는 어려울 것 같습니다. 그러니까 혹시라도……?"로 바뀌었다.

역시 무조건 불공평하다고 말하는 대신 사실관계와 선택 사항을 이야기하고 있다.

스탠의 사례를 보면 여기에 '3가지 작은 질문'의 도움도 받았다. 따라서 치열한 협상 중에 무슨 말을 할지 알 수 없을 때 이해관계와 사실관계, 선택 사항 등에 집중하면 보통은 큰 효과를 볼 수 있다.

내 말이 그 말이야! 또 다른 짜증 유발 요소 예문을 떠올려보자.

원본: 알겠습니다. 그렇지만…….
개선: 그런 뜻인가요……. 잘 알겠습니다. 그렇다면…….

개선된 문장을 보면 잠시 분위기를 가라앉힌 다음 처음 문장을 조금 바꿨다. 비록 동의할 수는 없지만 어쨌든 상대방의 주장을 이해했음을 알 수 있다. 그다음 처음 문장과 직접적으로 모순되지 않는 선에서 뭔가를 덧붙인다. 역시 문제 해결에 집중하면서 사람에게는 부드럽게 대한다. 스탠은 상대방 입에서 "내 말이 그 말이야!"가 나오도록 이 방법을 적절하게 사용했다.

그런데 순간적으로 분위기가 뜨겁게 달아올라 간단한 도구조차 기억나지 않는다면 어떻게 할까? 그때는 한 가지만 기억하자.

심호흡하기 분위기에 휩쓸려 제대로 생각할 수 없을 때는 인질 협상가들의 방식을 따라하자. 잠시 분위기를 가라앉히고 심호흡한다. 한 연구에 따르면 그저 하던 일을 잠시 멈추고 심호흡하는 것만으로도 머리가 진정된다. 두려움에 빠지면 상대방을 자극할 만한 반응만

나오지만, 잠시 휴식을 취하면 좀 더 쉽게 새판을 짤 수 있다.[5]

단호하지만 부드러운 표현이나 단어로 온화하게 문제를 해결하는 건 새판을 짜는 여러 방법 중 하나다. 다른 방법도 그리 어렵지 않다. 도저히 감당할 수 없는 호랑이 같은 상대를 마주했을 때 호랑이의 생각을 바꿀 수 있는 방법이다.

동의할 때/거부할 때

어느 날 아침, 침대에서 벌떡 일어난 케손Keshon이란 학생이 자신의 오랜 꿈을 오늘 이루겠다고 결심했다. 전국에 생중계되는 유명 케이블 텔레비전 방송에 출연하겠다는 꿈이었다. 〈맥 잭슨과 함께I'll call Mack Jackson〉라는 방송에는 재능 있는 일반인이 초대 손님으로 출연할 수 있었다. 케손은 전화 통화로만 몇 마디하고 끝내는 시청자가 아니라 직접 방송국을 찾아가 출연하고 싶었다. 방송국에서 정한 순서대로 일단 전화를 걸자 담당자가 받았다. 케손은 유명 인사 성대모사를 20가지 이상 할 수 있다고 말했고, 담당자는 그렇다면 우선 들어보자고 대답했다. 케손이 한 유명 연예인 흉내를 내자 담당자는 예선을 통과했다며 방송 진행자 맥과 통화하게 해주었다. 그날따라 특별한 초대 손님이 없다는 사실을 알게 된 케손은 협상을 위해 준비한 도구의 사용을 잠시 미뤘다.

방송 진행자 맥과 전화로 연결된 케손은 몇 분 동안 여러 유명인의 흉내를 냈고 맥은 만족스러워하는 것 같았다. 하지만 잠시 뒤 맥은 고맙지만 오늘은 여기까지 하자고 말했고, 방송에 출연하겠다는 꿈을 간절하게 이루고 싶었던 케손은 맥을 설득하려 했다. "잠깐만요, 내가 직접 가서 하면 더 잘할 수 있을 것 같은데, 시청자들이 30분 정도

제2부 만남

는 기다려주지 않을까요?" 맥은 별 흥미를 느끼지 못했다. "그것까지는 잘 모르겠고…… 어쨌든 오늘 즐거웠습니다." 그러자 케손은 준비한 도구를 꺼내들었고 결국 방송국에 초대받았다. 30분쯤 뒤 케손은 텔레비전 생방송에 출연해 맥과 자리를 함께했다. 심지어 면도하거나 옷을 갈아입을 시간조차 부족했다. 맥은 케손에게 자신의 다른 방송에도 출연해달라고 부탁했다. 케손은 무척이나 의기양양했다! 도대체 그는 어떻게 순식간에 방송국 사람들의 마음을 사로잡을 수 있었을까? 바로 '동의할 때/거부할 때' 도구를 사용했다.

의미와 원리

'동의할 때/거부할 때'는 설득을 위한 도구다. 우리는 상대방이 자신의 의견에 동의하면 이해관계에 얼마나 도움이 되는지, 반대로 거부하면 어느 정도 손해인지를 보여주는 식으로 이 도구를 사용한다.

'동의할 때/거부할 때'가 효과적인 이유 중 하나는 상대방의 마음을 꿰뚫어 보는 데 도움이 되기 때문이다. 이 도구로 자신의 제안이 얼마나 좋은 해결책인지를 보여주면서 상대방의 희망과 염려 모두를 직접적으로 겨냥해 이야기할 수 있다. 연구에 따르면 어떤 사람은 장점에 집중할 때, 즉 새로운 기회가 제공될 때 설득되지만 어떤 사람은 염려나 두려움의 영향을 크게 받기 때문에 단점을 피하는 방법에 집중한다.[6] '동의할 때/거부할 때'를 활용하면 각각의 기질에 따라 열정적인 사람과 신중한 사람 모두를 상대하며 설득할 수 있다. 사람들 대부분은 2가지 기질이 뒤섞여 있지만 충분히 설득할 수 있다.

사용 방법

'동의할 때/거부할 때'를 사용하는 기본 단계

① 상대방의 이해관계 목록 작성
② 사실관계를 확인하고 적당한 선택 사항 개발
③ 상대방이 염려하는 부분, 즉 이해관계와 맞지 않지만 협상을 위해 받아들여야 하는 최악의 대안 목록 작성
④ 이상을 바탕으로 2가지 목록 작성
　　a. 상대방이 나의 제안에 동의할 때 얻을 수 있는 장점. 즉, 동의할 경우 상대방의 이해관계와 맞아떨어지는 부분
　　b. 상대방이 거부할 때 발생할 수 있는 단점. 상대방의 이해관계에 해가 될 수 있는 부분

예를 들어 케손은 맥의 대답을 기다리며 이렇게 적었다.

맥의 이해관계: 시청자들의 반응. 사람들의 흥미를 끌어야 함. 오늘 하루도 좋은 방송을 만들어야 함.
사실관계: 오늘따라 특별하게 준비된 초대 손님이 없음.(케손은 담당자와 통화하는 사전 조사로 그 사실을 파악했다.)
맥의 걱정: 시청률이 떨어짐. 사람들이 다른 방송을 보려고 함.

내가 출연할 때 맥이 얻을 수 있는 것

- 시청자들의 관심
- 수익

- 재미
- 그날 하루의 충실한 방송
- +재능 있는 방송인 발굴

내가 출연하지 않을 경우
- 새로운 출연자 섭외
- 시청자들의 불만
- 떨어지는 시청률, 인기

이제 '동의할 때/거부할 때'에 맞춘 한두 문장의 대답을 준비하고, 대화하는 상대방의 분위기가 부정적일 때 사용한다.

맥과 대화한 케손이 자신의 기록을 강력하고 설득력 강한 표현으로 바꾼 방법을 확인해보자.

맥: "어쨌든 수고했습니다. 전화해줘서 고마워요. 그럼, 안녕."

케손: "잠깐만요. 내가 직접 가서 하면 더 잘할 수 있을 것 같은데, 시청자들이 30분 정도는 기다려주지 않을까요?"

맥: "그것까지는 잘 모르겠고…… 오늘은 그만 끝내야 할 것 같은데."

케손: "아니, 아니. 내가 마침 방송국 근처에 살거든요. '그리고 시청자들이 재미없는 방송을 보기를 바라지는 않겠지요. 오늘은 마침 특별한 초대 손님도 없는 걸로 알고 있어요. 그런데 내가 가면 말이에요, 방송에서 원하는 유명한 손님들을 한자리에 불러 모은 거나 마찬가지가 된다니까요.'"

맥: "전화 통화만큼 재미있게 할 수 있겠어요?"

케손: "그야 물론입니다. 더 잘할 수도 있어요. 나는 그 방송의 열혈 시청자고 당장이라도 방송국으로 갈 수 있어요. 여하튼 나를 위해 시간을 비워두면 바로 가겠습니다. 그렇게 어려운 일도 아니잖아요?"

맥: "좋아, 그럼 해보자고요."

케손이 도구를 활용한 부분을 작은따옴표로 표시했다.

주의할 점은 말할 때의 태도나 억양이 중요하다는 것이다. 위협하는 것처럼 들려서는 안 된다. 적수가 아니라 동료처럼 말하는 게 목표니까. 상대방이 놓쳤을 수도 있는 희망과 염려의 원인들을 정확히 알아볼 수 있는 사람으로서 말해야 한다. 케손은 '내가 없으면 오늘 방송은 하나마나한 일'이라는 식으로 무례하게 말하지 않았다.『예스를 이끌어내는 협상법』지은이의 말을 빌리면 합리적이면서도 진정성 있는 표현으로 기회와 문제를 동시에 보여주고 맥이 스스로 정신을 차리고 결론 내리도록 만들었다.

상사 설득 '동의할 때/거부할 때'를 사용하면 난이도가 더 높고 말이 통하지 않을 듯한 상사도 설득할 수 있다. 한 번도 들어본 적 없을 법한 이야기를 하겠다. 미국의 26대 대통령 시어도어 루스벨트 주니어Theodore Roosevelt, Jr.의 아들 시어도어 루스벨트 3세는 제2차 세계대전 당시 미 육군 준장이었고, 용맹할뿐더러 부하들의 존경을 받는 탁월한 지휘관이었다. 북아프리카 전선에서 혁혁한 공을 세운 루스벨트는 1944년이 되자 어려움에 빠지고 말았다. 한 친구가 정치적으로

제2부 만남

큰 실수를 저질렀고 덩달아서 루스벨트까지 함께 의심받았다. 전선에서 물러나 지휘 본부로 좌천되자 크게 좌절한 그는 곧 있을 노르망디 상륙작전에 참여하고 싶었고, 상관 레이먼드 바턴Raymond Oscar 'Tubby' Barton 소장을 찾아가 가장 먼저 움직이는 상륙정에 타게 해달라고 요청했다.

엄격한 군인이었던 바턴 소장은 요청을 거부했다. 당시 루스벨트는 56세였고, 이전 전투에서 입은 부상으로 지팡이가 없으면 제대로 걷기조차 힘들었다. 최전방 전투에는 전혀 적합하지 않았으니 바턴의 결정은 당연했다. 또한 루스벨트가 정치적으로 곤경에 처해 있는 것도 문제였다. 무엇보다 루스벨트와 바턴 모두 첫 번째 공격에서 무수히 많은 아군 사상자가 나올 것을 잘 알고 있었고, 당시 어느 전선의 어느 연합군 장성도 일반 병사들과 함께 최전선에서 전투를 벌이지 않았다. 또한 루스벨트는 대통령 프랭클린 루스벨트의 먼 친척이어서, 만일 전사라도 하면 바턴도 큰 비난을 받을 게 분명했다. 루스벨트는 실망하지 않고 몇 주 후 다시 바턴을 만났고, 역시 똑같은 대답을 들었다.

루스벨트는 이번에는 바턴에게 편지 한 통을 보냈다. 루스벨트를 불러들인 바턴은 자신의 생각은 바뀌지 않았지만 편지 내용을 거부할 수 없어서 결국 요청을 받아들이겠다고 말했다.

바턴 소장의 결단은 좋은 결과로 되돌아왔다. 1944년 6월 6일 노르망디 해변에 제일 먼저 상륙한 루스벨트는 작전에 차질이 생긴 듯하여 병력 대부분이 목표 지점에서 2킬로미터 떨어진 곳에 모이는 광경을 봤다. 혼란스러운 상황에서 루스벨트는 주변 병력을 하나로 모았다. 그리고 유명한 한마디를 남긴다. "바로 여기서부터 상륙작전을 시작한다!" 그의 지휘를 받은 상륙 부대는 소수 병력으로 혁혁한 공을 세웠고, 루스벨트는 덕분에 의회 명예 훈장까지 받았다. 그는 과연 바턴 소장에게 어떤 편지를 보냈을까? 편지의 일부를 소개한다. 루스벨트가 과연 '동의할 때/거부할 때' 방법을 어떻게 사용했는지 확인해보자.

> 상륙작전에서는 제일 먼저 상륙한 부대의 활약이 작전 전체의 성패를 좌우할 수 있습니다. 일단 모든 병력이 이런 작전에 대한 경험이 없기 때문에 첫 공격이 어떻게 진행되느냐에 따라 모든 병사의 사기가 영향을 받을 것입니다. 첫 공격이 성공하면 작전 전체가 성공하고, 실패하면 전체가 실패할 수도 있다는 뜻입니다. 또한 계속 새로운 부대가 도착할 때마다 정확한 상황 정보가 필요하며, 지휘관들에게도 확실한 정보가 제공되어야 합니다. 만일 제가 제일 먼저 상륙하면 지휘관으로서 모든 일을 수행하는 데 큰 도움이 될 수 있다고 생각합니다. 무엇보다 제일 먼저 상륙할 예정인 부대를 개인적으로 잘 알고 있기 때문에, 장군인 제가 함께한다면 사기가 크게 오를 거라고 믿습니다.

루스벨트의 편지에는 무례하거나 잘못된 내용 혹은 위협적인 내용이 없었다. 오히려 무척 사무적이면서도 읽는 사람의 필요와 염려를 신중하게 생각하고 관심을 둔다는 사실이 분명하게 드러나 있다.

좀 더 이야기하자면 신중하게 선택한 단어, 사실은 딱 2마디 말의 위력을 확인할 수 있는 도구도 있다. 이 도구는 일반적인 표현으로도 제대로 이야기할 수 있도록 도와주기 때문에 상대방의 저항을 무력화하는 데 유용하다.

마법 같은 2마디 말

몇 년 전, 사랑스러운 배우 마지Marge는 지역의 한 극단에서 큰 인기를 끌며 공연을 성공시켰다. 제작자도 연출자도 다음 공연에 다시 부를 것이 당연해 보였지만, 그럴 계획이 없다는 소식을 전해들은 마지가 얼마나 놀랐을지 상상하기는 어렵지 않다. "다들 당신을 좋아하지만 단지 배역이 당신에게 맞지 않아서 그렇게 결정했다는군요." 연극배우의 95퍼센트가 제대로 된 배역을 맡지 못하는 이 업계에서는 아무리 친절하고 고마운 제작자라도 무서운 호랑이처럼 느껴질 수밖에 없다. 주역을 따내는 건 항상 힘든 일이지만 그래도 밀려났다니 실망이 이만저만이 아니었다. 이제 어떻게 해야 할까? 마지는 집으로 돌아가 열렬한 내용을 담은 이메일을 썼다.

> 밥과 셀리아에게.
> 안녕하세요. 다음 작품 〈의사의 아내 이야기Tale of the Allergist's Wife〉의 출연이 불발되었다는 소식을 듣고 정말 깜짝 놀랐습니다. 도저히 이해가 안 되네요! 내 연기를 마음에 들어 하는 줄 알았는데! 새 배역도 얼마든지 잘할 수 있다는 사실을 모르겠어요? 정말로 이건 큰 실수하고 있는 거라고요. 내가 도대체 뭘 잘못했나요?
>
> 마지 올림

마지는 이메일을 먼저 나에게 보여주었고, 우리는 내용이 그리 좋지 않다는 결론을 내렸다. 우리는 이메일을 고쳐서 보냈고, 24시간이 지난 후 마지는 제작자와 연출자로부터 극단으로 오라는 연락을 받았다. 다시 만난 세 사람은 따뜻하게 인사를 나눴다. "있잖아요, 마지. 우리는 당신이 이번 작품에 잘 맞지 않을 거라고 생각했는데 이메일을 받고 마음이 바뀌었지 뭡니까."

당신이 옳다

마지를 도운 도구는 아주 간단했다. 마법 같은 2마디 말, 제대로 사용하면 호랑이 앞에서도 상황을 반전시킬 수 있는 이 말은 바로 '당신이 옳다'였다.

핵심은 먼저 상대가 거절한 이유를 이해하는 것이다. 그의 이해관계는 무엇인가? 1장의 '3가지 작은 질문'과 9장의 '동의할 때/거부할 때'에서 이유를 깨닫는 법을 이야기했다. 마지의 경우, 제작자와 연출자의 관심은 새로운 작품에 어울리는 배우를 찾는 데 집중되어 있었고, 그 관심은 사실 아무 문제가 없었다.

이제 상대방이 관심 있거나 우려하는 부분에 대해 나도 '진심으로' 관심을 기울인다. 아부하라는 말이 아니다. 상대방의 필요를 진지하게 생각한다는 걸 진심을 다해 보여주는 건 관계 개선의 비결 아니겠는가. 방법은 크게 어렵지 않다. 일반적으로 자주 접하는 인물의 이해관계는 파악하기도 이해하기도 쉽다. 1장에 등장한 아이 저말을 떠올려보자. 고양이를 갖고 싶었던 저말이 모든 준비를 갖추고 아빠와 대화를 시작하자 아빠는 고양이를 키울 수 없는 이유를 이야기했다. 하지만 저말의 대답은 현명했다. "아빠 말이 맞아요. 정말 깊게 고민해봐야 하는 문제예요." 저말은 아빠가 왜 고양이를 반대하는지 제대로 이해했고, 단 한 문장으로 분위기를 반전시켰다.

　'당신이 옳다'는 마법 같은 말이다. 지금까지 본 것처럼 사람에게는 인정받고 싶은 욕구가 있는데, 그렇게 인정해줌으로써 욕구를 충족시켜줄 수 있다. 하지만 단순히 욕구를 충족시켜주는 것 이상으로 더 많은 일을 할 수 있다. 상대방을 존중하고 깜짝 놀라게 만들며, 표나지 않게 관심을 끌 수 있다. "아, 솔직히 다들 내 말에 반대할 줄 알았는데 이렇게 나를 이해하고 고맙게 여기는 사람도 있었네!" 또한 우리에 대한 신뢰도 올라간다. "이렇게 내 제안의 장점을 볼 수 있는 사람이 있었다니! 정말 놀라울 정도로 현명한 사람이네. 또 무슨 생각이 있는지 들어보고 싶군." 그렇게 우리도 상대방에게 인정받고 보답을 받는다. 저말 역시 2마디 말로 모든 일을 이루었고, 듣고 싶었던 대답을 들었다.

　마지막 단계에서는 상대방이 정당하다고 생각하는 이해관계와 자신의 제안이 일치한다는 증거를 보여주어야 한다. 저말은 아빠가 염려하는 문제들의 해결책을 제시했다. "잘 알겠어요, 그렇지만……."이라고 하는 대신 "잘 알겠어요, 그래서……."라는 식으로 대답하자는 뜻이다. "무슨 염려를 하는지 잘 알겠어요. 그래서 이렇게 해결책을 가지고 왔어요."라고 말한다면 어떨까. 단순히 상대방의 비위를 맞추듯 무조건 "그래, 다 맞는 말입니다."라고 하면 곤란하다. 상대방이 뭘 염려하는지 이해했으니 두 사람의 이해관계와 일치하는 해결책 혹은 제안이 있음을 보여주는 것이 핵심이다.

　그래서 마지가 이메일을 어떻게 고쳤는지 살펴보자.

　밥과 셀리아에게.

제작자와 연출자 입장에서 새롭게 준비하는 〈의사의 아내 이야기〉에 내가 어울리지 않다고 판단한 건 충분히 이해할 수 있습니다. 두 분 생각이 옳습니다! 이전 공연이 크게 성공했다고 해도 그 배우가 다음 작품과 어울리지 않는다면 나라도 그렇게 했을 겁니다. 그런데 내가 역시 꽤 명성 있는 브리스톨 리버사이드 극단에서 올린 〈리틀 나이트 뮤직A Little Night Music〉에 출연해 좋은 평가를 받았다는 사실이 두 분의 관심을 끌지도 모르겠군요. 작품에 대해서라면 당연히 두 분이 더 잘 알고 있겠지만, 어쩌면 내가 생각 외로 〈의사의 아내 이야기〉에 잘 어울리는 배우 아닐까요? 그러니 한번 만나서 의논해보는 게 어떨까요?

마지 드림

정신 상태와 마음가짐의 변화

'당신이 옳다'는 위기를 벗어나기 위한 얄팍한 수가 아니라 정신 상태와 마음가짐의 변화에 가깝다. 당신이 옳다고 말함으로써 싸움이 아닌 화합을, 분노와 논쟁이 아닌 감사를 지향하며, 상대방의 필요를 충족시켜 상대방의 존중을 받도록 만든다.

이제 상대방으로부터 긍정적 답변을 얻을 수 있는 도구를 확보했다. 그렇다면 입장을 바꿔서, 부정적인 답변을 더 설득력 있고 조심스럽게 상대방에게 할 수 있는 방법은 무엇일까?

긍정과 부정의 샌드위치

상대의 말을 거절할 수 없을 것 같고, 거절하면 비겁하거나 비협조적으로 보일까 두려울 때는 어떻게 하면 좋을까? 도움이 될 도구 하나를 소개한다. 나는 이것을 '긍정과 부정의 샌드위치'라고 부른다. 하버드대학교의 협상 전문가 윌리엄 유리William Ury가 저서 『NO, 이기는 협상의 출발점The Power of a Positive No』에서 언급한 것처럼 우리는 종종 '아니요'라고 말할 필요가 있고, 그렇게 말하는 쪽이 옳을 때가 있다. 그래야 진짜 중요한 문제에 진지하게 '예'라고 대답할 수 있다. '아니요'라고 말하는 건 쉽지 않고, 우리는 그 과정에서 관계가 깨어질까 두려워한다. 이에 대해 유리는 더 부드럽게 이야기하고 마지막을 긍정적으로 마무리하는 방식을 권한다.

유리의 통찰력을 바탕으로 긍정과 부정을 현명하게 혼합해 '아니요'라고 말하는 방법을 알아보자.

① 자신이 지켜야 하는 이해관계를 진심으로 알린다. "이번 주말에 어머니를 병원에 모시고 가야 해요."

② 그 이해관계를 지켜야 하기 때문에 상대의 요청을 거부할 수밖에 없다고 단호하게 설명한다. "그래서 이번 주 토요일 이사를 도우러 가기는 어려울 것 같아요."

③ 나의 이해관계가 문제가 되지 않는 선에서 상대의 필요를 채워줄 수 있다면 그때는 거부하지 않겠다는 의지를 넌지시 알린다. "그렇지만 다른 방법으로 이사를 도울 방법은 없을까요? 그러면 나도 좋은데요. 예를 들면……."

이 방법이 익숙하다면 앞에서 언급한 펜실베이니아대학교 경영대학원 애덤 그랜트 교수의 통찰력이 반영되었기 때문일 수도 있다.

승자의 언어

그랜트 교수가 꿰뚫어 본 것처럼, 가장 크게 성공한 사람들은 상대방에게 관대한 듯하면서도 자신을 철저하게 보호한다. 그렇게 현명하게 경계를 설정하면서도 다른 사람들을 신경 쓰며 돌본다.

그 비밀의 핵심은 바로 진심이다. 어설픈 변명만 늘어놓는다면 '긍정과 부정의 샌드위치'라는 도구는 제 역할을 해내지 못한다. "그날 밤에는 머리를 감아야 해서 같이 외출 못 해." 우리가 언급하는 이해관계가 사소하거나 쉽게 채워질 수 있는 경우에도 마찬가지다. "아까 잃어버린 연필을 찾아야 하거든. 그래서 지금 책상 옮기는 걸 도우러 가기는 어렵겠어." 그럼 상대방은 모욕감을 느끼기 쉽고 이렇게 대답할 수도 있다. "연필? 연필이라면 나한테 많으니까 마음대로 가져가. 이제 됐지?" 마지막으로, 상대방을 다른 방법으로 돕겠다는 제안이 그저 빈말이거나 거짓이면 상황이 더 악화될 수 있다. "대신 내가 도울 수 있는 일이라면 뭐든 알려주기만 해." 이런 식으로 말하면 상대방에게는 어떤 부분에서 도움을 받을 수 있는지 생각해야 하는 부담감만 생기며, 그저 빈말이라고 느끼게 된다. 따라서 어떻게 도울 수 있는지를 구체적으로 제시하는 게 좋다. "이사 전에 함께 계획을 짜는 정도는 충분히 도와줄 수 있어." 이렇게 해야만 어떤 식으로든 돕는 데 진심으로 관심 있다는 걸 보여줄 수 있다.

그렇다고 항상 '긍정과 부정의 샌드위치'를 사용할 필요는 없다. 때로는 미안하지만 이번에는 안 되겠다고 말하는 게 제일 좋을 수도 있다. 특히 타당한 이유가 있거나 다른 방식으로 도울 수 없는 경우에 더욱 그렇다. 그러나 대부분의 경우 동료와 가족 혹은 친구들에 대한 긍정과 부정의 샌드위치는 해야만 하는 볼일이 있지만 동시에 상대방을 진심으로 염려하고 있다는 사실을 보여주고 싶을 때 도움이 되는,

제2부 만남

'아니요'와 '예' 사이의 세 번째 선택지를 제공해준다.

어떻게 진심을 전할까

지금까지 소개한 도구들은 신중하게 선택한 단어의 위력을 보여준다. 신중하게 선택하면 곳곳에 도사리고 있는 함정을 피해 안전한 길로 갈 수 있다. 그렇지만 혹시 다르게 받아들이거나 생각하는 사람은 없을까?

미국 같은 일부 문화권에서는 직설적인 표현을 중요하게 여기기 때문에 사려 깊은 표현은 때때로 교묘하고 교활하며 심지어 정직하지 않다는 인상까지 줄 수도 있다. "입에 발린 소리는 그만하고 사실대로 말하란 말이야!" 상대방이 이렇게 반응할 듯하면 더 간단하고 간결하게 말할 수 있도록 조정해야 한다. 그렇지만 미국처럼 미묘한 느낌을 받아들이기 어려워하는 문화권에서도 여기에 소개한 도구들이 충분한 효과를 거둘 수 있다. 아첨하거나 거짓을 전하려는 게 아니기 때문이다. 우리는 상대방을 존중하면서 진심을 전할 수 있는 단어를 선택하려는 것뿐이며, 다른 말로 하면 상대방이 받아들일 수 있는 방식으로 말하려는 것뿐이다. 내가 확인한 바에 따르면 전 세계 거의 모든 사람들이 이런 자질을 높게 평가한다. 심지어 사람들이 무뚝뚝하기로 유명한 나의 고향 뉴욕에서도 마찬가지다.

요약

새판 짜기: 문제에 대해서는 단호하게, 하지만 사람에게는 부드럽게 말한다.

동의할 때/거부할 때: 긍정적인 태도가 상대방에게 얼마나 좋은 영향을 미치는지 확인한다.

당신이 옳다: 상대방이 자신의 이해관계에 신경 쓰는 건 당연한 일이라고 인정하고, 상대방의 태도가 누그러질 때 모두의 이해관계에 일치하는 제안을 한다.

긍정과 부정의 샌드위치: 자신의 이해관계를 알리며 진심을 다해 안 된다고 말하고, 이해관계에 해가 되지 않는 선에서 상대방의 이해관계에 부합할 수 있는 다른 방법을 찾는다.

연습

새판을 짜는 연습. 논쟁의 여지가 있는 주제를 다룰 때는 의도적으로 잠시 말을 멈추고 단어와 표현을 잘 골라 문제에 대해서는 단호하지만 상대방에게는 부드러운 태도를 보인다. 상대방도 여유 있고 부드럽게 말할 수 있도록 유도한다. 누가 알겠는가?

우리 모두 노벨 평화상을 수상하는 자리에서 만날지. 그때는 부디 나를 잊으면 안 된다!

동의할 때/거부할 때 연습. 이미 결심한 듯한 사람을 설득해야 하는데 나의 제안이 대단히 매력적이라고 생각하면 "아주 좋은 제안이 있습니다."라고 말하는 대신 대화 중간에 슬며시 '동의할 때/거부할 때'를 실행해보자

당신이 옳다 연습. 두 사람이 논쟁을 벌이는 현장에 가보자. 스스로를 둘 중 한쪽이라고 상상하고 머릿속에서 논쟁을 되풀이해보자. 그리고 상대방에게 '당신이 옳다'라고 말하는 모습도 상상해보자. 그 대화에서 상대방의 이해관계를 이해했음을 알리고 자신의 제안이 모두의 이해관계에 부합할 수 있다는 것도 알릴 수 있는지 생각해보자.

'아니요'라고 말하기 연습. 정말 중요한 일 때문에 상대방의 요청을 거부할 수밖에 없는 상황에서 양쪽이 만족할 수 있는 창의적인 방법이 떠오르지 않으면 '긍정과 부정의 샌드위치'를 동원해 우선 '아니요'라고 말하고 상황을 수습해보자.

10장
네글자로
설득하라

도구: 주의 끌기Attention, 문제 제기Problem,

해결책 제시Solution, 확인OK

필요한 상황

- 상사가 심각한 실수를 하고 있을 때
- 말해야 할지 고민될 때
- 상사를 존중하면서 실수를 수습할 방법을 모를 때
- 시간은 흐르는데 아무도 상사에게 말하지 못할 때

사용 결과

- 안전하고 효과적이고 정중하게 상사의 잘못을 지적했다.
- 상사의 권위에 해를 끼치지 않았다.

1978년 12월 28일, 유나이티드항공 173편 여객기가 덴버의 스테이플턴 국제공항을 떠나 오리건주 포틀랜드로 향했다. 그날 모든 상황은 양호했고 멜번 '버디' 맥브룸Malburn "Buddy" McBroom 기장은 유나이티드항공에서 가장 경험 많은 조종사 중 하나였다. 여객기가 포틀랜드 상공에 도착할 때까지 아무 일도 일어나지 않았다. 그때 착륙 장치에 이상이 발생했고, 사태를 수습하는 동안 여객기는 계속 하늘 위에 머물러야 했다. 그러다가 부기장 로드 비브Rod Beebe와 항공 기관사 포레스트 '프로스티' 멘덴홀Forrest "Frosty" Mendenhall은 연료가 떨어져간다는 사실을 발견했다. "연료가 얼마나 남아 있지?" 비브가 물었다. "4천 파운드(약 1,814킬로그램)!" 멘덴홀이 대답했다. 그렇지만 착륙 장치 수리에만 신경 쓰고 있던 맥브룸은 그 말을 듣지 못했다. 몇 분 후 비브가 다시 말했다. "이제 연료가 3천 파운드(약 1,360킬로그램)뿐입니다." 맥브룸이 대답했다. "어, 그건 알겠고, 착륙할 때 바퀴가 빠지기라도 하면……." 맥브룸은 계속 착륙 장치 이야기만 했고 다시 시간이 흘러갔다. 마침내 맥브룸이 착륙을 시도할 때 조종석의 누군가가 말했다. "기장님, 방금 4번 엔진이 꺼진 것 같습니다." 하지만 아무런 대답이 없었다. 잠시 후 비브가 다시 말했다. "기장님, 엔진 하나가 꺼질 것 같습니다." 그러자 맥브룸이 처음으로 대답했다. "뭐라고?"[1] 그렇지만 때는 너무 늦었다. 몇 초 후 엔진 하나가 작동을 멈췄고 1, 2분 뒤 다른 엔진 하나가 멈췄다. 잠시 후 비행기는 추락하기 시작했고, 결국 멘덴홀, 승무원 1명, 승객 8명을 포함한 10명이 사망했다. 기장 맥브룸도 크게 다쳤고 이후 평생 신체적·정신적 고통을 겪었다.[2] 곧 조사에 착수한 미국교통안전위원회National Transportation Safety Board, NTSB는 사고 경위를 이해할 수 없었다. 무려 2만 7천 시간이 넘는 비행 시간을 자랑하는 노련한 기장이 어떻게 연료가 떨어지는 걸 예상하지 못했을까?

대단히 충격적인 조사 결과는 상업 항공 역사에서 가장 중요한 변화 중 하나를 낳았다. 이 사고의 원인은 기계 고장이나 무능력이 아니라 두려움과 위계질서, 무력감이었다.

항공 업계에서 승무원들은 기장을 존경하는 인물이자 하늘의 주인처럼 대해왔다. 대서양을 최초로 단독 비행한 영웅 찰스 린드버그 Charles Lindbergh가 '고독한 독수리'로 수많은 사람에게 경외심을 불러일으켰듯 비행기에서 기장이란 지위에도 그 정도 의미가 있었다. 따라서 항공 업계 관례상 지상에서 이륙하면 왕처럼 군림하는 기장이 설사 큰 실수를 하더라도 승무원이 이의를 제기하기가 쉽지 않았다. 유나이티드항공 173편과 비슷하게 전개된 한 사고에서도 부기장이 기장에게 연료가 줄어든다고 보고했지만 기장은 항공 기관사에게 그저 농담을 했다. 물론 그 사고에서도 많은 사람이 사망했다. 연구자들은 한국과 베네수엘라 등 권위에 대한 복종을 중요시하는 문화권일수록 항공기 안의 위계질서를 심각하게 여긴다는 사실을 발견했다. 여러 추락 사고에서 조종석의 대화 녹음 내용을 찾아 확인해보니 부기장은 기장이 알아차리지 못한 문제를 파악하고도 제대로 전달하지 못했다. 부기장은 종종 '그저 간접적으로' 혼잣말이라도 하듯 문제를 이야기할 뿐이었다. "아, 연료가 좀 부족한 것 같은데. 공항에 도착할 때까지 별일 없어야 하는데." 혹은 긴급한 상황인데도 에둘러서 이야기했다. "관제탑에 연료 문제에 대해 보고해야 한다고 생각하십니까?"

우리도 비슷한 상황을 매일 겪고 있지 않을까. 회사에서 상사가 일을 잘못하고 있는 걸 보았다. 하지만 그 일에 대해 이야기하면 상사가 화내거나 짜증을 부리고, 나에게 어떤 불이익이 닥칠까 두렵다. 따라서 그때는 아무 말도 하지 않기 쉽고, 말하더라도 에둘러서 간접적으로 하기 때문에 문제가 해결되지 않는다. 뭐라도 좋으니 상사를 존중하면서 긴급한 상황을 알릴 수 있는 방법이 필요하다. 지금 당장.

다른 말로 표현하면 '합의를 위해 정식으로 대화'하는 협상 방법이 필요하다. 상대방의 긍정적 반응이 필요하지만 내가 지시나 명령할 수 없기 때문이다. 우리는 보통 협상이란 '내게 저걸 하나 주면 나도 이걸 몇 개 주는 것'처럼 서로의 것을 교환하기 위해 나누는 대화라고 생각하지만 실제로는 훨씬 많은 요소가 포함된다. 예를 들어 대부분의 인질 협상은 물질적 요구보다는 심리적 요구의 충족과 더 밀접하다. 에이브러햄 매슬로Abraham Maslow의 유명한 욕구 계층 구조와 관련된 심리적 욕구를 자세히 연구할수록 협상에서 더 많은 가치를 창출할 수 있다.[3] 매슬로는 사람들이 가장 중요시하는 욕구나 필요 중 하나는 존경, 존중, 지위 그리고 인정이라고 주장한다. 따라서 상사를 대할 때는 그가 가장 필요로 하는 존중, 존경, 지위 그리고 '도움'을 제공해야 한다. 즉, 상사의 권위를 인정하면서 크게 도와야 한다는 뜻이다. 여기에서 필요한 건 배려와 안전인데, 내가 제시하는 도구는 안전하게 상대방의 긍정적인 반응을 얻도록 돕는다.

사고를 겪은 항공 업계로서는 어떻게든 부기장이 기장에게 제대로 이야기할 수 있는 분위기를 만들어야 했고, 결국 성공했다. 실제로도 승객 1명이 1백만 마일(약 160만 킬로미터)을 여행한다고 가정할 때 사망률이 1978년 8.0에서 2008년 0.8로 90퍼센트 이상 줄어들었다. 1970년대와 1980년대만 해도 사람들의 비행기 공포증을 소재로 한 농담이 많았지만 2000년대에 사라졌다. 비행기는 가장 안전한 운송

수단 중 하나가 되었고, 항공 산업은 급속히 발전했다. 성공의 열쇠는 조종사와 승무원들에게 교육용으로 배포한 안내서에 있다. 안내서는 긴급한 상황에서 상사와 회사 그리고 자신을 구하기 위해 사용하는 네 글자를 바탕으로 했다.

항공기 사고를 막아라

미국항공우주국NASA에서 시작된 혁신은 일반 항공사에도 퍼져 이른바 승무원 자원 관리Crew Resource Management, CRM라는 개념이 도입되었다. 유나이티드항공 173편 참사가 발생한 지 3년 후인 1981년 도입된 CRM은 승무원이 하나로 뭉쳐 협력하도록 돕는 원칙이자 도구 혹은 절차를 뜻한다. 업계에 들어온 지 오래된 조종사들은 이러한 변화가 자신들의 권위를 약화시킬지 모른다며 분개하기도 하고 두려워하기도 했다. 그런데 놀랍게도 이들은 CRM이 어떤 면에서는 오히려 자신들의 권위를 더 높여주었다는 사실을 깨달았다. 승무원들은 상황을 더 확실히 파악할 수 있었고, 덩달아서 사기도 크게 올라갔다. 부기장은 CRM을 통해 기장과 '안전하게' 대화할 수 있다는 사실을 깨달았다. 중요한 순간에 기장에 대한 존중을 보여주면서 우려를 전달할 방법을 제공했기 때문이다. CRM의 핵심 중 하나는 바로 조종사들이 서로 정중하고 확실하게 대화하게 해주는 간단한 규정이다. 조종사들을 포함해 비행기를 움직이는 승무원들은 언제든 필요할 때 다음 4가지 사항을 중심으로 의견을 전달해야 한다.

주의 끌기 기장의 주의를 끌 수 있을 정도로 확실하게 말을 건다. "저기 말입니다.", "기장님!"

문제 제기 사실과 느낌을 포함해 자신이 우려하는 부분을 직접적으로 전달한다. "이제 연료가 5분가량 비행할 정도만 남아 있습니다. 목적지 공항까지 제대로 갈 수 있을지 걱정됩니다."

해결책 제시 문제 해결을 위해 분명한 대안을 제시한다. "천천히 고도를 낮추면서 관제탑에 연락하고 비상착륙에 대비합시다." "2마일(약 3.2킬로미터) 밖에 있는 다른 공항으로 목적지를 변경하는 게 좋겠습니다."

확인 기장의 의견을 물어보고 기장의 결정까지 확인한다. "기장님, 제 생각이 어떻습니까?" "어떻게 생각하십니까?"

항공사에서 만든 안내서의 교리를 머리글자만 가져와 정리하면 APSO가 된다. '주의 끌기Attention', '문제 제기Problem', '해결책 제시Solution', '확인OK'이다.

APSO에는 각각 중요한 역할이 있는데, 유나이티드항공 173편이 APSO가 없었을 때 어떤 어려움을 겪었는지 살펴보자. 나는 극도로 어려운 임무를 수행하는 노련한 조종사들을 공격할 의도는 전혀 없다. 나도 그 위치에 있었다면 쓰라린 실패를 맛보았을지 모른다. 내 목적은 누구를 판단하자는 게 아니라 돕기 위한 교육이다.

173편 부기장의 첫 번째 실수는 기장의 '주의'를 확실히 끌지 못한 것이다. 특히 압박감이 심한 상황에서 기장 같은 우두머리는 정신이 없는데, 당시 맥브룸 기장은 착륙 장치에는 제대로 신경 쓰고 있었다. 따라서 연료에 대한 부기장과 항공 기관사의 대화는 옆에서 오가는 사소한 잡담에 지나지 않았다. 부기장은 자신이 큰소리로 다급하고 분명하게 연료 문제를 알리고 있다고 생각했지만 현실은 달랐다. 나중에 부기장이 맥브룸 기장에게 "이제 연료가 3천 파운드(약 1,360킬로그램)뿐입니다."라고 전달했지만 그 말도 착륙 장치에 신경 쓰고 있는 기장의 주의를 끌지 못했고, 기장에게는 집중을 방해하는 소리에 불과했다.

부기장의 두 번째 실수는 기장에게 정확히 '문제 제기'를 하지 않은 것이다. 명확하고 간결하게 특정 문제의 심각성을 전달하면 상사나 지도자가 문제를 처리할 기회가 있다. 분명 부기장이 "이제 연료가 3천 파운드뿐입니다."라고 기장에게 말했지만 맥브룸 기장이 아무 대답을 하지 않은 것도 분명한 사실이다. 부기장은 지금 심각하고 긴급한 문제가 발생했으며 자신이 몹시 우려하고 있음을 분명히 밝힐 필요가 있었다. 하지만 그렇게 하지 않았다. 우리는 지도자의 실패나 무능이 아니라 문제 자체에 초점을 맞춰야 한다. "우리를 다 죽일 셈이야!"라고 말할 필요는 없다. "당신, 지금 큰 실수하는 거야."라고 말할 필요도 없다. CRM에 따르면 그 표현은 상대방의 거부감을 불러일으키기 때문에 승무원들에게 그런 표현을 피하도록 권고한다. 그리고 상대방을 무시하는 태도를 보이지 않고 의견을 제시할 때 사용할 수 있는 특정 문구를 제공한다. "이 문제가 불편하게 느껴집니다.", "그 문제가 염려됩니다." 등이다.

또한 부기장은 기장에게 어떤 '해결책'도 제시하지 않았다. 그저 기장을 더 부담스럽게 만들었을 뿐이다. 해결책 제시는 실제로 도움이 된다. 상사나 지도자는 선택의 폭이 넓어지고 더 쉽게 상황을 이끌 수 있으며, 해결책을 제시하는 사람은 좀 더 완전한 동료가 될 수 있다.

마지막으로, 정신없이 바쁜 지도자는 결정이 필요하다는 사실을 깨닫지 못할 수 있기 때문에 지금 결정이 필요하다는 의사를 분명한 신호와 함께 전달해야 한다. 이때도 상대방에 대한 존중을 잃지 않아야 한다. 의사를 전달하고 '확인'까지 해야 한다는 뜻인데, CRM에서 강조하듯 'APSO'에서 'APS'만 사용하고 'O'를 빠트리면 전체적 효과가 줄어든다.

다음은 경영 환경에서 APSO를 사용할 수 있는 사례다. 곧 처리해야 하는 대출 상환에 심각한 문제가 있음을 발견했지만 지난주에 상사가 그건 별일 아니며 더 중요한 문제가 있다고 말하고는 신경 쓰지 않았다고 상상해보자. 상황이 더욱 악화되었기 때문에 상사에게 이렇게 말하려 한다.

주의 끌기 "저 왔습니다."

문제 제기 "기억하고 계시겠지만 거래 은행 중 한 곳이 지금부터 48시간 후인 월요일 오전 9시까지 재무 보고서를 제출하라고 합니다. 우리는 현재 72시간 동안 현금 유동성 위기에 직면해 있습니다. 지금 서류를 제출하면 은행이 우리를 채무 불이행 상태로 간주할 것이며, 따라서 다른 대출에 대해서도 채무 불이행이 이어질 수 있다고 생각합니다."

해결책 제시 "은행의 담당자에게 한 번 더 72시간의 여유를 달라고 부탁할 것을 제안합니다. 지금까지는 재무 보고서에 아무 문제가 없었고 재무 등급도 매우 우수했으니 가능할 겁니다."

확인 "이 대안을 어떻게 생각하십니까?"

APSO는 단순히 무엇을 말해야 하는지 알려주는 게 아니라 말하지 말아야 할 부분들을 멀리하도록 돕는다는 사실을 기억하자. 상사 앞에서 하는 모든 말은 문제 해결에만 초점을 맞추고 있으며 상사에 대한 비판과는 거리가 멀기 때문에 모두 보다 안전하게 의사소통할 수 있다.

압박감이 심한 환경과 APSO

CRM, 그중에서도 APSO의 효과가 대단히 인상적이어서 다른 분야도 이 방법을 적용하기 시작했다. 상사나 지도자가 잘 모르더라도 APSO 같은 도구를 사용하면 부하 직원들과 안전하고 효과적으로 대화할 수 있다. 예를 들어 응급 의료 기사는 APSO를 포함하여 CRM에 대한 훈련을 받는다. 의료 업계도 마찬가지다. 『항공 업계에서 배우는 협력과 안전Beyond the Checklist』을 공동 집필한 수잰 고든 Suzanne Gordon과 패트릭 멘덴홀Patrick Mendenhall, 보니 블레어 오코너 Bonnie Blaire O'Connor는 기장과 다른 승무원들의 경우처럼 의사와 간호사들 사이의 위계질서와 관련된 소통 문제를 해결하는 데 CRM과 APSO가 어떻게 도움이 되었는지 설명한다. 간호사들은 의사의 지시에 문제가 있다고 의견을 제시하면 자신을 건방지고 주제넘은 사람으로 보지 않을까 걱정한다. 또한 의사와 간호사들이 서로 서먹서먹하거나 심지어 경쟁자처럼 행동하며 치료 방식에 대한 갈등을 협상하는 방법을 모르는 경우도 많다. 그렇지만 CRM과 APSO를 교육하고 간호사들에게 상대방을 존중하는 태도를 보이며 의견 충돌 해결에 나

서는 법을 훈련시키자 의사와 간호사들의 협력 관계가 극적일 정도로 향상되었다.[4]

나 역시 경영이나 사업 환경에 APSO를 사용하도록 학교에서 교육하고 있다. 급박한 상황에서도 갈등을 건설적으로 풀 수 있기 때문에 상사와 편하게 대화하는 데 도움이 된다. 예를 들어 이런 상황에서 자신이 무슨 일을 할 수 있을지 생각해보자. 나는 상사와 함께 45분 뒤 시작되는 중요한 회의에 참석하기 위해 고속도로 위를 달리고 있다. 시간이 촉박하다. 운전은 상사가 하고 있고 아직 50~60킬로미터를 더 가야 한다. 그런데 어찌 된 영문인지 GPS나 와이파이 신호가 잡히지 않을 뿐더러 휴대전화는 전원이 꺼졌다. 주유소 근처를 지나가는데 상사가 자신만만한 표정으로 "495번 고속도로"라고 적힌 표지판을 따라 오른쪽 차선으로 들어가려 했다. 나는 문득 불안한 기분이 들었다. 분명 목적지는 270번 고속도로를 따라 들어가야 하는데. 일단 495번 고속도로로 진입하면 빠져나갈 출구를 찾기가 힘들다. 초조한 가운데 시간은 계속 흘러갔다. 두 사람의 공통 이해관계는 제시간에 회의에 도착하는 것인데 지금 상사는 엉뚱한 길을 선택하려 하고 있다. 대부분의 경우 운전자는 쉽게 방향을 바꾸려 하지 않는다. 부부들이 그러는 광경을 얼마나 많이 봐왔던지! 힘과 위치의 불균형을 고려하면 아무 말도 하지 않는 것이 유일하게 안전한 방법인 듯하다. 그렇지만 아무 말도 하지 않고 있다가는 재앙이 발생할 수도 있다. 이제 나는 어떻게 할 것인가?

슬쩍 운을 띄우고 싶은 마음이 굴뚝같다. "아, 지금 제대로 가고 있는 건지……."라고 하거나 아무 말 없이 앉아 있을 수도 있다. 대안도 있다. 이렇게 다짜고짜 소리 지르는 건 어떤가? "지금 뭐 하는 겁니까? 그쪽 길이 아니라고요! 이러다가는 회의에 들어가지 못해요!" 그렇지만 APSO는 다른 길을 제공한다. "우리가 지금 다른 고속도로로 진입하려는 것 같은데요. 제 기억이 맞다면 270번 고속도로로 들어가야 합니다. 고속도로를 잘못 타면 약속 시간에 맞춰 회의에 들어갈 수 없어요. 게다가 지금 GPS나 와이파이도 먹통이니 저 주유소에 잠깐 들러서 길을 확인하는 게 어떨지…… 어떻게 생각하세요?"

APSO와 CRM의 핵심에는 한 사람의 지도자가 실패하더라도 부하나 동료들이 빈자리를 채울 수 있다는 개념이 자리한다. 부하나 동료들이 갈등 없이 안전하게 문제 해결에 기여하고 지도자나 상사는 자신의 권위가 계속 존중받고 있다고 느끼면서 말이다. APSO와 CRM이 있다면 이런 식의 협력이 가능하다. 유나이티드항공 173편 참사 이후 항공 분야에서는 이런 협력이 발휘하는 효과를 더욱 실감했다.

1989년 7월 19일, 공교롭게도 또 다른 유나이티드항공 여객기 232편이 296명의 탑승자를 태우고 덴버 스테이플턴 국제공항을 떠나 시카고로 향했다. 이륙 직후 여객기에서 갑자기 대부분의 조종 관련 장치가 고장 나는 충격적인 상황이 발생했다. 기장도 부기장도 한 번도 경험한 적 없는 기이한 상황이었다. 가파른 산길을 따라 차를 몰고 가는데 갑자기 운전대가 돌아가지 않고 속도도 제어되지 않는 상황과 비슷했다. 이런 상황은 엄청난 재난으로 이어져 탑승자 모두가 사망할 수도 있었는데, 232편은 무슨 수를 썼는지 기장을 비롯한 승무원들이 아이오와주 수시티의 게이트웨이공항까지 비행했다. 그곳에서 비상착륙을 시도해 비록 112명이 사망했지만 184명은 기적적으로 살아남았다. 기장 얼 헤인스Al Haynes는 CRM이 그날 자신을 비롯한 많은 사람의 생명을 구했다고 말했다.

1980년까지 우리는 그저 기장이 모든 승무원을 이끌어야 한다고만 생각했고, 모두 기장의 지시만 따랐다. 그리고 많은 사고가 일어났다. 때로 기장은 우리 생각만큼 현명한 존재는 아니다. 그런데도 우리는 기장의 지시를 듣고 시키는 대로 움직인다. 기장이 무슨 말을 하고 있는지 알 수 없을 때도 마찬가지다. 당시 232편 조종석에 앉아 착륙을 시도한 네 사람의 비행 경력을 모두 합하면 1백 년이 넘었지만, 그런 상황에서 비행해본 경험은 1분도 없었다. 그렇다면 내가 다른 세 사람보다 이런 비행이나 착륙에 대해 더 많이 안다고 할 수 있을까? 내가당시 CRM을 떠올리지 않았다면, 그리고 모두가 의견을 제시하지 않았다면 비상착륙은 절대 성공하지 못했을 것이다.[5]

CRM은 극단적인 비상사태가 발생해 승무원들이 뭘 어떻게 해야 할지 모르는 상황에서도 위험에 대해 바로 말할 수 있도록 가르친다. 다만 그런 순간에도 존중이 중요함을 강조한다. "이건 바보짓이야!", "우리 모두를 죽일 생각이야?" 같은 말로 기장의 부정적이고 방어적인 반응을 자극하는 대신 "위험합니다!" 혹은 "잠깐만요, 지금 상황은 문제가 있습니다." 같이 표현하도록 권한다. 그렇게 생사가 오가는 상황이라도 기존의 분위기를 벗어나 새판을 짜려는 노력은 반드시 필요하다.

어떤 계획이나 안내서도 언제나 효과를 발휘하지는 못한다. 따라서 APSO 역시 현재 환경에 맞게 조정할 필요가 있을지도 모른다. 그

렇지만 CRM과 APSO의 개념은 전 세계 항공사와 의료 시설에서 큰
효과를 발휘했으니 우리도 좋은 부분을 적극 받아들여야 한다.

요약

....

APSO: 주의 끌기Attention, 문제 제기Problem, 해결책 제시
Solution, 확인OK

연습

....

APSO 연습. 동료나 상사가 문제 상황이 벌어질 수 있는 일에 끼어들려고 하면 APSO로 정중하고 명확하게 주의를 끌고 함께 문제를 해결한다.

APSO 표시. 위기 상황에서 언제나 떠올릴 수 있도록 작은 종이에 'APSO: 주의 끌기, 문제 제기, 해결책 제시, 확인'이라고 적어 자동차 계기판, 냉장고, 혹은 책상 위에 붙인다. 휴대전화 화면에 저장해도 좋다.

APSO 알리기. 'APSO'를 동료들에게 널리 알려 다음에 APSO를 사용할 기회가 있으면 알아차리도록 만든다. 필요하면 APSO가 항공 업계와 의료 시설 등에서 큰 효과를 발휘했다는 사실과 함께 존중과 도움을 동시에 제공하는 방법임을 알린다. 그러면 혹시 자신이 지시하는 입장에서 실수하더라도 동료들이 바로잡아줄 수 있다.

11장
적대감을
화합으로 바꾸는 기술

도구: 천금 같은 1분

도구: 공통된 이해관계의 기술

필요한 상황

• 많은 방해나 음모가 예상되는 어려운 회의를 앞두었을 때

• 협력을 가로막는 적대감을 발견했을 때

• 내분과 분노, 질투 그리고 이기심의 규칙을 찾았을 때

• 소속 집단이 우왕좌왕하며 어찌할 바를 모를 때

• 정확히 지시할 권한이 있는 사람이 없을 때

사용 결과

• 문제 많은 무리가 효과적으로 협력하도록 돕는다.

• 건설적인 논의를 시작한다.

제2차 세계대전 당시 나치 독일은 연합군 최고사령관의 어떤 역량을 가장 두려워했을까? 추측건대 몇 수 앞을 내다보는 전략이나 대담무쌍한 결단력, 탁월한 지도력, 용의주도함 등이 아니었을까. 그런데 사령관 드와이트 아이젠하워Dwight Eisenhower에 대한 독일 정보부의 비밀 보고서를 보면 경계해야 하는 최고 장점이 "다양한 사람의 의견을 수렴해서 엇갈리는 관점들을 부드럽게 처리하는 능력"이라고 쓰여 있다.[1] 다시 말해 나치 독일은 아이젠하워가 회의를 잘 주도하고, 갈등하는 사람들이 잘 지내도록 돕는 역량을 가장 두려워했다는 뜻이다. 응? 뭐라고?

모든 회의의 상석에서, 화난 동료 장성들을 달래고 화해하도록 만드는 사령관을 본 사람이 있을까? 나치 독일이 무엇보다 두려워한 건 화합을 끌어내는 아이젠하워의 역량이었다. 그렇다면 화합이란 무엇일까 잠시 생각해보자.

사람들 대부분은 군대 지휘관이 그저 명령만 하면 된다고 생각하지만, 내가 만나본 장교들의 생각은 달랐다. 그들은 한결같이 군에서의 지도력은 합의 도출, 그리고 협상과 관련 깊다고 말했다. 미 육군사관학교도 협상을 중요한 과목으로 다루며, 지휘관들도 일반 지도자들처럼 협상을 우선시한다. 왜냐고? 사람들의 일반적 생각과는 다르게 지도자란 압박감과 괴로움, 무력감을 느낄 수밖에 없는 자리이기 때문이다. 그저 명령이나 지시로 일을 처리할 수 없을 때는 사람들의 협력을 끌어내야 한다.

1953년 1월 어느 날 아침, 이제 곧 자리에서 물러나는 해리 트루먼 대통령은 리처드 엘리엇 뉴스타트Richard Elliott Neustadt라는 젊은 보좌관과 함께 집무실에 앉아 있었다. 트루먼은 지난날을 회상하듯 뉴스타트와 함께 새로운 대통령 아이젠하워에 관해 이야기했다. 그는 문득 뭔가를 떠올린 듯 웃으면서 이렇게 말했다. "아이젠하워가 백악관에 들어오면 말이지, 이걸 해라, 저걸 해라 지시만 하면 모든 문제가 해결될 거라고 생각하지 않을까? 불쌍한 친구! 백악관은 군대랑은 전혀 다른데 말야."[2] 뉴스타트는 깜짝 놀라서 정중한 태도로 이렇게 반문했다. 미국 대통령은 전 세계에서 가장 큰 권력이 주어지는 자리가 아닌가? 명령 한마디로 핵폭탄을 떨어트리고 한반도에서 전쟁을 시작할 수도 끝낼 수도 있는 자리가 아닌가? 하지만 트루먼은 고개를 흔들었다. "나는 하루 종일 여기 앉아서 사람들을 설득하느라 시간을 보냈다네. 사실 그 사람들은 내가 그런 수고를 할 필요도 없을 정도로 충분한 역량과 분별력이 있어야 하는데 말야." 트루먼은 이렇게 말을 맺었다. "사실은 그렇게 사람들을 설득하는 게 미국 대통령에게 주어진 권한의 전부야!"

뉴스타트는 믿을 수 없었다. 그래서 백악관 일을 그만둔 후 몇 년 동안 컬럼비아대학교에서 정치학자로서 트루먼의 말들을 연구했다. 1960년 마침내 그는 이 분야의 고전인『대통령의 권력: 리더십의 정치학Presidential Power: The Politics of Leadership』을 발표한다. 뉴스타트는 트루먼이 옳았다고 결론 내렸다. 아무리 미국 대통령이라 할지라도 자기 '마음대로' 결정을 발표하고 실행하는 경우는 없다. 미국 대통령 자리에 있으려면 엄청나게 많은 협상으로 수많은 합의를 끌어내야 한다. 다시 말해 화합을 이끄는 사람이 되어야 하는데, 아이젠하워에게는 무척 익숙한 일이었다.[3]

한 집단의 우두머리가 되어본 적 있는가? 그렇다면 트루먼의 말뜻을 어느 정도 이해했을 것이다. 우두머리가 되어본들 짊어져야 하는 책임만 많을 뿐 권한은 거의 찾아볼 수 없다. 1장에서 '3가지 작은 질문'을 살펴보면서 그 문제를 다루었다. 사람들에게 내가 원하는 방식으로 일하라고 지시하고 그렇게 되기를 기대하는 것만으로는 일이 돌아가지 않는다. 지도자는 혼자가 아니다. 거의 모든 지도자가 같은 수수께끼와 마주한다. 하버드대학교 경영대학원에서 발간하는 경영 전문 학술지《하버드비즈니스리뷰Harvard Business Review》에 실린 유명한 연구에 따르면 관리자는 외부 사람들뿐만 아니라 동료, 부하 직원들과 정기적으로 협상한다. 다른 연구들도 비슷한 결론에 도달했다.[4] 뉴스타트가 밝혀낸 사실처럼 지도자가 누군가에게 의존하기 시작하면 결국 그의 약점이 된다.

자신이 지도자가 아니더라도 한 집단이 쉽게 갈등에 빠져 함께 하려는 모든 일을 위태롭게 만들 수 있다는 사실은 쉽게 알 수 있다. 그때는 모두가 따르는 지도자만 있다면 얼마나 좋을까 하고 생각하게 된다. 하지만 이미 트루먼이 말하지 않았던가? 이래라저래라 지시하기는 쉬워도 일은 그렇게 쉽게 진행되지 않는다. 그러면 어떻게 할까? 지금부터 살펴보겠지만 얄궂게도 권한이 없는 지도자도 불화를 화합으로 바꾸는 데 도움이 될 수 있다.

지도자가 없는 집단도 있다. 모두 동등한 자격을 갖춘 동료들이나 어려운 문제를 해결하기 위해 모인 가족, 비공식적인 학부모 모임 등을 생각해보자. 회의와 말다툼이 지루하게 이어지는 것이 마치 어린아이들을 모아놓은 듯하다. '결정적인 지도력이 없으면 아무 결론도 내리지 못하겠구나' 하는 생각마저 든다. 그렇지만 이 집단에 필요한 건 강력한 권위를 지닌 인물이 아닐 수도 있다.

1장의 '3가지 작은 질문'부터 아이젠하워와 트루먼, 뉴스타트를 비롯해《하버드비즈니스리뷰》의 사례에서 깨달았듯, 지도자에게 가장 필요하고 중요한 역량은 권위가 아니다. 다시 말해 공식 직함이 없더라도 화합하도록 도울 수 있다. '3가지 작은 질문'이라는 도구뿐 아니라 다른 도구도 도움이 될 수 있다.

그런데 지도력이 필요한 집단을 상대하는 게 아니라 그저 평범한 협상을 하고 있다면 어떨까? 상관없다. 이제 살펴볼 새로운 도구들은 모든 대화에 무척 유용하니까. 내가 아는 많은 사람이 대화와 협상에서 이 도구를 사용했다. 특히 직접적 대화에 무척 효과적이어서 가장 좋은 협상 도구라고 평가받았다.

이제 내가 '적대감을 화합으로 바꾸는 기술'이라고 부르는 도구를 소개하겠다. 놀라울 정도로 간단하지만 강력한 이 2가지 방법은 대립하는 집단이 협력하도록 만들 수도 있고, 적대시하던 상대방이 협력하도록 만들 수도 있다.

천금 같은 1분

첫 번째 도구가 어떻게 집단을 도울 수 있는지 알아보기 위해 먼저 이 질문을 생각해보자. 효과적인 지도력이란 무엇인가? 그 모습은 일반적인 생각과는 상당히 다르다.

몇 년 전, 배리Barry라는 한 경영대학원 학생이 하버드대학교와 스탠퍼드대학교, 텍사스대학교 등 내로라하는 명문대 출신 12개 조가 참여한 전국 경연 대회에 참가했다. 배리와 동료들은 1만 달러의 상금을 차지했다. 승자와 패자의 차이는 대회가 시작될 때부터 극명하게 드러났다. 모두 과제를 받아 작업을 시작하자 배리는 잠시 시간을 내서 몇 가지 간단한 규칙을 정하자고 동료들에게 제안했다. 물론 특별한 권한이 있었던 건 아니지만 그는 규칙을 정하고 시행하도록 돕는 자신의 제안이 승리의 열쇠가 될 거라고 믿었다.

흥미롭게도 아이젠하워가 생각한 지도력도 배리의 경우와 비슷했다. 런던에 있는 연합군 최고 사령부에 도착한 아이젠하워는 만나는 모든 사람에게 자신은 솔직하고 개방적이며 누구와도 쉽게 대화할 수 있다는 걸 분명하게 밝혔다. 그는 또한 내분은 연합군을 순식간에 괴멸시킬 수 있다는 인식을 빠르게 심어주었다. 모두 경험에서 우러나온 행동이었다. 런던에서 아이젠하워는 미군과 영국군을 동시에 지휘해야 했고, 합동 군사작전이 성공한 적이 거의 없을 만큼 총사령관의 임무는 만만치 않았다. 얼마 지나지 않아서는 미군과 영국군 지휘관들 사이가 좋지 않다는 사실도 알아차렸다. 양국 지휘관들은 서로 험담과 욕설을 내뱉었고 회의는 늘 형식적이었다. 군수물자를 두고도 다툼이 끊이지 않았다. 아이젠하워는 다툼을 끝내기 위해 규칙을 정했다. 우선 영국군을 자극하는 미군 지휘관은 누구라도 계급을 박탈하고 본국으로 돌려보낼 것이며 심하면 영창에 보낼 수도 있다고 경고했다. 또한 어떤 회의에서든 모든 참가자가 동등하게 존중받으며 하고 싶은 말을 할 수 있도록 만들었다. 문제를 제기하는 사람에게 눈치를 주거나 압박하는 일도 있을 수 없었다. 얼마 지나지 않아 적대감은 화합으로 바뀌기 시작했다. 아이젠하워는 미군을 대표하는 조지 패튼 장군과 영국군 총사령관 버나드 몽고메리가 부딪힐 때도 비슷한 방식으로 접근했고, 항상 성공하지는 못했지만 큰 사고 없이 사령부를 이끌었다. 연합군 총사령관으로서 아이젠하워를 평가할 수 있는 한 가지 기준이 있다. 130년 전 유럽에서 영국의 제1대 웰링턴 공작 아서 웰즐리 장군이 나폴레옹을 격파한 이래 어떤 사령관도 이렇

게 큰 전쟁에서 다국적군을 이끌고 승리한 사례는 없었다.[5]

아이젠하워와 배리는 선박에 비유하면 방향타처럼 자신이 속한 집단에 영향을 미칠 수 있는 것에 의지했다. 이들은 가장 먼저 규칙을 정했다. 두 사람의 경험은 집단 내부의 분위기를 바꾸는 데 도움이 되는 강력하지만 잘 알려지지 않은 방법을 보여준다. 두 사람은 최고의 협상 과정에서 통찰력을 얻었다. 바로 경청과 존중이 더 나은 대화의 핵심이라는 통찰력이다. 실제로 두 사람이 의지한 방법은 지도자들에게 진짜 중요한 비법이다. 집단이나 개인 사이의 모든 갈등에 적용할 수 있을뿐더러 심지어 당사자에게 큰 권한이 없어도 상관없다. 필요한 건 이 방법을 시도해보자고 제안하는 의지뿐이다.

협상가들을 비롯해 모든 집단이 이 한 가지 제안으로부터 큰 도움을 받을 수 있다. 분위기가 좋은 집단조차 남의 말을 귀담아 듣지 않으려는 분위기, 그로 인한 혼란, 따돌림이나 의견 불일치로 종종 어려움을 겪는다. "이건 뭐 하자는 회의야?", "누가 알겠어? 빨리 가서 점심이나 먹자고." 같은 말을 우리도 흔히 듣지 않는가. 갈등은 상황을 더욱 악화시켜 혼란이 분노로, 소극적 참여가 따돌림으로, 의견 불일치가 적대감으로 바뀐다. 회의를 열어도 사람들이 팔짱을 끼고 고개만 끄덕이다가 나가서는 아까 있었던 일을 전부 무시한다. 이래서는 회의하는 의미가 없다. 특히 회의가 불공평하게 진행된다고 구성원들이 느낄 때 더욱 그렇다. 일부가 회의를 주도하고 다른 일부는 그저 침묵하며 누군가 의견을 제시하려 해도 아무도 듣지 않으려 한다.

그렇지만 회의가 공평하게 진행되고 모두의 의견이 존중받을 수 있다고 사람들이 느끼면 분위기가 바뀌기 시작한다. 연구에 따르면 협상가를 비롯해 회의 등에 참석하는 사람들은 그 과정이 정당하다고 느끼면 집단이 내린 결론에 동의하는 경우가 많다.[6] 결론이나 결과물에 모두가 찬성하지는 않더라도 이 점은 분명한 사실이다. 비슷한 경험이 있는가? 일단 그 과정이 만족스럽다면 모든 사람을 만족시킬 수는 없더라도 상관없지 않을까.[7]

잘 진행되는 회의나 토론은 적극적인 참여와 합의만 끌어내는 게 아니라 더 나은 결과를 만들며 다른 분야 지도자들의 주목도 받는다. 예를 들어 혁신적인 디자인 기업 아이디오는 작업을 시작할 때 토론 규칙을 먼저 정하고 지킨다. 또한 손발이 맞지 않아 다툼만 일삼던 관계를 끝내고, 일정과 예산에 맞고 사고도 거의 없이 사업 계획을 마칠 수 있는 좋은 관계로 발전한 건설 업체와 개발 업자들도 있다. 이들은 '건설 협력 관계Construction Partnering'라는 절차를 도입해 좋은 결과를 거두었다. 여기에도 토론 관련 규칙이 포함되어 있다. 또한 토론에 대한 기본 규칙에 바탕한 놀라운 과정을 통해 문제가 된 계약을 극복하고 수십억 달러의 비용을 절약한 사례도 있다.[8]

이제 소개할 내용도 한 집단을 도우려는 일원에게 많은 도움을 줄 수 있다. 다만 이미 지도자가 있다면 권위를 해치지 않도록 주의하라. 확실하지 않다면 우선 지도자의 허락을 구해야 한다. 내가 '천금 같은 1분Golden Minute'이라고 부르는 도구는 소속 집단이 훌륭한 결과를 얻도록 도울 수 있다.

기본 사항 '천금 같은 1분'은 회의를 시작하기 전에 몇 가지 간단한 규칙을 제안하는 데 걸리는 60초다. 중재자들이 사용하도록 만든 토론 규칙에 바탕한 이 규칙은 사소해 보일 수 있지만 큰 차이를 만든다. 다음과 같이 간단히 제안해보자.

승자의 언어

① "시작하기에 앞서, 회의를 어떻게 진행할지 60초가량 이야기해볼 것을 제안합니다. 그럼 시간을 건설적으로 사용할 수 있을 겁니다. 괜찮겠습니까?"

② "서로의 말을 경청하고 방해하지 않으며, 회의에만 집중하겠다고 약속할 수 있겠습니까?"

③ (긴장감이 감돌 때) "서로를 존중하면서 이야기하자는 데 동의하십니까?"

④ (괜찮다면) "누군가 기록하고 가끔 지금까지의 내용을 요약해 말씀해주실 수 있을까요?"

⑤ "마지막으로, 이 규칙들이 지켜지도록 모두 예의를 갖춰 서로를 도울 수 있겠습니까?"

'천금 같은 1분'은 말 그대로 60초 정도다. 따라서 사람들이 회의 과정을 준비하는 데 그 정도 시간을 쓰는 것을 받아들일 가능성이 높다. 특히 실제 회의 시간이 짧아질 거라고 설명하면 더욱 그렇다. 1분 이상이 걸린다면 사람들이 "그냥 원래 하던 대로 합시다."라고 말할 수도 있다. 처음에 60초라는 대수로워 보이지 않는 제안부터 시작하면 동의를 얻기가 쉽고, 제안자 입장에서는 귀중한 승리가 된다. 처음부터 이렇게 긍정적인 반응이 나오면 다음 제안도 긍정적인 반응을 얻을 확률이 올라가기 때문이다. 거의 모든 사람이 제안을 듣고 만족스러워하며 상대의 말에 귀 기울이게 된다. 다른 일에 신경 쓰지 않고 회의에만 집중하겠다고 약속하면 분위기가 더 진지해진다. 중요한 이야기인데, 한 연구에 따르면 수업 시간에 딴짓을 하는 학생은 술에 취해 수업을 듣는 것과 비슷하다고 한다. 게다가 옆 사람들까지 비슷하

게 행동하면 수업에 대한 집중도는 더욱 크게 떨어진다.[9]

방해 금지 서로를 방해하지 말자는 규칙은 누군가 자극적이고 거친 말을 할 때 상황을 진정시키는 중요한 역할을 할 수 있다. 몇 년 전 나는 두 형제와 그 아내들 사이의 다툼을 중재한 적이 있다. 두 쌍의 부부는 추수감사절 연휴까지는 서로 사이가 좋았다. 그런데 사소한 일로 다툼이 벌어졌고 연휴가 끝난 후로는 몇 개월 동안 얼굴도 보려 하지 않았다. 그러던 어느 날 각각 임신 중이던 두 여자가 길거리에서 마주쳤고 말다툼과 몸싸움을 시작했다. 마침내 경찰까지 출동했고 나는 화해 전문가로 두 부부 앞에 섰다. 나는 먼저 대화의 기본 규칙을 제시했다. 다들 각자 하고 싶은 말을 하는데 한 여자가 눈물을 흘리면서 아이가 태어나도 삼촌과 숙모가 누군지도 모르고 자랄까 가슴이 아팠다고 말했다. 그러자 여자의 남편이 "여기서 그런 이야기를 왜 해!"라고 말하며 가로막으려 했다. 하지만 나는 우리가 '방해 금지' 규칙을 지키기로 했다는 사실을 상기시키고 여자의 이야기에 귀를 기울였다. 2쌍의 부부는 처음으로 슬픔과 고통에 대한 고백을 들었다. 얼마 지나지 않아 다른 여자도 울기 시작했고, 자기가 이야기할 차례가 되자 비슷한 감정을 고백했다. 그러자 그 여자의 남편도 "그런 이야기는 하지 말라니까."라며 말을 막았고 나는 또다시 규칙을 이야기했다. 이제 그동안 미처 말하지 못했던 이야기들이 쏟아져 나왔고 마침내 네 사람은 서로를 껴안고 위로했다. 네 사람이 떠나고 혼자 남은 나는 조금 흥분된 마음으로 방금 있었던 일을 생각했다.

방해 금지 규칙은 대단히 효과적이어서, 때로는 적용이 불가능해 보이는 장소에서도 중요한 합의를 끌어낸다. 예컨대 2018년 1월 19일

미국 상원 의원 수전 콜린스Susan Collins는 자기 사무실에서 17명의 중도파 의원과 만나 연방정부 폐쇄를 막기 위해 대화했지만 다들 자기 하고 싶은 이야기만 해서 의견이 모이지 않았다. 결국 콜린스 의원은 '천금 같은 1분'을 사용했다. 그는 예전에 선물로 받은 아프리카 마사이족의 '발언 막대기'를 가져와서는, 막대기를 들고 있는 사람만 말하자고 제안했다. 나중에 상원은 81 대 18이라는 투표 결과로 정부 폐쇄를 막아냈고, 의원들은 주말 이틀 동안 격렬하게 벌인 회의의 돌파구를 찾은 공로를 콜린스 의원에게 돌렸다. 콜린스 의원은 훗날 발언 막대기에 대해 이렇게 말했다. "토론이나 회의를 매끄럽게 이끄는 데 큰 도움이 되었다. 한자리에 모인 의원들 모두가 자기 할 말부터 하는 광경을 상상해보라. 처음 보는 사람들에게는 다소 놀라운 광경일 것이다."[10]

방해 금지 규칙은 또한 내가 '비약'이라고 부르는 현상을 방지한다. 듣는 사람은 자신이 이야기의 흐름을 다 이해했다고 생각하고 귀를 막아버린 다음 핵심을 놓치고 말을 끊으며 엉뚱한 이야기를 늘어놓는다. 당연하게도 '비약'은 말하고 있는 사람을 화나게 만들며 분위기를 흐리고 갈등을 격화시킬 뿐만 아니라 심지어 다른 사람들도 똑같이 하도록 부추긴다. 이제 생각을 전달할 방법은 그저 소리 지르는 것뿐이라는 사실을 알아차린 사람들은 너도나도 무작정 고함을 치고 회의는 산으로 간다. 이렇게 훼방을 놓으면 처음 이야기를 시작한 사람도 불쾌해져서 뒤를 이어 말하는 사람의 이야기에 귀 기울이지 않는다. 일부 기업에서는 이런 식의 훼방이 하나의 문화처럼 자리 잡아 사람들을 괴롭히는 원인이 되기도 한다. 노사가 모여서 하는 대화는 곧 소리 지르기 시합으로 바뀌고, 모처럼 좋은 제안이 나와도 소음에

묻혀버린다. 의사들도 환자가 들어오자마자 말을 가로막고 하고 싶은 이야기만 하는 경우가 많다.[11]

공손함의 규칙 서로를 정중하게 대하는 '공손함의 규칙'은 특히 갈등과 악의가 만연할 때 중요한 역할을 한다. 연합군 사령부에서 아이젠하워도 공손함의 규칙을 강조했다. 비난과 모욕이 화합을 망친다는 건 누가 봐도 분명했기 때문이다. 공손함의 규칙이 적용되면 누군가 자신을 모욕하고 무시하거나 묵살할지 모른다는 걱정이 편안하고 안전한 분위기로 바뀐다. 공손함의 규칙이 없으면 그저 비난을 위한 비난만 난무할 뿐이며 목청만 더욱 높아져 실제로는 말하는 소리가 들리지 않는다. 그러면 별 의미 없는 비난을 무시할 수 있는 사람조차 종종 불쾌감을 느끼고 악의가 실린 반응을 보인다.

국회의원들이 다른 의원을 언급할 때 과장에 가까울 정도로 예의 바른 표현을 쓰는 이유를 생각해본 적 있는가? '정의롭고 존경할 만한 신사', '친애하는 나의 동료 의원' 혹은 '저명하신 상원 의원' 같은 표현 말이다. 정치적 의견이 다른 사람을 보면 욕부터 하고 싶은 마음이 굴뚝 같지만 그건 자신에게도 위험한 일이기 때문이다. 1798년 미국 하원에서는 회기 중에 주먹다짐도 벌어졌다.[12] 1854년에는 찰스 섬너Charles Sumner 매사추세츠 상원 의원이 스티븐 A. 더글러스 Stephen A. Douglas 일리노이 상원 의원을 보고 "시끄럽고 더러운 짐승 같은 놈"이라고 불렀다. 그다음 더글러스 의원의 동료인 사우스캐롤라이나의 앤드루 버틀러Andrew Butler 상원 의원을 대놓고 조롱하며 노예 제도 찬성을 매춘에 비유하기도 했다. 그러자 버틀러의 친척이자 하원 의원인 프레스턴 브룩스Preston Brooks가 달려들어 지팡이로 섬너를 두들겨 팼고, 결국 섬녀는 2년이나 요양하고도 건강을 회복하지 못했다.[13] 불행 중 다행일까, 의회에서 몸싸움이 벌어지는 경우는 매우 드물다. 이런 일이 생기면 바로 언론과 역사에 박제된다. 이런 사건이 드문 이유는 그만큼 공손함의 규칙이 중요하다는 반증 아닐까.[14] 여러 거친 경험으로 알 수 있듯 공손함의 규칙이 없으면 사람들이 얼마든지 돌변할 수 있으므로 이 규칙은 필수적이다.

호랑이와 공손함 '천금 같은 1분'으로 '공손함의 규칙'을 적용하면, 일대일 협상에서 공격적으로 말하고 수시로 모욕이나 무시 또는 위협을 가하려는 호랑이를 만났을 때 제대로 대응할 수 있다. 그런 행동을 예상하면 협상을 시작하기 전에 '천금 같은 1분'을 사용하라. 친밀감을 구축하고 건설적 분위기를 만들 수 있는지 모색하면서 자연스럽게 다음과 같이 말하라.

"알겠습니다, 행크. 그러면 시작하기에 앞서 잠시 시간을 내어 한 가지 더 제안하겠습니다. 주어진 시간을 최대한 활용하고 서로의 말을 잘 듣는 데 도움이 되도록 방해 없이 경청하고 정중하게 말하겠다고 동의하는 게 어떻겠습니까? 당신은 서로를 존중하는 대화를 원하고, 나도 그렇습니다. 어때요? 괜찮은 제안 아닌가요?"

행크가 특별한 이유 없이 "나는 항상 상대방을 존중해왔는데 오히려 당신이 나를 모욕하고 방해하는 것 같군요!"라고 반응한다면 이렇게 말할 수 있다. "내가 무례한 훼방꾼처럼 느껴졌다면 죄송합니다.

제2부 만남

그러니까 모두 그런 일은 원치 않는 게 맞군요. 그럼 서로를 존중하고 협상을 방해하지 않겠다고 약속하는 게 더 쉬워질 거 같은데, 그렇지 않습니까?"

'천금 같은 1분'을 사용하기도 전에 먼저 공격받을 수 있는데, 이때도 협상에 들어가기 전에 잠시 대화를 중단하고 규칙을 정하자고 제안할 수도 있다. 다시 말해 필요하면 조금 늦더라도 '협상 방법'을 협상할 수 있다는 뜻이다.

"좋아요, 행크. 잠시 쉴까요? 본격적으로 협상하기 전에 대화가 어떻게 진행되기를 원하는지 생각해봅시다. 우리가 서로의 말을 경청하고 정중하게 말한다면 상대의 말을 잘 이해하고 모두가 더 만족하는 거래 조건을 찾을지도 모릅니다. 나는 그렇게 약속할 수 있는데 당신은 어떤가요? 해볼 만하지 않을까요?"

이러한 제안을 할 때는 단호하면서도 친절해야 한다는 점에 유의하자. 천금 같은 1분 동안 두려워하거나 화내고 따지듯이 대화 규칙을 제안해서는 안 된다. 상대방이 일종의 힘겨루기로 받아들일 가능성이 커진다. 사전에 역할극으로 동료와 함께 준비해두면 좋다. 거칠고 강력하게 나오는 상대에 대한 해결책이 천금 같은 1분뿐인 것은 아니지만 분명 많은 도움이 된다.

기록과 요약 다른 사람에게 기록하고 중간중간 요약해달라고 부탁하면 대화가 제대로 진행되는지 확인하는 데 효과적이다. 여러 사람이 이야기하는 내용들을 다 알아듣고 이해하는 건 쉬운 일이 아니다. 하지만 누군가 기록해두었다가 중간에 요약해서 말해준다면 모든 사람이 정리해서 파악할 수 있다. 또한 종종 잠시 잊고 있었던 사실을 깨닫기도 한다.

회사 변호사로 일할 때 브라이언이라는 유명한 선배 변호사를 따라 여러 회의에 참석했다. 가만히 지켜보니 다른 사람들이 다들 한마디씩 하는데 브라이언은 그저 앉아 있기만 했다. '저 사람 지금 뭐 하는 거지?' 나는 당연히 궁금해졌다. 30분쯤 시간이 지나자 브라이언이 그제야 입을 열었다. "지금 어떤 상황인지 살펴봅시다. 첫 번째 문제에 대해 우리는 W와 함께하겠다고 동의했지요. 두 번째 문제에 대해서는 X를 하는 데 합의했습니다. 세 번째 문제는 아직 더 많은 정보가 필요하다는 데 의견을 모았고 네 번째, 다섯 번째, 여섯 번째, 그리고 일곱 번째 문제는 다루기 전입니다. 내 말이 맞습니까?" 다들 말 없이 고개를 끄덕였다. 브라이언이 입을 열기 전까지 나를 비롯한 참석자들은 우리가 2가지 문제에 합의했는지, 나머지는 어떻게 되어가는지 알아차리지 못하고 있었다. 하지만 브라이언의 한마디로 우리는 1시간가량의 시간 낭비를 줄일 수 있었다.

규칙 지키기 다시 한번 이야기하지만 천금 같은 1분은 토론 규칙에 대한 찬성을 끌어낼 수 있는 도구다. 이 도구를 이용하면 최소한의 비용과 위험으로 토론 진행자처럼 중요한 역할을 할 수 있다. 하지만 굳이 계속 토론을 이끄는 공식적 지도자가 될 필요는 없다. 이어지는 대화까지 책임질 필요는 없다는 뜻이다. 그런 책임을 지려면 더 많은 기술이 필요하다. 이 책의 많은 부분이 그 기술들을 익힐 수 있도록 돕지만 현장에서 제대로 작업하려면 여기서 다루는 내용보다 많은 기술이 필요하다. 그런데 만일 이런 상황이 벌어지면 어떨까? 천금 같은 1분을 사용해 토론 규칙을 제안하고 뒤로 물러났는데 갑자기 케이티라는 사람이 모두 동의한 규칙을 계속 어긴다면? 아무도 개입하지 않는다면 규칙은 무너지고 결국 다른 사람들 역시 케이티를 따라 마음대로 떠드는 무질서 상태가 될 것이다. 하지만 규칙을 처음 제안한 내가 다른 사람들의 사전 동의 없이 시행과 관련해 혼자서 책임을 지고 나서면 오히려 반발을 일으킬 수도 있다. "당신이 왜 회의 진행자처럼 나서나요?" 이런 이유로 천금 같은 1분을 마무리하며 한 가지 질문을 덧붙일 필요가 있다. "모두들 규칙을 지킬 수 있도록 예의를 갖춰 도울 수 있겠습니까?" 그렇게 해두면 나중에 케이티에게 뭐라고 하더라도 그저 처음의 약속을 언급하는 여러 사람 중 하나가 될 뿐이며, 반발에 대한 부담도 줄고 다른 사람의 지지도 쉽게 얻을 수 있다. 처음부터 규칙에 관한 다툼이 예상되면 시행을 감독할 사람을 미리 지명할 수도 있다. "혹시 규칙을 지키는 걸 도와줄 사람이 있을까요? 모하메드는 어떻습니까?" 극단적으로는 잠시 쉬는 시간을 갖자고 요청하고 개인적으로 다른 사람에게 규칙을 지키도록 도와달라고 부탁할 수도 있다. 적대감을 화합으로 바꾸는 또 다른 기술로 성난 외침을 조화로운 합창으로 바꿀 수도 있다. 이 기술은 협상 과정을 배운 150명 이상의 학생이 가장 중요한 개념 3가지 중 하나로 뽑을 정도였다.

공통된 이해관계 찾기

소냐Sonja는 부서 직원들 회의에 참석했다가 곤란한 상황을 맞이했다. 근무 시간을 더 늘리고 최악의 경우 인원을 감축하라는 상부의 압박이 날로 거세지면서 상황이 빠르게 험악해졌다. 회의실 안에는

승자의 언어

두려움이 차올랐다. 동료들은 서로를 비난하기 시작했고 갑자기 사방이 암흑으로 휩싸인 듯 모두 아무것도 보이지 않고 앞날을 알 수 없는 것처럼 우왕좌왕했다. 그렇지만 소냐가 몇 마디 말을 하자 다시 사방이 환하게 밝아졌다. 동료들이 다시 부드럽게 말하면서 회의는 정상적으로 진행되었다. 놀랍게도 모두의 태도가 협조적으로 바뀌었다. 소냐는 무슨 말을 한 것일까? 여기에 모두 인용할 수는 없지만 핵심은 공유할 수 있다.

"잠깐만, 여기 모인 우리는 적이 아니에요. 모두 같은 편입니다. 뜻을 모으면 인사 문제를 공정하게 처리하고 최고의 인재들과 계속 함께할 수 있을 겁니다. 상부에서 멋대로 해고자를 결정하는 것보다 우리가 힘을 합쳐 문제를 해결하는 게 낫지 않을까요?" 회의 분위기를 뒤바꾼 소냐의 비밀은 무엇이었을까? 공통된 이해관계에 호소했다.

'공통된 이해관계'는 나와 다른 사람들이 협력하여 달성할 수 있는 공동 목표다. 모든 사람이 함께 누릴 수 있는 이익으로 오직 협력을 통해서만 실현할 수 있다. 다시 말해 모든 사람이 어떤 목적지에 도달하고 싶다면 협력해야 한다는 뜻이다. 사람들을 하나로 묶을 수 있는 강력한 방법인 셈인데, 그 위력은 어느 정도 강력할까?

한 이론에 따르면 집단이나 부족 혹은 국가의 결속력은 대부분 적과 공통 목표를 식별하는 역량에 달려 있다.[15] 물론 최악의 경우 공통 이해관계가 집단적 증오를 조장할 수 있는 것도 사실이다. 그렇지만 최선을 다하면 불가능해 보이는 목표를 달성할 불가사의한 능력을 키울 수 있다. 초기 인류가 정착한 여러 지역에서는 거주지 외에도 기념물 같은 대규모 공사의 흔적을 찾을 수 있다. 일반적 역량도 중요하지만, 더 큰 목적이 있으면 집단이 더 쉽게 힘을 합칠 수 있었던 듯하다. 또한 편향된 의견에 대한 연구가 보여주는 것처럼, 심지어 서로를 미워하는 여러 집단의 사람들조차 공통된 목표를 통해 하나로 묶을 수 있다.[16]

공통 이해관계에 초점을 맞추면 더 많은 일을 할 수 있다. 1960년 11월 케네디는 미국 대통령 선거에서 1퍼센트 이하의 차이로 당선되었다.[17] 많은 사람은 그의 승리가 반쪽짜리 승리에 불과하다고 생각했다. 우리가 케네디의 입장이라면 분열된 국가를 뭉치도록 만들기 위해 취임 연설에서 어떤 말을 해야겠다고 생각할까? 케네디는 공통된 이해관계에 호소하는 쪽을 택했다. 그의 대통령 취임 연설은 다음과 같다.

"이제 다시 우리를 부르는 나팔 소리가 들립니다. 물론 우리에게는 무기가 필요하고 싸움도 두려워하지는 않지만, 그 나팔 소리는 우리에게 무기를 들라는 신호도 아니요, 나가서 싸우라는 명령도 아닙니다. 그저 '소망 중에 기뻐하고 환란 중에 견디며' 끊임없이 계속되는 지루한 싸움, 즉 독재와 빈곤, 질병 그리고 전쟁 같은 인류의 공통된 적과 싸우는 시간을 견뎌내라는 부름입니다. 우리가 적들과 맞서 동서남북을 포함해 전 세계와 단결함으로써 모든 인류의 보다 풍요로운 삶을 보장할 수는 없을까요? 그 역사적인 과업에 다 함께 참여하지 않겠습니까? …… 그러니 친애하는 미국 국민 여러분, 국가가 여러분을 위해 무엇을 할 수 있는지 묻지 말고 여러분이 국가를 위해 무엇을 할 수 있는지 물어보십시오. 세계의 동료 시민들이여, 미국이 여러분을 위해 무엇을 해줄지 묻지 말고 우리가 다 함께 인류의 사유를 위해 무엇을 할 수

승자의 언어

있을지 물어봅시다."

　케네디의 지지율은 취임 첫 주에 72퍼센트를 기록했다. 그는 역대 미국 대통령 중 가장 높은 지지율을 기록한 대통령 중 한 사람이었고, 재임 기간 내내 비슷한 지지율을 기록했다. 케네디가 세상을 떠나자 많은 공동체가 그를 기리며 취임 연설의 일부를 새긴 기념비 등을 세웠다. 50년이 지난 후에도 많은 정치가가 케네디의 연설에서 영감을 받고 국가를 위해 봉사할 수 있었다고 말했다.[18]

　단합을 호소한 지도자는 케네디만이 아니다. 20세기와 21세기에 걸쳐 가장 영향력 있고 역사에 남을 만한 연설들을 들어보면 갈등하는 사람들을 하나로 합치기 위해 공통된 이해관계에 호소한 지도자들을 많이 찾아볼 수 있다. 예를 들어 나치 독일 공군이 영국을 폭격하는 동안 윈스턴 처칠 수상은 '최고의 순간Finest Hour'이라는 연설을 통해, 갈등에 빠진 영국과 아직 방향을 정하지 못한 미국을 하나로 뭉치게 해 히틀러에 대항했다. "만일 우리가 히틀러에게 맞설 수 있다면 인류는 더 넓고 밝은 세상을 향해 전진할 수 있을 것입니다. 그렇지만 우리가 실패한다면 미국을 포함한 전 세계는 우리가 그동안 보고 보살펴온 모든 것과 함께 왜곡된 힘에 더욱 사악해진 새로운 암흑시대의 심연으로 가라앉아 오랫동안 헤어나오지 못할 것입니다."[19] 1965년 린든 존슨 대통령은 투표권법 통과를 위해 의회에서 연설할 때 전임자 케네디와 비슷하게 호소했다. "우리의 적은 다름 아닌 빈곤과 무지 그리고 질병입니다." 마틴 루서 킹 주니어 역시 '나에게는 꿈이 있습니다'라는 연설에서 모두의 공통된 이해관계를 언급했다. "하나님의 모든 자녀, 흑인과 백인, 유대인과 이방인, 개신교와 가톨릭 신자들이 다 함께 손을 맞잡고 오래된 흑인 영가를 부르는 날이 올 것입니다. 드디어 자유다! 드디어 자유다! 전능하신 하나님 감사합니다. 우리는 마침내 자유를 얻었습니다!" 1996년 남아프리카공화국 인권운동가 넬슨 만델라는 복수하기 위해서가 아니라 "다 함께 앞으로 나아갈 수 있도록" 국가 전체가 인종에 상관없이 과거의 진실을 배워야 한다고 말했다. 19세기로 거슬러 올라가도 링컨 대통령의 게티즈버그 연설에서 비슷한 내용을 확인할 수 있다. 에이브러햄 링컨은 국민들에게 공동의 대의를 위해 헌신하자고 호소하며 연설을 마무리했다. "그러므로 국민의 국민에 의한 국민을 위한 정부는 이 세상에서 결코 사라지지 않을 것입니다."

전문 협상가들도 공통된 이해관계에 호소해 문제를 해결하는 쪽을 선호한다. 한 연구에 따르면 탁월한 협상가는 평범한 협상가에 비해 적어도 2배 이상 공통된 이해관계를 생각하고 이야기한다.[20] 도대체 왜? 왜 그렇게 시대와 배경에 상관없이 수많은 사람이 특히 위기의 순간에 공통된 이해관계에 호소할까?

공통된 이해관계는 경계심을 신뢰로, 적을 동지로, 경쟁자를 협력자로 바꿔준다. 우리는 적이 아니며 힘을 합칠 때 필요한 걸 얻을 수 있다는 사실을 보여주기 때문이다.

어떻게 하면 공통된 이해관계를 효과적으로 알려 사람들을 설득할 수 있을까? 다음을 살펴보자.

① 사람들 관심의 초점을 공익적인 부분으로 돌린다.
 "여기 모인 우리는 적이 아닙니다. 모두 같은 편입니다."
② 그리고 다음과 같은 문장을 덧붙인다.

"만일 우리가 서로 힘을 합한다면 우리는……."

③ 특정한 공동의 관심사를 언급한다.

- 개인이 아니라 우리가 초점을 맞추고 있는 부분
- 사소한 게 아니라 정말 중요한 부분
- 모호하지 않고 구체적인 부분

혹은 사람들의 인상에 더욱 강하게 남도록 '우리'와 '정확한 목표' 등을 강조한다. 예를 들어보자.

"우리는 살아남아 적군을 무찌를 수 있다!"
"우리는 파산을 막아내고 회사를 구할 수 있다!"
"우리는 작년과 다르게 멋진 휴가를 보내고 사랑하는 사람들과 행복한 시간을 보낼 것이다!"

간결하게 잘 마무리된 각각의 예문은 모두가 원하는 구체적이고 중요한 목표를 알려준다. 폭정과 빈곤, 질병, 전쟁 자체를 끝내려는 노력, 나치 독일이 만든 암흑시대에서 세상을 구해 밝고 아름다운 새 세상을 열기 위한 노력, 그리고 국민의 국민에 의한 국민을 위한 정부를 세우겠다는 노력을 이야기한 연설문과 비슷하다. 모두 '우리'와 '정확한 목표'를 강조하고 있다.

반면 "모두 내가 행복해지기를 바라고 있습니다."라고 하면 개인의 행복만을 강조하며, "우리는 주차비를 1달러 아낄 수 있습니다."라고 하면 범위가 너무 사소하다. "우리 모두는 동의하고 싶습니다."에는 구체적인 목표가 없다.

이혼을 앞두고 위자료와 자녀 양육비, 재산 분할 등 흔히 볼 수 있는 문제들을 해결해야 하는 부부를 상상해보자. 남편이나 아내가 "우리는 적이 아니야……"라고 말하며 적개심과 다툼을 협력으로 전환하기 위해 '우리'와 '정확한 목표' 등을 강조한다면 어떨까? 계속 살펴보자.

"잠깐만, 나는 우리가 다른 점이 있다는 것을 알지만 지금은 적 같은 관계가 아냐. 기본적으로 우리는 같은 편이야. 둘 다 우리 아이들을 사랑하고 최선을 다하지. 아주 잘 아는 사실이야. 그러니 우리가 힘을 합하면 소송 비용을 줄이고 재산 분할도 합리적으로 해서 아이들에게 많은 걸 해줄 수 있어. 무엇보다 아이들의 감정적 고통을 최소화하고 모두의 체면을 살리는 방향으로 소통할 수 있으니까."

마찬가지로, 돈 때문에 갈등하는 젊은 부부도 같은 기술로 적대감을 화합으로 바꿀 수 있다.

"이봐, 우리는 지금 적이 아니야. 어쨌든 같은 편이라고. 우리가 지출을 조금 줄인다면 대출금을 더 빨리 상환할 수 있을 거고, 그러면 꿈에 그리던 집도 더 빨리 장만할 수 있을 거야."

한 가지 사례를 더 살펴보자. 이익 분배에 관해 지루하게 논쟁한 동업자가 다른 동업자에게 다음과 같이 이야기했다. 이 동업자는 공통된 이해관계를 얼마나 강조했을까?

"잠깐만, 우리는 적이 아니잖아? 우리는 동업자고 같은 편이야. 돈 몇 푼을 놓고 다투고만 있으면 약속 시간 안에 시제품을 완성해서 전시회에 출품하기 힘들어. 그러면 경쟁자들이 우리보다 먼저 주목받고 계약도 가져가겠지. 우리 몫이 다 사라지는 거라고. 그러니 빨리 동업 관계를 공정하게 처리하자. 우리 모두 공정한 관계를 원하잖아? 그다음 시간에 맞춰 시제품을 완성하고, 전시회에 출품하고 언론에 선보인 다음 판매해서 경쟁자들을 앞서가자고."

'I FORESAW IT'과 공통된 이해관계 '공통된 이해관계'의 장점을 계획에 반영하는 방법 중 하나는 이해관계 아래에 별도 항목으로 포함시키는 것이다. 그만큼 중요하기 때문에 하위 항목이 필요하다고 생각하면 된다. 세부 내용은 사실관계에 따라 달라지지만, 사업 협상을 위해 'I FORESAW IT'을 준비할 때 염두에 둘 공통 이해관계는 다음과 같다.

- 공동 비용 절감
- 합법적 절세와 차액 분배
- 빠른 문제 해결
- 모두가 만족할 수 있는 장기적 관계
- 공정성. 겉으로 보기에는 모호하지만 공정성이라는 공통된 이해관계의 위력은 대단하다.[21]

적대감을 화합으로 바꾸는 기술의 결합
합의를 끌어내는 사람들은 적대감을 화합으로 바꾸도록 돕는 2

가지 기술인 천금 같은 1분과 공통된 이해관계를 자주 사용한다. 당연히 여러분도 그럴 수 있다. 토론의 기본 규칙을 세우도록 도운 후에는 사람들이 알아서 누구의 방해도 받지 않고 차례로 발언하도록 한다. 그렇게 의견을 공유한 후 기록 담당자가 요약하고 정리한 내용을 살피며 다른 사람들이 무의식적으로 언급한 공통 이해관계를 기억했다가 반복하면 토론이나 회의가 잘 진행된다. 예를 들어보자. "대규모 상가가 완공되면 모두 거기로 옮겨 가고 싶다는 거군요. 새 상가에 상점을 열어 새로 사업을 시작했으면 하고요. 개점 당일에 사람들이 몰려들어 새로운 상가에 대한 좋은 소문이 퍼지기를 바란다……. 내 말이 맞습니까?" 이러면 모인 사람들이 더욱 협력하고 새롭고 창의적인 제안에 더 적극적으로 반응한다.

어느 크리스마스 이야기

적대감을 화합으로 바꾸는 두 기술이 결합하여 권한 없이 성가신 갈등에 직면한 실제 인물들을 어떻게 도울 수 있는지 살펴보자.

응우옌Nguyen과 두 남동생은 명절 때마다 싸우는 것이 일상이었다. 매년 11월이 되면 삼남매는 어머니와 아버지에게 무슨 선물을 할지, 누가 돈을 얼마나 내고 무슨 일을 할지 다투곤 했다. 그러던 어느 해 또다시 명절이 다가오자 다툼이 지긋지긋해진 응우옌은 부모님 선물을 준비할 때 다른 방법을 써보기로 했다. 먼저 전화 통화가 아니라 마침 비어 있는 친구 집에서 만나 이야기하자고 동생들에게 제안했다. 그렇게 해보니 삼남매가 먹고 마실 거리를 준비하는 동안 얼굴을 맞대고 이야기하는 데 큰 도움이 되었다. 응우옌은 세 사람의 대화가 전보다 협력적인 분위기로 바뀌었다는 사실을 알아차렸다.

대화를 시작하기 위해 응우옌은 천금 같은 1분을 사용해 간단하고 기본적인 규칙을 제안했다. 차례로 한 사람씩 이야기하고, 다른 사람이 말할 때는 아무도 가로막지 않는다는 규칙이었다. 세 사람은 방해 없이 각자 이야기하고 다른 사람의 말에 귀를 기울였다. 예전에는 처음부터 상대의 말을 가로막으며 말다툼을 벌이는 일이 잦았다. 응우옌은 의도적으로 제일 마지막에 입을 열었다. 앞서 두 사람이 한 이야기를 간략하게 정리하고, 중요한 공통 이해관계를 지적할 수 있기 때문이었다. 그렇게 해서 삼남매는 어머니와 아버지 모두가 좋아할 선물을 찾는 것이 가장 중요하다는 사실을 깨달았다. 응우옌은 또한 동등한 참여와 비용 분담이라는 2가지 공통 이해관계에도 주목했다.

이쯤에서 삼남매의 대화는 눈에 뜨일 정도로 변했다. 다툼은 사라졌고 서로 도우려는 분위기가 조성되었다. 응우옌은 남동생들의 의견이 하나로 모였음을 확인하고 다음으로 뭘 해야 할지 물었다. 다시 이야기 나눈 세 사람은 선물과 관련하여 한 사람이 먼저 마음에 드는 것을 고르면 두 사람이 의견을 제시해 일종의 다수결로 결정하기로 했다. 지금까지는 각자 자신이 생각하는 선물을 고집해 자주 다투었다. 삼남매는 진행 과정과 결정에 군말 없이 따르기로 동의했고, 모두 만족했다. 몇 년 만에 처음으로 순조롭게 대화했고, 과거에 일상적으로 나타난 적개심은 찾아볼 수 없었다.

응우옌은 무엇을 어떻게 했을까? 먼저 대화의 기본 규칙을 정하고 대화 내용을 정리했고, 그다음 공통 이해관계를 지적했다. 그럼으로써 각자가 자기 의견만 고집하는 대신 공통 관심사에 초점을 맞출 수 있도록 도왔다.

요약

· ·

천금 같은 1분: 대화나 토론을 시작할 때 60초쯤 시간을 들여 규칙을 정한다. 방해 금지+공손하게 대하기+사정이 허락한다면 기록할 사람을 정해 기록하고 요약하기+모두 규칙을 지키겠다고 약속하기.

공통된 이해관계의 기술: 공동의 목표에 호소한다. 목표는 모두를 위하고 분명해야 한다.

연습

· ·

천금 같은 1분 연습. 난감한 대화나 회의를 할 때 60초 정도의 발언 시간을 얻어 더 편하고 유용한 진행을 돕는 간단한 규칙을 제안하자. 서로 방해하지 않고 회의에 집중하며 공손하게 대하자는 등의 규칙과 더불어 사정이 허락하면 누군가에게 기록과 요약을 부탁하자. 마지막으로, 함께한 모든 사람이 규칙을 지키도록 요청하자.
공통된 이해관계를 알리는 연습. 협상이나 대화가 막히면 이렇게 말해보자. "잠시만, 우리는 적이 아니라 같은 편입니다. 우리가 힘을 합한다면……." 그리고 모두가 관심을 둔 분명한 목표인 공통 이해관계를 소개한다.

'I FORESAW IT'과 공통된 이해관계 목록. 중요한 협상이나 회의를 앞두고 I FORESAW IT 준비 과정의 '이해관계' 밑에 '공통된 이해관계' 몇 가지를 정리해 추가한다.

제3부

결정

길은 또 있으니 지혜를 구하라 -**가상 BATNA 기술**

제안을 시험하라 -**성공 측정 계기판**

시한폭탄을 찾아라 -**승패의 기술**WIN LOSE

《뉴욕타임스》가 "마사 스튜어트, K마트와 새로운 협상 실패"라는 제목으로 알쏭달쏭한 내용의 기사를 보도한 적이 있다.[1] 마사는 기사 제목만 보고 자신이 실패했다고 생각했을 것이다. 모든 사업과 거래의 요점은 '성공'하는 것이기 때문에. 그런데 기사를 읽으면 K마트가 오히려 마사의 사업을 망치고 있어서 마사가 다른 업체와 새로운 협상에 들어갔다는 사실을 알게 된다. 기사 제목의 논리에 따르면 "승객들, 침몰 중인 여객선에 탑승 실패"라는 앞뒤가 맞지 않는 제목의 기사도 가능하다.

좋은 제안을 받는다는 건 어떤 의미일까? 언제 제안을 승낙해야 할지 어떻게 알 수 있을까? 특히 협상에서 자신이 무력하다고 느낄 때는 그저 제안을 받아들이는 게 정답이라고 생각할 수 있다. 앞의 기사 제목에서 알 수 있듯 우리는 무조건 받아들여야 성공이고 거절하면 실패라는 문화 속에 살고 있다. 모두가 성공을 원한다. 그렇지 않은가? 무엇보다 압박을 받으면 그만 포기하고 대화를 끝내고 싶어진다. 앞서 살펴봤듯이 협상은 문자 그대로 '어렵고 힘든 일'이다. 그리고 합의에 도달하면 멋

승자의 언어

진 성취감이 느껴진다.

누군가에게 부정적으로 반응하는 것은 어려운 일이다. 사회과학자 스탠리 밀그램Stanley Milgram은 가르치는 학생들에게 지하철에서 다른 사람에게 자리 양보를 부탁해보라고 했다. 그러자 부탁받은 승객의 68퍼센트가 별말 없이 자리를 양보했다고 한다.[2] 그것도 뉴욕에서. 우리는 협상에서도 종종 상대의 제안을 그저 받아들이며 조건에 상관없이 좋은 거래라고 확신한다. 우리에게는 결정하는 데 도움이 되는 좋은 방법이 필요하다.

누구나 상대방의 긍정적인 반응을 얻어낼 수 있다. 우리 집 아이도 그 정도는 할 수 있다. "여기 서명 좀 해주세요."라고 하면 딱히 거절할 명분이 없다. 중요한 것은 긍정도 부정도 '지혜롭게' 하는 방법이다. 좋지 않은 거래를 그대로 받아들여 어려움을 겪는 기업이 얼마나 많은가. 너무 신중하게 거래하려다 어려움을 겪는 기업도 많다. 많은 직원이 부당한 임금은 받아들이면서 조건이 좋은 할인 판매는 의심의 눈으로 바라본다. 대부분의 인수와 합병은 실패한다. 경영진과 직원, 고객은 좋지 않은 거래를 기꺼이 받아들이고, 수많은 협상 관련 수업은 모든 거래를 긍정적으로 바라보라고 권한다. 연습을 위한 협상 사례를 제공하는 한 교육 업체는 나에게 이렇게 전했다. 자신들이 제공하는 2백 개 이상의 사례 중 '거래 결렬'을 정답으로 제시하는 사례는 하나뿐이라고. 다시 말해 협상을 공부하는 거의 모든 학생은 대부분의 협상에 자신이 받아들일 만한 좋은 조건이 있다고 믿도록 교육받는다. 안타깝게도 사실이 아니다.

따라서 이 책의 뒷부분에서는 예상 결과를 먼저 주시하고 거기에 따라 결정하는 데 도움이 될 도구들을 설명하려 한다. 그럼 선택의 여지가 없다고 느껴질 때도 검증된 경험과 의사 결정 과학에 기반한 혁신적 도구들로 대처할 수 있다. 또한 앞에서 살펴본 여러 도구를 함께 사용하여 실존적 문제들을 해결할 수 있는 긍정적 반응을 지혜롭게 끌어내는 방법도 살펴볼 것이다.

12장
손안의 1마리와
덤불 속 3마리

도구: 가상 BATNA

필요한 상황

- 좋지 않은 선택지뿐이지만 빨리 택해야 할 때
- 분명한 BATNA가 없을 때

사용 결과

- 나쁜 선택지와 가능한 미래 선택지 사이에서 현명하게 결정할 수 있다.

1730년 벤저민 프랭클린Benjamin Franklin은 영국 식민지였던 북아메리카에서 《펜실베이니아가제트Pennsylvania Gazette》라는 신문을 발행했지만 사업이 잘 풀리지 않았다. 그는 상황이 바뀌지 않으면 별수 없이 사업을 접을 수밖에 없다고 생각했다. 그러던 어느 날 한 사람이 자신이 원하는 대로 기사를 실어주면 크게 사례하겠다고 제안했다. 다만 여기에는 한 가지 문제가 있었는데, 그 기사는 누군가를 모함하기 위한 엉터리 기사였다.

프랭클린은 이 문제에 정말 큰 부담을 느꼈다. 그는 가장 유명한 협상 원칙 중 하나를 거스르는 정반대의 방식으로 문제를 바라봤다. 생각을 확실하게 정리한 그는 기사를 실어달라는 요청을 거부했다.[1] 시간이 좀 걸리기는 했지만 《펜실베이니아가제트》는 식민지에서 가장 성공한 신문이 되었다. 뿐만 아니라 인쇄소를 비롯한 다른 사업도 번창해서 프랭클린은 당대에 가장 부유한 사업가 중 하나가 되었다.

상대방의 마지막 제안이 협상 결렬 시 내가 택할 수 있는 최선의 대안보다 안 좋을 때, 다시 말해 나의 BATNA보다 안 좋을 때는 물러날 준비를 하는 것이 중요하다. 2장에서 I FORESAW IT을 살펴보며 확인했듯이, BATNA는 협상이 결렬되고 상대가 자리를 떠났을 때 선택하는 최선의 길이다. 예컨대 공급 업체와 협상이 제대로 되지 않았다면 다른 공급 업체 섭외, 필요한 부품의 자체 제작, 혹은 대체품 사용 등을 고려할 수 있는데, 그 안에서도 최선의 선택이 BATNA다. 나의 BATNA는 상대의 최종 제안이 협상이 깨질 정도로 내게 불리할 때 선택할 수 있는 방법이다.

만약 내게 BATNA가 없다면 어떨까? 상대방이 처음이자 마지막으로 조건을 제시했지만 내게 다른 선택지가 없다면? 프랭클린처럼 상대의 최종 제안을 거절하기 힘들면 어떻게 해야 할까?

협상을 가르치는 사람들은 미리 조사하고 창의력을 발휘하여 적당한 BATNA를 마련해두라고 권한다. 대부분의 경우 이 조언은 무척 유용하다. 예컨대 한 식료품점의 정육 담당 직원이 그만두었다고 가정해보자. 이후 쓸 만한 새 직원을 한 사람밖에 찾지 못했는데 감당할 수 없는 급료를 요구한다. 이때 식료품점 주인은 새로운 대안을 찾을 수 있다. 개인 정육 사업자에게 해당 공간을 임대할 수도 있고, 아예 정육 부서를 외부 업자에게 맡길 수도 있다. 선택지 중 하나라도 가능할 것 같으면 식료품점 주인은 새 직원과 여유 있게 협상할 수 있다. 2장의 I FORESAW IT과 관련하여 나는 대안을 5개 이상 준비해두라고 조언했다. 그리 어려운 일은 아니다.

그런데 막상 상황이 닥치니 미리 생각하고 준비한 대안 중 실현 가능한 것이 없다면? 혹은 대안 자체가 없고 협상 상대인 새 직원이 감지덕지라고 느껴지면 어떨까? 이론적으로 보면 최선의 대안이 없으니 상대의 제안을 무조건 받아들여야 한다. 그럼 '어떤 제안'이든 받아들여야 하는가? 새 직원이 연봉 10만 달러를 요구해도? 반대로 구직자 입장에서 대안이 없다면 연봉 1달러에 취직해야 하나? 혹은 금리 50퍼센트를 감수하고 대출받거나, 나를 중상모략해온 사람과도 거래해야 할까?

최선의 대안이 없을 때

이제 가상 BATNA를 찾아 적용하여 앞으로 할 일을 정하는 새로운 방법을 소개하겠다. 나는 협상을 학문적으로 접근하면서 부족한 부분을 채우기 위해 이 도구를 개발했다.[2] 가상 BATNA를 사용하려면 곧 손에 넣을 다른 선택지를 예상하고, 자신의 위험 감수도가 반영되도록 그 값을 조정한 다음, 자신이 받은 제안과 주어진 선택지와 비교한다. 이것이 나에게 주어져 앞으로 사용할 최선의 대안이다. 가상 BATNA는 "손안의 새 1마리가 덤불 속 새 2마리보다 낫다."라는 옛 속담에 기반했다. 예를 들어 3마리의 새가 곧 손안에 들어온다는 합리적 기대가 있는데 지금 당장 손에 쥘 수 있는 새 1마리를 선택할지 생각해보자는 뜻이다.[3]

사례를 살펴보자. 나에게 연봉 5만 5천 달러의 일자리 제안이 들어왔다고 상상해보자. 급료가 결정적인 조건이라고 가정하여 조사해보니 5만 5천 달러는 업계 평균보다 꽤 낮은 수준이었다. 하지만 당장 다른 일자리를 찾을 수 없고, 몇 개월이 지나면 얼마 남지 않은 저축도 바닥난다. 한 푼이 아쉬운 상황이다. 며칠 안에 제안을 받아들일지 답해야 하는데, 받아들일 수밖에 없다는 생각이 든다. 이제 어떻게 하면 좋을까?

첫째, 지금보다 미래 선택지의 가치를 계산해보자. 추가로 조사해보니 3개월 안에 더 좋은 제안을 받을 기회가 올 것 같다고 상상해보자. 저축한 돈도 3개월은 버틸 수 있다. 구체적으로 다음과 같이 상상해보자. 구직과 관련하여 신뢰할 수 있는 공고 등을 읽고, 현재의 구직 시장을 잘 아는 사람들과 상의한다.[4] 그동안의 자료들, 예를 들어 과거에 비슷한 경험을 한 친구들과의 대화 등을 살펴본다.[5]

이런 조사로 다른 회사가 제안할 수 있는 급여를 다양하게 추측할 수 있다. 업계의 급여 범위가 광범위하며 대략 4만~10만 달러라고 상상해보자. 이때 평균 액수인 7만 달러가 기본적인 가상 BATNA

다.* 아직 끝나지 않았지만 이 수치로 선택지를 얻을 수 있다. 지금 받은 제안을 거부하고 더 많이 요구하거나, 3개월 후 다시 논의하자고 하거나, 아니면 협상을 끝내버리는 것이다. 다시 말해 나는 자신에 대한 단기적 전망과 관련한 기본적 추정치를 확보할 수 있다.

둘째, 나의 진심을 확인한다. 인생과 사람의 마음은 숫자로 계산할 수 없다. 때로는 위험을 감수하는 사람이 있는가 하면, 당장 택할 수 있는 편한 길을 좋아하는 사람도 있다. 따라서 위험 감수도와 관련해 자신의 진심을 확인해보자.

좋은 방법 중 하나는 희망과 두려움을 시각화하여 스스로 어떻게 반응하는지 확인하는 것이다.

먼저 이쪽 제안을 수락하고 몇 개월 후 다른 곳으로부터 연봉 10만 달러를 제안받는다면, 처음 조사했을 때 업계 최고 대우라는 연봉을 지금 제안받는다면 기분이 어떨지 생각해보자. 이제는 갈 수 없지만, 어쨌든 그렇게 많은 연봉을 받으면 나의 상황은 어떻게 바뀌었을까? 그렇게 놓친 기회를 잊어버리고 살 수 있을까, 아니면 계속 후회하며 잊지 못할까?

그다음 처음의 제안을 거절하고 희망 속에서 기다렸지만 9개월 이상 다른 제안을 받지 못했고 9개월 후에도 갈 곳은 연봉 4만 달러를 제안한 그곳뿐이라는 사실을 알게 되면 기분이 어떨지 상상해보자.

---

* 조사 결과에 따르면 이러한 수치 중 한쪽이 실현되기 어렵고 대부분의 전망이 급여 범위의 다른 한쪽으로 치우쳐 있으면 가중 평균으로 평균치를 추정할 수 있다. 극단적으로 높거나 낮은 수치는 포기하는 것이다. 예컨대 10만 달러, 8만 달러, 7만 6천 달러, 4만 달러 정도의 추정치에서 중간인 8만 달러와 7만 6천 달러만 가져와 그 평균인 7만 8천 달러를 취한다. 또한 모두를 합하여 평균치인 7만 8천 달러를 취할 수도 있다.

결과를 받아들일 수 있을까? 9개월 동아 나의 생활과 재정 상태는 어떻게 변했을까? 눈을 감고 상상해보라. 과연 어떤 느낌인가?

과도한 자신감이나 현실도피를 위해 상상을 해보자는 것은 아니다. 그저 몇 가지 대안이 있는 미래를 생각해보자는 뜻이다. 처음에는 최악의 상황이 두려울 수 있지만, 최악도 견딜 만하다는 것을 알면 제안을 거절하겠다는 결심을 굳힐 수도 있다. 혹은 최악의 상황이 끔찍해서 눈앞의 확실한 제안을 받아들이겠다고 결정할 수도 있다. 그 반대는 어떨까. 처음에는 확실한 제안을 당장 받아들이겠다고 결심한다. 그러다가 문득 다른 가능성도 있음을 깨닫고 제안을 거부한다. 여기에는 정답이 없다. 그저 진심을 확인하는 절차일 뿐이므로 내가 결정에 따라 모든 것을 짊어져야 한다.

자신의 미래를 구체적으로 그려보니 어떤 기분이 드는가? 이전보다 대담하게 위험을 감수할 수 있을 것 같은가? 그렇다면 가상 BATNA를 8만 달러까지 올릴 수 있다. 반대로 더 확실한 쪽을 선택하고 싶다면 6만 달러까지 낮출 수 있다.

벤저민 프랭클린은 거짓 기사를 신문에 싣는 문제를 생각하며 자신의 진심을 확인했다. 그는 신문 사업이 망한 후 남은 돈으로 생활할 수 있는지 알아보기 위한 실험도 했다. 빵과 물만으로 버티며 침대가 아닌 마룻바닥 위에서 잠을 청했는데, 놀랍게도 그럭저럭 견뎌낼 수 있다는 사실을 깨달았다. 그래서 사업을 구할 다른 방법이 없음을 알면서도 거액을 거절하고 기사를 싣지 않았다.

셋째, 입장이 정반대인 경험 많은 사람의 도움 어떤 결정을 하든, 위험에 대한 입장이 반대지만 신뢰할 수 있고 경험 많은 사람의 조언을 먼저 들어보는 게 현명하다. 자신이 너무 낙관적이라면 현명한 비관주의자와 대화하라. 내가 비관적이면 현명한 낙관론자를 찾아보라. 예컨대 부모나 변호사 대부분은 위험에 대한 시각이 보수적이다. 반면 기업가나 투자자는 더 낙관적이다. 이미 그 문제로 대화한 적이 있다면 좋다. 하지만 자신과 비슷한 사람들만 만났다면 반드시 성향이 반대인 사람을 찾아라. 그럼 자신의 생각은 잠시 접어두고 귀하고 새로운 관점을 얻는다.

투자 회사 버크셔 해서웨이Berkshire Hathaway 회장 워런 버핏Warren Buffett과 부회장 찰리 멍거Charlie Munger를 생각해보자. 버핏은 명랑하고 재치 있으며 긍정적인 태도로 유명하다. 반면 대중에게 덜 알려진 멍거는 괴팍하며 놀라울 정도로 이성적이고, 특히 인지적 편향에 주의하며 비관주의자에 가깝다. 멍거는 투자를 결정할 때마다 엄격하게 모든 상황을 확인한다. 버핏에 따르면 자신이 대규모 투자 승인을 거의 마친 마지막 순간에 멍거가 나타나서는 한 가지 문제가 마음에 걸린다며 거부권을 행사한 경우가 많다고 한다. 이런 일이 자주 벌어지자 버핏은 멍거에게 '끔찍한 친구'라는 별명까지 붙여주었다.[6] 그렇지만 두 사람은 다른 동업자들과는 전혀 다른 방식으로 큰 성공을 거두었다.[7]

내가 만난 조언자는 대신 결정해주는 사람이 아니다. 사실 상황이 좋지 않게 바뀐다고 해서 어느 누구에게도 책임을 돌려서는 안 된다. 문제의 핵심은 내가 내린 결론을 한번 확인해달라는 것인데, "사람이 많은 곳에 지혜가 있다."라는 속담도 있지 않은가. 또한 성향이 다른 사람에게 확인을 받는 이유는 이런저런 유용한 정보와 도구가 있어도 그저 자신의 타고난 성향을 합리화하기 위해 사용하려는 유혹을 어느 정도 막아낼 수 있기 때문이다.

앞의 사례로 돌아가보자. 나는 위험을 피하려는 성향이 강해서 5만 달러 정도의 가상 BATNA를 받아들이는 쪽으로 마음이 기울고 있다고 상상해보자. 상대방이 내게 5만 5천 달러를 제안했으니 조건이 꽤 좋아 보인다. 그런데 현명한 조언자가 나타나 걱정이 지나치며, 상황이 그렇게 나쁘게 돌아갈 가능성은 거의 없다고 말한다. 조언을 듣고 보니 두려움이 줄어들고 눈앞의 확실한 제안을 받아들이지 않아도 괜찮을 것 같다. 그렇게 해서 나는 가상 BATNA를 6만 달러까지 올린다. 다시 말해 그 이상을 협상할 수 있는 여유가 생겼고, 그 이상의 제안이 오지 않으면 협상을 그만둘 가능성도 있다. 또는 조언을 듣지 않았어도 가상 BATNA를 6만 달러로 정할 만큼 내가 위험을 꺼리지 않는다고 상상해보자. 그렇다면 상대방이 제안하는 5만 5천 달러는 성에 차지 않는다. 이때 또 다른 현명한 조언자가 나타나 나의 희망이 과장되어 있다고 충고하면 어떨까? 상황이 생각처럼 잘 돌아가지는 않을 거라고 말한다면? 그 말을 듣고 보니 흥분이 조금 가라앉는다. 따라서 나의 가상 BATNA를 6만 달러에서 5만 5천 달러로 낮춘다. 다시 말해 이제는 상대의 제안을 그대로 받아들이거나, 아니면 협상한다 해도 최대한 신중을 기하는 것이 현명하다는 생각이 든다.*

이렇게 해서 나는 ① 나만의 조사, ② 나만의 진심, ③ 나만의 다양한 성향을 나타내는 가상 BATNA를 만들었다. 가상 BATNA를 만

---

* 나의 결정이 배우자와 친구 혹은 동료 등 다른 사람들에게 큰 영향을 미칠 수 있다면, 협상하여 합의에 이르기까지 그들과 계속 문제에 관해 이야기하고 싶을 것이다.

드는 과정에서 실제 상황과 조금 다른 절박함 때문에 부당한 제안을 받아들이거나, 실제와는 다른 희망을 품고 괜찮은 제안을 거부하는 상황을 피할 수 있다.

〈오즈의 마법사〉와 가상 BATNA

가상 BATNA를 개발해 내게 도움이 되도록 하는 과정은 머릿속에 간단히 새길 수 있다. 영화 〈오즈의 마법사The Wizard of OZ〉를 기억하는가? 주인공 도로시에게는 두뇌가 필요한 허수아비, 심장이 필요한 양철 나무꾼, 용기가 필요한 겁쟁이 사자 등 세 친구가 있다. 세 친구는 원하는 것을 마침내 얻는다. 허수아비처럼 먼저 두뇌를 사용해 미래를 예측해보자. 그리고 양철 나무꾼처럼 심장을 가지고 어느 정도 위험을 감수할 수 있을지 판단하자. 또한 겁쟁이 사자처럼 용기를 내어 나와 전혀 다른 사람에게 판단을 말하고 평가받아보자.

불확실한 상황에서 조정하기

가상 BATNA는 빠르게 변화하는 이 불확실한 세상에서 뭔가를 결정해야 하는 사람이 일반적으로 사용하는 여러 방법이나 절차의 친척뻘이다. 예컨대 투자자는 투자를 결정할 때 여러 조정 단계를 거친다. 먼저 예상되는 비용과 이익을 지금의 가치로 환산하여 평가 기준을 만든다. 여기에 잘 알려진 결정 방법들 중 하나를 적용해 위험을 평가한다. 어떤 방법은 낙관론을 선호한다.[8] 어떤 방법은 비관론을 선호한다.[9] 또 어떤 방법은 그 중간을 선호한다.[10] 또한 결정하는 사람이 나중에 느낄 수 있는 후회를 최소화하는 쪽을 신경 쓰는 방법도 있다.[11] 가상 BATNA를 결정하기 위해 지금까지 설명한 과정도 이 여러

제3부 결정

방법의 지혜에 의존하고 있다.

또한 거의 모든 기업은 예상이 틀릴 가능성에 대비하여 미래 수익 및 비용에 대한 예측을 약간 조정해서 결정을 내린다.

많은 기술 관련 기업이나 전자 제품 제조업체는 근거에 기반한 합리적 예측에, 심지어 제품이 완성될 때까지 주요 부품인 마이크로칩의 성능이 더 높아질 거라는 예상까지 더해서 계획하고 설계한 후 제조에 들어간다.[12]

협상을 배우는 학생 대부분은 BATNA가 기본적 협상 교육에서 알려주는 가장 강력한 도구 중 하나라고 말한다. 한편 학생들이 가장 자주 하는 질문 중 하나는 BATNA가 없을 때 할 수 있는 일이다. 불확실성으로 가득한 세상에서 BATNA마저 없고 안내자가 필요할 때 가상 BATNA는 큰 도움이 될 수 있다.

가상 BATNA의 단점 우리가 준비하는 모든 가상 BATNA가 언제나 실제 BATNA보다 도움이 되는 건 아니다. 어쩌면 오히려 피해를 줄 수도 있다. 예컨대 내가 인질이라면 가상 BATNA는 내 머리에 겨눠진 총이다. 영화 속 주인공처럼 무리하게 반격하면 나뿐 아니라 다른 인질들도 피해 입을 가능성이 커진다. 또한 어떤 연구에 따르면 법정에서 대다수의 원고와 피고가 자신의 주장보다는 상대방의 주장에 따라 합의하는 경우가 많다.[13]

가상 BATNA는 특정 사실이나 세부 사항이 아니라 마음과 정신 그리고 지혜를 결합해 전반적인 상황을 보려 할 때 가장 큰 효과를 발휘할 수 있다. 지성 못지않게 감성적인 부분이 많이 관여한다는 뜻이다.

묶어서 비교하기 종종 우리의 결정은 가격 같은 단순한 숫자가 아니라 컴퓨터 부품 가격, 자금 조달, 마감일, 그리고 보증 등의 전반적인 부분에 대한 협상과 관련된다. 이 묶음 제안과 함께 가상 BATNA를 사용하는 방법 중 하나는 먼저 다른 묶음을 고려하는 것이다. 적당한 시간 안에 다른 곳에서 찾을 수 있기를 합리적으로 희망하는 기회다. 이제 현명한 조언자와 함께 자신의 진심을 들여다보며 가상 묶음을 확인한다. 결과가 나쁘지 않다고 상상해보자. 그러면 지금 생각하는 제안과 결과를 비교한다. 예컨대 컴퓨터 부품과 관련하여 구매자로부터 다음과 같은 제안을 받았다고 가정해보자.

- 현금 선불은 조금만(선불은 나의 우선순위 1번이다.)
- 낮은 가격(가격은 우선순위 2번이다.)
- 부담스러운 품질 보증(품질 보증은 우선순위 3번이다.)
- 늦은 마감일(마감일은 우선순위 4번이다.)
- 일반적인 납품 조건(납품 조건은 우선순위 5번이다.)

이제 약간 조정된 가상 BATNA, 즉 3개월 안에 다른 구매자에게 부품을 판매할 수 있는 상황을 가정해보자.

- 대부분 현금 선불로(선불은 나의 우선순위 1번이다.)
- 높은 가격(가격은 우선순위 2번이다.)
- 적당한 품질 보증(품질 보증은 우선순위 3번이다.)
- 적당한 마감일(마감일은 우선순위 4번이다.)
- 일반적인 납품 조건(납품 조건은 우선순위 5번이다.)

이렇게 보면 가상 BATNA가 더 매력적이다. 실제로도 그렇다면 기존 구매자와 더 많이 협상하거나, 일단 협상을 연기하거나, 아니면 협상을 그만둘 수 있다.

징검다리 전략

가상 BATNA가 결정되었다면 별도의 대안과 함께 I FORESAW IT 계획에 포함시킨다. TTT 계획표를 만들 때 가상 BATNA로 '협상 결렬'과 '받아들일 수 있는 최저한도 제안'의 기준을 정하고, 역할극에서 이 부분을 염두에 두고 연습할 수 있다. 일반적으로 상대에게 자신의 BATNA를 말하는 것은 현명하지 않다. 가상 BATNA 역시 언급하지 않는 편이 좋다. 대신 역할극을 하면서 가상 BATNA가 제시하는 모든 유리한 조건에서 협상하고 자신의 직감과 동료의 말을 생각해보라. 뭔가 설득력이 느껴지는가? 굉장히 불안한가, 아니면 편안한가?

가상 BATNA와 징검다리 전략은 서로를 보완할 수 있다. 둘은 주어진 상황에서 벗어나 자신의 숨겨진 힘을 찾고 그 영향력을 가늠하는 방법이다. 예컨대 나의 가상 BATNA가 별 볼 일 없다면 Who I FORESAW를 통해 현재의 BATNA와 상관없이 가상 BATNA가 더 그럴듯해지는 지점까지 개발하고 이동해서 결과를 확인해보자.

만약 연봉 6만 달러 정도의 다른 일자리를 찾을 기회가 없을 듯하면 Who I FORESAW로 가상 BATNA를 개발하여 자신의 가능성을 확인한다. 혹은 이미 징검다리를 건너듯 앞으로 이동한다고 가정해보자. 이때 가상 BATNA가 꽤 강해진 듯하면 모든 중요한 거래를 성사시켰다는 확신이 들기 전이라도 호랑이처럼 강한 상대와 대화할 수 있다. 6장의 한나와 베닝, 창고 건축을 떠올려보자. 주어진 시간이 짧고 스카이워드가 머지않아 더 좋은 제안을 할 것이라는 합리적인 이유가 있으며, 현명한 조언자와 함께 확인했다면 한나로서는 베닝 측과 다시 만나기 전에 스카이워드와 계약하는 게 최선의 선택일 수도 있다. 그렇지만 한나가 스카이워드를 그저 가상 BATNA로 생각한다면 다시 베닝과 협상하고 싶을 수도 있다.*

경고: 설명서를 따르시오

가상 BATNA는 허풍이나 부질없는 희망에 대한 이야기가 아니다. 또한 모든 일이 잘 풀릴 거라는 희망만 가지고 변명을 늘어놓자는 것도 아니다. 가상 BATNA는 지금 내 손에 아무것도 없더라도 미래에 대한 전망을 합리적으로 평가하는 방법이다. 가상 BATNA의 목적은 단순히 일반 BATNA를 사용하는 것보다 자신의 가치를 잘 추측하도록 돕는 것이다. 따라서 위험을 무시하거나 허황된 꿈을 꾸는 사람이 가상 BATNA를 사용하면 자신은 물론 다른 사람들까지 잘못된 길로 이끌 수 있다. 그러나 자신의 가치가 상대방의 평가보다 높다는 판단이 서고 그것을 신뢰할 수 있다면 무척 쓸 만한 도구가 될 수 있다.

가상 BATNA를 넘어서

최선을 다했지만 BATNA도 가상 BATNA도 무용지물이라는 결과가 나오면 어떻게 해야 할까? 1장에서 3가지 작은 질문을 살펴보며 언급한 것처럼 I FORESAW IT 계획의 나머지 부분을 더 열심히 진행하는 것이 최선일 수 있다. 다시 말해 이해관계와 사실관계를 깊이

---

*   여기서 현명한 조언자는 사업 동업자나 다른 중역이 될 수 있다.

확인해보자. 그리고 상대의 형편없는 제안보다 나 자신과 상대 모두에게 더 도움이 되는 선택 사항을 찾아보자. TTT 계획표를 열심히 실행하면서 영향력 있는 사람들에게 적극적으로 다가서자. 아니면 지금은 협상을 멈추거나 피해보자. 물론 그것에도 어느 정도의 협상이 필요할 수 있다. 혹은 이 책에 소개한 다른 도구들을 사용해보자.

여기서 '다른 도구들'이라는 말은 중요한 사실을 지적한다. 여러 도구를 결합하면 여기서 살펴본 것보다 어려운 상황에서도 더 많은 작업을 할 수 있다. 이 부분은 14장에서 살펴보겠다.

그전에 다른 질문에 대해 생각할 필요가 있다. 나에게 주어진 '제안'이 좋은지 나쁜지는 어떻게 알 수 있을까?

요약

....

가상 BATNA: 미래에 대안이 될 가능성이 있는 조정된 가치

연습

....

가상 BATNA 연습. 다음 협상에서 상대방에게 제안을 받았지만 불공평하다고 생각하고 다른 곳에서는 아무런 제안이 없으면 가상 BATNA를 사용하자. 먼저 가능한 별도의 대안, 말 그대로 지금 선택하여 실행할 수 있는 대안을 찾아 5개 이상 나열하고 최고의 잠재적 BATNA를 찾는다. 이후 ① 주어진 시간 내에 찾을 수 있을 듯한 또 다른 합리적 가능성을 생각한다. 그리고 아직 확실하지 않은 이 대안의 가치를 추정한다. ② 자신이 위험을 얼마나 감수할 수 있을지를 반영해 조정한다. 당장 주어진 제안을 수락했는데 나중에 더 좋은 제안이 오는 상황을 상상해보니 기분이 불편하다면 새로운 대안의 가치를 높게 설정한다. ③ 마지막으로, 자신의 문제에 관해 대화해보지 않았다면 1명 이상의 믿을 만하고 성향이 다른 사람과 대안에 관해 이야기한다. 자신이 비관적이라면 낙관적인 사람을 찾는 식이다. 대화 결과에 따라 확실치 않은 대안의 가치를 조정한다. 대화가 편안하면 가치를 어느 정도 유지하고, 더 염려된다면 조금 낮게 설정한다. 이렇게 만들어진 최종 결과가 나의 가상 BATNA다. 이제 상대방

의 제안을 BATNA, 가상 BATNA와 비교한다. 상대방의 제안이
부족하면 더 요구하거나, 협상을 연기하거나, 또는 협상을 중단
하고 BATNA를 선택하거나 가상 BATNA를 따를지 고려한다.

13장
예/아니요 계기판

도구: 성공 측정 계기판
도구: 승패의 기술WIN LOSE

필요한 상황
- 제안 수락 여부를 알 수 없을 때
- 수락하라는 압박을 느낄 때
- 두려움에 어찌할 바를 모를 때=실패
- 두려워서 수락했지만 결국 후회할 때
- 언제 수락해야 할지 혼란스러울 때

사용 결과
- 좋은 제안인지 아닌지 확인할 수 있다.
- 숨어 있는 함정을 찾았다.
- 예, 아니요 혹은 아직 모르겠다는 대답까지 자신 있게 할 수 있다.

2011년 22세의 가수 지망생 크레이숀Kreayshawn의 통장에 남은 돈은 3백 달러뿐이었다. 그때 불가능해 보이는 일이 일어났다. 소니 음반사가 계약금 1백만 달러를 제안했다. 크레이숀은 그해 초 〈구찌 구찌Gucci Gucci〉라는 곡을 만들어 동영상과 함께 유튜브에 공개했다. 불과 3주 만에 조회 수가 3백만 회를 넘어섰는데 이 점을 소니가 눈여겨본 것이다. 크레이숀은 즉시 소니의 제안을 수락했고, 비어가던 은행 잔고는 순식간에 두둑해졌다.

1993년 19세의 주얼 킬셔Jewel Kilcher는 가수가 되고 싶었지만 캘리포니아의 어느 차 안에서 먹고 자는 노숙자 신세를 면치 못했다. 그때 불가능해 보이는 일이 일어났다. 애틀랜틱 음반사가 계약금 1백만 달러를 제안했다. 주얼에게는 얼마 되지는 않지만 열성적인 지지자가 있었고, 대형 방송국에서 주얼의 자작곡을 공개할 때 큰 반향이 나타났다. 이 점을 애틀랜틱 음반사가 눈여겨본 것이다. 하지만 놀랍게도 주얼은 제안을 거부했다.

노숙자나 다름없는 20세 안팎의 가수 지망생에게 1백만 달러 제안이라…… 제정신인 사람이라면 인생을 바꿀 수 있는 제안을 거절할 수 있을까? 두 가수 지망생 중 한 사람은 성공을 두려워하지 않고 멋지게 살기로 결심했고, 다른 한 사람은…… 그저 제정신이 아니었다.

2014년 크레이숀은 소니에서 발매한 첫 번째 음반으로 한 푼도 벌지 못했다고 사회 관계망 서비스SNS에서 토로했고, 2020년 7월에는 "〈구찌 구찌〉 음반은 사지도 말고 인터넷에서 다운로드받지도 마라. 내게 돌아오는 건 한 푼도 없다. 오히려 내가 소니에게 갚아야 할 빚만 늘고 있다……."라고 적었다.[1]

하지만 주얼은 오히려 엄청난 부와 명예를 거머쥐었다. 피도 눈

승자의 언어

물도 없는 대중음악 업계에서 대성공한 몇몇 가수 중 한 사람이 되어 여전히 활발히 활동하며 편안한 삶을 누리고 있다.[2] 어떻게 그럴 수 있었을까? 그리고 크레이숀은 왜 그런 처지가 되었을까? 이유는 여러 가지겠지만, 무엇보다 주얼은 가수로서의 본분을 다하며 자신에게 불리한 제안을 알아차릴 수 있었지만 크레이숀은 그렇지 못했다.

크레이숀은 소니가 제안한 1백만 달러 계약에 딸린 조건을 잘 이해하지 못했다. 소니 측은 그저 계약금으로 1백만 달러를 건네준 게 아니라 음반 제작 비용이라는 조건을 걸고 '빌려'주었다. 다시 말해 크레이숀은 음반 제작과 홍보 등에 드는 비용도 그 돈으로 해결해야 했고, 음반 수익이 1백만 달러를 넘어서면 그때부터 수익을 분배받을 수 있었다. 크레이숀의 첫 음반은 크게 성공했지만 비용이 많이 들었기 때문에 그가 실제로 얻은 수익은 거의 없었고, 1백만 달러도 고스란히 빚으로 남았다.

주얼이 애틀랜틱 음반사로부터 받은 제안에도 비슷한 조건 혹은 함정이 숨어 있었다. 주얼은 도서관에서 음반 사업과 계약에 대한 자료를 찾아보았고, 제작 비용과 추가 비용, 수익 배분, 음반 예상 판매량, 다른 계약 조건 등도 미리 조사했다. 게다가 나중에 자신의 대리인이 되는 한 전문가를 만나 적절한 충고를 들었다. 그다음 주얼은 자신이 진심으로 원하는 게 뭔지 생각했다. 거액의 선금을 받아도 결국 음반을 많이 팔아야 하는 압박이 있다면 결코 행복해질 수 없었다. 주얼은 자신의 '이해관계'가 좋아하는 음악으로 음반을 만들고 그 음반이 팔리면 수익금으로 생활하는 쪽이라는 사실을 깨달았다. 따라서 미리 거액의 선금을 받아 마음대로 쓰는 대신 음반 제작을 음반 회사에 전적으로 맡기고 자신은 판매량에 따라 수익을 나눠 받는 쪽을 택해 위험을 줄였다. 그러면 첫 음반이 시장에서 실패해도 음반 회사에 갚아야 할 빚 같은 건 남지 않았다.

다행히 주얼의 첫 번째 음반 〈너의 흔적들Pieces of You〉은 역대 신인 가수의 첫 음반 중에서도 손에 꼽을 만한 대성공을 거두며 1천만 장이 넘게 팔려나갔다. 크레이슨과 주얼의 사례를 보면 협상에서 중요하지만 잘 알려지지 않은 부분을 알 수 있다. 지금 절박한 상황에 몰려 있다고 해도 때로는 상대방의 제안을 거부하는 것이 옳을 수 있다.

물론 협상 대부분의 목표는 합의에 도달하는 것이다. 그 점에 주목한 가장 유명한 책이 바로 『예스를 이끌어내는 협상법』 아닐까? 우리는 협상이 타결되었다는 소식에 흥분하고, 성사시킨 사람에게 박수를 보내며 때로는 수많은 사람을 불러 모아 마지막 단계인 서명식을 축하한다. 때로는 불꽃놀이도 벌어진다. 박물관에 가면 역사적으로 유명한 협상 타결 장면, 조약 서명 장면을 담은 그림이나 사진을 얼마든지 찾아볼 수 있다. 영업 사원도 경영진도 협상이나 거래를 얼마나 성공시켰는가에 따라 보상받는다.

그런데 실제로는 협상이나 거래가 원만하게 타결되는 경우는 거의 없다. 기업가로 크게 성공한 후 예일대학교 경영학 교수가 된 배리 네일버프Barry Nalebuff를 생각해보자. 네일버프는 유기농 음료 사업을 시작해 막대한 돈을 벌었지만 정작 학생들에게는 사업에 섣불리 뛰어들지 말라고 경고했다. 협상이나 거래를 할 때 수십 가지 조건이 자신에게 유리해도 1, 2가지 문제가 있는 조건이나 조항으로 모든 게 사라질 수 있기 때문이다. 네일버프 역시 최소 1, 2차례 이상 치명적인 조건을 받아들이려 했다가 회사를 잃기 직전까지 갔다.[3] 한 연구에 따르면 사업을 시작한 후 처음 18개월 동안 놀라울 정도로 많은 투자를 받은 기업들의 대부분은 나중에 문을 닫았다고 한다. 투자 협상에 성공한 듯 보였지만 바로 그 성공이 발목을 잡은 경우가 많았다.[4]

협상 타결이라는 달콤한 함정에 빠지는 건 비단 경영자들뿐만이 아니다. 또 다른 연구에 따르면 합병에 성공해도 그중 70퍼센트 이상은 사업을 주도한 경영진이 달성하겠다고 약속한 이익을 창출하지 못했다.[5] 주식 시장은 이런 합병 소식이 들리면 적어도 양쪽 중 한 곳의 주가가 떨어질 정도로 냉정하게 판단한다. 또한 2008년 금융 위기의 여파로 수백만 건의 주택 담보 대출과 이를 바탕으로 월스트리트가 진행한 사업들의 파멸이 분명해 보였을 때 역시 비관적으로 전망한 사람은 그다지 많지 않았다.

절박한 순간일수록 우리는 거래를 더 쉽게 믿고 받아들인다. 지금 당장 거래 제안이 있다는 것만으로도 살아날 방도가 나타난 듯하지만 실제로는 그렇지 않다. 갑자기 나타나 거래에 선뜻 응해주는 대출 회사들을 보라. 오랫동안 이들은 그 절박함을 이용해 고객들을 더욱 빈곤하게 만들었다.

누가 봐도 불리한 거래를 옹호하고 심지어 축하까지 해주는 흔히 볼 수 있는 심리적 경향을 나는 '거래의 희열Deal Euphoria'이라고 부른다. 수많은 사람이 이런 함정에 쉽게 빠지고 만다. 새로운 학기가 되면 학생들과 나는 중요한 거래나 협상에서 오가는 대화를 연습한다. 나는 학생들이 유리한 입장에서 거래를 끝마치지 못하도록 미리 손을 써둔다. 그런데 놀랍게도 일부 학생들, 아니 때로는 모든 학생이 기꺼이 거래하고는 결과가 만족스러웠다고 보고한다. 따라서 연습용으로 구성한 가상 경영진이나 이사회가 결과에 만족하지 못하고 심지어 거래 당사자를 징계하려 할 때 큰 충격을 받는다.

모든 업계가 거래의 희열이 발생하는 순간을 노린다. 대도시의 많은 상점은 1년 내내 '50퍼센트 할인 판매'나 '폐점 할인 판매'를 실시한다. 손님들은 그것도 모르고 적절한 때에 만족스럽게 거래했다고 흡족해한다.[6] 혹은 상대방을 압박하거나 유혹해서 정신없게 만드는 전략을 사용하는 상점들도 있다.

우리는 보통 '예'를 성공으로, '아니요'를 실패로 받아들이지만 실제로는 그렇지 않다. 인터넷 검색창에서 '협상 결렬' 혹은 '협상 실패'를 검색하면 20억 개가 넘는 결과가 쏟아진다. 그만큼 우리는 성공을 지향하는 문화의 부작용으로 협상이 실패하거나 지지부진한 상황을 두려워한다.

강의실이나 학원의 협상 훈련에서는 대부분의 참가자가 만족스러운 거래를 할 수 있지만 그 기분 그대로 실제 상황에 뛰어들었다가는 재앙에 가까운 결과를 맞이할 수도 있다.

그래서 이제부터 나쁜 제안과 좋은 제안을 구분하도록 돕는 도구를 소개하려 한다. 특히 압박감 때문에 제안을 수락해야겠다는 느낌이 들 때 사용할 수 있는 '성공 측정 계기판'이다.

성공 측정 계기판

이 계기판은 거래의 희열과 협상 결렬에 대한 두려움으로부터 자신을 보호하는 3가지 확인 사항을 제공한다. 간단히 말해 3가지 질문을 던지면 된다.

① 협력 확인. 제안이 나와 상대의 이해관계를 지금부터 나중까지 어느 정도 만족시킬 수 있을까.

승자의 언어

② 경쟁 확인. 나의 최선과 최악의 목표와 각각 비교하면 어떤가.
③ 관계 확인. 관계가 공정하고 건전한가.

이제 확인해보자. 먼저 간단한 사례를 통해 제안 수락 여부를 결정하는 데 도움이 되는 계기판이 작동하는지 살펴보자. 4장에서 TTT 계획표를 설명하며 언급한 컴퓨터 부품 판매 과정을 떠올리고, 필요한 내용을 빨리 상기시켜주는 용도로 계획표를 사용하자.

주제	목표	주제들 사이에서 절충	주제들 안에서 절충
개당 가격	80~1백 달러	1	• 조건이 가장 좋은 판매장려금 지급 • 대량 발주 시 할인 • 일부 품목 할인
품질 보증 기간	2~5년	2	• 교환 • 수리 • 추가 구매 보장 시 보증 기간 연장

이제 구매하겠다는 측에서 처음에 이렇게 제안했다고 상상해보자. 개당 75달러+6년 품질 보증.

이제 구매자가 한 걸음 양보해서 이렇게 제안했다고 상상하자. 개당 90달러+4년 품질 보증, 그리고 구매한 컴퓨터 부품에 적합하다고 생각할 경우 개조할 수 있는 권리.

구매자가 이렇게 나오면 많이 양보해주었다며 만족하고 받아들이고 싶은 유혹을 느낀다. 과연 '예'라고 해야 할까?

협력 확인 제안이 나와 상대의 이해관계를 나중에 어느 정도까지 만족시킬 수 있을까. 제안이 양쪽의 이해관계를 어느 정도 만족시킬 수 있을지 확인해보자.

나의 이해관계 우선 고려하는 부분에 집중하고 계속 우선순위를
생각한다. 이번 거래가 중요한 이해관계를 만족시키지 못하면 거래
중단도 진지하게 고려해야 한다. 겉으로 보이는 가치와 실제 가치를
판단하는 건 놀라울 정도로 쉽다. 우리는 종종 큰 숫자나 창의적인 조
건을 보고 유리하다고 판단하지만 실제로는 그렇지 않은 경우가 더
많다. 이해관계가 이렇다고 가정해보자.

나(판매자)
- 수익 올리기
- 현금 유동성 개선
- 안 팔리는 재고 줄이기

구매자
- 품질 관리로 업계에서 살아남기
- 기타 제반 비용 줄이기
- 경쟁 업체와 비슷한 가격으로 승부하기

사전에 조사해보니 구매자의 제안은 수익과 현금 유동성에 조금
도움이 된다. 그런데 이 정도면 경고등이 켜졌다고 봐야 한다. 나의
중요한 이해관계에 일부분만 도움이 될 뿐이다.

시한폭탄. 상대방의 제안이 '나중에라도' 나의 이해관계에 어느

정도 영향을 미칠지 생각해보아야 한다. 요컨대 시한폭탄을 확인해보자. 거래에 숨어 있는 시한폭탄은 지금은 상관없지만 며칠, 몇 주, 몇 달 또는 몇 년 후 중요한 이해관계에 피해를 줄 수 있는 조건이다. 물론 모든 시한폭탄을 발견할 수는 없고, 어느 시점을 지나면 신경을 끊을 수 없는 존재가 된다. 그렇지만 어떤 시한폭탄은 쉽게 찾을 수 있고, 그 자리에서 해체할 가치가 있으며, 주의하지 않으면 섣부른 불장난이 된다.

발생 가능한 사건들을 간과하다. 판매가 예상보다 부진하다면? 들어가는 비용이 생각보다 높다면? 주요 인물이 내 곁을 떠난다면? 그리고 현금이 떨어졌다면? 주얼은 애틀랜틱 음반사의 '1백만 달러 제안'에서 무시할 수 없는 시한폭탄 하나를 발견했다. 그 돈을 받아 제작한 음반이 실패하면 모든 비용을 본인이 갚아야 했고, 실제로 그럴 가능성이 있었다. 컴퓨터 부품 거래에서 구매자가 부품에 섣불리 손댔다가 문제가 발생할 때 보증 기간을 앞세워 환불을 요구하면 어떻게 될까? 일단 구매자 손에 들어간 부품에 벌어지는 일을 판매자로서는 통제할 수 없다. 부품에 손대겠다는 제안은 장차 통제할 수 없는 심각한 위험을 초래할 수 있기 때문에 판매자의 이익과 현금 유동성을 포함한 거래의 경제적 이점이 무용지물이 될 수 있다. 이런 시한폭탄을 알아차리지 못했다면 괜찮은 제안이라고 생각했을지도 모른다. 하지만 이 제안은 단순한 경고등이 아니라 시급을 다투는 빨간색 경고등이나 마찬가지다.

왜곡된 동기부여. 어떤 거래는 잘못된 행동을 낳는다. 공급자 입장에서 '원가 가산 가격 결정법'을 적용하면 비용을 통제할 동기가 줄어든다. 매출 성장률만 따져서 자신에게 보상이 돌아오면 겉으로 보이는 수익만 높은 나쁜 회사와 거래할 동기가 생기는 셈이다. 계약이 체결될 때 성사시킨 당사자들에게 보상이 주어지면 시한폭탄에 신경 쓰지 않는 동기가 된다. 자동차 영업 사원이 매월 정해진 수량의 자동차를 판매할 때 특별 수당을 받는다면 그 수당이 동기부여가 되므로 월말에 할당량을 채우기 위해 손해 보면서도 자동차를 처분하려 한다. 이제 컴퓨터 부품 계약이 그대로 진행된다면 구매자는 사들인 컴퓨터 부품에 대해 자신들이 양보한 만큼 마음껏 개조 등을 할 동기를 부여받은 셈이다. 빨간색 경고등이 더 다급하게 번쩍거린다.

일방적 거래. 거래 조건이 한쪽에 지나치게 유리하면 실제 결과가 그다지 좋지 않을뿐더러 상대방의 분노를 자아낼 가능성이 있다. 나를 포함한 협상 전문가들이 알고 있듯이 불만을 품은 상대방이 계약 후에 비협조적인 태도를 보이면서 심지어 보복까지 생각하고, 기대했던 성과가 나오지 않는 경우가 많다. 따라서 협력을 확인하는 과정에서 상대방의 이해관계도 고려하는 게 현명하다. 일단 컴퓨터 부품 사례에서는 어느 쪽도 일방적인 거래를 하는 것처럼 보이지는 않는다.

계산 착오. 처음에는 거래가 매력적으로 보일 수 있지만 때로 숫자를 보고 계산한 후 사실은 미래가 암담하다는 사실을 깨닫기도 한다. 금융을 공부하던 한 학생이 자동차를 사러 갔더니 영업 사원이 차라리 임대가 더 저렴할 거라고 주장했다. 그쪽 분야를 잘 몰랐던 학생은 임대료 관련 자료와 대학 교과서, 계산기를 옆에 두고 저녁 내내 검토했다. 그리고 다음 날 다시 영업 사원을 찾아가 실제로는 임대 비용이 구매 비용의 정확히 2배에 달할 거라는 자신의 계산 결과가 맞는지 물었다. "사실은 그래요." 영업 사원은 고개를 끄덕였다.

노련한 경영 전문 협상가라면 상대방의 제안이 현금 유동성과

승자의 언어

세금, 제반 비용 등과 같은 실제 지표에 어떤 영향을 미칠지 예측하고 확인하면서 모든 수치를 하나하나 따져볼 것이다. 그렇지 않으면 정말 파멸로 이어질 수 있다. 그리스 측 협상단이 재정 상황이 좋아졌다며 그리스의 유럽연합EU 가입을 추진하자 유럽연합 측 관계자들은 그 말을 그대로 믿고 그리스의 변화를 확인시켜주는 숫자를 일일이 확인하지 않았다. 그리스가 유럽연합에 편입된 후에야 유럽연합 측은 그리스가 상황을 잘못 전달했으며 재정적 어려움에 처했다는 사실을 알았다. 유럽연합은 막대한 규모의 그리스 부채를 떠안아야 했고, 하마터면 유럽연합 자체가 무너질 뻔했다.[7] 자, 이제 컴퓨터 부품 거래의 부품 개조 문제에 관한 잠재적 비용을 따져보면 심각한 손실이 기다리고 있다는 사실이 드러날 것이다. 경고등은 여전히 번쩍거리고 있다.

위험천만한 조건. 상대방이 만일 "그쪽이 가격을 정하면 계약서를 쓰겠습니다."라고 말한다면 문제가 발생할 확률이 크다. 상대방이 이와 비슷한 조건에서 계약서를 쓴다면 대부분 '표준' 계약서를 보내는데, 이 계약서는 수정을 방지하기 위해 PDF 형식으로 되어 있다. 계약서를 받으면 아마 자신이 관심 있는 조항만 보려 하겠지만, 자세히 살펴보면 많은 시한폭탄이 숨어 있을지도 모른다. 무엇보다도 시한폭탄을 발견하고 해체하는 방법을 알아내도록 돕는 것이 중요한 업무인 변호사들에게 심심한 감사를 전한다. 우리 같은 보통 사람은 미처 알 수 없지만 훌륭한 변호사라면 한눈에 꿰뚫어 보는 전형적인 사례를 살펴보자. 미국 연예계에서는 순수익의 일정 비율을 지급하는 계약을 연예인들과 체결하곤 한다. 순수익이란 다양한 제반 비용을 정산하고 남은 수익이다. 이 '순수익'과 '제반 비용'이라는 조건의 정의 때문에 어떤 영

화는 3억 달러에 달하는 극장 개봉 수익을 거두었지만 순수익은 한 푼도 남기지 못했다.[8]

나쁜 궁합. 한 부부가 결혼하고 난 후 뒤늦게 한쪽은 아이를 원하고 다른 쪽은 원하지 않는다는 사실을 알았다면 그 결혼은 잘못된 선택 아니었을까. 사업에서도 나쁜 궁합을 쉽게 찾아볼 수 있다. 투자자는 지금 당장 많은 돈을 벌고 싶다며 투자금부터 들이밀지만, 기업가가 신중하게 회사를 키우기 위해서는 업계의 도움이 필요하다. 따라서 사전에 상대방이 뭘 기대하는지 묻는 게 현명하다. 컴퓨터 부품 계약의 경우 특별히 나쁜 궁합처럼 보이지는 않는다. 하지만 부품을 구매해 개조할 수 있다는 구매자의 권리는 결국 공급자를 다른 눈으로 바라보고 있다는 증거다.

승패의 기술 나는 숨어 있는 시한폭탄을 쉽게 찾을 수 있는 간단한 도구를 만들었다. 역시 기억하기 쉽게 알파벳 머리글자로 요약했다. 이 도구는 상대방의 제안에 숨어 있는 많은 함정을 찾도록 해준다. 나는 여기에 이해하기 쉽게 '승패의 기술WIN LOSE'이라는 이름을 붙였지만 사용할 때는 영문 알파벳을 따르면 된다.

> **만일**What if: 만일 이런 저런, 혹은 다른 일이 벌어진다면?
>
> **동기**Incentives: 왜곡된 동기가 있는가?
>
> **숫자**Numbers: 숫자로 보는 재정 상황은 지금 어떠하며, 나중에는 어떻게 달라질 수 있을까?
>
> **변호사**Lawyer: 계약 조건에 대한 우리 측 변호사의 의견은 어떠한가?

상대방의 기대 Other Side's Expectations: 상대방의 기대와 우리의 기대가 같은가?

상대방의 이해관계 제안이나 계약 조건이 상대방의 이해관계에 어떤 영향을 미치는지 묻는 건 시간 낭비 같을 수도 있다. 결국 각자의 이해관계를 염려하는 것만으로도 바쁘지 않은가? 그렇지만 거래가 상대방에게도 어느 정도 확실하게 도움이 되지 않는다면 우리도 운명의 법칙에 따라 대가를 치러야 할지도 모른다. 반대로 거래가 상대방에게도 도움이 된다면 마법 같은 일이 일어날 수도 있다.

예를 들어 페덱스FedEx와 델Dell이 좋지 않았던 관계를 다시 시작하는 방법을 찾았을 때 두 기업의 협력은 결실을 맺어 모두 큰 이익을 얻었다. 과거에 두 기업은 상황이 안 좋아졌을 때 원인을 상대방에게 돌렸고 상황은 더욱 안 좋아졌다.[9] 앞서 살펴본 것처럼 이집트와 이스라엘이 좋지 않은 관계를 청산하자 이후 수십 년 동안 평화가 지속되었다. 서로가 서로를 경계할 때는 전쟁의 위협이 끊임없이 이어졌다.

지금 마무리하려는 거래에 상대방도 만족하는지 확인하는 한 가지 방법은 '이차 확인Second Look' 회의다. 그 자리에서 상대방에게 이렇게 말한다. "좋아요. 이제 서명하기 전에 우리 쪽에 특별한 피해 없이 그쪽이 더 만족할 수 있는 방법이 있는지 계약 조건을 더 살펴보죠." 물론 이 회의와 상관없이 자신이 알고 있는 상대방의 이해관계에 제안의 전체적인 내용이 어떤 영향을 미치는지 확인해볼 수도 있다. 예를 들어 집필하려는 책에 한 출판사가 엄청난 선금을 제안하면 출판사의 이해관계를 검토하고 어떤 식으로 수익을 올릴 계획인지 묻는 것이다. 결국 출판사가 선금을 과도하게 책정했고 자칫 자신과 출판사 모두가 피해 볼 수도 있다는 사실을 알게 되었다고 가정하자. 출판사는 손해를 볼 것이고 나도 두 번째 책을 쓰지 못할 수도 있다. 따라서 출판사도 함께 성공할 좋은 기회라는 확신이 들 때만 제안을 받아들이는 게 현명하다.

심지어 단발성 거래라도 상대방의 이해관계를 고려하는 게 현명하다. 최고의 대리인 밥 울프도 비슷한 조언을 했다. "만일 다른 사람이 내가 사업에 방해가 된다고 생각하면 내 사업 역시 순탄하게 흘러가기 어렵다. 좋은 평판은 놀라울 정도로 중요하다. 단발성 거래에서는 나도 상대방을 지나치게 고려하지는 않겠지만 그렇더라도 모든 걸혼자 차지하려 들지는 않을 것이다."[10] 아무리 노련한 협상가라도 한번 탐욕스럽다는 평판을 들으면 행동에 제약을 받을 수 있다. 자신의 직감에 따라 이 제안이 상대방에게 오히려 손해인지 확인하다 보면 종종 나의 새로운 제안이 모두에게 더 이익이 될 수도 있다는 사실을 알게 된다.

그렇다면 컴퓨터 부품 구매자의 제안은 언뜻 보기에 그의 이해관계와도 어울리는 듯하다. 하지만 정말 구매자에게 최선의 제안일까? 어쩌면 구매자가 가격과 품질을 더 잘 관리하는 데 도움이 되는 다른 선택 사항이 있을 수도 있다. 예컨대 구매자가 부품들을 각각 따로 구입해 관리하는 것보다 판매자 측이 구매자가 필요로 하는 부품을 더 저렴하고 정확하게, 그리고 빠르게 제작할 수 있다면 합리적인 비용으로 구매자가 원하는 부품을 모두 납품하는 거래가 모두에게 더도움이 되지 않을까? 이 정도면 약간의 위험 신호로 보면 충분하지않을까?

따라서 계기판에서 괜찮다는 녹색 불빛과 함께 주의를 요하라는 노란색, 그리고 확실한 경고인 빨간색 불빛이 모두 깜빡인다면 이 제안은 적절하지 않으며 반드시 수정해야 한다는 뜻이다. 그런데 그렇게 발견한 문제들을 해결한다고 해서 다른 부분들도 괜찮은 걸까?

경쟁 확인: 최선, 최악의 목표와 비교하기

이제 이 제안으로 모두 어느 정도의 가치가 창출되고 그중 얼마를 가져갈 수 있는지 확인하려 한다. 상대방의 제안이 큰 가치를 창출하지만 대부분이 상대방에게 돌아간다면 제안을 거절하는 게 현명하다. 회사 측은 카이에게 그럴듯한 직책에 사무실, 각종 판공비 등이 포함된 '구미가 당기는' 승진을 제안했다. 제안을 수락한 카이는 얼마 후 비슷한 직책의 다른 직원보다 훨씬 낮은 급여를 받고 몸을 혹사하고 있다는 사실을 깨달았다. 그가 내게 말했듯이 덜컥 제안을 받아들이기 전에 두 번째 확인 과정을 알았으면 더 좋았을 것이다.

경쟁 확인을 하려면 먼저 제안의 각 부분을 TTT 계획표 해당 주제의 설정 범위와 비교한다. 상대방의 조건은 해당 주제에 대한 나의 최선의 목표와 얼마나 가까운가? 아니면 협상 결렬 기준에 더 가까운가? 특별히 우선순위에 둔 주제에 관한 조건은 최선의 목표에 가까운가? 나에게 돌아올 가치를 생각하면 특히 중요한 질문들이다. 앞서 살펴본 것처럼 절충안은 협상에서 중요하므로 나의 우선순위 주제에 유리하고 그렇지 않은 주제에 불리하다면 그것으로 괜찮다. 카이의 경우 급여가 크게 올랐다면 사무실 상태에는 크게 신경 쓰지 않았을지도 모른다. 다만 역시 카이의 경우처럼 중요시하는 주제 대부분에 대한 상대방의 제안이 만족스럽지 못하면 문제가 된다. 다시 경고등이 깜빡거리기 시작한다. 컴퓨터 부품 거래의 경우 제안 자체는 평범하다. 상대방이 제안한 가격과 보증 기간은 내가 생각한 범위의 중간쯤이다. 물론 높은 가격을 받으면 좋겠지만 대신 보증 기간이 따라서 늘어날 것이다. 경고등이 깜빡거리기 시작했다.*

관계 확인: 공정하고 건전한가?

이제 2가지를 질문하자. 첫째, 자신이 세운 기준과 비교해 상대방의 제안은 어느 정도 적절한가? 둘째, 상대방과의 관계가 건전하지 못하다는 경고가 있는가?

공정한 기준. 상대방의 제안이 공정한지 확인하는 가장 쉬운 방법은 이 분야 시장이나 협상에서 무엇이 합리적인지 알려주는 공정한 기준과 비교하는 것이다. I FORESAW IT 계획을 거쳤다면 정보가 있을 것이다. 그렇지 않으면 상대방의 제안을 수락하기 전에 먼저 조사해야 한다. 공정한 기준은 종종 합리적 조건의 범위를 알려주는데, 예를 들어 truecar.com이라는 웹사이트는 미국에서 합리적인 새 자동차의 가격대를 알려준다. truecar.com은 주로 같은 차량에 대한 가격대, 즉 최선의 목표를 제시한다. 이상적으로 보면 특히 좋은 결과를 기대할 때 이처럼 기준을 먼저 찾으면 주요 주제들에 관한 상대방의 제안이 공정하고 유리한 조건인지 확인할 수 있다. 컴퓨터 부품 거래에서 믿을 만한 업계 소식지가 가격 범위를 75~1백 달러로 제시한다고 생각해보자. 그리고 90달러면 상당히 합리적인 가격이라고 가정하자. 이 소식지의 내용과 제안 내용이 비슷하면 계기판에 괜찮다는 의

---

* 7장에서 논의한 것처럼 타협하고 그 결과에 만족하기로 했더라도 자신이 정한 한계점을 넘어서는지 알아보기 위해 경쟁 확인을 적용하는 것이 좋다.

미의 녹색등이 켜졌다고 볼 수 있다.

관계의 수준. 이 확인 절차는 가장 주관적이지만 어떤 측면에서는 가장 중요하다. 먼저 다음과 같이 질문한다. 나는 상대방을 얼마나 신뢰하는가? 서로 좋은 관계인가? 신의를 잘 지키는가? 어느 쪽이든 윤리적 규범을 어기거나 선을 넘은 적이 있는가? 상대방이 개인이 아니라 조직일 경우 단합이 잘되는가 그 반대인가? 내가 속한 조직은 어떤가? 답변이 모호하거나 좋지 않다면 주의를 기울이자. 선뜻 거래를 받아들였다가 나중에 후회할 수도 있다. 중고 자전거 구입처럼 사소한 단발성 거래라면 어떤 면에서 관계의 수준이 그다지 중요하지 않을 수도 있다. 이 사람을 다시는 보지 않을 수도 있으니까. 하지만 다른 측면들은 어떨까? 자전거를 팔겠다는 사람이 사실 도난품이나 문제 있는 자전거를 전문적으로 거래한다면?

적대적인 상대와의 대화는 어떨까? '관계의 수준'을 확인하고 따른다면 그와의 거래를 거부해야 하지 않을까? 하지만 반드시 그럴 수 있는 것은 아니다. 정치가들의 말처럼 정말 화해해야 하는 상대는 친구가 아니라 적이다.[11] 서로 적대적이면서도 거래를 유지하는 관계도 흔히 볼 수 있다. 조심해야 하지만 그래도 관계를 터서 유지하고 싶다면 거기에 따르는 위험을 명확하게 이해하고 서로 만족할 수 있는 조건들을 추가하여 나도 살고 거래도 살아날 확률을 높이는 게 중요하다.

컴퓨터 부품 거래의 상대방은 잘 정비되어 아무 문제가 없는 회사이며 오랫동안 다른 업체들과도 좋은 거래를 해왔다고 가정해보자. 그리고 나도 그동안 윤리적 타협을 해본 적이 없으며, 상대편 회사는 높은 평판, 양호한 신용 등급, 예의 바르고 건설적인 태도를 늘 유지해왔다. 물론 거래에 전혀 관대하지는 않지만 거래 방식이나 요구 조건, 혹은 과거의 어떤 이력도 관계라는 측면에서 위험을 나타내지 않으므로 계기판의 녹색등에 불이 들어왔다.

이제 컴퓨터 부품을 구매하겠다는 상대방의 제안을 성공 측정 계기판으로 살펴보자.

제안이 나와 상대방의 이해관계를 나중에 어느 정도까지 만족시킬 수 있을까.
노란색: 주의. '지금은' 나의 이해관계에 부합한다.
붉은색: 경고. 나에게는 나중에 문제가 되는 시한폭탄이다.
노란색: 주의. '지금은' 상대방의 이해관계에 부합한다.

나의 최선과 최악의 목표와 각각 비교하면 어떤가.
노란색

관계가 공정하고 건전한가?
연두색: 공정
초록색: 건전

결국 나의 계기판은 이 제안이 전체적으로 보면 좋지 않다는 사실을 알려준다. 어떤 면은 그저 주의할 정도지만 어떤 면은 분명히 좋지 않다. 또한 이 계기판은 양쪽 모두에게 더 좋은 길을 내가 찾을 수도 있으며, 적어도 중요하게 생각하는 주제에 관해서는 원하는 것을 요구하는 게 더 현명하다고 알려준다.

그런데 만일 나의 BATNA가 더 나쁜 상대의 제안을 수락하는 거라면? 그때는 12장에서 했듯이 가상 BATNA를 찾아보자.

사전에 TTT 계획표로 일종의 제안서를 만들어보았다면 재빨리 계획표를 훑어보고 적절한 제안을 할 수 있다. 또한 특별히 중요시하는 부분에 관해 창의적 선택 사항과 절충안을 합치는 방식으로 즉석에서 다른 제안을 할 수도 있다. 시간이 허락하면 잠시 협상장을 떠나 역학 관계를 바꿀 수도 있겠지만 그럼에도 불구하고 최종 제안을 받았다면 무조건 '예'나 '아니요'로 대답하기 전에 성공 측정 계기판과 받아들일 수 있는 최저한도 수준의 제안을 기준으로 비교해본다.

어떤 거래든 '아니요'라는 거절 의사를 밝히는 건 쉬운 일이 아니다. 몇 년 전, 아내와 나는 너무나 사고 싶은 집을 발견했다. 가격은 매력적이었고 주변 경관도 아름다웠다. 다만 이 집을 포함하고 있는 주택단지의 관리 업체가 2년 전 파산 직전까지 간 적이 있었고, 재무 문제를 확인한 두 전문가는 우리에게 그만두라고 경고했다. 아내와 나는 몇 주를 고민했고, 결국 구입을 포기했다. 위험 요소와 우리의 상황, 성공 측정 계기판을 감안하면 분명 현명한 결정이었지만 우리는 마음이 편치 않았다. 계기판은 결정에 따른 고통에서 우리를 구할 수 없다. 그렇지만 지혜를 줄 수는 있다.

우리는 무조건 거래 성사만을 목표로 하지 말고 지혜롭게 거절하거나 수락하는 방법을 찾아야 한다.

좋은 제안과 나쁜 제안을 항상 분명하게 구분할 수는 없다. 성공 측정 계기판이 있다면 위기를 기회로 바꾸는 데 도움을 받을 수 있으며 때로는 비용도 절약할 수 있다. 이러한 도움은 나중에 성공과 실패의 차이를 만들어낼 수도 있다.

요약

....

성공 측정 계기판: 거래는 협력, 경쟁, 관계의 측면에서 현명한 선택인가?

승패를 판가름하는 WIN LOSE: 만일, 동기, 숫자, 변호사, 상대방의 기대

연습

....

성공 측정 계기판 연습. 중요한 구매나 계약을 하기 전에, 혹은 방송에서 큰 거래에 대한 소식을 들었을 때 성공 측정 계기판으로 3가지를 확인해보자. 그 제안은 모두에게 성공을 가져다주는가? '이해관계'에는 어떤 영향을 미치며, 혹시 '시한폭탄'은 아닌가? 경쟁 측면은 어떤가? '최선의 목표'와 'BATNA' 모두에 부합하는가? 그리고 '공정성', '수준'과 관련한 관계 측면은 어떤가?

추가 연습. 내가 고려하고 있는 제안을 객관적으로 바라보기 위해 동료나 대응 부서를 통해 성공 측정 계기판을 사용해 면밀하게 살핀다.

WIN LOSE 연습. 중요한 협상에서 상대방의 제안에 감춰진 시한폭탄을 찾으려 할 때 WIN LOSE를 따라 '만일', '동기', '숫

자', '변호사' 그리고 '상대방의 기대'를 확인해보자. 꼭 해체해야 하는 시한폭탄을 하나 이상 찾을 수 있을까?

성공 측정 이후 연습. 자신이나 소속 부서가 얼마 전에 참여한 협상의 결과를 성공 측정 계기판으로 평가해보자. 알아차리지 못했던 부분이 있는가? 거래 결과가 예상보다 좋았다면 어떤 교훈을 얻을 수 있을까? 도움이 되는 원칙과 관련한 도구는 무엇이었나? 어떻게 다시 그런 성공을 맛볼 수 있을까? 지난 거래를 사례로 삼아 다른 사람들을 지도할 사람이 부서에 있는가? 반면 만족스럽지 못했다면 어떤 교훈을 얻을 수 있을까? 나와 동료들이 다음에 더 잘하도록 도와줄 도구는 무엇일까? 지난 거래를 교훈으로 삼아 다른 사람들을 지도할 사람이 주변에 있을까?

14장
모든 도구를 한자리에

해야 할 일: 내가 회사의 우두머리든 그렇지 않든 어려운 상황에서 허덕이는 회사를 도와야 한다.

도구: 3가지 작은 질문, I FORESAW IT, TTT 계획표, APSO, 모두가 승리하는 비법, 공통된 이해관계, Who I FORESAW, 성공 측정 계기판 등등

이상의 도구로 일해야 할 때
- 심각한 경제 위기, 침체 혹은 물가 상승에 직면했을 때
- 비용 절감에 대한 압박이 심할 때
- 회사가 성장을 위해 투자하고 싶어하지만 두려워서 못 할 때

이상의 도구로 일했더니
- 살아남아 번창한다.
- 비용을 절감한다.
- 투자가 늘어난다.
- 경계하던 업체들과의 관계가 굳건하게 다져졌다.

협상을 위한 도구가 어려운 시기를 넘기는 데 도움이 될 수 있을까? 내 일자리를 지키는 데? 아니면 회사를 살리는 데?

예컨대 불황이 닥쳐 사업이 위태로워진다면 어떻게 하겠는가? 아마도 처음에는 판매 제품의 가격을 올리고 비용을 줄이려 할 것이다. 많은 기업이 힘든 시기가 오면 대단히 빠르게, 그리고 무차별적으로 과정을 거친다. 그렇지만 4천7백 개가 넘는 기업을 연구한《하버드비즈니스리뷰》의 사례를 보면 이런 전략은 기업의 생존이나 번영에 거의 도움이 되지 않는다. 사업에 더 많이 투자하고 연구나 고용 혹은 인수 등에 오히려 더 많은 비용을 지출하는 정반대의 접근 방식도 마찬가지다.

그렇다면 뭘 어떻게 해야 할까? 연구에 따르면 조사 대상 기업의 9퍼센트 이상이 세 번째 전략으로 경기 침체에서 벗어나 어려운 시기를 견뎌내고, 경기가 살아났을 때 경쟁사를 압도할 수 있었다. 세 번째 전략은 비용 절감과 투자다. 말은 쉽지만 실천은 어려운 이 전략이 만담처럼 들릴지도 모르겠다. "백만장자가 되어도 세금을 내지 않을 수 있습니다! 어떻게 그럴 수 있냐고요? 그거야 아주 쉽죠. 그런데 우선 1백만 달러부터 벌어놓고 그다음에……." 이상한 일이지만 앞서 언급한 연구 결과는 비용 절감과 투자를 동시에 진행하는 방법에 대해서는 아무 언급도 하지 않았다. 그럼 경기 침체에서 벗어나고 싶다면 어떻게 해야 할까? 놀랍게도 해답은 협상에 달려 있다.

자본금 7억 달러 규모의 미국 광물 탐사 회사 노블리튬Noble Lithium의 사례를 보자. 몇 년 전 나는 노블리튬 경영진과 관리자들에게 3가지 작은 질문, I FORESAW IT, 그리고 TTT 계획표를 교육했다. 그로부터 1년쯤 지났을 때 담당자에게 전화해서 내 교육이 도움이 되었는지를 물었다. "환상적이었습니다." 담당자가 말했다. 정말? 하지만 어떤 식으로? "마침 그 교육이 진행되었을 때 경기 침체에서 막 벗어나는 중이었고 물가가 올랐습니다. 공급 가격도 천정부지로 치솟더군요. 그래서 배운 걸 활용해 회사 운영 비용을 38퍼센트가량 절감하고 거기서 아낀 돈을 새로운 사업에 투자했습니다." 38퍼센트라고? "그러니까 몇 달러를 아꼈다는 건가요?" 내가 되물었다. 담당자는 잠시 계산하더니 이렇게 대답했다. "한 1억 달러쯤요?" 나는 놀라서 잠시 아무 말도 할 수 없었다. 그리고 이렇게 말했다. "아시겠지만 추가 수당 같은 게 있으면 사양하지 않겠습니다만."

1억 달러라는 숫자만큼 놀라웠던 건 거래 업체들과 노블리튬 사이가 더욱 돈독해졌다는 보고였다. 노블리튬은 거래 업체들에 희생을 강요하지 않았고, 어떤 업체들은 많은 도움을 받기도 했다.

노블리튬은 어떻게 그럴 수 있었을까? 지금까지 살펴본 도구들이 어떤 도움을 주었기에 어려움을 이겨냈을까? 게다가 관련 업체들과의 관계가 더욱 돈독해졌다니!

기업을 넘어 더 넓게 바라보면 경기 침체나 물가 상승 등 여러 어려운 경제 상황과 어떻게 협상할 수 있을까? 즉, 다가오는 대혼란과 결핍의 시대와 협상하도록 돕는 도구란 무엇일까? 예를 들어 직장이 주요 고객을 잃고 제품 판매도 급감했다면 무엇이 이 위기를 극복하는 데 도움이 될까? 무엇보다 내가 그 회사의 우두머리가 아니라면 어떻게 위기를 벗어나 내 일자리를 지키도록 도울 수 있을까?

이제부터는 지금까지 살펴본 도구들을 함께 사용하면 어려움에 처한 회사를 어떻게 도울 수 있는지 확인해보겠다. 불가능해 보이지만 실제로 가능하다. 또한 새로이 조합한 도구들이 어떤 식으로 내게 힘을 실어줄 수 있는지도 살펴보려 한다. 그렇게 힘을 얻으면 어려운 시기에도 정말 놀라운 방법으로 다른 사람들을 도울 수 있다.

하드 데이터와 소프트 스킬

노블리튬 사례가 너무 놀라웠기 때문에 더 자세한 사정을 알고 싶었던 나는 상황이 어려운데도 짧은 시간 동안 큰 성과를 이룬 비결을 최고 운영 책임자 토드Todd에게 물었다. 토드는 자신들이 받은 교육을 적용하는 데 주력했고, 특히 기존에는 없던 새로운 방식으로 대처하기 위해 노력했다고 대답했다. 토드의 설명을 요약하면 하드 데이터+소프트 스킬이었다.

노블리튬은 그동안 더 낮은 가격으로 자재나 부품을 들여올 수 있도록 공급 업체와 흥정하라고 구매 부서를 독려해왔다. 이건 대부분의 다른 회사도 마찬가지다. 따라서 보통 구매 업체와 공급 업체의 관계는 경직될 수밖에 없고, 공급 업체는 을의 입장에서 자신들이 괴롭힘을 당한다고 느낀다. 또한 다른 많은 회사와 마찬가지로 노블리튬도 가격 통제가 곧 비용 통제라고 생각했다. 노블리튬은 공급망의 보이지 않는 비용을 대략적으로만 파악하고 있었고 일반적인 관행도 그대로 따랐다. 즉, 공급 협상을 따로 처리하곤 했다. 예컨대 원자재 공급 업체의 납품이 늦어지면 해당 자재가 필요한 공급 업체의 작업이 지연되어 추가 비용이 발생하는 상황을 무시했다. 노블리튬은 각각의 공급 협상에만 집중하고 공급망 전체의 흐름은 무시했다.

결국 토드는 접근 방식을 바꾸기로 결정했다. 그는 한시적으로 복합 기능 개선 부서를 구성하고, 직원들에게 공급 업체와 다투거나 그저 안일하게 가격에만 집중하지 말라고 지시했다. 또한 서로 무슨 작업을 하는지 모른 채 자기 업무만 처리하지 말라고도 했다. 그렇게 해서 자신이 처리하는 협상 조건이 다른 협상에 어떤 영향을 미치는지 확인할 수 있는 상황판이 만들어졌다. 토드는 또한 기존의 모든 공급 계약 내용을 검토해서 모든 비용을 정량화하고 불필요한 부분을 확인한 다음 비용을 절감하기 위한 협상을 준비하라고 지시했다. 예를 들어 직원들은 한 대형 공급 업체가 광물 보관에 따른 수수료를 청구했다는 사실을 발견했는데, 노블리튬은 자체적으로 광물을 보관할 수 있어서 관련 비용을 쉽게 절약했다. 계약 조건과 수치, 상황판, 즉 사실관계는 토드가 말하는 '하드 데이터'의 중심이었다.

하지만 무엇보다도 공급 업체를 경쟁자가 아닌 잠재적 동업자로 대하라는 지시가 가장 중요했다. 3가지 작은 질문, I FORESAW IT, TTT 계획표가 가장 많이 적용된 지시였다. 목표는 노블리튬과 공급 업체가 창의적인 거래로 서로를 도울 수 있는 새로운 방법을 찾는 것이었다. 노블리튬은 제안 요청서에서 좀 더 협력적인 접근 방식을 찾기를 희망한다고 밝혔다. 업계에서는 드문 일이어서 일부 전문가들은 제안 요청서가 아니라 동업 요청서라고 부를 정도다. 기존의 경쟁적 협상에 익숙한 공급 업체 모두가 협력을 위한 새로운 접근 방식에 대한 의향이 있었던 건 아니다. 그렇지만 노블리튬의 의지를 받아들여 준 업체들도 물론 있었다.

직원들은 심각한 불황에 타격받은 여러 공급 업체가 현금을 간절히 필요로 한다는 사실을 곧 알아차렸다. 현금은 이들의 중요한 이해관계였다. 반면 노블리튬의 현금 유동성은 아주 양호했고, 금융권 기준으로 신용도도 높았다. 따라서 직원들은 이례적인 조건, 즉 선택 사항을 제시했다. 노블리튬이 낮은 금리로 현금을 빌려주면 공급 업체는 노블리튬과 함께 일하는 데 도움이 되는 설비를 갖추라는 조건이었다. 여러 공급 업체가 기꺼이 조건을 받아들였고, 보답으로 적지 않은 가격 할인을 제안했다.

노블리튬은 창의적인 공급 계약으로 비용을 절약하고 운영 부문에 상당한 투자를 할 수 있었으며, 업계의 경쟁자들이 비용 문제로 고군분투할 때 입지를 더욱 다져나갔다. 새로운 협상 전략으로 비용을 절감하고 투자를 늘린 것이 경기 침체에서 벗어나는 열쇠가 되었다.

그럼 협상가의 도구들을 어떻게 사용하면 경제 위기를 새로운 기회로 바꿀 수 있을까? 먼저 처음 배운 3가지 도구로 ① 비용에 대해 충분히 이해하고, ② 공급 업체 혹은 고객과 협력해 비용을 절감하고 가치를 창출한다. 그러면 절약한 비용의 일부를 투자 자금으로 활용할 수 있다. 자신이 노블리튬의 토드처럼 고위 경영자라면 그럼으로써 큰 효과를 볼 수 있으며, 부하 직원들에게도 지시할 수 있다. 하지만 지위나 위치가 그렇지 못하다면? 앞으로 살펴볼 내용처럼 또 다른 도구를 추가해 도움을 받을 수 있다. 먼저 토드가 사용한 기본 전략을 살펴보고 이를 바탕으로 지위나 위치에 상관없이 회사에 도움이 될 수 있는 방법을 찾아보자.

기본 전략: 3가지 준비 도구

우선 3가지 작은 질문, 즉 이해관계와 사실관계 그리고 선택 사항을 사용한다. 노블리튬과 마찬가지로 소요 비용을 더 면밀히 살펴보고 이해하기 위해 기존 계약 조건을 비롯한 여러 관행을 연구하고 분석하여 하드 데이터, 즉 사실관계를 확실히 파악한다. 실제로 공급망 관리 전문가들이 지적하는 것처럼 대기업조차도 관련 공급 업체는 말할 것도 없고 소요되는 모든 비용에 대한 이해도가 놀라울 정도로 낮다. "대기업조차 이런 사실을 잘 모른다는 사실에 놀라곤 한다." 잘 알려진 5개 기업에서 공급망 관리를 총괄했고 펩시콜라를 비롯한 포천 5백 대 기업 여러 곳에 물품을 조달해온 보니 키스Bonnie Keith의 말이다.

예를 들어 납품이 지연되어 발생하는 예상치 못한 비용에는 어떤 것이 있을까? 반대로 너무 일찍 납품된 제품이나 원자재에 대해 구매 업체는 어느 정도의 보관 비용을 지출해야 할까? 또한 불필요하게 복잡해진 제안 요청을 마무리하기 위해 공급자에게 어느 정도의 추가 비용을 지불하고 있는가? 예를 들어 때로 사양에 따라 25만 달러의 추가 비용이 들어간다면? 이 비용들에 대해 창의적으로 협상할 수 있을까? 계약 조건을 살펴보고, 현장 직원들의 의견을 듣고, 비용 명세서를 살펴보고, 자료를 분석하면 귀중한 사실들을 밝혀낼 수 있다. 더군다나 경쟁 업체들이 이 숨어 있는 비용의 실체를 계속 모르면 경쟁에서 우위를 점할 수도 있다.

또한 우리의 이해관계와 잠재적 거래 업체들을 제일 먼저 고려하며 소프트 스킬에도 집중한다. 숨어 있는 비용을 확인하다 보면 종종 숨어 있던 이해관계도 드러난다. 일부 공급 업체들이 노블리튬의 주문 사항에 맞추려다 직면하는 높은 자본 비용은 결국 업체들의 이해관계가 자본 및 현금 유동성과 관련된 도움을 받는 데 집중되어 있음을 알려준다. 그렇다면 우리는 창의적인 선택 사항, 예컨대 저렴한 이자로 공급 업체에 자본을 빌려주고 가격을 할인받는 방법을 모색할 수도 있다.

그다음 'I FORESAW IT' 계획과 TTT 계획표 모두를 진행한다. 그럼 윤리적 함정을 비롯해 중요한 인물들, 기준, 더 현명한 절충 범위, 더 매력적인 제안 등 더 많은 가능성과 통찰력을 찾아볼 수 있다. 때로는 단순하지만 창의적인 단발성 거래로 가는 길을, 때로는 중요한 동업 관계로 이어지는 길을, 때로는 그 중간으로 가는 길을 찾을 수 있다. 핵심은 나의 필요나 상황에 맞게 해결 방법을 조정하고 찾는 것이다.

부하 직원이나 동료들에게 TTT 계획표를 만들어 회사 내부 인터넷 사이트에 게시하도록 하고, 거래가 진행되고 종료될 때 내용을 고쳐나가면 일종의 온라인 상황판이 만들어진다. 토드의 사례에서 알 수 있듯, 상황판은 각각의 업무가 다른 업무나 협상에 미치는 영향을 모든 사람이 확인하게 해준다. 예를 들어 샐리라는 직원이 자신이 주문한 부품들이 10일에서 14일 안에 납품되도록 협상 중이라는 보고를 상황판에 올렸다고 가정하자. 그런데 모하메드는 자신의 업무를 처리하기 위해, 아니면 협상 중인 고객에게 지연에 따른 수수료를 지급하지 않기 위해 5일에서 7일 이내에 그 부품이 필요하다. 이제 샐리와 모하메드는 불필요한 비용을 줄이기 위해 문제를 함께 해결해야 한다는 사실을 알았다.

여러 업계에서 기업을 위한 조달 업무를 맡았던 키스는 이렇게 말한다. "나는 하드 데이터와 소프트 스킬 조합을 열렬히 지지한다. 그런데 많은 사람이 사용 방법을 모르는 것 같다." 연구 대상 기업들 중 9퍼센트만이 경기 침체를 벗어날 수 있었다는 사실은 하드 데이터와 소프트 스킬에 대한 무지와 관련 있는 것 아닐까.

따라서 경제적 문제로 어려운 회사가 살아남아 계속 번창하기 위해서는 무엇보다 단순한 가격 문제 너머를 바라보아야 한다. 전체적인 비용 절감이나 더 큰 가치 창출을 모색하고 공급 업체나 고객과 더 좋은 관계를 유지할 방법을 찾아야 한다. 노블리튬은 관련 협상을 현명하게 처리해 어려운 시기를 벗어날 수 있었다. 또한 약 12개월간 의 개선 끝에 35퍼센트 이상의 가치를 더 인정받고 다른 업체에 인수되어, 노블리튬 창업자는 돈방석에 앉았다.

소상공인의 경우

대기업만 경기 침체에서 벗어나기 위해 3가지 작은 질문을 비롯한 도구들을 사용하는 건 아니다. 경기 침체가 계속되는 동안 나는 맨해튼 북부의 상점 주인들이 몇 가지 창의적인 방식으로 건물주와 재협상해 사업을 꾸려나가는 모습을 종종 목격했다. 예컨대 한 건물에서 사업하는 여러 상점은 공동 구역 청소와 정리를 위해 적지 않은 비용을 부담하는데, 간혹 그곳 직원들의 시간이 남는 경우가 있다. 이때 임대 조건에 대한 사실관계를 파악하고 제반 비용을 검토한 다음 이해관계와 선택 사항을 확인하여 건물주와 함께 더 창의적인 절약 방법을 모색할 수 있다. 여기에는 한동안 공동 구역 청소 책임을 특정 상점 주인과 직원이 맡거나, 지금 임대료를 낮추고 대신 나중에 발생하는 수익을 나누거나, 건물 개보수와 관련한 비용을 협상하는 등의 거래가 포함된다. 이 조치는 상점 주인이 부담해야 하는 비용을 줄이고 경우에 따라서는 장기적으로 건물 전체의 개선에 투자하는 데 도움이 될 수 있다.

비용 절약과 관련 업체 지원

3가지 작은 질문을 비롯한 여러 도구를 사용해 경기 침체나 물가 상승 위기를 벗어나려는 노력은 때로 수십억 달러에 달하는 비용 절감 효과를 가져온다. 관련 사례가 있다. 이 손꼽히는 대기업은 사정이 크게 어렵지는 않았지만, GM 같은 대기업도 심각한 경기 침체로 파산에 직면할 수도 있으니 이 사례는 자세히 살펴볼 가치가 있다.

다양한 소비재를 판매하는 미국의 다국적기업 P&G는 2012년 무렵부터 어려움을 겪기 시작했다. 현금 유동성에 대한 우려를 해결하기 위해 구성된 P&G의 복합 기능 부서는 하드 데이터를 사용해 개선할 수 있는 부분을 확인했다. 미지급금에 대한 사실관계를 면밀하게 검토한 결과 경쟁 업체들보다 훨씬 불리한 조건으로 공급 업체들과 거래하고 있다는 사실도 알게 되었다. 가장 손쉬운 해결책은 계약 조건을 바꿔 공급 업체의 비용으로 자신들의 비용을 절감하는 것이었다. 그렇지만 이들은 공급 업체의 이해관계와 선택 사항을 고려하며 상대방에게도 도움이 될 창의적인 방식을 찾았다. 경기가 어려울 때는 공급 업체도 현금 유동성과 재무 건전성 개선이라는 이해관계에 집중한다. 그렇다면 P&G와 공급 업체 모두에 도움이 될 개선책이 있을까? 가능성은 희박했다. 공급 업체와 기업 고객은 현금을 고정된 가치로 생각한다. 내가 상대방에게 빨리 대금을 결제해주면 내 현금 유동성이 더 나빠질 뿐이다. 그렇지만 P&G는 3가지 작은 질문과 'I FORESAW IT'에서도 특히 '사람Who'에 집중하여 새로운 해결책을 제시했다. 공급 계약을 체결하는 업체들의 신용도를 높일 방법을 찾던 P&G는 은행과 협력하여 공급 업체들이 더 낮은 비용으로 자금을 조달하도록 '공급망 금융supply chain finance, SCF'이라는 방식을 도입했다. 이제 SCF를 통해 공급 업체는 이전보다 쉽게 자금을 마련할 수 있었고 수익도 조금 올라갔다. 여러 방법을 통해 P&G는 현금 유동성과 재무 건전성을 제공하려 했고, 공급 업체들은 P&G의 안정적인 대금 지급과 함께 더 큰 유연성과 더 건전한 대차대조표, 더 나은 자본 접근성 등을 확보할 수 있었다. 이에 대한 대가로 공급 업체들이 계약 조건을 P&G에 유리하게 바꾸자 덕분에 P&G의 현금 유동성도 크게 개선되었다. 2015년까지 수백여 곳에 달하는 공급 업체가 P&G의 해결책을 받아들였고, P&G도 2015년까지 약 10억 달러, 2019년까지 50억 달러 이상의 현금을 확보했다. 이렇게 증가한 현금은 미래의 든든한 투자 자금이 되어주었다.[1]

설명을 덧붙이자면, 일부에서는 P&G 같은 대형 고객이 주도하여 이런 해결책을 강요하면 소규모 공급 업체의 사정이 오히려 더 나빠질 수 있다고 경고하며 이 점을 인식하고 있는지 묻기도 했다. 1백 퍼센트라고 장담할 수는 없지만 P&G는 상당히 투명하고 공정하게 협상했으며 일부 공급 업체들은 SCF를 통해 큰 도움을 받았다. 또한 SCF 같은 방식이 적절하고 광범위하게 운영되면 공급 업체에 많은 도움이 된다는 확실한 증거도 있다. 다시 말해 하드 데이터+소프트 스킬을 적절하게 적용하면 공급 업체의 요구 사항을 잘 해결할 수 있다. 물론 그저 상대방을 이용하기 위해 하드 데이터+소프트 스킬을 멋대로 적용하면 공급 업체는 물론 정부의 반발을 불러일으킬 수도 있다.[2]

기본적인 협상 준비 도구는 치명적인 수익 손실에 직면한 사업을 구할 수도 있다. 택배 회사 DHL은 2012년 최대 고객이었던 인텔이 핵심 사업을 정리하고 DHL 관련 거래도 50퍼센트 이상 정리하겠다고 발표하자 큰 혼란에 빠졌다. 그렇지만 2년이 채 지나지 않아 DHL은 수익률을 14퍼센트까지 끌어올렸고, 인텔과의 사업을 맡았던 DHL의 담당자는 CEO 상을 받았다. 어떻게 된 일일까?

실제로 DHL과 인텔은 3가지 작은 질문을 함께 고민하며 한쪽의 일방적인 준비 도구가 아닌 공동의 도구로 사용했다. 평소와 다르게 협력적으로 접근한 두 회사는 먼저 이해관계를 논의하고 DHL의 비용 및 성과에 대한 사실관계를 조사했다. 그러자 비용을 절감할 수 있는 예상치 못한 방법들이 드러났다. 이 과정에서 양측은 더욱 가까운 동업 관계를 지향하는 새로운 합의를 위해 협상하기로 했다. 그렇게 해서 40가지 이상의 선택 사항을 제시하고 추려내는 작업을 시작했다. DHL은 그중 한 가지를 통해 '사실관계'를 확인하여 비용을 심층적으로 검토하고, 드러나지 않았던 중복 지출을 발견했으며, 그렇게 해서 마련한 자금 일부를 업무 개선에 사용할 수 있었다. 또한 그동안 거래 업체의 모든 세세한 부분까지 간섭하는 것으로 유명했던 인텔도 성과에 집중하기로 결정했다. 인텔은 분명하고 측정 가능한 목표를 달성하는 조건으로 DHL이 업무 개선을 위한 최선의 방법을 결정할 수 있도록 재량권을 부여했다. 이러한 변화를 통해 DHL의 업무는 크게 개선되었고, 인텔 역시 예상보다 많은 비용을 절감할 수 있었다. 그래서 처음 합의한 대로 인텔은 DHL에 막대한 특별 수당을 제공하고 계약도 연장했다. 인텔은 한 걸음 더 나아가 지출의 45퍼센트를 삭감했고 다른 고객들에도 DHL과의 거래를 추천했다. DHL은 이런 보상에 간결하게 개선한 업무 방식까지 더해 좋지 않았던 상황을 타개했고, 경쟁 업체들이 어려움에 허덕일 때 오히려 사세를 확장했다. DHL과 인텔의 사례는 비용 절감과 그로 인해 가능해진 투자의 전형을 보여준다.

공급망 업계에서 DHL과 P&G, 그리고 노블리튬이 시도한 협력을 일컫는 특별한 용어가 있다. 바로 전략적 조달이다. 이 용어가 나온 지 25년이 지났지만 정확하게 이해하는 경영자는 거의 없다. 하지만 전략적 조달은 분명 경기 침체에서 탈출하는 열쇠가 될 수 있다. 경기 침체에서 살아남기 위해서는 무엇보다도 뭘 어떻게 구매해 조달하는지 파악하고 그렇게 알게 된 사실관계를 전략적 조달을 통해 재무 건전성으로 바꾸는 게 가장 중요하기 때문이다. 이 과정은 비용에 대한 자료와 분석을 통해 대화를 잘 준비하고 공급망의 한쪽 끝에서 다른 쪽 끝까지 얼마나 협조적으로 협상하는가에 달려 있다. 이 과정을 성공적으로 마친 많은 기업은 공급 업체들과 건전한 관계를 구축할 수 있었고, 어려운 시기에도 수천만 달러의 수익을 올렸다. 경영 상담회사 매킨지McKinsey는 105개 기업을 조사한 후 "공급 업체들과 보다 개선된 협력 체계를 갖춘 회사는 성장률 및 기타 지표에서 경쟁사보다 2배 이상의 성과를 보였다."라는 내용의 보고서를 발표했다.[3] 때로는 경기 침체가 이 전략적 조달 방식을 받아들여 회사 분위기를 바꾸도록 만드는 촉매제가 된다. 그런 의미에서라면 위기는 정말 또 다른 기회가 아닐까.

경영진이 아니어도 회사를 돕는 방법

이 책에 언급한 다른 사례들과 마찬가지로 노블리튬의 사례도 경영진이나 우두머리가 어떻게 결심했는지가 큰 영향을 미쳤다. 기억해둘 만한 조건이다. 협상 전문 상담가이자 강사인 나는 경영진이 협상 관련 교육의 가치를 높이 평가하면 회사의 번영에 큰 도움이 된다는 사실을 발견했다. 다만 경영진의 의욕이 떨어져 있으면 대부분 도움이 되지 못했다. 만일 우리가 경영진이나 최고 경영자가 아닌데 회사가 경제적 어려움으로 강한 압박을 받고 있다면 어떨까? 그저 침몰하는 배의 승객으로 앉아 있어야 할까? 경영자가 아니더라도 도울 수 있는 일은 없을까?

이제부터 우두머리의 권위를 존중하고 경의를 표하면서 문제를 해결하는 데 도움이 되도록 앞에서 살펴본 도구들을 사용하는 방법을 알아보려 한다. 이어지는 내용에 특히 주의를 기울이기를 당부한다. 어려운 시기에 중요한 도움이 될 수 있을 것이다. 다만 모든 결단과 행동에는 어느 정도 위험이 수반된다는 점도 이해하자.

다시 DHL의 이야기로 돌아가보자. DHL의 한 중간급 관리자가 신중하게 업무를 주도하며 경영진을 설득해 자신의 계획을 지원하도록 만든 이야기다. 그다음에 이어지는 건 2장에서 I FORESAW IT을 살펴볼 때 만났던 디에고 이야기다. 여기서도 한 중간 관리자가 절망에 빠진 상사가 희망을 찾을 수 있도록 먼저 우리의 도구 중 하나를 사용했고, 그 결과 관리자는 회사를 구하기 위한 디에고의 노력을 지원했다. 따라서 경영진이 아닌 독자의 임무는 한 가지 이상의 방향으로 신중하게 협상하는 것일 수도 있다. 여기에는 한 사람 이상의 상사와 정중하게 협상하여 회사가 경기 침체나 물가 상승 혹은 다른 문제를 헤쳐나가도록 돕는 일이 포함된다.

DHL의 이야기는 두 공급망 관리자 토드 사이어Todd Shire와 더그 웨일리Doug Whaley가 인텔과 새로운 관계를 정립하기 위해 협상할 필요가 있다는 사실을 깨달으면서 시작된다. 두 사람은 두 회사 간의 초기 시범 업무를 맡아 소규모 협업에는 문제가 없다는 사실을 확인했다. 그렇지만 본격적인 협업을 고려해보니 경영진의 전폭적인 지원이 부족했다. 충분한 지원을 얻는 것은 쉽지 않았다. 일부 경영진은 관심을 보였지만 회의적인 경영진도 있었다. 그래서 토드와 더그는 징검다리를 이용해 움직이기로 했다. 두 사람은 두 번째 본격적인 협업을 지원받기 위해 후원자를 찾았다. 그렇게 해서 DHL의 선임 관리자 존 헤이스John Hayes와 러드 드 그루트Ruud de Groot를 포함해 여러 부서의 동료들을 끌어 모았다. 특히 존과 러드가 차례로 참여하면서 러드를 신뢰한 또 다른 고위 관리자 앤드루 앨런Andrew Allan의 도움을 얻을 수 있었는데, 물론 시범 업무 성공이 혁신을 원하는 앤드루의 '이해관계'와 맞아떨어진 탓도 있었다. 새롭게 협상에 나선 두 사람은 공급 업체들과 협력적인 관계를 구축하려는 인텔의 '이해관계'에 호소하여 더 큰 규모로 협업해보자고 설득했고, 이를 바탕으로 인텔과 DHL은 본격적인 협업을 시작했다.[4]

이 부분에서 두 사람이 후원자들을 모았다는 사실에 주목하자. 신뢰할 동료가 있다면 제안을 조사하고 함정을 피하며 정치적 알력을 신중하게 파악하는 데 도움이 된다.

사실 토드와 더그는 Who I FORESAW와 3가지 작은 질문을 하나로 합쳤다. 두 사람은 이해관계가 비슷한 사람, 그리고 자신들을 대신해 경영진을 상대해줄 사람이 '누구'인지 찾았다. 그리고 3가지 작은 질문을 사용해 시범 업무가 성공했다는 '사실관계'를 전달하고, 혁신을 바라는 경영진의 '이해관계'를 언급하며 새로운 협상 방식에 대한 지원을 얻어냈다.

지원을 얻기 위해 사용할 수 있는 도구는 또 있다. 예컨대 10장의 APSO, 9장의 '동의할 때/거부할 때', '당신이 옳다'를 사용하면 경제 위기를 또 다른 기회로 바꿀 수 있다. 예를 들어 1장에서 레이철이 직면한 위기를 떠올려보자. 경기 침체로 인해 그녀의 상사 원치는 정리

해고와 막대한 예산 삭감을 암시했다. 고민이 깊어진 윈치가 24시간 안에 레이철이 새로운 예산안을 제출하기를 바란다고 상상해보자. 반면 레이철 입장에서는 부서 직원들이나 동료들과 함께 문제를 논의하는 데 일주일가량이 더 필요하고, 개인적으로는 경영진이 주요 공급 업체들과 협상하여 협력하고 회사 유보분 일부를 투자해 경기 침체에서 벗어나도록 회사를 돕고 싶어 한다고 상상해보자. 레이철은 어떻게 했을까?

일주일의 유예 기간을 얻기 위해 레이철은 먼저 APSO를 사용했을 수 있다. "윈치(A: 주의 끌기), 24시간 안에 새로 예산을 짜서 제출하라고 압박하면 직원들이 우왕좌왕하다가 일이 오히려 안 될 수도 있습니다. 기한을 넘기고 최고 경영자의 불만도 더욱 쌓일 수 있겠죠. 그러다가 공연히 미움만 받게 되지 않을까요(P: 문제 제기). 직원들과는 지금까지 일을 잘해왔고 전에도 합의한 적이 있으니까, 일주일만 주시면 더 신중하게 예산을 절감할 방법을 찾을 수 있을 것 같습니다. 불필요한 지방은 걷어내고 근육만 남길 수 있겠죠(S: 해결책 제시). 어떻게 생각하시나요(O: 확인)?"

그렇게 해서 일주일 후 약속대로 합의 내용을 제출한 레이철은 주요 공급 업체들에 전략적이고 협력적으로 접근하기 위해 필요한 윈치의 지원을 어떻게 얻을까? '당신이 옳다'와 '동의할 때/거부할 때'를 사용한다면? "윈치, 우리가 경기 침체를 이겨내기 위해 지출과 예산 삭감 문제를 고민하는 건 옳은 판단입니다. 그래서 비용도 절감하고 경쟁 우위를 개선하는 데 도움이 될 접근 방식에 관심 있지 않을까 생각해보았습니다. 여러 분야 업체들이 효과를 본 방법이거든요. 우리에게 덜 적대적이고 더 협력적인 공급 업체들과 협상할 때 사용할 수 있는 방식인데, 그럼 주요 공급 업체들은 물론 우리 최고 경영자도 크게 만족할 수 있을 겁니다. 더 설명해도 될까요? 이 방법을 사용하면 감원 없이도 예산을 크게 줄일 수 있습니다. 그러면 회사는 연구 개발에 투자할 자금을 확보하고, 공급 업체들과 관계를 개선할 수 있을 겁니다. 이 방법을 사용하지 않으면 예산 삭감 계획이 기존 방침대로 진행되어 부서 전체가 마비될 수 있고, 경쟁에서 앞서 나갈 수 있는 기회를 놓치지 않을까 염려됩니다."

다시 상상해보자. 원치는 레이첼의 제안에 흥미를 느꼈지만 다른 중간 관리자가 이 새로운 접근을 지지할지 회의적인 생각이 들었고 새로운 협상 부서 구성에 찬성할지도 의심스러웠다. 중간 관리자들은 공급업체와 협업할 수 있을지 의심할 수도 있었다. 협력적 접근 방식이 회사의 약점을 드러내는 신호가 될까 걱정할 수도 있었다. 또한 그들은 원치와 그의 부하 직원들이 문제에 직면했을 때 도와주는 것을 귀찮아할지도 몰랐다. 어쩌면 원치가 자기들 이익을 최우선으로 생각하지 않는다고 두려워하며 경쟁자로 간주할 수도 있었다. 원치 역시 이런저런 이유로 제안이 거절당하면 입지가 타격받는다고 생각할 수 있었다.

상황이 이렇게 돌아갈 때 좋은 방법 중 하나는 '공통된 이해관계'로 접근하는 것인데, 여기에 '당신이 옳다'와 '3가지 작은 질문'을 덧붙일 수도 있다. "원치, 당신 말이 옳습니다. 다른 중간 관리자들이 이런 협력 모색을 반대한다면 입장이 난처해질 수 있겠지요. 걱정하는 건 당연합니다. 그렇다면 회사 안에서 우리는 적이 아니라 같은 편이라는 사실을 널리 알리는 게 도움이 될 것 같습니다. 우리가 협력적인 접근에 찬성하면 모두가 피하고 싶은 일방적인 예산 삭감과 정리 해고에 대응할 훨씬 나은 기회가 생기고, 경쟁에서 우위를 점할 수 있는 훨씬 좋은 기회도 갖게 됩니다."

또한 사실관계와 선택 사항을 더해 말하려는 요점을 강조하라고 제안할 수 있다. "여러 기업이 비슷하게 접근해 경기 침체에서 벗어나는 데 도움을 받은 사례가 많은데, 그 사실들을 알리면 어떨까요. 그리고 몇 가지 선택지를 제공할 수도 있습니다. 처음부터 협력적 접근 방식을 전면적으로 지원하거나, 그게 꺼려진다면 먼저 복합 기능 부서를 통해 시험 삼아 일부 공급 업체에 이 방식을 적용하고 결과를 비교해보자고 하면 좋을 것 같습니다."*

레이철은 원치와 대화하기 전에 I FORESAW IT으로 도움이 될 만한 내용을 찾아 정리할 수 있다. 그러면 본격적으로 대화를 시작할 때 막히지 않고 이끌 수 있다. 원치의 이해관계, 자신이 생각하는 협력적 협상에 대한 사실관계, 원치에게 제안할 수 있는 선택 사항을 찾고, 원치와 친밀감을 형성하는 데 사용하는 APSO 같은 설득용 도구들, 원치로부터 긍정적 반응을 끌어낼 수 있는 '당신이 옳다'와 '동의할 때/거부할 때' 등을 준비하고 연습하는 것이다. 또한 '공감'을 통해 원치의 두려움을 파악하고, 피해야 하는 '윤리적' 혹은 '정치적' 함정을 찾는다. 미리 생각해야 하는 핵심 인물을 찾아보는 것도 중요하다. 이처럼 I FORESAW IT은 여러 도구를 계획적으로 구성해 적용하도

---

* 또한 레이철은 원치에게 이 계획을 지원해줄 1명 이상의 상사나 동료를 찾아보라고 제안할 수 있다. 토드와 더그가 러드의 지원을 받아 앤드루를 설득한 것처럼 원치도 이런 지원을 통해 반대하는 동료 중간 관리자들을 설득할 수 있을 것이다. 여기서는 원치가 잠재적 내부 반대자들과 마주하고 있다고 가정했다. 따라서 지원 세력을 확보한다는 것은 내부에 일종의 동맹을 결성한다는 뜻인데, 이 작업은 정치적으로 복잡하다. 앞서 2장의 디에고나 6장의 한나처럼 동맹 구축에 성공한 사례를 살펴보았다. 그렇지만 내부에 동맹을 만들면 때로 큰 역풍을 불러일으킬 수 있기 때문에 더 주의해야 한다. 신중하게 동맹을 형성하는 방법은 뒤에서 살펴보겠다.

록 돕는다.

디에고의 사례에서 확인했듯이 특히 경제가 어려울 때 난감한 고객이나 공급 업체 혹은 제삼자를 어떻게 상대해야 할지 고심하는 경우 I FORESAW IT을 통해 다른 방법으로 상사에게 해결책을 제시할 수 있다. TTT 계획표를 이용하면 된다. 여기에 '모두가 승리하는 비법'을 덧붙이면 새로운 가치를 만들고 자신의 몫을 받는 데 도움이 된다.

'경비견'을 피하라

보니 키스의 언급처럼 비용을 현명하게 절감하고 협력하는 방법을 모색할 때 상대방의 영역을 침범하면 대부분은 자기 영역을 보호하기 위해 방어한다. 키스는 '경비견'이라는 용어로 관련 상황을 설명한다. 나와 상대방이 비용 절감과 협력으로 새로운 기회를 만들 수 있다는 사실을 이해하면 경비견은 옆으로 물러나 조용히 기다린다. 다시 말해 나의 제안에 대한 지원을 얻으려면 때로는 동료들과, 때로는 다른 부서 직원들과 협상할 필요가 있다.

이런 협상은 경기가 좋을 때도 그리 쉽지 않다. 상황이 어려워지면 두려움 때문에 영역 다툼이 더 심해지고 앞을 내다보기가 어려워진다. 또한 경비견을 얌전히 만들 수 있는 동맹을 구축하려 할 때 상대방을 존중하며 설득하는 방법을 깊이 생각하지 않으면 역풍을 불러올 수도 있다. 따라서 지원을 위한 협상을 시작하기 전에 경비견의 존재를 염두에 두고 'I FORESAW IT' 작업을 진행하는 편이 좋다. 나와 뜻이 맞는 동료들과 함께라면 더욱 도움이 될 것이다. 특히 상대방의 거친 반응에 대비해 공감과 윤리를 앞세워 감정을 달랠 수 있는 선택 사항들을 고려하자.

키스를 비롯한 공급망 전문가들이 지적했듯이 어려운 시기는 변화에 대한 강력한 동기를 부여할 수도 있다. 또한 이 책의 도구들을 동원하면 상대방과 상부 경영진의 지원을 얻고 경비견을 길들이는 데도 도움이 될 수 있다. 실제로 1장의 레이철 이야기, 9장의 부기장이나 간호사들 이야기, 앞에서 살펴본 DHL 이야기는 위기의 시기에 한 사람이 거부감을 보이는 주변 사람들을 설득해 결정적인 변화를 일으킨 여러 사례 중 일부일 뿐이다. 무엇을 해야 할지 모르겠지만 조치를 취하지 않으면 득보다 실이 더 많다고 생각되면 먼저 조금만 승부를 걸어보자. 상황을 잘 살피고 시범 작업을 제안하거나, DHL의 토드와 더그가 그랬듯이 간단해서 부담이 적은 부분부터 시도해본다. 그렇게 하면 앞에서 살펴본 철학자 베이컨의 지혜를 활용할 수 있다. "모든 어려운 협상에서 한 번에 모든 걸 얻을 수는 없다. 하지만 조금씩 단계적으로 준비한다면 원하는 걸 손에 넣을 수 있다."

그렇다면 어떻게 회사가 경기 침체에서 벗어날 수 있도록 도울 수 있을까? 3가지 작은 질문과 I FORESAW IT, 그리고 TTT 계획표 등을 사용해 주요 공급 업체나 고객들과 협상하고, 그렇게 해서 절약한 예산의 일부를 재투자한다. 회사를 이끄는 경영자가 아니라면 어떻게 할 수 있을까? 그때는 다른 도구들을 사용해 경영자나 경영진의 지원을 끌어낸다. 여기에는 정답이 없다. 하지만 오히려 그만큼 성과를 거둘 수 있는 다른 방법들이 있다는 뜻 아닐까? I FORESAW IT 계획을 준비하면 경영진에 대한 접근 방식을 찾고 설득에 적합한 도구를 고르는 데 도움이 된다.

물가 상승 극복하기

또한 비슷한 통찰력을 TTT 계획표와 결합하면 공급 업체에서 가격을 올리는 물가 상승이 발생할 때 살아남아 번창하는 데 도움이 될 수 있다. 원래 기업은 물가 상승에 직면하면 당연하다는 듯 공급 업체들과 마찰을 빚고, 증가한 비용을 고객들에게 전가해왔다. 그렇지만 협력적인 접근 방식으로 구매업체와 공급 업체, 그리고 고객 모두가 만족할 수 있는 상황을 만들 수 있다. 경영 상담과 전략 평가를 하는 AT커니AT Kearney에서 304명의 기업 공급망 관리자를 대상으로 설문 조사를 한 적이 있다. 절반 이상이 대기업 출신인 이들의 답변을 보면 "응답자 중 67퍼센트 이상이 공급 업체와의 관계를 관리하는 일이, 힘을 합해 물가 상승 위기를 벗어나는 데 필요한 방법을 찾는 데 큰 영향을 미친다고 답했다."[5] 또한 응답자의 53퍼센트는 복합 기능 부서를 통한 각 부서의 협력이 중요하다고 인식했지만 "절반 정도가 재무 부서를 비롯한 기타 이해관계자와의 의사소통이 없거나 필요할 때만 단발성으로 소통한다."라고 답했다. 조사 결과를 보면 이 책에서 소개한 도구들에 의존하고 부서 간 협력에 기반한 공동 접근을 활용하면 경쟁에서 우위를 점할 수 있음을 알 수 있다.

따라서 자신이 회사에서 한시적으로 구성된 특별 복합 기능 부서의 일원이 되었고, 물가 상승으로 인해 주요 공급 업체가 납품 제품의 가격을 즉시 두 자릿수로 인상하도록 요구한다고 상상해보자. 먼저 우리 회사가 부담하는 비용의 내역을 파악하는 것도 중요하지만, 그 정도로는 충분하지 않다. 공급 업체는 자신들이 부담하는 비용이 올라가기 때문에 가격 인상을 요구한다. 따라서 최소한 과거 공급 업체의 청구서 상세 내역과 원자재 가격을 시작으로 비용과 관련한 모든 내용을 상세히 아는 것이 중요하다. 사전에 이 정보들을 확보하지 못하면 공급 업체 관계자를 만나 협력 의사를 표하고, 가격 인상을 고려하기 위한 전제 조건으로 비용 분석을 요청한 뒤 업체 상황을 잘 이해하고 싶다는 의사를 표할 수도 있다. 그다음 단순한 흥정이나 협상 대신 부서에서 몇 가지 잠재적인 선택 사항을 개발하고 TTT 계획표를 만들 수 있다. 아래의 TTT 계획표 사례는 협상에 관한 정보를 많이 제공하기 위해 선택 사항을 늘렸다.[6]

주제	목표	주제들 사이에서 절충	주제들 안에서 절충
가격 인상	0~5퍼센트	1	• 특정 변동 비용에 대한 추가 청구 • 원료 대체(예: 강철에서 플라스틱으로) • 가격 연동 • 선택권이 있는 가격 연동 • 일몰 조항(예: 6개월만 가격을 올림) • 수량 할인 • 선택 품목 할인 • 소량의 품목만 가격 인상 • 기타 공급이 안정적인 품목의 가격 인하 • 원자재 가격 하락 시 대금 환수 • 가격 인상 시 특정 날짜까지 대금 지급 연장
향후 비용 내역	전체 내용에서 각 부분까지 확인	2	• 감사 지원을 위해 합의한 자료 제공 • 추가 비용에 대한 영수증 • 더 자세한 자재 명세서
대외 구매 지원	• 장기 • 단기	3	• 장기 물품 구매를 지원하기 위한 대출 • 선물 거래 지원: 대금 선지급 • 창고 보관 지원 • 대외 구매 지원 • 조기 구매를 통한 비용 절감 • 상품 교체를 위한 지원/대비 • 장기 계약 • 조기 대금 지급
능률 개선	15~51퍼센트 절약	2	• 자동 주문 선택 • 더 나은 대금 지급 조건 • 위탁 • 물류 비용 절감 • 납품 비용 절감 • 창고 보관/재고 비용 절감

또한 온라인 상황판을 만들면 물가 상승과 관련하여 조정한 계약 조건이 한 업체와의 협상뿐 아니라 다른 협상에 미치는 영향을 각자 확인할 수 있다. 예를 들어 자재를 저렴한 비용으로 보관할 수 있는 새로운 공간에 관해 건물주나 토지 주인과 협상할 수 있다면 다음 달에 가격 인상을 기대하는 공급 업체에 현재 가격으로 더 많은 자재를 빨리 납품해달라고 요청할 수 있다.

각자의 협상 조건에 따라 공동으로 비용을 절감할 수도 있으며, 그렇게 남은 비용 중 일부를 연구 개발에 투자해 물가 상승 시기를 이겨낼 수 있다.

연습

경기 침체 탈출 연습. 소속 조직이 경기 침체에 직면하면 비용을 절감하고 연구 개발 투자를 늘릴 수 있는 방법을 모색해보자. 공급 업체나 고객 같은 주요 상대와 비용 절감을 체계적으로 협상하기 위해 한시적으로 특별 대응 부서를 조직할 것을 제안하고, 절감 금액의 일부를 투자하자. 다시 말해 ① 먼저 부서와 협력해 사실관계와 관련 수치를 파악하고 모든 사람이 거래 내역을 확인할 수 있는 일종의 상황판을 만들자. ② 혼자나 동료들과 함께 3가지 작은 질문, I FORESAW IT, TTT 상황판을 사용해 공급 업체와 고객이 만족할 수 있는 조건을 찾아낸다. ③ 이렇게 해서 비용이나 예산이 절약되었다면 일부를 연구 개발에 투자하도록 추진한다.

I FORESAW IT으로 경영진을 설득하는 연습. 어려운 시기가 닥치고, 상사나 경영진을 설득해서 회사에 큰 도움이 될 협상 전략에 관한 지원을 얻어내야 하면 믿음직한 동료들과 함께 I FORESAW IT을 사용해 그들에게 접근할 최선의 방법을 떠올려보자. '나의 협상 도구들 중 무엇이 지금 나를 도울 수 있을까?' 검토하고 I FORESAW IT이 제안하는 도구와 전략을 따라간다.

15장
협상 도구로
희망 찾기

2009년 1월 15일, US에어웨이스항공 1549편이 뉴욕 라과디아 공항을 이륙한 직후 기러기 떼와 충돌했다. 많은 사람이 이 사고를 잘 알 것이다. 인근 허드슨강에 비행기가 안전하게 불시착한 이 사고는 이른바 '허드슨강의 기적'으로 알려졌다. 대배우 클린트 이스트우드가 감독을, 톰 행크스가 여객기 기장 설리 설렌버거Sully Sullenberger 역을 맡아 영화로도 제작했다. 설렌버거 기장을 비롯한 승무원들은 불과 몇 분의 여유밖에 없었지만 불시착 사고에 침착하게 대응했다. 어떻게 그럴 수 있었을까?

그날의 용기와 침착한 모습은 크게 칭송받을 만했지만, 정작 설렌버거는 자신이 모두를 구한 고독한 영웅이라는 평가를 강하게 거부했다. 그의 증언에 따르면 모두를 구할 수 있었던 이유는 확인 목록을 꼼꼼히 챙기는 준비 자세와 다른 사람 의견에 귀를 기울이는 훈련 때문이었다. 또 가장 중요한 부분에 집중하며 하나로 뭉치고 큰 충격에도 당황하지 않도록 도와준 다른 도구들도 큰 몫을 했다. 설렌버거는 10장에서 살펴본 CRM, 즉 승무원 자원 관리의 중요성을 언급한 것이다. 이 도구는 조종사와 승무원이 위기를 관리할 수 있도록 고안되었다. 위기의 순간에 생사를 결정지은 것은 다름 아닌 이런 도구였다.

나는 물론이거니와 독자 중 대형 여객기의 비상착륙을 책임져야 할 사람은 거의 없겠지만, 대부분은 중요한 협상을 하면서 압박감과 무력감, 절망을 경험해보았을 것이다. 그때 지금까지 살펴본 도구들이 큰 힘이 될 수 있다.

여기서 말하는 도구는 위기를 관리하는 방법 이상의 의미가 있다. 강물 위에 거대한 여객기를 착륙시키는 것처럼 불가능한 일을 이 도구로 연습할 수 있다. 바로 강하면서도 부드러워지는 연습이다. 강하면서도 부드럽다는 것은 배려심과 단호함을 동시에 갖추었다는 뜻이다. 다소 역설적인 듯한 이 품성과 관련해 마틴 루서 킹 주니어도 사랑과 힘의 관계를 언급하며 비슷한 느낌을 전한 적이 있다. "사랑이 없는 힘은 무모하고 폭력적이며, 힘이 없는 사랑은 그저 감상적이고 무기력합니다. 정의에 대한 요구를 실천에 옮기는 사랑이 있다면 그게 가장 이상적인 힘이며, 또 가장 이상적인 정의란 사랑을 거부하는 모든 것을 바로잡는 힘입니다."[1]

힘과 사랑을 이상적으로 모으기 위해 모두가 킹 목사가 될 필요는 없다. 당장 뭘 어떻게 해야 할 필요도 없다. 우리에게 필요한 건 바로 도구다. 2가지 모두를 실천하도록 돕기 위해 만들어진 도구…… 이 책은 바로 그 도구들을 소개했다.

솔직한 고백, 나는 무력하다

한 가지 고백할 것이 있다. 이 책을 쓰던 나는 책의 내용을 독자가 어떻게 사용할지 궁금했다. 어떤 의미에서 모든 내용은 힘에 대한 설명 아닌가? 누군가에게 쇠 지렛대를 쥐어주면 차 안에 갇힌 가족을 구출할 수도 있지만, 구급차를 때려 부술 수도 있다. 누군가에게 무기를 주면 가정 폭력 피해 여성들이 모이는 보호소를 지킬 수도 있고, 평소 증오했던 상대를 죽일 수도 있다. 따라서 누군가가 이 책을 읽고 무모하거나 폭력적이거나 이기적으로 도구들을 사용하지 않을까 생각하니 몸이 움츠러드는 것 같았다.

또한 친절함, 관대함, 상대방에 대한 존중 등 내가 자주 언급한 내용들이 그저 사소하고, 최악의 경우 감상적이고 순진해 보이지 않을지도 궁금했다. '우리에게 오직 힘을 주시고 겉보기에만 그럴듯한

연약한 것은 모두 가져가소서.'

그렇게 해서 나는 자신이 무척이나 무력한 존재라는 사실을 깨달았다. 발명가나 선구자 혹은 교사처럼 자신이 한 일이 어떻게 적용될지 알 수 없는 나. 얼마나 얄궂은가.

한마디 덧붙이자면, 이 책의 도구들은 어울리지 않는 듯 보이는 힘과 친절함을 결합하도록 고안되었고, 단순히 힘만을 기대하고 사용하면 내가 약속한 효과를 발휘하지 못할 수도 있다. 또한 누군가를 부당하게 대하면 진짜 의도나 사용 방법에 상관없이 상대가 알아차릴 것이다.*

하지만 독자가 이 책을 냉소적으로 받아들일 거라고 생각했다면 나는 책을 쓰지 않았을지도 모른다. 오랜 세월 협상의 기술을 가르친 나는 사람들에게는 화해와 협력, 번영, 심지어 용서를 끌어내는 놀라운 힘이 있다는 사실을 배웠다. 이 선량함이 돋보일 때를 나타내는 히브리 단어가 있다. 바로 '샬롬shalom'이다. 여기에는 인간의 잠재력이 만개했다는 뜻도 있는데, 우리가 과연 그럴 수 있을지는 의심스럽지만 그 상태를 갈망하는 것은 분명하다. 우리는 그렇게 할 수 있다.

1980년대 초, 캘리포니아주의 GM 프리몬트 공장은 파업과 태업, 끔찍한 노사 관계, 그 결과로 쏟아져 나오는 형편없는 자동차로 악명 높은, 갈등과 악몽의 현장이었다. 그렇지만 1980년대 후반으로

---

* 친절이나 공감은 무척 중요해서, 도구가 아무리 강력해도 이런 감정이 덧붙여지지 않으면 효과가 없을 수도 있다. 윌리엄 밀러William Miller 박사는 알코올 의존증과 약물 중독을 비롯해 여러 어려움을 겪는 사람들의 생명을 구한 '동기 강화 상담motivational interviewing, MI'이라는 뛰어난 치료 도구 혹은 방법을 개발했다. 그렇지만 그는 많은 전문의가 환자에 대한 공감 없이 기계적으로 이 방법을 활용한다는 사실을 알고 분개했다. 공감이 없으면 효과가 크게 반감된다는 사실도 아울러 깨달았다. 이 책의 도구와 MI에 대해서도 같은 설명을 할 수 있다. 언제든 사용할 때마다 인간미를 잊지 말자.

접어들면서 인간적 전략과 도구들을 계획적으로 잘 사용하여 품질 부문 대상을 여러 차례 수상할 정도로 조화와 번영의 대표 사례가 되었다.[2] 프리몬트 공장 사례는 노사 관계가 회복되고 바뀔 수 있음을 보여주며 '샬롬'의 의미를 알게 해주었다.

　이 책에서 소개한 대부분의 이야기도 '샬롬'이 현실이 된 사례다. 고양이를 원하는 아이와 아버지, 기장과 부기장, 각각 약혼녀와 딸을 잃은 두 남자, 그리고 DHL과 인텔이 자신들에게 닥쳐온 두려움과 위협, 절망, 좌절을 기쁨으로 바꿔 나눈다. 가끔은 부산물로 수백만 달러에서 심지어 수십억 달러에 달하는 돈이 들어오고, 이를 공평하고 호의적으로 나누는 것도 가능하다. 그렇지만 이 행운은 내가 전하려 한 이야기의 작은 부분이다. 우리가 살면서 마주하는 모든 영역에는 생각보다 훨씬 많은 희망이 숨어 있다. 인생이라는 고난의 바다에서 험한 파도를 만날 때면 우리는 아무것도 할 수 없을 듯한 무력감을 느낀다. 하지만 이제는 다르다. 우리는 달라졌다. 멀리 숨어 있는 희망을 '샬롬'으로 찾아서 가져오자. 무엇보다 이제 큰 도움이 되는 도구들이 있지 않은가.

부록 1
도구를 갈고닦는 7가지 방법

지금까지 살펴본 도구들을 계속 유용하게 사용하는 방법은 무엇일까? 갈고닦아 평생 활용할 수 있는 7가지 방법을 소개한다.

1. professorfreeman.com에서 스마트 기기에 필요한 표나 견본을 내려받는다. 예컨대 요약 내용과 표를 컴퓨터, 스마트폰, 태블릿 등에 저장해두면 암기할 필요가 없다. 필요할 때마다 간단히 찾아볼 수 있으며, 손끝 하나로 펼쳐서 도움을 받을 수 있다. 또한 구글의 문서 도구에 올리면 동료들도 보고 힘을 합할 수 있다. professorfreeman.com에서 많은 내용을 찾아보자.

2. 15가지 도구를 종이 1장에 인쇄해서 책상 위에 붙인다. 15가지 도구의 내용을 종이 1장으로 요약하자. 회사에서 언제든 볼 수 있게 책상 위에 붙여두면 필요할 때 내용을 떠올릴 수 있다. 역시 professorfreeman.com에서 자세히 알아보자.

3. 연습. 일종의 실험이나 시도로 도구 중 하나를 선택해 몇 분 동안 연습하고 결과를 확인해보자. 처음에는 쉬운 도구를 고르자. 옆에 친구나 동료가 있다면 같이 할 수 있는 도구를 택해도 상관없다. 예를 들어 20분가량 혼자서나 동료와 함께 TTT 계획표를 만들어 회의하고 사용하여 결과를 확인하자. 잘 진행되었는지, 생각처럼 되지 않았는지, 다음에는 뭘 할지를 누군가에게 전해보자. 차례로 도구들을 택

해 연습한다. 중요한 협상이 있다면 2가지 이상을 사용하고, 도구 없이 작업할 때의 결과와 느낀 점을 비교해보자.

4. **역할극.** 동료나 친구와 역할극을 하면서 도구 사용을 연습하자. TTT 계획표로 연습할 수도 있고, '제2부 만남'에 나온 '내 말이 그 말이야! 말하기'나 적대감을 화합으로 바꾸는 기술을 연습할 수도 있다. 자신이 도구들을 어떻게 사용하고 있으며, 어떻게 하면 더 잘할 수 있는지에 대한 구체적 의견을 동료에게 요청하라. 첫 번째 시도가 잘되지 않더라도 걱정할 필요 없다. 사전 연습은 우주 비행에서 운동 경기나 연예 산업에 이르는 모든 분야의 최고 고수들이 늘 하는 일이다. 그래야 몸이 내용을 기억했다가 문제를 해결하도록 돕기 때문이다.

5. **뛰어난 협상가를 찾아라.** 뛰어난 협상가로 유명한 사람에게 연락해 어떻게 협상하는지 직접 보거나 대화하고 싶다고 부탁해보라. 협상가가 한 가지 이상의 도구로 작동할 수 있는 방법을 활용한다는 신호를 찾아보라. 예를 들어 협상가는 가격에만 초점을 맞추지 않으며 무엇보다 상대방의 필요에 귀 기울이고 집중한다고 말할 수도 있다. 이미 '3가지 작은 질문', '내 말이 그 말이야!', '모두가 승리하는 비법' 등에서 확인한 방법이다. 도구를 제대로 이해하기 위해 반드시 해당 도구에 관해 질문하거나 내용을 공유할 필요는 없지만, 도구를 통해 배운 방법에 관해 질문하면 도움이 될 수 있다. '상대방의 말을 더 잘 듣는 데 도움이 되는 도구는 무엇인가' 같은 질문이다. 다시 말해 협상 전문가가 주어진 도구와는 다른 방식으로 일할 때도 있음을

알게 될지도 모른다. 예컨대 이렇게 말할 수도 있다. "나는 절대로 양보나 절충을 하지 않습니다." 이 협상가의 '숨어 있는 진실'을 알아차릴 수 있도록 노력해보자. 특별한 상황에서 특정 상대를 대상으로 일하는 협상가라면 자신만의 접근 방식이 현명할 수도 있고, 그에 따라 잠깐 생각하는 방식을 바꾸어도 괜찮다. 혹은 협상가가 뭔가 다른 것을 말하는지도 주목하자.

6. 사후 관리. 항공 사고가 일어날 때마다 관련 업계가 조사하고 배운 교훈 덕분에 비행기 여행이 더욱 안전해졌다. 마찬가지로 이미 끝난 협상에 관하여 동료와 이야기하며 질문과 대답을 하면 협상 기술을 끌어올릴 수 있다. '우리가 잘해낸 걸까? 무엇이 도움이 되었을까? 부족한 부분이 있다면? 다음에는 뭘 어떻게 다르게 해볼 수 있을까?' 또한 어떻게 하면 도구들이 더 큰 도움이 될지도 확인해보자. 예를 들어 '이번 협상에서 큰 손해를 봤다. 구매자에게 부품을 개조할 권리를 허락하면서 문제가 생긴 부품에 대해 환불도 해주기로 했으니까. 다음에는 새로운 거래 전에 성공 측정 계기판으로 동료와 확인해야겠다.' 도구를 사용했지만 생각대로 작동하지 않으면 그것도 이야기해보자. 사용 방법에 문제가 있었을까? 사전 연습이 도움이 되리라 생각했는데 실제로는 그렇지 않았나? 도구는 새로운 기술처럼 숙달하는 데 시간이 걸리지만 가치가 무척 높다.

7. 다른 사람에게 도구를 알린다. 학기가 시작될 때마다 나는 학생들에게 '3가지 작은 질문'이나 '내 말이 그 말이야!'처럼 비교적 간단한 도구로 협상하는 방법을 다른 사람들에게도 알리고 가르치라고 한

다. 대부분은 눈에 띨 정도로 아는 내용을 잘 전달할뿐더러, 학생 자신도 협상 기술에 대한 자신감을 느끼며 놀라곤 한다. 물론 독자도 이제 협상 기술을 잘 알 테니 더 잘할 수 있을 것이다. 40, 50분 정도의 연습만으로도 기대 이상의 성과를 보여줄 수 있다. 다른 사람을 돕는 건 그 자체로도 대단하지만 그렇게 해야 하는 또 다른 이유가 있다. 누군가를 가르치는 것은 뭔가를 배울 수 있는 가장 좋은 방법 중 하나다. 친구나 동료가 나에게 의지한다는 사실을 깨닫는 순간 우리는 자연스럽게 더 집중하는 경향이 있다. 노벨물리학상을 수상한 리처드 파인만Richard Feynman의 말처럼 초보자에게 제대로 설명할 수 없으면 자신이 그 내용을 완전히 이해하지 못했다고 생각해야 한다.

8. 추가: 자신이 속한 조직을 지도한다. 마지막으로 하나만 덧붙인다. 친구나 동료를 시험 삼아 가르치는 것 말고, 소속 부서나 조직이 협상 도구를 배워 기본 기능을 사용하도록 돕는다면 큰 도움이 될 것이다. 예컨대 조직 전체가 I FORESAW IT이나 역할극 같은 도구를 안다는 것은 악기를 다룰 줄 아는 사람이 1명이 아니라 교향악단 규모로 모인 정도의 차이를 낳을 수 있다. 이 책에서 조직이 협상 도구를 사용해 막대한 부가가치를 얻은 사례를 살펴봤다. 지도력을 발휘하면 협상 도구를 혼자 능숙하게 사용하는 사람에서 벗어나 한 조직에 귀중한 기술을 전해준 영웅이 될 수도 있다.

자, 독자여. 이제 모든 것은 자신에게 달렸다. 가서 모두를 돕자.

부록 2
15가지 도구 요약+더 확인할 것들

◆ **3가지 작은 질문:** 이해관계, 사실관계, 선택 사항.

◆ **예측의 기술I FORESAW IT:** 이해관계Interests, 사실관계 및 재무 조사Factual and Financial Research, 선택 사항Options, 친밀감, 반응, 응답Rapport, Reactions, and Responses, 공감과 윤리Empathy and Ethics, 장소와 시간Setting and Scheduling, 별도의 대안Alternatives to Agreement, 사람Who, 공정한 기준Independent Criteria, 주제, 목표, 절충Topics, Targets, and tradeoffs.

◆ **주제, 목표, 절충 계획표:** 4가지 항목이 있는 간단한 표로, 의제, 범위, 우선순위, 최선의 창의적 선택 사항 등으로 구성된다.

◆ **역할극:** 친구나 동료와 함께 협상 상황을 연습하고 평가한다.

◆ **조력자를 찾는 기술Who I FORESAW:** 벅찬 상대를 효과적으로 상대하려면 '사람'에 대한 질문을 통해 누가 중요한 인물인지 찾아보자. 다시 I FORESAW IT을 검토하면서 자신이 제시할 수 있는 더 좋은 조건, 독립성, 그리고 더 많은 지원을 얻기 위해 징검다리 건너듯 움직이며 목표로 다가가자.

◆ **원하는 쪽으로 협상 이끌기:** 후보자를 많이 정해놓고 그 안에서

Who I FORESAW를 사용하고 선별하여 이상적인 상대방을 찾아라.

◆ **모두가 승리하는 비법:** ① 처음 제안에 대한 절충안을 제시한다. ② 특히 가장 중요한 주제를 지키기 위한 절충안을 생각한다. ③ 창의적인 해결책을 찾겠다는 의지를 내보인다. ④ 신중하게 이야기를 시작한다. ⑤ 신중한 제안도 잊지 않는다.

◆ **5퍼센트 법칙:** 협상할 때 내가 원하는 최선의 결과보다 목표치를 5퍼센트쯤 낮춰 한 걸음 물러난다.

◆ **내 말이 그 말이야!:** 상대방의 말을 적극적으로 듣거나 공감을 표시하여 상대방으로부터 '내 말이 그 말이야!'라는 말을 들어보자.

◆ **새판 짜기:** 문제에는 단호하게, 사람에게는 부드럽게.

◆ **동의할 때/거부할 때:** 나의 의견에 동의하면 뭐가 좋고, 거부하면 어떤 점에서 손해인지를 상대방에게 확실히 보여준다.

◆ **당신이 옳다:** 상대방이 자신의 이해관계에 신경 쓰고 부정적인 반응을 보이는 상황을 인정한 다음, 긍정적으로 반응하면 그 이해관계와 관련해 좋은 일이 생길 수 있다고 설명하자.

◆ **긍정과 부정의 샌드위치:** 자신의 이해관계를 언급하며 처음에는 신중하게 거부 의사를 밝혔다가 잠시 한 발 물러선다. 그리고 나와

상대방 모두의 이해관계를 고려해 긍정적으로 받아들일 것을 고려한다.

◆ **APSO:** 주의 끌기Attention, 문제 제기Problem, 해결책 제시Solution, 확인OK.

◆ **천금 같은 1분:** 대화를 시작할 때 규칙을 정하자고 제안한다. 예: 방해 금지+상대방에 대한 존중+기록하고 정리할 사람 정하기+규칙 준수를 도울 사람 정하기 등등.

◆ **공통된 이해관계 찾기:** 구체적이고 설득력 있으며 모두가 공감할 수 있는 공동 목표를 찾는다. '우리'를 강조한다.

◆ **가상BATNA:** 가능성 있는 미래의 대안에 대한 조정된 가치.

◆ **성공 측정 계기판:** 협력, 경쟁, 관계와 관련하여 현명한 거래였는가?

◆ **승패의 기술WIN LOSE:** 만일What if, 동기Incentives, 숫자Numbers, 변호사Lawyer, 상대방의 기대Other Side's Expectations.

◆ **경기 침체를 벗어나는 협상가의 도구들:** 사실관계를 파악한 후 3가지 작은 질문, I FORESAW IT, TTT 계획표를 비롯한 여러 도구로 협상하여 비용을 줄이고 성장을 위한 투자의 발판으로 삼는다.

I FORESAW IT 점검표

professorfreeman.com에 접속해 내려받아도 된다.

◆ **이해관계**Interests: 중요하고 필요한 내용을 적는다. 그 이유도 함께 적는다.

나의 이해관계

_____

_____

_____ ……

여기서 '……'는 쓰고 싶은 내용을 마음대로 더 쓰라는 뜻이다.

상대방의 이해관계*

_____

_____

_____ ……

예컨대 나와 상대방 모두에게 도움이 되는 공동의 필요가 있다고 말한다. '만약 우리가 함께 일하면 ……할 수 있다.'

_____

_____

---

*   상대방의 이해관계에 호소해 나의 제안이 왜 도움이 되는지를 보여준다.

_____

_____ ······

◆ **사실관계 및 재무 조사**Factual and Financial Research: 도움이 될 만한 질문을 기록한 다음 조사로 알게 된 답을 기록한다. 그리고 확보한 자료와 작성한 표를 첨부한다.

◆ **선택 사항**Options: 각 주제에 대해 서로 다른 선택 사항을 최소 6개 이상 나열한다. 선택 사항들은 별도로 협상할 수 있고 최소한 누군가의 하나 이상의 이해관계를 충족시켜야 한다. 예컨대 가족을 위해 많은 것을 해주고 싶은 나의 이해관계에 어울리는 선택 사항은 '연말 특별 수당'이다. 다만 하나의 표로 만들 필요는 없다. 나중에 TTT 계획표에 하면 된다.

_____   _____   _____

_____   _____   _____

_____   _____   _____

_____   _____   _____

_____   _____   _____

_____   _____   _____

◆ **친밀감, 반응, 응답**Rapport, Reactions and Responses: 적절한 분위기를 위해 말하고 싶은 내용이 있으면 나열하라. 또한 상대방이 혹시 말하지 않을까 걱정하는 내용도 적는다. 각각에 응답하는 방법을 적는다. 예상하는 대화를 모두 적을 필요는 없고, 상호 대응 내용만 기록하면

된다. 예: '상대방이 이렇게 말하면 나는 저렇게 대답하겠다.' 기록 외에 동료와 역할극을 하면 더욱 좋다.

◆ 친밀감 형성에 도움이 되는 건설적 요점

-
-
-

상대방이 이렇게 말하면: "＿＿＿＿＿＿＿＿＿＿＿＿＿＿"
나는 이렇게 대답할 수 있다: "＿＿＿＿＿＿＿＿＿＿＿"

상대방이 이렇게 말하면: "＿＿＿＿＿＿＿＿＿＿＿＿＿"
나는 이렇게 대답할 수 있다: "＿＿＿＿＿＿＿＿＿＿＿"

◆ **공감과 윤리**Empathy and Ethics: 먼저 현재 상황을 상대방의 마음속 소리로 말해본다. "내 생각과 느낌에는…… 지금 그쪽은……."

◆ **윤리적 딜레마**Ethical dilemmas: 그다음 각자의 윤리적 문제를 나열한다. 예: '내가 모든 사람의 승낙을 받기도 전에 결정하라고 그쪽에서 나를 압박한다면?', '집주인 몰래 임대차 계약을 진행할 수 있을까?'

◆ **장소와 시간**Seing and Scheduling: 협상할 시기와 장소를 기록한다. 적용하고 싶은 토론 규칙을 기록한다.

언제, 누구와 이야기할지 순서를 정한다.

◆ **별도의 대안**Alternatives to Agreement: 상대방의 의견에 동의할 수 없을 때 혹은 그 반대일 때 내가 할 수 있는 일들을 기록한다. '선택 사항'과는 다른 개념이다. 사전 조사와 집단 사고를 바탕으로 BANTA와 WATNA로 나눠서 기록한다.*

<table>
<tr><td>(나)</td><td>(상대방)</td></tr>
<tr><td>_____</td><td>_____</td></tr>
<tr><td>_____</td><td>_____</td></tr>
<tr><td>_____ (BATNA)</td><td>_____</td></tr>
<tr><td>_____</td><td>_____ (BATNA?)</td></tr>
<tr><td>_____ (WATNA)</td><td>_____ (WATNA?)</td></tr>
<tr><td>_____ ......</td><td>_____ ......</td></tr>
</table>

◆ **사람**Who: 나와 상대방 외에 협상에 영향을 미칠 수 있는 사람을 나열한다. 협상에 나서는 양쪽의 핵심 인물, 그리고 나에게 도움을 줄 수 있는 동맹 관계를 추가할 수 있다. 또한 '이해관계' 항목에 각자의 이해관계를 기록한다.

_____

_____

_____

---

* 상대방의 별도의 대안에 호소하여, 거부하면 오히려 손해 볼 수 있다는 사실을 알린다.

_____

_____   ······

◆ **공정한 기준**Independent Criteria: 나와 상대방 모두 신뢰할 수 있는 공정한 기준이 될 정보를 확보해 나열한다. 예: 전문가, 저명한 간행물, 가격 책정 웹사이트, 급여 조사 자료, 널리 통용되는 시장 관행, 규정집, 신뢰할 수 있는 제삼자. 이런 자료가 필요하면 첨부한다.

주제	목표	주제들 사이에서 절충	주제들 안에서 절충
• 협상장에서 논의할 문제들	• 주어진 주제에 관해 현실적으로 기대할 수 있는 부분 • 가장 받아들이기 꺼려지는 제안들 • 사실관계 조사와 대안 확인	• 가장 중요한 것부터 가장 덜 중요한 주제의 우선순위 확인	• 주제에서 나의 이해관계를 만족시킬 수 있는 2~4개의 선택 사항 나열
_____ _____ _____ _____ _____	__-__ __-__ __-__ __-__ __-__	_____ _____ _____ _____ _____	_____ _____ _____ _____ _____ _____

승자의 언어

앞의 TTT 계획표로 제안 구성하기

◆ **시작 제안:** 먼저 TTT 계획표의 주제에 따라 현실적으로 상상할 수 있는 최선의 거래를 종이 1장에 기록하자. 이것이 나의 최선의 목표다. 그다음 양보할 수 있는 합리적 절충안을 추가한다. 특히 가장 중요시하는 주제의 절충안을 생각해서 적는다.

◆ **받아들일 수 있는 최저한도의 제안:** 다른 곳에서 기대할 수 있는 최선의 거래와 함께 지금 상대로부터 받아들일 수는 있지만 최악인 거래 조건을 기록한다. 다른 곳에서 대안을 기대할 수 없다면 각 주제에 대한 기대치를 낮춘 목표를 함께 적는다. 나중에 협상할 때 비교하여 정말 좋지 않은 제안을 받아들이지 않도록 하기 위해서다.

◆ **창의적 제안:** 다른 가능한 거래를 최소 한 가지 이상 적는다. 특히 자신에게 중요한 주제에 유리하며 덜 중요한 주제에 불리한 거래를 자세하게 적는다. 때로는 주제들 안의 절충 같은 창의적 선택 사항으로 손해를 덜면서 자신의 이해관계를 만족시킬 수 있는 거래를 적어본다. 협상이 잘 진행되지 않으면 미리 준비한 이 내용을 적절히 사용할 수 있다.

◆ **마지막으로 나의 제안 확인하기**
① 내가 생각한 제안은 나의 이해관계를 만족시킬 수 있는가, 아니면 어딘가에 시한폭탄이 숨어 있는가?
② 특히 중요한 주제에 맞춰 정한 최선의 목표를 달성하도록 해줄 제안은 무엇인가?

③ 제안이 적어도 BATNA 정도의 수준인가?

④ 제안이 공정하고 윤리적 문제가 없는가?

⑤ 상대방은 어떻게 반응할까? 나는 어떻게 응답할까?

감사의 글

독자가 어떻게 생각할지 모르지만, 이 책을 완성하기까지 수십 년이 걸렸을 수도 있다. 집필하는 과정에서 많은 사람에게 빚을 졌다. 이 자리에서 감사를 전할 수 있어서 기쁘다. 혹시 이 책이 마음에 들었다면 그들을 칭찬해주기 바란다. 마음에 들지 않는 부분이 있다면 모두 내 탓이다.

사랑스러운 아내 캐리는 오랫동안 내가 책을 쓰는 과정을 지켜보며 격려해주었다. 아내에게 감사할 일은 수없이 많지만 특히 그 참을성과 큰 도움이 된 평가, 격려에 감사한다. 사랑해.

두 딸 한나와 레이철은 이 책을 쓸 때 많은 영감을 주었다. 책을 쓰면서 언제나 두 아이를 생각했다. 고맙다, 얘들아.

출판사 하퍼콜린스의 편집자 닉 앰플Nick Amphle은 처음부터 나와 이 책의 성공을 믿어주었다. 대단히 쾌활하고 사려 깊은 편집자인 그는 놀랍도록 균형을 잘 잡는 인물이기도 하다. 좋은 제안을 하고 내가 일에 집중할 수 있도록 적당한 긴장감을 조성하면서도 언제나 완전한 자유를 보장해주었다. 모두가 이런 책을 쓰기 쉽지 않을 거라고 말했지만 앰플 덕분에 정말 좋은 책이 나왔고 나도 즐거운 경험을 했다. 모두 훌륭한 편집자가 내 뒤에 버티고 있었기 때문이다.

에비타스 크리에이티브 매니지먼트Aevitas Creative Management 소속으로 수십 년 동안 나를 대신해 많은 일을 처리해준 에스먼드 햄스워스Esmond Harmsworth가 없었다면 이 책은 나올 수 없었다. 몇 개월간 집필에 관한 계획을 짜고 정리하는 그의 헌신에 정말 놀라지 않을 수 없었다. 협상 방법을 배운 학생인 그의 기술에도 경의를 표한다. 햄스워스는 나를 참으로 적절하게 포장해주었다. 그의 재치와 격려, 출판계에 대한 탁월한 이해 덕분에 이 책을 쓰는 과정이 그토록 즐거웠던 것 아닐까. 나는 모든 저자가 이처럼 훌륭한 대리인과 함께 일할 수 있다면 얼마나 큰 행운일까 생각해본다.

프리랜서 편집자 윌 머피Will Murphy는 제일 먼저 이 책을 쓰는 작업에 동참했다. 전부터 계속해서 비슷한 작업을 함께해준 머피에게 감사를 전한다. 내가 대강의 계획을 펼쳐놓았을 때 다른 사람이 이해하고 공감할 수 있도록 모양을 만들고 다듬어준 인물은 다름 아닌 머피였다. 훌륭한 편집자이기 이전에 정말 마음이 따뜻한 사람인 그를 생각할 때마다 기분이 절로 좋아진다. 그와 함께 일할 수 있었던 건 정말 소중한 특권이었다.

부모님 존 프리먼John Freeman과 지나 프리먼Gina Freeman이 평생 동안 보여주신 사랑과 지원에 아낌없는 찬사를 보낸다. 우리 집에는 내가 4살 때 어머니가 책을 읽어주시는 모습이 담긴 사진이 있다. 나는 어머니를 통해 책과 공부에 관심을 두었다. 훌륭한 독자인 아버지는 내가 이 책을 쓰는 동안 내내 응원해주셨다. 늘 애정을 갖고 격려해준 두 분에게 깊은 감사를 전한다.

내가 태어나서 만난 사람들 중 가장 다정하고 친절하게 나를 격려해준 사람은 바로 동생 캐럴Carol일 것이다. 캐럴은 항상 내 근처에서 다소 과장으로 느껴질 만큼 내 작업을 칭찬해주었고, 그만큼 나는 큰 성취감을 느꼈다. 나는 지금도 동생이 태어난 날을 기억하고 있다. 그때부터 지금까지 캐럴은 내게 가장 큰 선물이다.

내 친척이기도 한 찰스 베이커Charles Barker와 게리 라우시Gary

Lausch 두 사람은 오랫동안 성실하고 너그러운 독자로서 나를 많이 격려해주었다. 또한 무엇보다 내가 우러러볼 만한 삶의 모범이기도 하다. 두 사람의 아내이자 역시 내 친척인 케이트 베이커Kate Barker와 앤 라우시Ann Lausch에게도 깊은 감사를 전한다.

나의 친척 제프 베어풋Jeff Barefoot 역시 언제나 나를 격려해주었다. 그 다정함은 정말 본받고 싶은 품성이다.

나의 사촌 엘리자베스 레서Elizabeth Lesser는 오랜 세월 많은 도움을 주었고, 넓은 마음으로 나를 대해주었다. 잘 알려진 작가인 레서는 글을 쓰는 입장에서 내가 본받아야 할 모범이기도 하다. 레서를 가까운 친척으로 둘 수 있었던 것은 행운이었다.

뉴욕대학교 경영대학원의 스티브 블레이더Steve Blader와 멀리사 실링Melissa Schilling은 나에게 많은 가르침을 주었고, 현명한 조언과 격려를 통해 집필에 많은 도움을 주었다. 두 사람의 도움을 받을 수 있어서 참으로 행운이었다.

절친한 친구이자 동료 교수이며 작가인 켄 데이비스Ken Davis는 전부터 내가 책을 쓸 때마다 많은 격려와 조언, 위로를 전했고, 좋은 일이 있으면 축하를 잊지 않았다. 데이비스를 알게 되었기에 나는 인간으로나 작가로 더욱 성장할 수 있었다.

포덤 경영대학원의 스탠리 푹스Stanley Fuchs는 내게 경영대학원 교수로 전업하도록 권했고, 내가 처음으로 협상 기술을 가르치도록 길을 터주었다. 아무것도 아닌 내게 기회를 준 그에게 평생 감사할 것이다. 이 책도 그의 친절한 도움이 없었다면 세상에 나오지 못했을 것이다. 오래전 세상을 떠난 그의 평안을 빈다.

뉴욕대학교 경영대학원의 데이비드 로저스David Rogers 덕분에 나는 협상과 갈등 관리를 가르칠 수 있었다. 돌이켜보면 그곳 생활만큼 즐겁고 의미 있었던 시간은 드물었던 것 같다. 로저스가 없었다면 이 책도 완성하기 어렵지 않았을까? 그의 도움을 영원히 잊지 못할 것이다. 그의 평안을 빈다.

컬럼비아대학교 경영대학원의 소개로 나는 협상과 갈등 관리를 가르칠 수 있었다. 아무것도 아닌 나에게 존 도널드슨John Donaldson은 소중한 기회를 주었다. 그가 부여한 기회 덕분에 이 책은 더 충실해졌다. 영원히 갚을 수 없는 빚을 졌다.

컬럼비아대학교 국제공공정책대학원의 안드레아 바르톨리Andrea Bartoli 역시 나에게 많은 기회를 주었다. 나를 따뜻하게 맞아주고 오랫동안 격려해준 바르톨리에게 깊은 감사를 전한다.

여러 경영대학원을 오가며 많은 학생을 만났고 많은 영감을 얻었다. 이 책에 등장하는 도구 대부분도 그 영감을 바탕으로 탄생했다. 또한 덕분에 수많은 실제 상황에서 도구를 확인할 수 있었으며, 귀중한 토론과 흥미로운 설문 조사를 통해 많은 의견을 전달받을 수 있었다. 학생들과의 만남은 언제나 내게 큰 기쁨이다. 오직 이 말만 전하고 싶다. "늘 감사하게 생각한다. 함께했던 시간이 늘 자랑스러울 수 있다면 좋겠다."

갈등 관리 및 협상 분야의 전문가 진 브렛Jeanne Brett은 나를 가장 먼저 따뜻하게 받아준 사람들 중 하나였다. 처음 찾아가자마자 브렛은 내게 많은 자료를 비롯해 현명한 조언과 격려 등을 아낌없이 베풀었다. 이후로도 나를 많이 도와주었고, 내게 조언이 필요할 때마다 참을성 있게 대답해주었다. 이제는 내가 그녀의 친절에 보답하려는 듯 우리 일에 관심을 보이는 사람들을 도우려고 노력한다. 브렛을 알게 되었기에 더 좋은 책이 나올 수 있었다.

CBS에서 협상 교육을 처음 시작한 짐 쿤Jim Kuhn은 오랫동안 나의 훌륭한 스승이었다. 친절하고 관대하며 많은 성취를 이룬 그를 알게 된 것은 정말 고마운 일이었다. 그의 평안을 빈다.

나는 렐라 러브Lela Love, 조시 스털버그Josh Stulberg 두 사람에게 중재에 관해 배우는 과정에서 협상과 갈등 관리에 관심을 갖게 되었다. 그 관심은 지금까지 이어지고 있다. 또한 두 사람의 훌륭한 가르침 덕분에 나는 갈등 관리를 사람들에게 알리고 가르쳐야겠다고 생각하게 되었다. 오랜 시간이 흘렀지만 나는 지금도 두 사람의 가르침에 의지해 일하고 있다. 이 책도 그 결과다.

나는 협상과 갈등 관리를 가르치는 방법에 관해 다른 누구보다도 앤 바틀Ann Bartel에게 많이 배웠다. 바틀은 컬럼비아 경영대학원에서 수업할 때 내가 한 학기 동안 강의를 들으며 교수법을 배우도록 허락했고, 나중에 내가 강의를 맡을 수 있도록 후원해주기도 했다. 내가 이런저런 어려움을 겪을 때도 격려와 지원을 아끼지 않은 덕분에 나는 컬럼비아를 비롯한 다른 대학원에서 경력을 이어갈 수 있었다. 그러다가 마침내 바틀과 공동으로 강의하는 영광도 누렸다. 이 책의 내용 대부분에는 내가 바틀에게 배운 통찰력이 반영되어 있다.

나에게 협상과 갈등 관리 기술을 배운 작가 조시 와이스Josh Weiss는 글쓰기와 출판에 대해 귀중한 조언을 해주었고, 여러 차례 좋은 제안과 통찰력을 제공했다. 또한 나와 함께 가상 BATNA 조사 작업을 했으며, 내가 자신감을 가지고 나아갈 수 있도록 귀중한 의견과 격려를 제공했다. 깊은 감사를 전한다.

처음 함께한 순간부터 지금까지 고라브 미탈Gaurav Mittal은 놀라울 정도로 관대한 모습을 보여준다. 초청 강사로 학생들에게 TTT 계획표에 대해 자주 강의한 그는 이 책에 TTT 계획표에 관한 내용을 실을 때도 큰 도움을 주었다. 그에게 말할 수 없을 만큼 고마움을 느낀다. 미탈 같은 세계적 기업가의 지원은 내가 일을 통해 누릴 수 있는 즐거움 중 하나일 것이다.

밥 라우든Bob Louden, 잭 케임브리아Jack Cambria, 제프 톰슨Jeff Thompson 세 사람은 뉴욕경찰청 인질 협상 부서에서 일한 주요 인사다. 오랫동안 나는 이들을 스승으로 존경하며 모범으로 따랐다. 나는 지금도 세 사람의 가르침과 사례를 학생들에게 소개하고 있다. 또한 그들의 지혜에서 배운 몇 가지 통찰력도 이 책에 담았다.

뉴욕대학교 경영대학원의 존경하는 동료 신시아 프랭클린Cynthia Franklin은 자신의 시간과 노력을 아낌없이 쏟아부어 내게 도움이 될 만한 사람들을 소개해주었다. 그들에게 많은 것을 배웠고, 다시 한번 프랭클린에게 큰 빚을 졌다.

성실한 조사원 엘리 섀클턴Ellie Shackleton은 나를 위해 많은 일을 해주었다. 종종 이 책을 더욱 빛나게 해주는 숨은 보석들을 찾아내곤 했는데, 특히 가상 BATNA와 관련해 의사 결정 과학의 핵심 원칙을 더할 나위 없이 탁월하게 조사했다. 누구에게든 기꺼이 그녀를 추천하고 싶다.

수년 동안 친구이자 동료, 고문, 초청 강사 및 공동 작업자로 함께해온 조 바텔Joe Bartel이 나에게 보여준 모든 친절과 우정에 깊은 감사를 전한다. 그야말로 진정한 신사이자 학자다.

뉴욕대학교 경영대학원의 동료 데이비드 주런David Juran은 내가 가상 BATNA를 생각해낼 수 있도록 끈기 있게 많은 이야기를 해주었고, 중요한 의견과 격려를 아끼지 않았다.

컬럼비아 경영대학원의 동료 시나 S. 아이엥가Sheena S. Iyengar는 내가 가상 BATNA를 구상하던 초기에 귀중한 의견을 제공해주었다. 선택과 우선순위에 대한 유명 전문가인 그의 통찰력은 내게 큰 도움이 되었다. 덕분에 나는 예측에 바탕한 결정을 내릴 때 직면하는 위험을 더 명확하게 정리할 수 있었다. 아이엥가의 현명한 조언에 깊은 감사를 전한다.

컬럼비아 경영대학원의 동료인 밥 본템포Bob Bontempo 역시 오랜 세월 나의 친구이자 스승 역할을 톡톡히 해주었다. 그가 쓴 훌륭한 자료를 읽고 대화한 경험이 이 책에 큰 도움을 주었다. 단순히 그를 곁에서 지켜보는 것만으로도 나는 협상의 기술에 대해 많은 것을 배울 수 있었다.

내 변호사인 닐 로시니Neil Rosini는 이 책의 몇 가지 중요한 지점에서 나를 도와주었다. 법대생에게 고객의 이익을 신경 쓰도록 가르치는 사람으로서 나는 로시니야말로 이상적인 변호사라고 자신 있게 말할 수 있다. 변호사이기 이전에 그는 고객의 요구를 잘 이해하고 기대를 채워주기 위해 애쓰는 진정한 상담가다.

토비 라이스Toby Rice와 그의 동료들을 만나 대화하면서 나는 공급 업체와 협력하기 위한 협상이 얼마나 큰 성공을 거두었는지를 확인할 수 있었다. 내가 강의실에서 하는 교육이 현장에서 정말로 도움이 되었다. 모범적인 지도자인 라이스를 알게 된 것이 정말 자랑스럽다.

존경하는 컬럼비아 경영대학원의 동료 리타 맥그래스Rita McGrath의 참을성과 너그러움에 나는 그저 감사할 따름이다. 맥그래스는 강의와 저술 모두를 통해 내게 많은 것을 가르쳐주었고, 나는 그녀의 지혜나 노력 등 여러 측면에서 그야말로 큰 빚을 졌다.

경영 관련 서적을 출판해 크게 성공한 리처드 앤드루스Richard Andrews는 특별히 시간을 내어 자신의 통찰력을 내게 전해주었다. 이 분야의 신참으로서 그의 관대함과 친절함에 깊은 감사를 전한다.

마음씨 넓은 독자 매니 카치아토레Manny Cacciatore는 이 책이 초고 상태일 때부터 많은 의견을 제공해주었고, 나는 깊은 친절에 크게 감동했다.

프랜즈 월게조겐Franz Wohlgezogen은 "경기 침체를 벗어나는 법"이라는 제목의 탁월한 글을 공동 집필해《하버드비즈니스리뷰》에 발표했다. 몇 년 전 기업이 어려운 시기를 이겨내는 과정에서 협상으로 도움받는 방법을 나와 함께 연구하기로 흔쾌히 승낙해주었고, 여러 대화와 서신 교류를 통해 이 책에 많은 영감을 주었다. 진정한 신사이자 학자 월게조겐과 함께할 수 있었던 것은 내게 크나큰 특권이었다.

오랫동안 나의 스승이자 친구였던 케이트 비타섹Kate Vitasek은 특히 기업의 공급망 분야를 깊이 연구했다. 그의 작업은 나에게 많은 영감을 주었다. 그는 아낌없이 나를 격려하고 여러 분야 전문가들을 추천해주어 이 책을 더욱 풍성하게 만들었다. 또한 나는 올바른 협력을 통해 기업이 달성할 수 있는 놀라운 성취에 대한 이해의 폭을 크게 넓힐 수 있었다.

리즈 엘팅Liz Elting은 참으로 관대하게 많은 지혜와 경험, 그리고 통찰력을 내게 전해주었다. 특히 기업 관련 문서 번역을 주로 하는 트랜스퍼펙트TransPerfect를 세워 이끌고 있는 엘팅의 경력은 여성에게 권한이 주어지면 어떤 성취를 이룰 수 있는지에 대한 나의 관점을 크게 바꿔주었다. 학생과 독자에게 더 큰 희망을 주고 싶다는 나의 의지도 더욱 강력해졌다. 엘팅은 자선 활동 등을 통해 많은 사람에게 희망의 모범이 되고 있다. 이러한 그에게 나는 많은 빚을 졌다.

보니 키스Bonnie Keith는 전략적 조달과 공급망 협상과 관련하여 내가 면담할 수 있도록 관대함과 친절함을 베풀었다. 우리가 무척 흥미롭게 대화한 덕분에 이 책의 내용이 더욱 풍성해질 수 있었다.

미주

들어가는 글

1. https://www.edutopia.org/blog/scaffolding-lessons-six-strategies-rebecca-alber. https://www.niu.edu/citl/resources/guides/instructional-guide/instructional-scaffolding-to-improve-learning.shtml. https://psycnet.apa.org/record/1997-08246-000. "학생들의 학습 지원: 교육적 접근 방식과 문제점들". https://www.diva-portal.org/smash/record.jsf?pid=diva2%3A1163190&dswid=-3339. "여기서 말하는 비계 혹은 발판이란 학생이 자신을 개발할 수 있도록 돕는 현대식 지적 지원 교육 방식이다. 도움을 받은 학생들은 자신의 능력을 넘어서는 작업도 할 수 있다. 여기서 교사는 단순히 지식을 전달하는 게 아니라 대화를 통해 과제에 대한 사고 과정 자체를 이해하고 개발하도록 돕는다." https://link.springer.com/article/10.1007/s12564-016-9426-9. 컴퓨터 기반 학습 환경에서 자기 조절 학습을 위한 지원은 학업 성과에 상당히 긍정적인 영향을 미쳤다. 또한 일반 영역 및 특정 영역 모두에서 이런 지원이 학업 수행에 상당한 영향을 미치는 것으로 나타났기 때문에 장차 자기 조절 학습의 전 과정을 지원할 수도 있음을 시사한다. https://link.springer.com/article/10.1007/s10648-010-9127-6. "교사와 학생 사이의 상호 반응과 지원 효과: 10년 연구 조사 결과 보고", "결국 결과적으로 이런 지원과 도움이 효과적이라는 사실을 알 수 있었다." https://www.igi-global.com/article/multiple-scaffolds-used-to-support-self-regulated-learningin-elementary-mathematics-classrooms/287533. "초등학교 수학 수업에서 자기 조절 학습을 돕는 데 사용되는 다중 지원 방식". ① 다중 지원 방식의 도움을 받은 자기 조절 학습 모형은 수학 학습에서 전통적 교육 모형보다 효과가 좋으며, 디지털 학습 방식의 경우 교재만 제공하는 기존 방식보다 월등한 결과를 냈다. ② 성취도가 높은 학생의 학습 성과는 다른 모든 실험군에 비해 실험군 1이 더 높았다. ③ 자기 조절 학습/계획, 자체 확인, 평가, 성찰, 노력의 5가지 측면에서 실험군 1의 학생들이 실험군 2에 비해 자신감이 높았다. https://ieeexplore.ieee.org/document/6327625. "학부 과정에서 학습 성과에 대한 지원 개념 및 사전 계획 수립 전략의 효과", "이 전략을 사용한 학생들은 전통적인 강의만 경험한 학생들보다 학습 성취도가 높았으며, 많은 학생이 전략 실행에 긍정적으로 반응했다." https://www.tandfonline.com/doi/abs/10.1207/S15326942DN2101_2. "아동의 행동 발달 과정과 조기 양육의 역할", "학술지 《발달신경심리학》에서는 3, 4세부터 어머니와 함께 시간을 보낸 아동이 6세가 되었을 때 작업 기억 및 목표 지향적 놀이 같은 행동 발달에 대한 몇 가지 측정을 했다. 이 연구에 따르면 6세 아동의 작업 기억력과 언어 능력은 3세 때부터 어머니가 제공한 교육적 지원과 관련 있었다. 특히 이 지원은 어머니가 놀이 중에 명시적인 개념 연결

을 제공할 때 가장 효과적이었다. 따라서 본 연구 결과는 어머니의 언어 관련 지원이 아동의 인지 발달에 도움이 되고, 지원의 양과 질 역시 학습 및 행동 발달 과정에 중요하다는 사실을 보여준다.

https://en.wikipedia.org/wiki/Instructional_scaffoldingApplications.

제1부 준비

1. https://www.newspapers.com/image/?clipping_id=57527486. 원문은 다음과 같다. "Everybody has plans until they get hit for the first time." 트위터에는 조금 변형된 형태로 퍼져 있다. https://twier.com/miketyson/status/1052665864401633299?lang=en.

2. https://theblast.com/112540/mike-tyson-says-losing-to-buster-douglas-was-best-day-of-his-lif.

1장 희망을 전하는 3가지 작은 질문

1. 2장에서 살펴보겠지만 다른 종류의 이해관계인 공통의 이해관계를 적는 것도 좋다. 하지만 지금은 간단하게 살펴보자.

2. Woolf, Bob, Friendly Persuasion: My Life as a Negotiator. New York: Putnam, 1990.

3. https://www.espn.com/blog/the-gms-oce/insider/post/_/id/238. "계약 협상에서 그보다 잘 준비한 대리인은 없었다. 그의 자료철에는 모든 관련 정보, 통계, 역사 및 세부 정보가 가득 차 있었다.", "스콧 보라스와의 협상", ESPN, Jim Bowden, 2011. https://www.espn.com/mlb/news/story?id=3039348. "그는 점점 복잡해지는 이쪽 분야에서 한 걸음 앞서기 위해 더 많은 양질의 정보가 필요했기 때문에 1980년대 후반에 새로운 부서를 만들어 통계학자 및 경제학자와 함께 작업을 시작했다.", "스콧 보라스와 그의 고객들", ESPN, Matthew Cole, 2007.

4. https://gideonsway.wordpress.com/2017/03/07/25-ways-to-raise-the-stakes-in-your-script-writing-you-need-to-use. "대본 작가는 자신이 창조한 인물들 주변의 긴장감을 높여 흥분과 불안을 조성하도록 배운다.", "대본을 쓸 때 긴장감을 높이는 25가지 방법", 블로그: 기드온의 대본 작성 요령: 이제 당신도 대본 작가, 2017년 3월 17일.

5. Rackham, N. and Carlisle, J. (1978), "능력 있는 협상가 제1부: 성공하는 협상가의 행동", Journal of European Industrial Training, Vol. 2, No. 6, pp. 6-11. https://doi.org/10.1108/eb002297.

6. 래컴이 연구를 진행한 시기는 1978년이었고 영국 협상가들만 대상으로 조사했기 때문에 지금 실정과 맞지 않는 부분이 있을 수도 있다. 그렇지만 대부분의 협상 작업에서 확인했듯, 주제에 대해 여러 선택 사항을 준비하면 래컴의 주장처럼 큰 도움이 된다.

7. https://www.sciencediplomacy.org/perspective/2012/water-diplomacy. https://www.nytimes.com/1994/10/18/world/israel-and-jordan-sign-dra-of-wide-ranging-peace-treaty.html. "이스라엘과 요르단이 광역 평화 조약 초안에 서명했다", 《뉴욕타임스》, 1994년 10월 18일.

8. Roger Fisher, William Ury, and Bruce Patton, Getting to YES (revised edition). New York: Penguin, 2011, pp. 43-44.

9. 엄밀히 말하면 카터는 다른 분야에서의 공헌도 함께 인정받아 노벨상을 수상할 수 있었다. https://www.nobelprize.org/prizes/peace/2002/press-release.

10. Henry Mintzberg, "관리자의 의무: 이상과 현실", 《하버드비즈니스리뷰》, 1980년 3~4월. Rosemary Stewart ed., 2020, Managerial Work. Philadelphia: Routledge. "관리자의 협상에 대한 광범위한 논의", Linda A. Hill, 2008, "Exercising influence Without Authority: How New Managers Can Build Power and influence", Cambridge MA, Harvard Business Review Press.

11. Hill, Exercising influence Without Authority.

12. https://blog.hubspot.com/sales/6-popular-sales-methodologies-summarized.

    https://mailshake.com/blog/sales-methodologies.

    https://www.forbes.com/sites/georgedeeb/2017/03/01/the-top-3-selling-techniques-which-is-best-for-your-business/?sh=660221574f56.

13. https://www.richardson.com/sales-resources/dening-consultative-sales.

14. https://www.homequestionsanswered.com/do-eskimos-buy-refrigerators.htm.

    https://www.irishtimes.com/news/inuit-need-funds-to-buy-freezers-to-store-game-1.788830.

15. https://hbr.org/2007/11/beyond-vision-the-ability-and. "닭고기가 고유 상표를 내건 고급 제품이 될 수 있다고 누가 생각했을까? 크게 성공한 닭고기 가공 및 재판매 업체 퍼듀팜스는 이 목표를 향해 꾸준히 나아갔다. 프랭크 퍼듀는 1953년부터 1988년까지 최고 경영자로 일하면서 1960년대 시작된 양계 자동화 기술의 발전을 보고 자신의 소규모 가족 회사를 변화시킬 기회를 엿보았다. 빚을 지지 않는다는 전통을 깬 프랭크는 50만 달러의 대출금으로 사업의 완전 자동화를 이루고 소매점 운영에 본격적으로 나서기 시작했다. 그는 자기 회사의 가능성을 보았고, 가능성을 현실로 만들기 위해 위험을 감수했다. 프랭크는 다른 사람들이 불가능하다고 여긴 일을 해냈다. 그는 오랜 세월 특별한 시장성 없이 저렴하게 판매되던 닭고기를 최고의 인기 상품으로 만들었다." "일반 상품을 이 정도 수준으로 끌어올린 성공 사례 중 퍼듀팜스를 능가하는 사례는 없다. 프랭크 퍼듀는 퍼듀팜스의 규모를 3조 2천억 달러까지 끌어올렸다……", Thomas J. Peters and Nancy K. Austin, Passion for Excellence: The Leadership difference, New York: Random House, 1985. https://www.

encyclopedia.com/humanities/encyclopedias-almanacs-transcripts-and-maps/perdue-franklin-parsons-frank. "프랭크 퍼듀", 2022년 11월 15일.

2장 만약을 위한 만능 도구

1. Rackham and Carlisle, "능력 있는 협상가 제1부: 성공한 협상가의 행동", pp. 6-11.

2. Carroll, Jim, "최고의 사랑: 존 콜트레인의 영적인 여정", https://www.jimcarrollsblog.com/blog/2020/12/16/a-love-supreme-the-spiritual-journey-of-john-coltrane. 2020년 12월 15일. "콜트레인은 하루 24시간도 모자란 듯 강박적으로 연습했다. 공연을 다닐 때는 숙박업소의 다른 손님들이 불평할 정도였다. 그러면 콜트레인은 색소폰에 입을 대지 않고 연습하기도 했다. 그렇게 몇 시간 동안 한 음만 연습하다가 색소폰 옆에서 잠드는 것이다." 헨드릭스: 심지어 잠잘 때도 기타와 함께 잠들 정도로 쉬지 않고 연습했다는 기타 연주의 전설. "연습에는 끝이 없다", https://www.studybass.com/lessons/practicing/how-much-to-practice. "지미 헨드릭스는 절대로 손에서 기타를 놓지 않았다. 심지어 화장실이나 욕실에 갈 때도 기타를 들고 갔으니까!"

3. Valley, Kathleen, Interview with Regina Fazio Marcusa, "The Electronic Negotiator", 《하버드비즈니스리뷰》, 2000년 1~2월. "이메일로 협상할 경우 50퍼센트 이상이 제대로 결론에 도달하지 못한다. 하지만 대면 협상을 하면 실패할 확률은 19퍼센트 정도다." Winkler, Claudia, "통찰력: 각 문화 간 상호작용에서 발전하는 가상 협상 기술", https://news.bloomberglaw.com/environment-and-energy/insight-improving-virtual-negotiation-skills-in-cross-cultural-interactions. 2020년 6월 16일. Kurtzberg, Dunn-Jensen, and Matsibekker (2005). 세 사람은 4인 가상 협상에서 친숙함과 유사성을 조종하며 사회 교환(Blau, 1964)과 사회 정체성(Ashforth and Mael, 1989) 이론 모두를 적용했다. 무엇보다 세 사람은 대부분의 가상 협상에서 발생하는 어려움을 강조하며 많은 협상이 교착 상태에 부딪혔다는 사실을 밝혀냈다.

4. Reginald Hudlin, dir. The Black Godfather, Boardwalk Pictures and Makemake, 2019. https://www.netix.com/watch/80173387.

5. 나도 마이라처럼 여행지에서 어려움을 겪을 때 협상에 성공하기를 바라고, 대부분 뜻대로 되었지만 고백하거니와 가끔은 그렇지 못한 경우도 있다. 언젠가 휴가를 맞아 가족과 함께 여객기를 타기 위해 공항에 갔는데, 우리가 타기로 한 저가 항공사의 여객기가 너무 늦게 도착해 공항에서 받아주지 않았다. 결국 항공사는 운항을 취소했고 우리의 휴가 계획도 위기를 맞았다. 나는 즉시 마이라처럼 'I FORESAW IT'을 최대한 활용해 협상에 들어갔다. 하지만 독자들이여, 나의 지식도, 도구를 이용한 준비도, 탄원이나 호소도 아무런 영향을 미치지 못했다. 항공사는 어떤 도움도 주지 않으려 했고, 환불도 번거로운 절차를 거쳐야 했다. 누구라도 근처에 있었다면 내 좌절감을 함께 느꼈을 것이다. 나는 재빨리 비상 계획을

가동해 결국 목적지까지 갈 수 있었다. 그렇다면 나는 협상에 실패한 걸까? 꼭 그렇지는 않다. 만일 담당 직원에게 가서 그저 화내고 소리만 질렀다면 대부분의 경우처럼 해결은 되지 않고 상황만 더 악화되지 않았을까? 재빨리 협상 준비에 들어갔기 때문에 결국 어떤 식으로든 문제를 해결하지 않았을까? 나중에 나는 항공사들이 대개 이런 종류의 문제로 말이 많고, 그날도 해당 항공사를 통해 문제를 해결하기는 어려웠을 거라는 사실을 깨달았다. 다만 'I FORESAW IT'를 통해 내가 모든 가능성을 확인할 수 있었던 건 사실이다. 마이라와 나의 경험은 어려운 상황에서도 'I FORESAW IT'를 사용할 수 있는 방법을 보여준다. 시간이 허락하는 한 최선을 다하는 것이다. 그렇지만 혼자서 어쩔 수 없을 때도 사용할 수 있는 몇 가지 다른 방법이 있다.

3장 기대 이상의 도움

1. Matt Taibi, The Divide: American Injustice in the Age of the Wealth Gap. New York: Random House (2014). 제7장 참조.

2. Hopkins, Michael S. "불가능한 협상은 없다: 친절하고 정직하며 공정한 협상을 선호하고 협상 방법이 독특한 변호사와의 만남", Inc. Magazine, 1989년 2월 1일. https://www.inc.com/magazine/19890201/5526.html.

4장 한눈에 알 수 있는 계획표

1. "어떤 상황에도 흔들리지 않도록 해주는 계획표", https://www.nytimes.com/2006/10/27/sports/football/coaches-use-laminated-game-outlines-for-any-situation.html. 2006년 10월 27일.

2. "손목 부분에 붙어 있는 확인 목록을 보느라 그렇게 팔이 어색하게 구부러진 듯 보인 것 같다.", "역사를 바꾼 버즈 올드린의 달 착륙 장면", 《맨즈헬스》, 2017년 7월 21일. 이 기사는 《타임》에서 선정한 역사상 가장 유명한 사진 1백 장 중 올드린의 달 착륙 사진을 인용하고 있다. https://www.menshealth.com/trending-news/a19527021/buzz-aldrin-story-iconic-moon-photo/:~:text=%E2%80%9CHis%20arm%20is%20bent%20awkwardly,%2C%20it%20did%20everything%20right.%E2%80%9D.

3. "한 장으로 끝내는 훈련과 학습", https://www.masterclass.com/classes/chris-hadeld-teaches-space-exploration/chapters/training-and-learning-one-pagers.

4. 본문 삽화는 아킨도Akindo에서 가져왔고, iStock과 akindostudio@gmail.com을 통해 정식으로 구입했다. https://www.istockphoto.com/search/2/image?mediatype=illustration&phrase=akindo&servicecontext=srp-searchbar-top. 그 밖에 주석에 설명하지 않은 삽화나 그림은 저작권과 무관하게 사용할 수 있다.

5. Roy Lewicki, "퍼시픽 오일", Negotiation: Readings, Exercises and Cases (7th Revised Edition), 2021, New York: McGraw Hill, p. 609.

6. https://www.express.co.uk/life-style/life/844721/the-beatles-lost-millions-manager-brian-epstein-blunders.

7. Peter Brown and Steven Gaines, The Love You Make: An Insider's Story of the Beatles, 1983, New York: New American Library.

8. 3장에서 BATNA에 대해 알아보았다. 6장과 8장에서 적절한 BATNA를 찾는 방법을 더 알아볼 것이다.

9. 주어진 주제에 이런 식으로 점수를 매기는 게 과연 좋은 생각인지 독자로서는 궁금할 수도 있다. "그래, 1백 달러는 1백 점, 90달러는 80점, 80달러는 60점…… 2년 보증은 20점, 3년은 30점……." 그런데 경제학자들이 이 방식을 좋아하고, 독자도 할 수 있다면 해보기를 바란다. 다만 실제로 나를 포함해 많은 사람이 어려워하고 있다. 심지어 경제학 학위가 있는 나로서도 그리 쉬운 일이 아니다.

10. 이 부분에 대해서는 관련 기록을 제대로 찾을 수 없었으나 부디 내 기억력을 믿어주기 바란다.

11. 《컨슈머리포트》 독자라면 무슨 의미인지 잘 알 것이다. 설문 조사를 해보면 수많은 사람이 공식 호텔 객실 요금에서 평균 35퍼센트 이상 할인받았다고 대답한다. AAA 회원 할인, 주말 요금, 무료 아침 식사, '임시' 요금제, AARP 할인, 학생 할인 등 수십여 가지에 달하는 선택 사항을 합한 결과다. 담당자에게 모든 할인 혜택에 관해 물어봐야 하는 것은 아니지만 확인할 수 있을 만큼 확인하는 것이 합리적이고 현명한 행동이다. https://www.consumerreports.org/cro/news/2011/01/how-to-get-a-great-hotel-rate/index.htm. https://www.today.com/news/score-cheaper-hotel-room-wbna19072166. https://www.wral.com/news/local/story/1088875.

12. G. Richard Shell, Bargaining for Advantage: Negotiation Strategies for Reasonable People, New York: Penguin, 2006. 여기서는 다음 내용들을 인용하고 있다. Pruiand Lewis, "양자 협상의 통합 해결 방안 개발". Elizabeth A. Mannix, Leigh Thompson, and Max H. Bazerman, "소규모 집단에서의 협상", Journal of Applied Psychology, Vol 74, No. 3 (1989), pp. 508-517. Gary A. Yukl, Michael P. Malone, Bert Hayslip, and Thomas A. Pamin, "시간 압박과 문제 해결 순서가 통합 협상에 미치는 영향", Sociometry, Vol 39, No. 3 (1976), pp. 277-281.

13. 이런 식의 '묶음'은 자동차 영업 사원들이 흔히 사용하는 '간단하고 포괄적인 거래' 사이에 비용이나 함정을 숨겨 고객을 혼란스럽게 만드는 전략과는 다르다. 《컨슈머리포트》는 자동차 구매자들에게 이렇게 설명한다. "자신이 매월 할부 금액을 얼마나 부담할 수 있을지에만 초점을 맞추다 보면 영업 사원은 자세한 부분을 건너뛸 수 있다. 실제로 새 자동차

의 가격이나 보상 판매, 할부 방식 등에 대한 부분을 마음대로 건너뛸 수 있기 때문에 이 때는 한 번에 하나씩 협상해서 결정해야 한다. 구매자 입장에서는 가장 낮은 가격으로 원하는 새 자동차를 얻는 게 최우선 순위다. 그 점을 먼저 분명히 한 후에야 비로소 다른 문제를 논의할 수 있다. 아니면 하나로 묶어서 거래하더라도 각 부분에 어느 정도 비용이 추가되는지를 확인하라." https://www.consumerreports.org/car-pricing-negotiation/how-to-negotiate-a-new-car-price-effectively-a8596856299.

14. "최고의 휴양지에서 흥정할 수 있을까", Good Housekeeping, 2014년 9월 11일. https://www.goodhousekeeping.com/uk/consumer-advice/money/a544570/top-holiday-destinations-with-markets-haggle-tips.

15. Finkelstein, Lawrence S. "랠프 번치를 추억하며", World Policy Journal, 2003년 가을호, p. 70. https://www.jstor.org/stable/40209877.

16. Northcra, Gregory B. and Neale, Margaret A. "전문가, 비전문가 그리고 부동산: 부동산 가격 결정에 대한 고정 및 조정 관점에 대하여", Organizational Behavior and Human Decision Processes 39, pp. 84–97 (1987). Shell, Bargaining for Advantage: Negotiation Strategies for Reasonable People, New York: Penguin, 2006, p. 159.

17. 2022년 7월 14일 Robert Bontempo와 Seth Freeman의 비대면 대담.

18. Miller, Sterling, "계약서 사례집을 위한 10가지 사항", 2018년 7월 17일. https://sterlingmiller2014.wordpress.com/2018/07/17/ten-things-creating-a-good-contract-playbook.

5장 협상 연습

1. "케네디와 흐루쇼프: 1961년 빈 정상회담", 35:20-25, 2008년 BBC 4에서 방영한 영상의 유튜브 편집본. https://www.youtube.com/watch?v=G2KhwFbIdUc&t=2439s.

2. https://www.history.com/news/kennedy-krushchev-vienna-summit-meeting-1961.

3. Ken T. Trotman, Arnold M. Wright and Sally Wright, "감사인 협상: 개입 방식의 효능에 대한 조사", The Accounting Review Vol. 80, No. 1 (2005년 1월), pp. 349–367.

4. "운동기능수행에대한정신적연습의효과:비판적평가및메타분석".https://journals.sagepub.com/doi/abs/10.2190/X9BA-KJ68-07ANQMJ8?casa_token=eUwPcfaMsnsAAAAA:rQ3cy_ADVh9sKoHwd6qRPH40rXSBqwZApe4u8BkiwGwL5pSyZMSjY5wXhgUHqn_RjpBL7BHAY4Oz. Quinn, Elizabeth, "눈앞에 그리는 시각화 작업과 운동 능력 향상", Verywellfit, 2021년 7월 4일. https://www.verywellt.com/visualization-techniques-for-athletes-3119438. Erica Warren, "시각화 교육은 모든 연령대 학생들의 학업 성취도를 향상시킬 수 있다.", Minds in Bloom, https://minds-in-bloom.com/teaching-visualization-can-

improve.

5. Hannah Jewel, "대통령 후보들의 토론회 준비 방법". https://www.youtube.com/watch?v=F_h8u1LJd2s.

6. 위키피디아, '가상 전쟁 훈련war game' 항목, 2021년 5월 4일. https://en.wikipedia.org/wiki/Military_wargaming.

7. 미국연방항공국, "새로운 비행 훈련 규정", 2016년 4월 14일. https://www.faa.gov/newsroom/faa-issues-new-ight-simulator regulations:~:text=e%20FAA%20now%20allows%20up,FAA%2Dapproved%20aviation%20training%20device.

8. Schoemaker, P, "가상 전쟁 훈련의 필요성", Inc. 2013년 2월 28일. https://www.inc.com/paul-schoemaker/why-you-need-to-play-war-games.html.

9. Andrew Glass, "1961년 6월 3일, JFK와 흐루쇼프의 빈 회담", Politico, 2017년 6월 2일. https://www.politico.com/story/2017/06/02/j-and-khrushchev-meet-in-vienna-june-3-1961-238979. Becky little, "JFK는 아무런 준비 없이 회담에 참석했다", 2018년 7월 18일. https://www.history.com/news/kennedy-krushchev-vienna-summit-meeting-1961.

10. 제프 톰슨 박사는 현재 컬럼비아대학교 병원의 뉴욕주립정신의학연구소 분자영상 및 신경병리학 부서에서 연구 과학자로 활동하고 있다.

11. V. B. Van Hasselt and Romano, S. J., "역할극: 위기 협상 기술 훈련을 위한 최상의 도구", FBI Law Enforcement Bulletin, 73, 12-21, 2004. V. B. Van Hasselt, Baker, M. T., Romano, S. J., Sellers, A. H., Noesner, G. W., and Smith, S., "인질 협상 기술 평가를 위한 역할극 훈련 개발과 승인", Criminal Justice and Behavior, 32, 345–361, 2005. V. B. Van Hasselt, Baker, M. T., Romano, S. J., Schlessinger, K. M., Zucker, M., Dragone, R., and Perera, A. L., "인질 협상 기술 훈련: 훈련 과정 성과에 대한 예비 평가", Criminal Justice and Behavior, 33, 56-69, 2006.

12. Errol Morris, director, The Fog of War: Eleven Lessons from the Life of Robert S. McNamara, 2003. 107분. "제1강: 상대방과 공감하라".

13. Chernow, Ron, Alexander Hamilton, New York: Penguin, 2005.

6장 천천히 힘을 키우며 파고들기

1. https://www.sage.exchange/post/of-negotiating.

2. Livingston, Jessica, Founders at Work: Stories of Startups Early Days, New York: Apress, 2008. Lax, David and Sebenius, James, 3-D Negotiating: Powerful Tools to Change the Game in Your Most Important Deals, Boston, MA, Harvard Business School Press, 2006. 1999년 4월 19일 Harvard Business School Press를 통해 나온 Sebenius, James and

Fortgang, Ron의 "스티브 펄먼과 웹 TV(A)", "스티브 펄먼과 웹 TV(B)"를 바탕으로 했다.

3. Caro, Robert, The Passage of Power: The Years of Lyndon Johnson IV, New York: Vintage.

4. Shell and Moussa, The Art of Woo, New York: Penguin, 2008. Yates, Douglas, The Politics of Management: Exploring the Inner Workings of Public and Private Organizations, San Francisco: Jossey-Bass Business & Management Series, 1985. Jay, Antony, Management and Macciavelli: A Prescription for Success in Your Business, Hoboken: Prentice Hall, 1996.

5. Robert Freeland, The Struggle for Control of the Modern Corporation: Organizational Change at General Motors, 1924-1970, Cambridge (2000), p. 59. David Conwill, "제너럴모터스의 신기술: 1923 쉐보레 C", 2016. https://www.hemmings.com/stories/2016/04/20/copper-cooled-calamity-the-1923-chevrolet-series-c. "역사의 교훈: 공랭식 엔진이라는 신기술이 재앙으로 바뀌다". https://www.motortrend.com/vehicle-genres/copper-cooled-chevrolet-gm-first-major-disaster.

6. 2002년 2월 19일, 2003년 1월 22일. 캘리포니아 어바인에서 한 Max D. Liston과의 대담. David C. Brock, Gerald E. Gallwas 진행, Philadelphia, PA: Chemical Heritage Foundation에서 PDF로 제공.

7. Freeland, p. 59.

8. Shell and Moussa, The Art of Woo, New York: Penguin, 2008. Yates, The Politics of Management, Jossey-Bass; Michael Watkins, Shaping the Game: The New Leader's Guide to effective Negotiating, Harvard Business Review Press (2006).

9. 내가 원하는 상대방을 찾아 협상을 진행하겠다는 것은 상대방과의 대화 직전에 BATNA를 찾는 것과는 다른 개념이다. 첫째, 대부분의 BATNA 개발에는 일반적으로 몇 가지 선택지가 포함되며 그중 일부는 거래가 불가능하다. 예컨대 공권력을 통한 신고나 고소 같은 압박 등이다. 하지만 내가 원하는 방향의 협상은 종종 수십, 수백 혹은 수천 명의 상대로부터 시작된다. 둘째, 이 협상에서는 하나씩 버리는 방식으로 선택하지만 BATNA 개발에는 보통 중지를 모아 여러 가지 중에서 선택한다. 마지막으로, 이 협상에서는 대개 여러 가능성 있는 상대방을 보여주기 때문에 각각의 상대와 추가 협상할 수 있지만 BATNA의 경우 일단 결정되면 상대방과 더 이상 거래하지 않는다.

10. 2022년 1월 28일, 케이트 비타섹 교수와의 대담.

11. 에이미 웹, 『여자의 결혼 공식Data, a Love Story: How I Cracked the Online Dating Code to Meet My Match』, 새로운현재, 2013. 8. 16.

제2부 만남

7장 모두의 승리

1. Shonk, Katie, "협상에서 자신의 몫을 주장할 때: 지나친 요구는 반발을 부른다", 하버드 경영대학원 협상 교육 블로그, 2019년 2월 11일. https://www.pon.harvard.edu/daily/dealmaking-daily/claiming-value-in-negotiation-do-extreme-requests-backfire. 여기서는 Wong, R. S. and Howard, S. (2018)를 인용했다. "반복되는 협상에서 직접 대면 전술을 사용하기 전에 한 번 더 생각하라: 협상 결과와 신뢰 및 인식된 윤리적 행동에 미치는 영향", International Journal of conflict Management, Vol. 29 No. 2, pp. 167–188. https://doi.org/10.1108/IJCMA-05-2017-0043.

2. Hopkins, Michael, "불가능한 협상은 없다: 친절하고 정직하며 공정한 협상을 선호하고 협상 방식이 독특한 변호사와의 만남", Inc. Magazine, 1989년 2월 1일. https://www.inc.com/magazine/19890201/5526.html.

3. 이 부분에 대해서는 하버드대학교 협상 과목 교수 로버트 무킨Robert Mnookin의 도움을 받았다. Mnookin, Robert, Good for You, Great for Me: Finding the Trading Zone and Winning at Win-Win Negotiation. New York: PublicAffairs, 2014.

4. 예를 들어 업계 소식지에 가격이 105달러로 소개되었다고 상상해보자. 아래에서 논의할 이유 때문에 가격은 그보다 약간 낮게 최고 목표치를 1백 달러로 설정했다. 따라서 처음 제안할 때 이렇게 말한다. "내 제안은 105달러입니다. 알고 있겠지만 업계에서는 우리 제품과 같은 제품이 통상 최대 105달러에 판매되고 있습니다."

5. 절충할 수 없는 주제에 대해 최선의 목표를 제시하는 쪽이 더 현명할 수 있다. 그렇지만 경우에 따라 절충된 제안을 포함하는 것이 더 합리적일 수 있다.

6. "내가 계산한 목표 가격이면 영업 사원이 적당히 이득을 볼 수 있다. 따라서 내가 제안한 제안에 공정한 이득이 포함되어 있다고 영업 사원을 안심시킨다.", Linkov, Jon, "신상품 자동차를 효율적으로 구매하는 협상법", Consumer Reports, 2021년 7월 26일. https://www.consumerreports.org/car-pricing-negotiation/how-to-negotiate-a-new-car-price-effectively-a8596856299.

7. 1963년 8월 28일, 워싱턴D.C., 마틴 루서 킹 주니어 연설, "나에게는 꿈이 있습니다".

8. Adam Grant, Give and Take: Why Helping Others Drives Our Success, New York: Penguin, 2013.

8장 들어주는 사람이 돼라

1. 〈모아나〉. 2016년 픽사 제작, 상영 시간 107분.

2. Marshall Rosenberg, Non-Violent Communication: A Language of Life: Life-Changing Tools for Healthy Relationships, pp. 502–18, Encinitas, CA: PuddleDancer Press, 2015; Alan Seid, 팔레스타인 난민촌을 찾아간 마셜 로젠버그의 일화. https://www.youtube.com/watch?v=SjIHSo8sALE.

3 "상사는 정말 내 말을 듣고 있을까? 직무 소진, 이직 의도, 조직적 시민 행동에 대한 상사의 경청이 미치는 영향", Journal of Business Ethics, Vol. 130, pp. 509–24 (2015). https://link.springer.com/article/10.1007/s10551-014-2242-4.

4 "육군 지휘관 교리를 보면 더 나은 계획과 결정을 내리기 위해 부하들의 의견을 경청하는 일의 중요성이 잘 강조되어 있다. 능동적인 경청은 부하의 언어적, 비언어적 의사 전달을 잘 포착하는 데 도움이 된다. 부하의 의중을 충분히 포착하기 위해 지휘관은 말하는 내용을 들으며 부하의 태도를 관찰한다. 적극적 경청은 '의사소통'을 통한 지도력에 필수적인 요소다.", Cummings, Joel P., "적극적인 경청: 지휘관의 자질". https://www.benning.army.mil/armor/EArmor/content/issues/2012/NOV_DEC/Cummings.html. 또한 위키피디아의 '경청' 항목을 확인할 것. "적극적인 경청은 지역 사회 조직과 교육계, 의료계, 상담, 관리 등 다양한 상황에서 사용된다.". https://en.wikipedia.org/wiki/Active_listening-cite_note-Mineyama_et_al_2007-32 counseling. https://en.wikipedia.org/wiki/Active_listening-cite_note-Levi_2001-2. https://en.wikipedia.org/wiki/Active_listening-cite_note-33 settings. 집단 안에서라면 경청은 합의에 도달하는 데 도움이 될 수 있다. 일상적 대화나 잡담의 경우 서로의 이해를 도울 수도 있지만 때로 사소한 잡담에 참여하지 않고 듣기만 하는 사람은 잘난 척하는 듯 보일 수도 있다.

5. Douglas Noll, De-Escalate: How to Calm an Angry Person in 90 Seconds or Less (2017).

9장 말은 부드럽게, 행동은 단호하게

1. Rackham and Carlisle, "능력 있는 협상가 제1부: 성공한 협상가의 행동", pp. 6–11.

2. 추가 설명: 대부분 역효과를 내긴 하지만 항상 그런 것은 아니다. 나는 이 '짜증 유발 요소'를 특별하게 사용하는 사람도 알고 있으며, 실제로 효과를 보는 사람도 있다. 이 요소는 상대방을 자극해 궁지로 모는 마지막 한 방 역할을 하기도 한다. "그러니까 시드와 다시는 말도 하지 말자고. 다들 알겠지?" 하지만 정작 이런 말이 나오도록 만든 시드는 여유만만한 모습으로 이렇게 말할지도 모른다. "그런데 우리는 왜 계속 거래에 실패할까? 아마도 브래드 너 때문이겠지. 절대로 내가 잘못한 게 아니라.".

3. Rackham and Carlisle, "능력 있는 협상가 제1부: 성공한 협상가의 행동", pp. 6–11.

4. William R. Miller, "동기를 부여할 수 있는 대담과 극적 변화", 2014년 9월 24일. https://www.youtube.com/watch?v=2yvuem-QYCo.

5. Mohammadreza, Bahrani and Rita, Krishnan, "ADHD 아동의 뇌파를 변화시키는 요가 치

료법의 효능", Asian Journal of Development Matters, 2011, Volume 5, Issue 3, p 41. https://indianjournals.com/ijor.aspx?target=ijor:ajdm&volume=5&issue=3&article=007. 흥미로운 일이지만 노래 역시 기분을 편안하게 만들어줄 수 있다. 예컨대 운전이나 스키, 아니면 약간 위험한 작업을 수행할 때 효과가 있다. 다만 협상 중 노래를 부르는 건 권장하지 않는다! Grape, Christina, et al., "노래가 안정을 가져다줄까?: 노래 수업 중 직업 가수와 취미로 노래를 부르는 사람들에 대한 연구", Integrative Physiological & Behavioral Science, 2002년 1월. https://link.springer.com/article/10.1007/BF02734261.

6. Kühberger, Anton, "위험한 결정에 대한 틀짜기의 영향력에 대해: 메타 분석", Organizational behavior and human decision processes 75, no. 1 (1998): 23-55. "결과적으로 조건들 사이의 전반적인 틀짜기 효과는 적거나 중간 정도로 나타났다." https://www.sciencedirect.com/science/article/abs/pii/S0749597898927819. 또한 다음을 참조할 것. Williams, Gary and Miller, Robert, "설득의 방법 바꾸기", 《하버드비즈니스리뷰》, 2002년 5월. "5가지 의사 결정 방식 각각에 호소할 수 있는 방법을 연구한다. 그중 일부는 신중하고 또 일부는 새로운 제안을 선호한다." https://hbr.org/2002/05/change-the-way-you-persuade.

10장 네 글자로 설득하라

1. https://www.tailstrike.com/281278 (pdf).

2. https://en.wikipedia.org/wiki/United_Airlines_Flight_173In_popular_culture.

3. Gerard I. Nierenberg, Art of Negotiating, Pocket Books (1968).

4. Gordon, Suzanne, Mendenhall, Patrick, and O'Connor, Bonnie Blair, Beyond the Checklist: What Else Health Care Can Learn from Aviation Teamwork and Safety, Ithaca, ILR Press, 2012.

5. 1991년 5월 24일 기장 얼 헤인스. "유나이티드 항공 232편", 2013년 6월 4일 NASA 드라이든 항공 연구소 강연용 자료용으로 재편집.

11장 적대감을 화합으로 바꾸는 기술

1. Yates, Douglas, The Politics of Management, Jossey-Bass, 1985, p. 169.

2. Ambrose, Stephen E., Supreme Commander: The War Years of General Dwight D. Eisenhower, p. 324, New York: Anchor, 2012.

3. Neustadt, Richard, Presidential Power and the Modern Presidents: The Politics of Leadership from Roosevelt to Reagan, New York: The Free Press: 1991. "이른바 결정, 발표, 방어Decide, Announce, Defend, DAD 방식은 불확실한 명령 구조 속에서 협력 여부를 선

택할 수 있는 많은 사람이 관여하는 복잡한 상황에는 적합하지 않다. 교통 문제, 식수, 연료, 폐기물, 전력 혹은 자연재해 관리 같은 경우 DAD 접근 방식은 아무리 좋은 제안이라도 저항을 불러올 수 있다. 저항이 있으면 대응이 필요하기 때문에 시간과 자원이 소모된다. 저항을 극복하고 자신의 제안이나 해결책을 방어하는 데 소요되는 시간과 노력은 종종 계획 포기로 이어진다. 따라서 일반 대중을 참여시키면 DAD가 '결정, 발표, 방어, 포기 Decide-Announce-Defend-Abandon, DADA'가 되는 것을 막을 수 있다.", 사회과학에 대한 유럽연합의 행동 계획, "방법: 결정, 발표, 방어".

4. Mintzberg, Henry, "관리자의 의무: 이상과 현실", 《하버드비즈니스리뷰》, 1980년 3~4월. Stewart, Rosemary ed., Managerial Work, London: Routledge 1998(관리자의 협상에 대한 광범위한 논의).

5. Yates, Douglas, The Politics of Management, Jossey-Bass, 1985, p. 170-77.

6. "협상 관련 연구에 따르면 협상 당사자들이 높은 수준의 절차적 정의를 인식할 때, 즉 양측이 계약에 명시된 결과와 이어지는 협상 과정에 적극 참여하고 그 과정이 공정하다고 생각하는 경우 해당 계약을 체결하는 데 더 많은 노력을 기울이는 것으로 나타났다.", E. C. Tomlinson and Lewicki, R. J., "계약 체결을 위한 협상", Journal of Strategic Contracting, 2015.

7. Lind, Allen and Tyler, Tom, The Social Psychology of Procedural Justice, New York: Plenum Press, 1988.

8. Vitasek, Kate, Crawford, Jacqui, Nyden, Jeanee, and Kawamoto, Katherine, The Vested Outsourcing Manual: A Guide for Creating Successful Business and Outsourcing Agreements, New York: Palgrave MacMillan 2011. https://www.vestedway.com.

9. "수업 중 다른 용도의 노트북 사용은 자신은 물론 주변 학생들의 학습까지 방해한다.", Computers& Education, Vol. 62, March 2013, pp. 24-31. https://www.sciencedirect.com/science/article/pii/S0360131512002254.

10. "25명의 의원들과 질서 세우기: 발언 막대기", Wall Street Journal, 2018년 1월 22일. https://www.wsj.com/livecoverage/shutdown/card/UjoCRLQIOZpSO5JeqsUH.

11. 연구에 따르면 의사는 평균적으로 환자가 증상을 설명하기 시작한 후 23초가 되기 전에 말을 끊는다고 한다. 의사가 90초 이상을 기다리면 환자들은 훨씬 높은 만족감을 느낀다. 또한 의사가 적극적으로 경청하는 습관을 들이면 병의 경중에 상관없이 회복 속도가 평균 20퍼센트 이상 빨라진다. Trzeciak, Stephen, and Mazzarelli, Anthony, Compassionomics: The Revolutionary Scientific Evidence at Caring Makes a difference, Studer Group, 2019.

12. "2월 15일 오늘의 역사: 의회에서 소란을 일으킨 로저 그리스월드Roger Griswold 의원", Kim Sheridan, connecticuthistory.org. https://connecticuthistory.org/roger-griswold-starts-a-brawl-in-congress-today-in-history.

13. Williamjames Hull Hoffer, The Caning of Charles Sumner: Honor, Idealism, and the Origins of the Civil War, Baltimore: Johns Hopkins University Press, 2010.

14. 상원의 예의와 존중과 관련해 조 매카시Joe McCarthy 의원을 비난하는 결의안을 채택한 버몬트주 상원 의원 랠프 샌더스Ralph Sanders의 이야기를 들어보자. "12년 동안 상원 의원을 지내면서 신체적 폭력이나 비슷한 위협에 의존한 사례가 없었다. 상원 같은 전통이 부족한 일부 하원 의원들 사이에서는 드물지만 가끔씩 신체적 접촉이 발생한다.", Flanders, Ralph, Senator from Vermont, Boston: little, Brown and Company, 1961. "미합중국 상원의 예의와 원칙"에서 인용. https://www.senate.gov/about/origins-foundations/idea-of-the-senate/1961Flanders.htm.

15. Brooks, James, Ena Onishi, Isabelle R. Clark, Manuel Bohn, and Shinya Yamamoto, "공동의 적에 대한 단합: 집단 위협을 감지하면 침팬지 집단의 결속력이 높아진다", PloS One 16, no. 2 (2021): e0246869. https://www.ncbi.nlm.nih.gov/pmc/articles/PMC7904213. 여기서는 Hamilton, W. D를 인용하고 있다. "인간의 타고난 사회적 적성: 진화 유전학적 접근", In: Fox, R.(ed.), ASA studies 4: Biosofficial anthropology. (1975). Choi, Jung-Kyoo, and Samuel Bowles. "편협한 이타주의와 전쟁의 공진화", Science 318, no. 5850 (2007) 636-40. Radford, Andrew N., Bonaventura Majolo, and Filippo Aureli, "집단 사이의 갈등으로 인한 집단 내부의 행동의 결과: 전향적 검토", Proceedings of the Royal Society B: Biological Sciences 283, no. 1843 (2016): 20161567.

16. Allport, Gordon W. The nature of prejudice, Addison-Wesley. Reading (1954).

17. 존 F. 케네디 대통령 기념 도서관 및 박물관. 1960년 대통령 선거 결과 34,226,731 (49.7%) v. 34,108,157 (49.5%). https://www.jlibrary.org/learn/about-j/life-of-john-f-kennedy/fast-facts-john-f-kennedy/1960-presidential-election-results.

18. "JFK의 연설은 50년이 지난 지금도 기억되고 있다", NPR, 2011년 1월 11일. https://www.npr.org/2011/01/18/133018777/js-inaugural-speech-still-inspires-50-years-later.

19. https://www.goodreads.com/quotes/938848-what-general-weygand-called-the-battle-of-france-is-over.

20. Rackham and Carlisle, "능력 있는 협상가 제1부: 성공한 협상가의 행동", pp. 6-11.

21. 경고: 공통된 이해관계 같지만 실제로는 그렇지 않은 경우를 나열하기 쉽고, 그렇게 되면 위험하다. 결국 갈등으로 이어지는 많은 경쟁적 이해관계를 공통된 이해관계로 착각하기 쉽다.

    '원가 이전'(하지만 누군가는 부담해야 하는데?)

    '이익'(하지만 누군가는 손해를 본다면?)

    '책임 전가'(하지만 누군가에게 책임이 전가되는데?)

    '위험 감소'(하지만 누군가의 위험은 증가하는데?)

착각하기 쉬운 또 다른 이해관계는 이른바 '병행 이해관계Parallel Interest'로, 각자가 원하지만 상대방의 도움 없이 얻을 수 있다. 명확한 설명 없이 이런 이해관계를 언급하면 상대방은 냉소적인 분위기를 느끼게 된다. 예를 들어보자.

'더 높은 수익'

'더 나은 현금 유동성'

'불필요한 시간 낭비 방지'

공동의 목표라는 사실을 강조하면 때로 각자의 이해관계를 공통된 이해관계로 바꿀 수 있다.

"서로 나눌 수 있는' 더 높은 수익'

"서로에게 도움이 되는' 더 나은 현금 유동성'

"각자의' 불필요한 시간 낭비 방지'

"모두를 위한' 원가 이전'

"모두를 위한' 수익'

"문제가 있는 제삼자에게로' 책임 전가'

제3부 결정

1. https://www.nytimes.com/2009/10/17/business/17martha.html.

2. Luo, Michael, "실례지만 자리를 양보해주실 수 있을까요?",《뉴욕타임스》, 2004년 9월 14일. https://www.nytimes.com/2004/09/14/nyregion/excuse-me-may-i-have-your-seat.html.

12장 손안의 1마리와 덤불 속 3마리

1. Bloom, Harold and Hayes, Kevin, Benjamin Franklin, InfoBase Publishing 2008.

2. 이 부분에 대해서는 데이비드 주런, 조시 웨이스, 시나 S. 아이엥가 등 여러 관련 전문가의 도움을 받았다.

3. 이 가상 BATNA는 '가장 가능성 있는 대안Most Likely Alternative to a Negotiated Agreement, MLATNA'과는 개념이 약간 다르다. MLATNA는 소송 합의 협상에서 중재자가 가장 많이 사용하는 용어다. 협상에서 중재자는 소송 당사자가 합의하지 않을 경우 재판에서 받을 가능성이 가장 높은 판결에 관해 조언한다. 예컨대 '1백만 달러 배상을 받기 위한 소송을 제기했지만 상대방의 50만 달러 배상 제안을 거절한다면 재판에서 이겨도 30만 달러 정도만 배상받을 수 있다.' 같은 조언이다. 앞으로 살펴보셨지만 MLATNA는 가상

BATNA가 고려하는 위험 감수 범위는 고려하지 않기 때문에 불완전한 해결책이다. 가장 가능성 높은 결과가 반드시 최종 결과가 아닐 수 있기 때문에 위험 감수는 중요한 문제다. 예를 들어 예상되는 최악의 경우를 견딜 수 없거나 최선의 경우를 놓치는 것을 견딜 수 없는 때 MLATNA에 따라 잘못 판단할 수도 있다. 또한 이와는 별개로 MLATNA는 보통 어떻게 결정되었는지 명확하지 않은 조언자 한 사람의 불분명한 추정치로 구성된다. 반면 가상 BATNA는 스스로 결정하기 위해 취할 수 있는 간단한 단계를 설명하는 결정 방식이다.

4. 통계학자들이 높이 평가하는 위험 평가의 선험적 방법이라고 불리는 방식이다. 동전 던지기가 과거의 던지기 결과에 의존하지 않는 것처럼 선험적 방법은 과거 사건이 미래 사건을 결정한다고 가정하지 않기 때문에 현재와 전문가의 기대에 관해 뭘 배울 수 있는지 집중한다.

5. 보험 회사가 높이 평가하는 사후 위험 평가 방법 사례다.

6. Russo, Jane Wollman, "찰리 멍거: 버핏의 가장 무서운 적수", ThinkAdvisor, 2015년 9월 24일. https://www.thinkadvisor.com/2015/09/24/charlie-munger-bues-abominable-no-man.

7. 실제로 버핏과 멍거는 예상이나 예측을 중요하게 여기지 않았고, 최악의 경우가 발생할 때 상황이 어떻게 될지를 묻곤 했다.

8. 예컨대 최대 최대기준Maximax에 따른 결정이 있다. 가장 긍정적인 예상 결과에 따른 최대 가치를 만들어내는 선택이다. 예를 들어 선택 1이 3만 달러에서 7만 달러 사이, 선택 2가 4만 달러에서 6만 5천 달러 사이라면 선택 1을 고른다.

9. 최대 최소기준Maximin에 따른 결정. 가장 비관적인 예상 결과에 따른 최소 가치를 만드는 선택이다. 선택 1이 3만 달러에서 7만 달러 사이, 선택 2가 4만 달러에서 6만 5천 달러 사이라면 선택 2를 고른다.

10. 예컨대 라플라스Laplace 기준에 따른 결정은 동일 가중 평균에 따른 결정이며, 후르비츠Hurwicz 기준에 따른 결정은 조정 가중 평균에 따른 결정이다. 선택 1이 3만 달러에서 7만 달러 사이, 선택 2가 4만 달러에서 6만 5천 달러 사이라면 그 평균은 5만 달러에서 5만 2천 5백 달러 사이다. 라플라스 기준에 따르면 선택 2를 골라야 한다. 후르비츠는 계산이 더 복잡하다.

11. '후회가 가장 적은Savage Regret' 기준에 따른 선택. 2가지 선택지의 최선의 결과와 최악의 결과를 각각 교차 비교해 차이가 적은 쪽, 후회가 적은 쪽을 선택한다. 예컨대 선택 1이 3만 달러에서 7만 달러 사이, 선택 2가 4만 달러에서 6만 5천 달러 사이라면 선택 2를 골라 최악의 상황이 되고, 선택 1을 골라 최선의 상황이 되었을 때의 차이가 3만 달러다. 선택 2를 골라 최선의 상황이 되고 선택 1을 골라 최악의 상황이 되면 차이는 3만 5천 달러다. 이 경우라면 선택 2를 고른다.

12. Cnet.com/news/what-would-happen-if-moores-law-did-zzle. "무어의 법칙이 끝날 때 몇 년마다 전자 제품을 교체하는 소비자에 의존하는 기업, 장기적인 계획이 더 빠른 컴퓨터, 더

저렴한 저장 공간 및 더 나은 대역폭이 있는 구글 같은 첨단 기술 기업이 가장 큰 타격을 받는다."

13. "법정 다툼보다 합의가 낫다", 《뉴욕타임스》, 2008년 8월 7일. hhp://www.nytimes.com/2008/08/08/business/08law.html.

13장 예/아니요 계기판

1. "제2부: 좋아하는 음악가의 파산 이유", 0:00-3:53. https://www.youtube.com/watch?v=o7OZLFGEDiI.

2. "주얼은 어려운 형편에도 1백만 달러 제안을 거부했다", Joe Rogan Experience, https://www.youtube.com/watch?v=DTGtC7FC4oI. "주얼이 밝힌 1백만 달러 계약 제안 거부 이유", Dunn, 2017년 8월 5일, ABC 방송. https://abcnews.go.com/Business/jewel-talks-human-growing-career-slowly/story?id=598431:~:text=%22Do%20I%20want%20to%20be,bonus%20as%20a%20homeless%20kd.%2.

3. Nalebuff, Barry, "우리가 사업을 못 하는 이유", Yale Enterprise Institute. 인터넷 방송. 2009년 7월 23일. https://archive.org/details/podcast_yale-entrepreneurial-institute_why-you-shouldnt-be-an-entrep_1000085214450.

4. Bailey, Dave, "너무 이른 성공이나 기회의 폐해", Inc.com, 2017년 4월 11일. https://www.inc.com/dave-bailey/why-raising-money-early-is-a-terrible-idea-and-what-to-do-instead.html. "사업 초창기 너무 이른 자금 마련은 오히려 독이 될 수도", Varun. https://www.toucantoco.com/en/blog/fundraising-too-quickly-can-negatively-affect-the-growth-of-your-startup. "사업 초창기 너무 이르거나 과한 자금 마련은 사업 실패로 이어진다", Fuld, Inc.com. https://www.inc.com/hillel-fuld/why-raising-too-much-capital-or-raising-too-early-can-lead-to-failure-of-your-startup.html. https://www.startupgrind.com/blog/why-your-startup-doesnt-need-signicant-if-any-early-stage-funding-to-succeed.

5. Christiansen, Clayton, Alton, Richard, Rising, Curtis, and Waldeck, Andrew, "인수 합병을 위한 새로운 안내서", 《하버드비즈니스리뷰》, 2011년 3월. https://hbr.org/2011/03/the-big-idea-the-new-ma-playbook. Kenny, Graham, "인수 합병 작업 시 흔히 저지르기 쉬운 실수", 2020년 3월 16일. https://hbr.org/2020/03/dont-make-this-common-ma-mistake:~:text=According%20to%20most%20studies%2C%20between,integrating%20the%20two%20parties%20involved.

6. 미국연방통상위원회, "할인 판매의 함정", 2019년. https://consumer.c.gov/consumer-alerts/2019/12/going-out-business-sales-what-know. "관광객을 노리는 15가지 함정과 대비책", Ranker, 2021년. https://www.ranker.com/list/local-tourist-traps/blue-velvet.

7. 455: "유럽연합의 위기/제3막: 어째서 이런 일이!". https://www.thisamericanlife.org/455/

transcript.

8. https://en.wikipedia.org/wiki/Buchwald_v._Paramount. 부흐발트Buchwald와 파라마운트 영화사 사건. 영화 대본 작가 부흐발트는 파라마운트 영화사가 자신의 대본을 표절해 영화를 제작했고, 따라서 영화 상영 수익의 일부를 자신에게 지급하라는 소송을 걸었다. 재판 단계에서 파라마운트는 '할리우드식 계산법'으로 유명한 '정직하지 못한' 계산법으로 영화 수익을 계산했고, 따라서 극장 수익만 2억 8천8백만 달러에 달하는 이 영화는 '순수익'이 거의 없어 부흐발트에게 지급할 돈도 없다고 주장했다.

9. Vitasek, Kate, Manrodt, Karl, Kling, Jeanne, and DiBenedeo, William, "성공 사례 연구: 델과 페덱스의 공급망 개선을 통한 관계 재설정", 테네시대학교 하슬람경영대학.

10. Hopkins, Michael S., "불가능한 협상은 없다: 친절하고 정직하며 공정한 협상을 선호하고 협상 방식이 독특한 변호사와의 만남", Inc. Magazine, 1989년 2월 1일.

11. Mnookin, Robert, Bargaining with the Devil: When to Negotiate, When to Fight, New York: Simon & Schuster (2011).

14장 모든 도구를 한자리에

1. "공급망 금융". https://pgsupplier.com/supplychainnancing. "P&G 공급망 금융", Harvard Business School Publishing case (2016) 216039-PDF-ENG. "P&G 공급망 금융 비용 50억 달러", Dunbar, 2018년 9월 9일. https://www.eurofinance.com/news/supply-chain-nance-yields-5-billion-for-pg. "막대한 자금 유동성과 생산성 향상을 위해 사용한 대규모 공급망 금융 계획", 시티뱅크 사례 연구. https://www.citibank.com/s/insights/case-studies/procter-gamble.html.

2. "P&G의 공급망 금융" 사례는 중소기업에 더 긴 지급 기간 조건을 요구하는 윤리적 문제에 대해 경고하고 있다. "미국과 유럽연합은 소규모 공급 업체들에 대해 대기업들이 대금을 더 빨리 지급할 수 있도록 하는 지침을 발표했다." 이 사례는 SCF가 과연 윤리적인지 여부를 모호하게 만들며, 공급 업체들이 부담하는 특정 조건, 요용, 위험에 따라 결정된다. 다시 말해 하드 데이터+소프트 스킬을 적절하게 사용하기 위해서는 이 요구 사항들을 확인해야 한다. 2018년 EuroFinance.com에 실린 한 기사는 이 문제를 인정하고 SCF에 긍정적인 견해를 제시한다. "이런 지급 조건 연상은 중소기업에 미칠 영향과 관련하여 여러 우려와 비판을 불러일으켰다. 일부에서는 기업과 사회의 책임 지침에 따라 지급 기간 연장을 감점 요인으로 간주해야 한다고 주장하는데, SCF는 이러한 비판을 완화하는 한 가지 방법이다.". https://www.eurofinance.com/news/supply-chain-nance-yields-5-billion-for-pg. 2018년 Seidman Business Review 기사, "공급망 금융 관행이 널리 받아들여져야 하는가?" 이 기사에서 Roy McCammon은 SCF는 잘 활용하면 고객과 공급 업체 모두에 도움이 될 수 있지만 SCF가 고객의 실질적인 노력을 필요로 할 수도 있다고 지적했다. "SCF 관행 채택은

간단한 문제가 아니며 구매 기업의 잠재적 이익을 분석하고 처리하는 데 시간이 필요하다. 또한 계획, 개발, 실행에 대해 기업의 각 부서가 어떻게 협력하는지도 중요하다." Kerle, P. (2009), "공급망 금융-점점 커지는 필요성", Corporate Finance Review, 14(2)에서 Kerle는 세계에서 가장 규모가 큰 기업을 대표하는 1천 명 이상의 재무 담당 이사를 대상으로 한 설문 조사를 통해 이 기업들의 약 3분의 2는 구매자와 공급 업체가 얼마나 많은 혜택을 얻을 수 있는지 분명하지 않기 때문에 SCF 채택을 주저한다고 설명했다. SCF에 대한 조사나 학술적 연구는 충분히 진행되었지만, 현장 실무자들이 참고할 수 있는 정보가 제한적이기 때문에 실제로 SCF가 채택되는 데 어려움이 있는 것 같다(Gelsomino et al., 2016). 특히 Luo and Zhang (2012)의 논문을 보면 상업 신용, 예컨대 대금이 결제되지 않은 기간 동안에도 운영이 계속되는 상황에서 공급망을 유지하는 이점을 연구했고, 이 방식의 신용 관리가 공급망 유지에 큰 도움이 되는 원천이라고 결론 내렸다. 예를 들어 경영이 안정되어 있는 구매자는 거래 신용을 통해 신생 공급 업체를 재정적으로 지원하여 상호 이익을 얻을 수 있다. 그렇지만 논문의 두 저자는 그 이점이 공급망 전체에서 사용할 수 있는 정보에 달려 있음을 보여준다. 관련 당사자 간의 비대칭 정보는 다소 부족한 해결책으로 이어질 수도 있다. 동일한 논리에 따라 Hofmann and Kotzab(2010)은 철저한 현금 지급 방식에 대한 협력적 접근 방식 혹은 공급망 지향 접근 방식이 "최적의 해결책으로 이어지는 반면, 공격적인 행동, 즉 공급망을 통해 미수금 회수 기간을 줄이고 결재를 빨리 처리하라는 압박이 관련 조직에 부정적인 영향을 미칠 수 있다는 사실을 보여주었다." 이 주장은 이 책에서 설명하는 내용과 일맥상통한다. 이른바 '공급자 지급SupplierPay'이라는 제도를 통해 대금을 공급자에 빨리 지급하도록 촉구하는 미국 정부의 노력은 생각처럼 큰 효과를 발휘하지 못할 수도 있다. 한 회계법인의 주장처럼 "소규모 공급 업체들을 위한 일종의 지속 가능하고 쉽게 접근할 수 있는 금융 제도가 없다면 이 공급자 지급 제도는 비효율적이다. 공급망 금융 방식은 양측 기업이 모두 동의하는 방식으로 결제 기간을 연장하도록 지원할 수 있지만 정부는 이를 홍보하기 위한 노력을 거의 하지 않는다."

3. Agustin Gutierrez et al., "한 단계 높은 공급 업체와의 협력 관계", McKinsey & Company, 2020년 7월, p. 2.

4. https://www.vestedway.com/wp-content/uploads/2018/05/Intel-DHL-EMEA-TEACHING-case-study.pdf. "DHL은 어떻게 역물류를 위한 외부 위탁 모형을 만들었나?", 2017년 11월 12일. https://www.youtube.com/watch?v=OwjbH4ATui8. "정확하고 자동화된 재고 확인 제공", 인텔 백서

5. "고물가 상승 시대: 공급망 관리의 대혼란", A. T. Kearney, 2018년 11월 6일. https://www.kearney.com/procurement/article/?/a/high-ination-uncharted-waters-for-supply-management.

6. "물가 상승: 당황하지 말고 공급 업체와 협상하라", Weissman, 2021년 8월 26일. https://www.supplychaindive.com/news/supplier-negotiations-procurement-ination/605380.

Brown, A. B., "스타벅스, 사전 커피 구매로 경쟁력 확보", 2021년 7월 29일. https://www.supplychaindive.com/news/starbucks-says-advance-coee-purchasing-helps-it-stay-competitive/604127. Ibáñez, Patricio et al, "고물가 시대에 살아남는 법", 2022년 1월 13일. https://www.mckinsey.com/business-functions/operations/our-insights/how-to-deal-with-price-increases-in-this-inationary-market. "물가 상승과 시장변동에 대한 대응: 공급망이 중요하다", 2021년 7월 19일. https://www.mckinsey.com/business-functions/operations/our-insights/responding-to-ination-and-volatility-time-for-procurement-to-lead. Scadi, Pablo, "물가 상승 시대와 공급망 협상", 2018년 1월 19일. https://exclusive.multibriefs.com/content/negotiations-during-inationary-contexts/distribution-warehousing. Stepanek, Paul, "물가 상승 시대: 공급 업체와 협상하는 7가지 비결", IndustryWeek, 2021년 4월 5일. https://www.industryweek.com/supply-chain/supplier-relationships/article/21160288/hit-with-a-price-increase-seven-tips-for-negotiating-with-suppliers. Tevelson, Bob, Belz, Dan, Hemmige, Harish, and Rapp, Tom, "고물가 시대와 공급망 보호". https://www.ismworld.org/supply-management-news-and-reports/news-publications/inside-supply-management-magazine/blog/2021/2021-04/how-procurement-organizations-can-protect-against-inflation.

15장 협상 도구로 희망 찾기

1. https://www.goodreads.com/quotes/134364-power-without-love-is-reckless-and-abusive-and-love-without.

2. "NUMMI" (2015), This American Life 405, 2015년 7월 17일.

옮긴이 우진하

삼육대학교 영어영문학과를 졸업하고, 성균관대학교 번역테솔대학원에서 번역학 석사 학위를 취득하였다. 한성디지털대학교 실용외국어학과 외래 교수를 역임했고, 현재는 출판 번역 에이전시 베네트랜스에서 전속 번역가로 활동하고 있다. 옮긴 책으로는 『초월』, 『2030 축의 전환』, 『어떻게 마음을 움직일 것인가』, 『나의 기억을 보라』, 『고대 그리스에서 1년 살기』, 『배틀그라운드』, 『제시 리버모어 투자의 원칙』, 『폐허 속의 신』, 『삐뚤한 인생 되돌리기』, 『뉴맵』 등이 있다.

승자의 언어

초판 1쇄 발행 2023년 12월 20일

지은이 세스 프리먼
옮긴이 우진하

발행인 이재진 **단행본사업본부장** 신동해
편집장 김경림 **책임편집** 송보배 **편집** 강진홍
디자인 this – cover **국제업무** 김은정 김지민
마케팅 최혜진 이은미 **홍보** 반여진 허지호 정지연 송임선
제작 정석훈

브랜드 리더스북
주소 경기도 파주시 회동길 20
문의전화 031-956-7358(편집) 02-3670-1123(마케팅)
홈페이지 www.wjbooks.co.kr
인스타그램 www.instagram.com/woongjin_readers
페이스북 www.facebook.com/woongjinreaders
블로그 blog.naver.com/wj_booking

발행처 (주)웅진씽크빅
출판신고 1980년 3월 29일 제406-2007-000046호

한국어판 출판권 ⓒ 웅진씽크빅, 2023
ISBN 978-89-01-27751-6 (03320)

리더스북은 ㈜웅진씽크빅 단행본사업본부의 브랜드입니다.

• 책값은 뒤표지에 있습니다.
• 잘못된 책은 구입하신 곳에서 바꾸어 드립니다.